阅读　你的生活

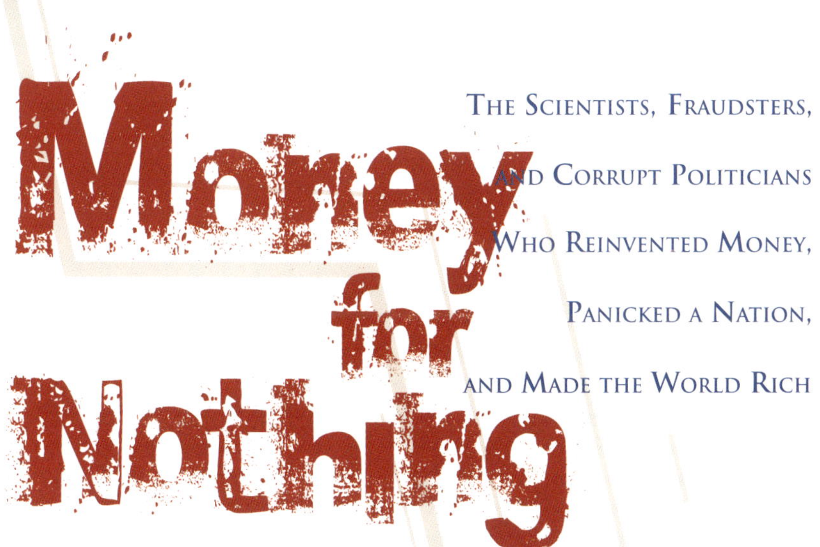

南海泡沫与现代金融的诞生

[美] 托马斯·利文森（Thomas Levenson） 著

李新宽 译

中国人民大学出版社

·北 京·

目录

绪言　“人生的大愚行”

伦敦，1719 年 xi

对伦敦的股票交易商来说，这一年开局良好。他们在伦敦城里的交易巷（Exchange Alley）工作。对于当时的伦敦人来说，股票交易是非常新鲜的事物，因为人们交易的不是具体的商品，而是抽象的数字。这里的交易商没有固定的活动场所，往往是聚集在几家酒馆和旅店，或者一些咖啡馆里，最著名的是加勒韦咖啡馆（Garraway's Coffeehouse），这是一家为乡绅提供服务的咖啡馆。除此之外，交易商们也可能会去乔纳森咖啡馆（Jonathan's Coffeehouse），这家极具竞争力的咖啡馆见证了最狂热的贸易活动。由于这些交易商是以一种新的方式赚钱，所以当时的英国人称这些人为掌握了黑暗艺术的人。

对记者、鼓动家和参加过光荣革命的丹尼尔·笛福（Daniel Defoe）来说，乔纳森咖啡馆和其他地方是耳熟能详但极危险的地方，可谓邪恶巢穴。大约 30 年前，笛福就已经就交易巷里的这些活动存在的风险告诫过他的同胞们。如今，时近盛夏，笛福准备孤注一
xii 掷，最后进行一次警告。为此，他写了一本题为《交易巷剖析》（*The Anatomy of Exchange Alley*）的小册子。在书中，笛福以“一位股票经纪人”或无执照的股票经销商的口吻写下了对人们的告诫。这本小册子在某种程度上可以被看作一本旅行故事书，引导读者去探索交易巷这个新奇的地方。正如笛福所说，交易巷就像一座微缩的岛屿，只需要一两分钟就可以走个来回：“走出乔纳森咖啡馆进入交易巷，朝南走上几步，然后转向正东，你就会到达加勒韦咖啡馆。在那里从另一个门出去，继续向东走，就会进入伯尔钦巷。然后在刀剑银行（Sword-Blade Bank）停留片刻，用三言两语做个恶作剧。然后向北走，进入康希尔街，在西行的路上拜访两三位地方小人物”，最多几百步，访客就几乎走完了这段旅程，“带着你的指南针，你已经在股票交易的世界航行了一趟，你再次转进了乔纳森咖啡馆”。又到家了！——但这里不是安全的港湾，因为书中那位“经纪人”的心声是：“正如我们强迫自己所做的那些蠢事一样，终点就是起点，循环反复。”

多么愚蠢啊！笛福还讲述了一位贪婪的乡下人和一对骗子之间发生的故事，其中描绘了那些贪得无厌的人漫步进入乔纳森咖啡馆会面临的风险。那里的股票经纪人会用巧簧之舌纠缠这样的贪婪者，怂恿他进行交易，这一过程就好像做了一场外科手术一样，贪

婪者的财富瞬间就化为乌有：“他的马车和马匹，他精致的座椅和昂贵的家具”，所有的物品都出售“以补偿不足的额度”。

笛福警告他的读者，上述描述的场景就是交易巷的本来面貌，这里发展出了“一套完全欺诈的制度……一个基于欺骗的行业”。当然，交易巷里的把戏算不上全新的。在某种形式上，它们古老得如同人类的欲望，有《箴言》篇为证——“用诡诈之舌攫取财富的，就是自己取死，所得之财乃是吹来吹去的浮云。”但是，在 1719 年——这一满怀希望、紧张不安的一年，出现了一些全新的东西：交易巷精力旺盛的常客们试图推出一项比此前任何东西都更野心勃勃的计划，那就是南海公司（the South Sea Company）。这家公司于 1711 年开张营业，但是它从来没有真正开展过其名字所暗示的业务：用船运输货物和奴隶前往南美的西班牙港口。相反，南海公司介入刚 xiii
出现的信用市场，涉足所有的票据和债券以及一些对于时人更为陌生的新鲜事物。英国政府用这些手段构筑不断增高的债务之山。然而，几年来，南海公司仅啃下了信用市场的边边角角，交易量少得可怜。公司的主管把运营目标放在一个更为野心勃勃的计划上（如果成功，能够一劳永逸地解决英国政府的债务问题）。他们提议一项英勇的尝试，我们今天称之为金融工程。这项计划就是把看上去无休无止的一系列战争积累起来的所有国债转换成私人公司的股份，也就是南海公司的股份，这样就可以在新兴的股票市场上随心所欲地对其进行反复交易。在支持者看来，这样的计划可以拯救国家。而持怀疑态度的笛福则警告：交易巷的聪明人已经想出办法，从公共利益中榨取财富，他们已经“随着时机成熟、利润出现准备好了，买卖国家，欺瞒议会，搞乱银行，抬高或拉低股票价格，用整个伦敦来掷骰子”。

“买卖国家”，这是笛福辩论的关键。像这种转化国债的计划很容易被人为操控，从而满足私人的利益需要，也就是说，笛福认为，这样的行为即便算不上叛国罪，也已经差不多可算作叛国罪的近亲：“在这种情况下，所有利益不是取自公共信用吗？……不是每一步都牵涉到国王的一己之私吗？……其结果不就是一项清晰的法定叛国罪吗？”

即将发生的事件，也就是历史上著名的南海泡沫，证明笛福是正确的。在 1720 年这一年，只要是个手里还有点钱的英国人，就一定听说过南海公司，都相信其承诺，都被其超乎想象的发财前景
xiv 冲昏了头。甚至半个欧洲都如此，许多人将为此付出沉重代价。

然而，从长远来看，或者说从那些没有损失财富的人的角度来看，丹尼尔·笛福的观点很明显也有错误之处。次年在交易巷发生的事情决不仅仅是“一项扎根于欺骗，诞生于谎言，滋养于诡计、作弊、哄骗、作假、虚假的行业”的产物。南海泡沫（伦敦新兴股票市场的骤然飙升和突然崩溃）并不是早期资本主义的原罪，或者说，不能说得这么绝对。

相反，正如本书所认为的那样，如果我们要理解南海泡沫那年发生的事情，那就有必要对历史有一定的了解，并在时间上向前以及向后延伸，也就是从笛福所处的混乱时期一直延伸到我们生活的今天。在本书的叙述中，我们可以将 1720 年的大灾难解读为现代货币概念构建过程中的分水岭，特别是货币最活跃的化身，即信用

概念。信用就是用把现在和未来联系在一起的数字来表达承诺。泡沫是金融史的一部分，但又不局限于金融史，它开启了一扇了解此后金融思想出现问题的窗口：南海泡沫发生前的一个世纪，人类理解物质世界方式的大变化。这可以说成一次智识转型，或者称之为科学革命更恰当。

人们通常从一些新发现造成的结果入手，来定义科学革命的历史。这里所谓的“新发现”多半发生在数学和物理领域。然而，这一说法遗漏了一个重要的事实：那些解决了行星运动和炮弹飞行问题的人，并没有把自己限定在自然哲学领域。从一开始，他们就使用相同的方法和思维习惯来处理人类问题，去指导个人和社会做出选择。1719 年，在经济动荡来临之际，所有最伟大的科学革命者都在距交易巷东南几百码的地方工作。在那里，沿着伦敦塔外墙建造的房间中，皇家铸币局（Royal Mint）总监艾萨克·牛顿爵士（Sir Isaac Newton）监造着英国真正的货币：人们对金银贵金属进行精确称量、鉴定纯度、轧平、冲压、压模，制成合法重量的圆片，再以国王的头像来装饰。牛顿从 17 世纪 90 年代起就向王室提 xv
出货币事务的建议。到此时，牛顿已经是一个有经验的股票市场玩家，有自己的账户，其中包括巨额的南海公司股票。在即将到来的这一年，他将像其他人一样备受考验。但是，1720 年事件的意义在于，牛顿教给当时人思考的方式，不仅仅是关于货币，也包括任何可以被观察、衡量和计算的事物。

这场以南海泡沫知名的大灾难，是记录在案的首次金融系统大崩溃，在许多方面也是股票市场崩溃和诈骗的原型。当时发生的事情和英国政府做出的反应，都与发生在21世纪金融系统中的事情（很快可能再次发生）有着直接的联系。南海泡沫肯定证明了笛福的观点，就是当金融精英的动机和利益与国家政府、公众的动机和利益相冲突时，显著的凶兆就会出现。而且可以肯定的是，当对南海泡沫进行重新审视时，人们会发现其中暗含着异乎寻常的腐败问题。这次金融灾难就像一份全面的指南，告诉你所有为了一己私利颠覆金融市场的方法。

但是，要了解英国是如何陷入泡沫的，要理解在大灾难背后实际发生的事情，我们就要追随故事，回到当时，回到一个花园、一个果园，那里有年轻的牛顿——一个刚过少年时代的男人。他能看到一棵苹果树，在盛夏时分挂满了果实——一种被称为“肯特之花”的品种。

一个苹果随时都可能砸到他头上。

第一部分 计算和思考

1 自然哲学的构成包括发现自然的结构和运作，尽可能把它们还原成普遍的规律——通过观察和实验确定这些规律，然后推导出事物的原因和结果。

——艾萨克·牛顿

第一章 “世界体系”

伍尔索普庄园,林肯郡 3

盛夏，1665 年

四年前，他走了三天逃离农场生活，似乎再也不会回来了。但是事实上，他还是再次回到了这里。周围的一切都没有发生变化：石头砌筑的主屋，人们住着十分舒适；屋后是谷仓；从前门穿过小道，花园的一角矗立着苹果树，夏日的早阳暖洋洋的。他离开时，已经 19 岁，作为一个乡下男孩，他笨拙尴尬，不善交际，大部分时间都在笔记本上写写画画。现在，他 23 岁，在世界上已有一席之地：剑桥三一学院的学者，拥有房屋、津贴，在餐桌上也有属于自己的位置。但是，现在正好是学校期中之时，他踏上了这条小路，穿过了大门，跨过了门槛，进入家中。

艾萨克·牛顿回家了。

如果说得准确一点，他是被赶回了伍尔索普这个安静的角落。自从春季以来，剑桥正逐步变成空城，因为城中 7 000 多名居民只要有任何地方可去，都会选择逃离这里，因为即将到来的危险会波
4 及很多人。这一危险是由那些从伦敦沿路而来的人携带而来的，他们正忙于逃离已经到达首都的大瘟疫。

没有人知道瘟疫在 1665 年年初是怎么到达伦敦的。细心的观察者在 1664 年全年就紧张不安。日记作家和海军大臣塞缪尔·佩皮斯（Samuel Pepys）紧盯着阿姆斯特丹——上一个秋季，传染病就在那里全面暴发了。10 月份，佩皮斯首次记下这种危险，然后在 11 月的日记中记录道：在泰晤士河上，那些被感染的船只面临着隔离。但仍有一些船只抵达，走私者偷运呢绒。或者是新年后，随着第二次英荷战争的开启，船只载送囚犯回家。甲板上总是有老鼠，老鼠携带跳蚤，而跳蚤是鼠疫杆菌的宿主。

鼠疫杆菌引发鼠疫。

冬天来临，进入感染最慢的季节。在一段时间，英国似乎摆脱了瘟疫，因为报告的病例零零星星。在菲尔兹人数众多的圣贾尔斯堂区，死亡登记表只记录了 1664 年圣诞前夕的一例鼠疫死亡——一位“好女人菲利普”（Goodwoman Phillips）。当她染病后，她的丈夫菲利普和没有提到姓名、不知道数量的他们的孩子们被安置隔离，人们封闭了他们的房屋，并派人看守，墙上涂着祈愿语“愿上帝怜悯我们吧”。传染明显停顿了下来，接下来的几周相当平静。鼠疫在英格兰是地方病，每年都会有几例病例。这次看上去是又来

一次，而不是一次新传染浪潮的开头。

冬天结束，春天来得很温柔。在4月的最后一周，伦敦每周死亡登记表上又多了2例瘟疫死亡登记，还是菲尔兹的圣贾尔斯堂区。5月的第一周没有死亡……但是之后数字调头向上，第二周9例死亡，第三周3例。5月23日的那一周14例，30日报告了17例。6月6日43例——数字从此开始跃升。7月28日，官方记录高达1 000例，然后翻倍，再次翻倍。到9月份，伦敦每天死亡1 000人。到年末，官方统计的死亡人数接近70 000人——每8个市民中就有一个人死去。

每个能逃离城镇的人都逃离了。6月21日，到处钻营的海军大 5
臣佩皮斯到白厅参加一场会议（会议试图解决国王查理二世不断出现的财政困难，会议像通常一样没有解决任何问题）。会后，他出发穿过城市去克里波门——这是伦敦城最古老的城门之一。他在日记中写道，他发现“整个城镇的人几乎都出城了，厢式马车和货车上挤满了前往乡下的人”。他在十字匙旅店停留了一阵儿，时间长到足以享受酒保妻子的陪伴。但第二天，他就准备决定“是否立即送母亲到乡下”。他的母亲并不想走，但“因为城里的疾病，我打算送走我的妻子”，他最终设法把她塞进了一辆厢式马车，带她向东到剑桥郡。

伦敦人的大批逃离带来了可以预见的后果：来自伦敦的难民把传染病带到了乡下。一些城镇开始封禁出入口以阻止疾病的蔓延，但并不起作用。在剑桥，7月25日瘟疫降临，圣三一堂区的5岁男孩约翰·莫利（John Morley）被人发现死在家中，在他的胸部有一个黑点。当鼠疫检察官来的时候，他们发现莫利的弟弟已经黑气上脸。这个孩子被带到隔离病院，但 10 天后也死了。

万圣堂区的一个名叫安·费舍尔（Ann Fisher）的孩子死于同一天，这表明疾病的传播已经超越了单一街区。更多的病例随之而来，更多人死亡，从此剑桥开始遵循伦敦的传染模式。商业停顿，作为欧洲最大露天市场之一的斯托布里奇市集被取消。大学关闭。8 月 7 日，三一学院承认了瘟疫存在的既定事实，决定向其成员发放补贴。艾萨克·牛顿没有出现在三一学院发放额外津贴的账本
6 上。这位新近毕业的文学学士已经逃离，向北步行了 60 英里，稍微折向西，到了伍尔索普。

牛顿在这里待了将近两年，切断了与其他学者或数学家的一切联系。这种隔绝太适合他了。半个世纪后，他回忆道：“在这些日子里，我处于创造力的巅峰阶段，比任何时候都专注于数学和哲学问题。”

在伍尔索普的这段岁月现在被认为是牛顿的“重大之年”，是他的奇迹之年。在这段时间，他解决了当时数学的几个前沿问题，并开始萌生了一些新思想，为我们今天称作微积分的学科奠定了基础。这一学科会分析随着时间的变化，比如一发炮弹或一颗行星在任何时刻的位置。然后，他转向我们今天称为物理学的学科，从力学开始，研究物体的运动。在这方面也是如此，在他能够取得明确结果之前，他不得不解决基本概念问题，比如，他掌握对惯性的第一个现代理解。他首先在勒内·笛卡尔（René Descartes）的作品

中遇到这一概念，深度思考了作为一种力量的惯性的含义所在。这两种思想对我们理解物质世界的未来发展必不可少。这样，在很大程度上，他要想前进一步，就不得不自己构建概念。然后是成为他引力理论的概念首次亮相。所有这些都来自那一刻灵光闪现。并且这还没有完，他深入研究了光、颜色和光学，这些将催生他首次伟大的公共胜利。

在瘟疫严重的时期，这些看起来超人般的思想累积，创造出一种超人天才的神话，从乡下的空气中魔术般变出了思想的世界。牛顿权威传记作家理查德·韦斯特福尔（Richard Westfall）指出，在1664年，牛顿就已经为将来的工作规划打下了坚实的基础。那时，牛顿才21岁，刚刚在三一学院注册。这是他首次投身于数学探究，这种探究将主宰他回家后的头几个月。也正是在这个年纪轻轻的时 7
候，牛顿制作了一份非凡的45个问题列表。他抓住了时间、物质、运动等诸多根本问题，也就是说，尽管瘟疫横行，但他还是推动了整个自然哲学的发展。当他回到农场后，他准备超越剑桥教给他的一切，这也是真的。他“持续关注”，正如韦斯特福尔写道的，“发展通用程序”，这些程序将不仅最终创造新数学，而且创造了一种新的思考方式：数学是如何通过整个物质世界揭示自身的。

对于牛顿来说，引起他注意的首批问题之一是如何计算曲线划定的面积。曲线研究是17世纪数学的核心魅力所在，当牛顿在瘟疫来临前一年阅读了笛卡尔的《几何学》（*Geometry*）译本时，他就沉迷于这一领域。笛卡尔的方法有助于把探讨形状及其性质和代数思想的古典几何学方法，与方程式连接在一起，其解答能够映射到一条特定曲线上。[①]

在把笛卡尔的思想传遍整个欧洲知识界的《几何学》拉丁译本中，牛顿获得的关键进展之一，就是现在以笛卡尔坐标而著名的坐标体系，它提供了一种方法，仅用两个数字来标记两维中的任何一点，对应其水平线和垂直线。利用这两条互相垂直的线，也就是小学数学课堂上每张图表中令人熟悉的交叉线，并运用坐标轴上的标准长度单位，笛卡尔创造了一种度量和标记几何学家想研究的任何图形的系统方法，包括经典曲线、圆、椭圆和其他形状的图形。

8 当牛顿开始研究这一工作和进行更多当时的数学运算时，他很快为这些方法中的一种开了头。古典几何学是大多数欧洲数学家的起点，曲线和形状是其研究的目标。尽管笛卡尔坐标提供了一种强有力的新方法，在他的坐标体系上以形状代表方程式，但许多牛顿同时代的人都把这样的方程式视为一个给定图形、一条直线或一个圆，或者一些更复杂形式的一项特性。与笛卡尔相遇之后，牛顿用几个月的时间就意识到，正如他的传记作家理查德·韦斯特福尔所写的那样，“方程式比曲线更基础。方程式定义了——或者像牛顿所做的那样——曲线的性质”。

这听起来像一种技术要点：有人以图像来思考，如果它们是数学图形，他就一头扎进图形和体积的关系之中；而其他人玩的是操控这些抽象图像的游戏。但牛顿从方程式开始，而不是图形。牛顿

---

① 比如，圆的几何学定义是一条曲线，其上每一点都与单一中心点等距，这个距离被称为半径。代数创造出同样的圆作为方程式 $(x-a)^2+(y-b)^2=r^2$ 的解，在这里 x 和 y 是圆上任何一点的坐标，a 和 b 是中心点的坐标，r 是图的半径。

的洞见更为基础，因为其刚开始徘徊不前，然后经过几个世纪的发展，产生了一种通过数学看待世界的新方式。对于其前辈古典几何学家来说，曲线在那里，完全是物体的一种概观图像。但是，在牛顿的作品中，在现在称为解析几何的早期，曲线是作为一种计算结果逐渐获得的，揭示了产生任何几何物体的方程式的答案。对这些计算特定答案的运算，也就是通过将曲线上的点标绘在页面上来做出一个几何物体，能够以各种各样的方式来解释。牛顿提出的解释可以说聚焦的是最重要的结果：方程式描绘的是一种系统的演进，也就是其答案如何在页面上创建一幅图像。这幅图像是一幅变量关系的分布图，就是说事物可以改变。如果这些变量之一是一瞬间进入下一个，这些符号和形状的抽象演示就成为动态变化的画像。

从根本上说，这一数学洞见是现代物理的核心，现代物理学是 9
牛顿而不是任何其他思想家创造出来的。这一思想可以用最简单的方式表达如下：整幅图像——一个方程式体系的所有可用解答的完整几何表示法，可以被理解为由此数学运算所描绘的一种既定现象的所有可能结果。每一项特定的运算，辅之以对你感兴趣的任何事物当前状态的观察——一发炮弹的飞行、一颗行星的运动、弧线球怎么转向、暴发的瘟疫怎么急剧扩散——都能预测到下一步会发生什么。牛顿在二十几岁时，独立开展工作，几乎没有研究现实世界的系统经验，还没有掌握隐含在他已经用来思考数学的方法中的思想的全部力量，但那迟早会到来的。使牛顿的重大之年如此神奇的，是牛顿构建的基础以彻底的革命方式来理解世界的速度和深度。

随着牛顿以新方法来分析和解决数学问题，革命道路的下一步已经来临。只用最简单的方程式，仅仅通过插入数字进行运算就能够解决。17 世纪尝试分析更复杂的表达式，经常使用一种特别的数学工具：无穷极数——无穷项序列（比如，1，1/2，1/4，1/8，等等）。牛顿已经阅读过关于使用无穷极数来解决各种各样的问题的一些著作，其中之一就是，为中学几何老师常用的 π（用来计算圆的周长的数字）找出更明确的价值。牛顿，以其超凡之才，既表达代数，又表达几何，开始使用无穷极数算出曲线怎么呈现。牛顿最喜欢的把戏之一是考虑一条曲线之下的面积，也就是在曲线图上曲线和 x 轴之间的所有空间，然后构建出一个级数，将这块面积上越来越小的块加在一起，直到所有项的总额接近整个范围，于是得
10 出了结果。牛顿把这一想法运用于各种各样的不同曲线。他写出序列。他插入数字。他疲于运算，把他的练习推到小数点后 50 位甚至更多。

他把他的数字加总，然后发现了现代数学称为广义二项式定理的东西。这一结果使得牛顿可以解决具体的代数方程式问题，包括最有意义的——一条曲线之下的面积问题（称为求积），不仅仅是一个形状，而是整类的曲线。这是一项成为现代数学支柱之一的发现。

在他考虑极数的时候，他注意到：在一些极数中，运算的每一步相加越来越小的数，总计达到总数。手工延伸这一运算，这一行行的数字，奇妙地构成了一个漂亮的三角形，在页面上扩展开来，就越来越接近终极答案。端点远远超出了即使是像牛顿这种英雄般

摆弄数字的人的耐心，这样一个极数的最终项必然无限小地趋近于零，但又不可能完全达到零。

牛顿不是第一位思考无限小的人。古希腊哲学家芝诺（Zeno） 11
在他著名的悖论——英雄阿喀琉斯（Achilles）与乌龟赛跑——中已经思考过这一想法。出于公平竞争的良好感觉，飞毛腿阿喀琉斯让他的对手先跑。在芝诺看来，这意味着无论阿喀琉斯跑得多快，他永远不可能超越乌龟。芝诺的推理如下：在阿喀琉斯花费时间到达乌龟刚刚已经到达的地方时，乌龟又爬远了一点，当阿喀琉斯到达这个点，乌龟已经再次爬远，以此类推，直到永远。距离的增量随便怎么小，但芝诺说，它永远不可能消失。因此，乌龟每次都会打败阿喀琉斯。

这明显很荒唐：在现实生活中，不管是领先起跑多少步，阿喀琉斯都会超过乌龟。早在亚里士多德（Aristotle）时代，逻辑学家就提供了条理清晰的论据来驳斥芝诺。但是，严谨如哲学和常识都不能消除无限更小数想法所制造的焦虑。许多人像笛卡尔单纯就是不愿竭尽全力解决如此小但还有效的增量。伽利略（Galileo）知道关于无穷数的一些知识，但在其秘密面前胆怯不前，“对我们的理解力来说，完全不可理解”，也就是说，迄今为止，没有现成的数学方程式用无限接近于零的数字来论证。事实上，阿喀琉斯每一次都能狂虐乌龟。牛顿本人在伍尔索普的最初几个月里，经常不知所措，竭尽全力解释无限接近零和零本身之间的不同。但是，他没有踯躅于纠缠不清的不完全是零的零的形而上学，相反，他将其投入应用。

有一次，他希望能够证明一条曲线在任何一点能弯曲多少：它可能有多倾斜，沿线每一点的倾斜度怎么变化（牛顿将这种倾斜度称为“线的弯曲度”）。他在这里使用无穷小，创建一条直线，其斜率能够被计算出来，然后正好在那一点而不是其他点移动这一曲线，这条直线称为切线。

12 很明显，这一问题让牛顿超越了古典方法。这样，他竭力理解的曲线作为研究对象，被视为一个整体、完结的现象、抛物线或椭圆或任何令人感兴趣的其他东西来考察。但是，牛顿在 1665 年最后几个月的思考中，运用他天才的新观察方法，最终使他分析的数学物体在方程式中得以呈现。在这些研究过程中，牛顿并没有完全摆脱旧思想，他考虑了学校老师不纠结于任何代数、用来构建经典曲线的技巧：固定在一个钉子上的一根绳子，能用来画一个圆；同一根绳子固定于两个钉子上，能画出一个椭圆，等等。他考虑过用更精致的“机械”方法来制造复杂曲线，也就是摆线，比如，在一条直线上滚动的车轮边缘上的一点勾画出的形式，以及其他更复杂的曲线。

在一个页面上以一条曲线结束的所有方式中，有一个共同的主题：每条曲线就是一张动图，就是一位数学家的旅行纪录片。一个点在空间旅行，其足迹、其痕迹创造了几何学的材料。至关重要的是，在这几个月的某个时刻，牛顿意识到，这一方法——“运动产生图形”，不仅能够运用到抽象的运动中，而且能够运用到现实世
13 界真实事物的运动上。换句话说，宇宙中的运动能用牛顿发明的数学运算来表现。

牛顿并没有马上抓住这一成果的所有含义。早在 1665 年 11 月 13 日，他至少理解了他在数学方面的突破。在他此后写的论文中，他描绘了“无限小的线”：随着他的数字演进，由每一个无限短暂的瞬间累积而成。当他意识到，两个看起来不同的问题——一条曲线怎样弯曲和笛卡尔平面能够封闭多大面积——事实上是同一问题的两面时，他的突破就来临了。一条曲线斜率的每一次变化，影响了封闭于其下的面积，反过来同样是真实的：一条曲线下面积的累积反映的是几何图形变动的轨迹。

牛顿的这一发现，本身就可以使他成为史上最有名的思想家之一。弄明白如何表达一条曲线在瞬间的任何一点上，其形状是如何变化的，是现在称为微积分的科学的核心。然后，牛顿将这一发现拓展到积分学，解决了有关各类曲线限定面积的问题。总而言之，这两种相互关联的思想，尽管不断在发展和拓展，仍旧是物质经验的基础数学。

牛顿从来没有低估自己的力量。他能够知道自己在农场被迫隔离的这几个月里取得的成就所具有的价值。在之后 20 年的大部分时间里，他对其新的数学见解秘而不宣。

尽管如此，这是一个转折点，此后人类理解其环境的方式与以前所知完全不同了。随时变化的运动是什么？物质在运动——永不停息的变迁，随着时间推移变成秒、小时、年，变化连续不断。那么，世界到底是什么？

关于变化的数学——微积分学的发明，是我们称为牛顿革命的 14
关键之一。牛顿在其奇迹之年把他的突破几乎立即投入使用。1666

年年初，瘟疫仍在肆虐，牛顿从纯数学转向物质经验的问题。他探究的核心在于重力问题。当他 60 年后讲述这个故事时，他提到，他的终极理论的最基本线索在 1666 年夏天找上门来。一天，他“在沉思状态下”发现自己身处花园，他面前的三棵树挂满了果实。突然，一个苹果落地，这是一个非常平常的事件。但是，这件事纠缠着他。“为什么苹果总是笔直地掉到地上呢?”他回想起向自己的提问，“为什么它不掉向侧面或上面，而是掉向地球的中心?”

的确，为什么呢? 天才的神话断言，这就是一切：在不完全是无限小的时间片段里，苹果坠落到地面，牛顿抓住了终极大奖——他的引力理论。故事是这样的，在这一刻，他知道了：物体互相吸引，引力与每个物体所包含的质量成正比，与它们距离的平方成反比；拉力产生于两个质量的中心之间；“终极大奖”，是“像这样的力，我们这里称为引力……延伸到全宇宙”。

这个故事大部分是真的：苹果树本身是真实存在的。在牛顿死后，那棵树在邻居们中间仍以“艾萨克爵士的树”这一名头而知名。人们尽了一切努力来保存这棵树，直到它最后在 1816 年的暴风中倒下。但是，它的根部重新发芽，在伍尔索普仍能看到。自从 19 世纪 20 年代起，这棵树嫁接移植后已经成为用来宣传牛顿的苹果树了。

然而，即使牛顿看到了苹果落地（并且在它笔直下落时想到了引力），他仍花费了数十年来完成他的终极理论建构。他使用他新掌握的圆周运动的数学优势，来发现为什么事物——包括我们——不简单地飞离地球表面。考虑到哥白尼已经认识到：地球并不是安

静地坐落在宇宙的中心，而是以一种惊人的速度移动；当它在围绕
中心太阳的轨道上运行时，它也绕其轴自转。牛顿计算了所谓的离 15
心力，应该可以把我们抛入太空。他把这一数字和地球大小的粗略近似值放在一起（地球大小的数字通过过去两个世纪的欧洲海洋探险活动精确了很多）。综合考虑后，就有足够的信息估算在旋转的地球表面向外运动的加速度，从而算出要有多大的力才能把我们中的任何人推向太空。

然后，牛顿进行另一半的分析。他考察了在地球表面向下的拉力——我们现代术语称之为重力的东西。伽利略已经观察到下落物体的加速度，但牛顿相信，没有测量比他自己所做的测量好。他通过研究钟摆运动对早期的结果重新进行了计算，这一实验使他接近了地球牵引力的现代价值。他知道，他的数据仍不完美，但是他写道，他“几乎找到了它们的答案”。他表示，他用这一答案能够计算出一个结果，可以弄清明显的事实。按照牛顿的计算，让我们双脚着地的重力比任何推动我们向上的离心力大了大约 300 倍。

这一结果虽然不严谨，却引人入胜，奠定了牛顿在欧洲自然哲学界先锋的地位。他现在还没有安于沉默（几年后，在与其他知识分子的几场激烈交锋后，他才下了这一决心）。但是在农场隔离期间，牛顿仍旧专注于手头的工作，几乎每天都在把他的数学技巧扩展运用于物理问题，把数学运用到具体问题上（比如为什么东西能够待在地球表面），把纯数学推理在他的微积分学范围内转化成一种字面意义的实际经验。牛顿的工作现在成为我们称之为数学模型的东西的早期例子之一，代表着把自然的一些方面抽象进一种能

16 够操控、拓展和运用的形式之中。今天，我们完全沉浸在牛顿的世界观里；这些模型，也就是方程式体系，被理解为宇宙的本性。在牛顿的奇迹之年里，还没有形成这样的认识。尽管如此，他的下一步行动把他推向更接近于终极胜利——他证明了自然之书是由数学语言书写的。

苹果落地已经带来了突破性进展，但还没有完全转化成引力理论本身。在一次想象力的飞跃中，仍令人震惊的是，牛顿意识到，不管是什么东西拉动一粒果实落向地面，一定和让月球保持在轨道上的东西是同一种东西，因为月球环绕地球遵循的是同一条规律，正如我们星球内部的物质抵制月球的吸引以免被抛入太空一样。在离地球的一定距离范围内，这两种推动力一定是均衡的。坐在那里，一个物体永远是下落的，围绕地球中心，沿着一条（几乎是）圆形轨迹运行。我们的月亮因为同一种东西，也就是使牛顿的苹果落地的地球引力，而保持着其轨迹。

见解有了，但牛顿第一次尝试写下的引力数学运算过程却并不正确。他直到 17 世纪 80 年代中期才正确推导出了著名的“万有引力定律”。但是，如果牛顿晚年的故事可信的话，那么苹果赋予了牛顿关键的一块拼图：自然定律是普遍存在的。把经验抽象概括成方程式，这些定律透过经验的表面混乱，揭示出主宰宇宙的共同模式和深层真理。最重要的是，这种新的自然定量研究法赋予了预言的能力：你现在计算，就能发现月球或木星或任何事物在从现在算起的天数、年数和世纪数内所在的位置。尽管牛顿将他在林肯郡农场所做的工作称为“自然哲学”，但这是（早期）现代形式的科学。

牛顿采取了更多的行动来完善这一研究自然的新方法。一个方程式体系能够产生广阔世界某些方面的图景，但是任何这样的模式 17
仍需要从自然界中获取可靠知识，从而在数学和经验之间建立联系。观察、测量要特别严谨，这是牛顿自然哲学新方法的关键：至关重要的是，足够精确和可靠地测验世界，以便对正在发生的事情进行任何数学分析，都能产生一种对现实的真实洞察。牛顿在其故事中作为最伟大的天才被人记住的原因之一，是他从一开始就深度投入到不仅仅是数学中，而且是对世界的测量中。在当时，这会将自己置于险境。

比如在 17 世纪 60 年代早期，牛顿想知道人类眼睛的形状会怎么样影响对颜色的感觉。为了发现答案，他转向最近的实验主体——他自己，把一根粗针插进他的眼窝底部并且撬起。他一丝不苟地记录下结果，包括标明他在他的眼球上诱发的曲线的特征（曲率 a，b，c，d，e，f），提到“当我不断地用粗针的尖摩擦我的眼睛时，彩色的圈变得更为明亮”。他对自己所做的实验是一次既急于获得数据又完全轻率鲁莽的测量。

牛顿在如此疯狂的求知欲的影响下一次又一次地进行实验。他后来还无休止地从事炼金术实验，以至于身体达到了极限。至少在 1693 年的一次，他一路把自己逼得越过边缘，精神几近崩溃，几个月缄默不语，陷入妄想偏执的悲惨境地。但是，如此过分的行为不应该抹杀他对更冷静的经验主义毕生深入的贡献：任何科学的猜 18
想都应该建立在严谨系统观察的坚实基础之上。

牛顿在伍尔索普农场的最后几个月，开始着手进行光学研究，这要求在一系列组织有序、严格缜密的实验中亲自实践，利用棱镜与其他仪器来弄清颜色和光线的性能。这一工作最终产生了他称之为临界实验的东西，那是决定性的证明：太阳光——所谓的白光，事实上是不同单色光的混合，是从红到蓝彩虹状的光谱。

世界新知识的创生需要理论，要求最终对现象和事件之间的关系进行数学上的解释，也需要一种审慎的逻辑自洽的方法，进行数据收集、观察和实验，以便能够探究物质世界。在奇迹之年，牛顿发现自己遵循的是这样一个弧形路线：通过每一次特定的进步，从纯数学到他扭动一块三角玻璃能够推论出的东西，他揭示的不仅仅是以前未知的事实，而且是一整套新方法，把知识组织成他后来精确地称之为“世界体系”的东西。

伍尔索普农场以外的世界对牛顿提出的这一转型完全不知。与此同时，牛顿研究的其他部分也在有序展开。到 1666 年 3 月中，剑桥城已经 6 周没有一例瘟疫死亡病例。大学重新开放，牛顿在 3 月 20 日左右返回他的学校住处。6 月 6 日，星期三，当时居住在便士法寻巷（Penny Farthing Lane）的女裁缝简·埃林沃思（Jane Ellingworth）感觉非常差，她的父亲带她去喝了一杯啤酒，然后催促她上床休息。第二天，她去世了。传染又开始扩散，在两周之内剑桥城内的死亡人数翻番。剑桥大学的各学院再次关闭，牛顿再次撤退至乡下。瘟疫在整个夏季逐渐缓解。到年末，牛顿感觉到返回大学足够安全了。在接下来的 30 年，他一直待在学校里。

牛顿在三一学院继续其几乎与世隔绝的生活。与此同时，曾经 19
的瘟疫中心已经完全转移。根据堂区的记录，伦敦在 1665 年总共报告了 68 596 例瘟疫死亡，真实的数字可能更高；但在冬季，死亡人数下降，保持在低位。整个 1666 年记录的疾病死亡人数只有 2 000多人。然后，传染好像是不再发生了。但是，进入 9 月的 4 天里，伦敦发生了大火，这场火灾摧毁了老城墙之内的大部分地方，以及西部的一些新社区，足足有 436 英亩的地方化为灰烬，至少 1.3 万户住宅被毁，伦敦城的 109 座教堂有 87 座被毁，包括老圣保罗大教堂；当那座巨大的建筑着火时，屋顶成吨的铅熔化，制造出一条金属河，流入了泰晤士河。

好像是这场大火消灭了瘟疫，或许仅仅是时间上的一个巧合。克里斯托夫·雷恩（Christopher Wren）在新成立的皇家学会同事罗伯特·胡克（Robert Hooke）的帮助下，领导了伦敦的重建工作，建造了 51 座堂区教堂，再加上他至高无上的不朽作品：新圣保罗大教堂，包括其技术复杂的圆顶。这表明一个全新的伦敦立刻崛起。

首都的生活很快就恢复接近于瘟疫前的正常水平，包括胡克、雷恩在内的专家学者们重新开始了在皇家学会每周召开的例会。他们的对话延伸到那些“看不见的大学”，也就是以仍具异国情调的咖啡屋和新建伦敦城内的旅馆为场所的地方。部分谈话热情多于严谨。在早期的例会中，学会听取的报告主题有“一头十分奇怪的畸形小牛”“杀死响尾蛇的方法”等，递交上来的还有“木星云带之上的一个斑点”“国家自然史的普遍领袖”等。牛顿没有参与其中。

20 相反，他始终致力于让在瘟疫之年取得的成就条理化，并成为完全成型的体系。这项工作花费了他 20 多年的时间。他几乎是静悄悄地完成这些工作。他和 17 世纪 70 年代初新成立的皇家学会的成员们有一些接触，但是他很快就从欧洲知识界的视野中消失。其中部分原因是他对其成就遇到的挑战必有怨愤，还有就是因为他决定在他梳理好理论之前绝不分享他的发现，再就是因为在他“消失”的许多年里，他想继续多方探究，主动保守秘密：探究异端宗教信仰和古代炼金术，他将其视为研究自然变化的另一种方法。他写信给几个寻找炼金术的同伙，告诉了他的炼金术实验。但他很少以任何公开方式与伦敦的自然哲学同事进行交流，更不用说他到首都拜访。

但是，这样的沉默并不意味着牛顿对驱动皇家学会成员们同样的冲动无动于衷：他们对知识本身做出了重要贡献，把发现的东西都付诸实际应用。牛顿从一开始也承认，自然哲学能够理解日常生活，也能够理解自然的博大。比如，早在 1664 年，在沉迷于万有引力问题之前，牛顿就设计了一种计算复利的几何方法，这是他对货币数学运算的首次贡献。10 年后，牛顿把他精湛的数学技巧转向服务于所属机构，帮助三一学院财务主管分析学院拥有的农场应该征收多少地租。牛顿善于计算和思考。他在这里工作，为一项付款随着时间变化的资产定价，就已经暗示着这两项技能可以让人致富。

这一想法在剑桥的岁月里曾闪现过他的脑海，他却并没有付诸行动。他全身心地投入货币的世界，也就是既拥有自己的账户，也

为王室服务，将会出现在他的奇迹之年的整整 30 年之后；彼时， 21
他出任了皇家铸币局官员的新职务。尽管如此，其他人开始认识到，在数学推理和财富之间可能存在联系。他们既追求财富，又想创立另一个新学派：一门随时间变化的科学，不是以行星而是以人作为其研究目标。可能这类新人最具体的代表是那个本应被更多人记住的家伙：一个博学家和贪得无厌追求货币的暴发户，名叫威廉·配第（William Petty）。

第二章　“制定土地和劳动力之间的标准和方程式”

22 威廉·配第活得十分老派——他是一位真正的文艺复兴人士。到他 30 岁的时候，他已经成为一位著名的音乐教授、解剖学家和化学家。不仅如此，他还称得上是一位发明家，他常常自己动手做东西，从制造农具到设计船只等。配第擅长的领域还不止于此。数学是他的一项早期爱好，他有着实际计算的天赋。日后的事实会证明数学方面的天赋将会使他致富，尽管他的身份是爱尔兰首位全能的地理学家。

配第中年时期正值年轻的艾萨克·牛顿开始构建他的世界体系之时。配第的野心有限，目标也较为集中，也就是把他的“实验从人体转向精神”。他曾写道，人体是了无生气的物质、天堂的对象和类似的东西。这个目标被公认为接近于牛顿的目标，尽管这两个目标之间有一处关键的差异：牛顿集中分析运动的物体；配第则旨在“理解激情及其发酵过程”，也就是认为人类的情感如任何自然过程一样。但是，配第强调，他的程序如同任何纯粹的物理研究一样严谨。他对纯粹的意见或模糊的语言描述兴趣不大。相反，他宣 23
称，他将“用数字、重量或尺寸的术语来表达自己”。这是配第奉行的一个信条：弄清人类世界的唯一方法是量化，只有从这一坚实的实证起点进行推理，才能“只考虑这样的原因”，用他的话说，“作为事实上明显的基础”。

这是他稍后年月中的宏大愿景。出生之初，基本没有迹象显示他将拥有如此宏大的野心。1623 年 5 月 26 日，配第出生于罗姆西镇，父亲是一名不成功的呢绒商和染色工。配第在 13 岁时离开地方学校。当时，他已经掌握了“零散肤浅的拉丁语，并且……开始学习希腊语”。在 15 岁生日前，配第逃离了罗姆西和其黯淡的前景，签约受雇于一艘跨海与法国进行贸易的商船。此行幸运与不幸交织。不幸的是，他不具备水手的天赋，这使得他在船上摔断了腿；幸运的是，在诺曼港口城市卡昂，卡昂大学的耶稣会士接纳了他，让他接触到了一些当时已传遍欧洲的新人文主义知识。

配第在 17 世纪 30 年代末离开卡昂时，仍处于青少年时代。在返回英格兰之后，他已显露出像喜鹊一样机敏的智力。在 21 岁生日前，他开始写下天文学思想，出版诗集，完成“几幅绘画作品”，为海军完成了一些工作。他停顿了下来，受训成为医师，这是一门让他接触到关于机械因果、解剖学和化学更加崭新思想的科目。当他完成训练时，他既成为一名医生，又成为一名新人类的典型——一位“能手”，伦敦不断扩大的热切研究者网络这样称呼他们自己。他和他们致力于已经被称为自然哲学的事物，规划通过实验、观察和明确的自然证据来做出发现。现在只存在一个问题：他仍旧很穷，他的智力能够让他吃饱穿暖，但他渴望的却远不止这些。

24 当配第成为不幸的爱尔兰岛残酷悲情事件中的胜利者时，他的命运也为此发生了变化。1641 年，爱尔兰起义成为一场暴力混乱，导致爱尔兰天主教主导的邦联创立，这是一个短命的、有抗争意味的但或多或少是自治的政府，对岛上大部分地区至少拥有名义上的权威。当国王查理一世赋予爱尔兰天主教信仰自由时（再加上其他条款，等于承认了爱尔兰自治），邦联同意将其武装力量置于英国军官领导之下。这一协议并未持久，查理一世不止一次尝试输入爱尔兰士兵，帮助他对抗议会的军事力量——奥利弗·克伦威尔（Oliver Cromwell）的新模范军，但都失败了。随着国王最终战败并在 1649 年 1 月 30 日被处决，胜利者把邦联视为一个叛乱的省份，或多或少地站在失败者一方。对新生的英格兰共和国来说，爱尔兰既是威胁也是奖赏。

在查理一世死后 7 个月，克伦威尔入侵爱尔兰，在 1649 年 8 月 15 日登陆都柏林。这是一次血腥残忍的军事行动。在他首次大胜并夺取德罗赫达之后，2 000 名爱尔兰保皇党士兵被处决。这是一次暴行，继之而来的是在韦克斯福德对战士和市民的大屠杀。在 1650 年春天，入侵者努力重新占领大部分爱尔兰邦联的土地，克伦威尔自己则返回了伦敦。这里存在着一个问题：他留下了一支没有支付军饷的军队，同时内战近十年留给议会多达 300 万英镑的债务。

以克伦威尔为首的新政府不能仅靠以往君主常用的手段即借钱来维持。在查理一世被斩首之后的混乱和不确定性中，传统的放款人变得惊恐不安。这种形势迫使英国人找回另一个古老的窍门—— 25
强盗的解决方法：交换掠夺的机会来实现现金在手。事实证明，这种方法起作用了。参与实际战斗的士兵们在无军饷的情况下行军，军队的供应商同样如此，对他们来说，还要加上所谓的冒险家，这些勇敢的人愿意借钱给新政府。作为回报，他们获得了承诺……可以从天主教地主手里，再加上在内战期间选择站在错误一方的任何人手中掠夺爱尔兰——掠夺几乎整个爱尔兰。

尽管如此，胜利之后，在英国人和战利品之间仍存在一个障碍：一分一毫地算清爱尔兰值多少钱。到 1653 年，随着农村最终也被平定，这一计算的需求变得紧迫起来。首次尝试编制的没收财产目录仅是可用土地总数的一份简要账目。第二次基本上是对以往记录的回顾，查阅了每一块土地价值的地界、租金和其他价值度量的现有记录。人们普遍认为，这一“民间调查”并不准确。到 1654 年末，数以千计带枪受训的人仍旧没有得到承诺的报酬。在这几乎两年的进程中，他们开始变得有点不耐烦。

威廉·配第正是在这样的情况下上场了。他设法获得了驻爱尔兰军队总医官的职位，并于 1652 年移居都柏林。起初，他以在伦敦喜爱的自然哲学思维践行医学，和罗伯特·波义耳（Robert

Boyle）一起解剖地方动物。但随着早期调查的踌跚不前，配第看到了机会。在一次等同于“智力政变”的行动中，他向军队领导推销了一种解决当前问题的新方法。现任总调查官选择只测量标记为没收的土地，这种民间调查的“荒唐和毫无意义的调查方法”主要
26 关注的是所有权记录，而不是依据所获资产的直接账目，也就是对财产、牲畜、工具和类似东西的改进。配第提议测量所有东西：整个爱尔兰，其所有权，其地理，所有“河流、山脉、山脊、岩石、泥沼和沼泽”，再加上房屋、谷仓、篱笆，以及所有构成这个岛屿不动产的其他东西。他愿意承担这项工作，报酬主要以几千亩爱尔兰土地支付。

当局在 1654 年 12 月接受了配第的建议。他立即着手进行。凭借着直接的经验观察，他很快就完成了（正如他承诺的那样）前任残缺不全且充满争议的工作。他托人到伦敦购买用现代方法制造的新测量工具。“配第考虑到工作量的巨大，想要分开制造工具的技艺，也把它们用在许多部分”，也就是：他将其分配出去，这个工匠做测量链，另一个做罗盘针，再有一些木匠集中建造箱子，等等。这不完全像亚当·斯密（Adam Smith）制针业的分工，但不得不承认，配第的想法对一些更为宏大的目标来说，更接近理性人类行为的图景。配备这些标准化的装备后，测量员和助手团队在士兵的护卫下开始出发，和指定的“粗人”（这些人能够证明整个爱尔兰设置的地方界址线）一起工作。

日后的事实证明，这不会是一次完全顺利的行动。一些测量员

面对充满敌意的地方人士退出了。这项工作本身比预期的更为棘手，在许多地区发现的东拼西凑的小地块要求更加详细深入和更耗 27
时间的绘图，远超配第的预期。他不得不击退都柏林政府内的敌人，特别是那些指责他欺骗的人。甚至到了他不得不现身军事委员会面前为自己辩护的程度。他反击那些指控，即：他依靠“喝醉的测量员”，他们的工作欺骗了值得信任的士兵，把“不盈利的土地……作为盈利土地欺骗军队”。

即便如此，配第还是以惊人的速度推进工作。他绘制的地图囊括了前所未有的信息量，不仅仅是数字和标记，也包括图示：绿色的丘陵，教堂的尖塔，村庄与城镇的建筑和街道，以及通常记载着有意义的细节的文字，比如“不盈利的山丘和覆盖草皮的沼泽”、卡佩那汉尼（Capenaheny）家的“用材林和林下灌木”，还有一些关键的对比，比如“天主教徒小爱德华·邓根”以一种与他的东边近邻——一位“新教徒”——不同的（且非法的）方式做礼拜。

一直到1659年，配第才完成偏远西部的最后一个角落的测绘工作。但是，都柏林当局在1655年年中就开始授予士兵土地，也就是在被称为“唐恩测绘”（Down Survey）的测绘工作开始之后不
到半年。当然，唐恩测绘绘制的地图并没有衡量从他们的信息中流 28
溢出的苦难。由唐恩测绘启动的克伦威尔殖民，毁灭了天主教爱尔兰社会的世界。1641年，天主教徒占有60%的爱尔兰土地。到这一世纪末，爱尔兰天主教徒拥有的爱尔兰土地已经降到刚过20%。在下一个50年，只有不到5%的地产仍保留在天主教徒手中。

当然，土地的这一结果是配第的杰作。他提交了他所承诺的东

西：一份本质上是为了种族清洗的蓝图。它明确了谁应该被剥夺财产和谁应该取代前者的地位。在第一波测量时，至少有 1 万名天主教地主被从他们的土地上赶走，连同劳工和天主教城镇居民被驱逐流放，移居到岛屿遥远的西部，或者被抛弃任由死亡。唐恩的测绘更是造成了长达 10 年的人口大灾难的高潮：每 3 个爱尔兰男人、女人和孩子中就有 1 个被杀死。

没有证据表明配第本人对如此的水深火热感到高兴。他后来计算得出，有 50 万男人、女人和孩子因为战争之年的直接或间接结果而丧失了他们的生命，“一些人的血肉之躯应该是为了报答上帝和国王”。但是，他不接受对他把幸存者和他们的财产分离的谴责，因为他接收到的任务就是测量英国新夺回的战利品。用他的报告所做的事情是一项政治决定（虽然配第本人从中受益）。配第根据其爱尔兰经验获得的认识，是运用有条理的严谨来观察和衡量——伦敦的能人圈已经开始探索同一概念——在真实世界的实际运作。

最重要的是，配第利用这种严谨，为他的测量创造出了数据收集工具，并将之标准化，来完成首批现代政治地理作品之一。这是把新的自然哲学运用到现实，在纸面上解剖爱尔兰。最终的结果是
29 把所有丰富多样的景观转化成地图，从而能够为任何人所阅读。相比之下，唐恩测绘抓住的也是同一种洞见，牛顿后来捕获这种洞见用来转化自然科学。它把数字和观察结合起来。从这一点来说，配第的首个伟大工程仍旧是一种相当简单的关系，仅仅是评估能够用英镑、先令、便士来表示的欠每位债权人的土地。尽管如此，配第很快就描绘出更具野心的图景——一项充满想象力的政治科学本

身：治国术，作为数学争论的一种形式。

配第到都柏林的时候是一位贫穷却聪明自信的 29 岁青年，7 年后回家时已是一位富有的人，也就是几千亩爱尔兰土地的主人——那是他作为测绘员的报酬。他也成为一位名人，作为第一代伟大的自然哲学实际运用者之一的作家得到了承认。在 17 世纪 60 年代早期返回伦敦后，他的活动范围必然缩小：他不再指挥整个国家的一支测绘大军。但他在伦敦找到了朋友，正如他把数学运用到人类社会一样，他被人们接纳了。

对于临时的观察者来说，伦敦的专家共同体在复辟的斯图亚特君主政体早年是一群夸夸其谈者，至少表面看来如此。根据对此类聚会轻蔑的目击者的报告，这类漫无目的的谈话仅是“一种混乱的呓语方式”，其中“华丽无比的猜想、神圣无比的真理，相当常见……如同石头一样常见”。但是，在有学问的人中，有人理解筹办聚会的权力是像谈话一样枯燥的事物。他们之中的少数几人开始在格雷欣学院讲座之后聚会，经常见面者开始定期聚会。

1660 年 11 月 28 日，这一团体“成立，根据通常的方式退出了相互的对谈”。大约 12 个人出席，配第位列其中。在那天下午，他们决定把非正式见面变成常规的制度，以此“促进物理-数学实验学问”。他们起草了一份邀请 30 位其他知识分子的名单，商定了一份集会的固定时间表：每周三下午三点。罗伯特·莫瑞爵士（Sir 30
Robert Moray）——他们之中最出色的联络人，把消息带到了宫廷，下周回来报告：克伦威尔的代替者、新近复辟的国王查理二世，已被告知了这一计划，并且“满意地给予御准”。查理二世在1662年7月15日授予这一团体特许状，这样，这一天就成为现在被称为皇家学会这一团体的诞生日期。正如其创始成员所宣称的那样，该团体致力于新知识的创造，对直接调查的严格审查进行检验。

新团体制定的目标特别适合配第。唐恩测绘聚焦于一个特定的问题：在一个单一的时刻，怎样衡量爱尔兰，以找出土地和现金之间的瞬时交换率。在皇家学会的最初几年里，配第开始面向未来，以便找到一种更为广泛地分析社会的方法，能使他随时预测和形塑政治结果。随着他思考的深入，他赋予他的计划一个名称——“政治算术”。他将之视为一项全面的尝试，利用他旧有的试金石，也就是“数字、重量或尺寸”，来构建一门定量的社会科学。

简而言之，配第的政治算术是一种实用于人口统计的练习。他从现在我们称之为人口普查的地方着手：多少人居住在任何一个特定区域内的一份计算总数；根据宗教或民族起源或习惯和传统，认定每个人的身份；他们拥有什么资源，怎样有效利用这些资源。就这些知识来说，配第认为，国家应该了解——可以肯定的是，以前在治国术中从来没有了解——并应该做到以达成既定的政治目的。①

① 在不列颠历史上，还有另一个引人注目的政治调查的明显例子：末日审判书，在10世纪80年代根据征服者威廉的命令编写，用于评估他刚刚获得的王国的价值。从评估其领域价值的尝试来看，两者有相似之处。但是，唐恩测绘的不同之处在于，它专注于将爱尔兰的内容简化为一个清晰、抽象、量化的账目，一个允许直接比较一项授予或奖赏与另一项的价值。末日审判书的清册可能渴望做到精确，但它不可能接近实现这一目标。

他尝试全面地运用政治算术，不出所料，其应用对象落到了不幸的 31
爱尔兰人身上。在过去生活的 20 年时间里，配第制定了各种各样的计划旨在确保英国人控制爱尔兰（和保障他自己作为一名爱尔兰地主本身的利益）。斯图亚特王朝复辟之后，为了因应复杂的政治，他改变了分析的策略。尽管经历了每一次的变化，但基本程序没有改变。首先，他会做一个粗略的人口估算：在 1672 年，他断定有 80 万“天主教徒”，30 万新教徒（其中 20 万是英格兰人，10 万是苏格兰人）。然后，他从无差别的数据中梳理出最重要的类别。比如，在 1672 年的建议中，他提到有近 80 万人身体健全、能够工作，其中只有一半人能够从事任何生产性工作，他把其余的人划分为那些“倾心于酒类行业”的人或者只是简单装病逃差者——“败家者和无所事事者”。由此，他开始做简单的计算。他相信能够揭示策划特定政治和社会成就的有利方法。

配第将他的算术运用到人民身上的这一早期图景，意味着建议居住在爱尔兰的人们会做出改变，以使这片领土更具生产力、其人民更好驾驭。他写道：“如果 20 万爱尔兰人和相同数量的英格兰人互换居住地，那么英格兰人的自然力量就等同于爱尔兰人的自然力量”，这意味着“爱尔兰人以民族或宗教理由搅动风云”。而跨越爱尔兰海移居的爱尔兰人在数量上与本土英格兰人相比远远寡不敌众。

配第对强制重新安置的初步计划继续进行细化。他说，在这些安置者中间，每年应该有 2 万名适婚爱尔兰妇女分配到英格兰各堂区中。为了保持性别比例稳定（和适婚夫妻的数量），同样数量的

32 英格兰妇女应该被送往爱尔兰，这些妇女将嫁给当地人——这里我们直截了当地说了配第在社会工程中的运用——以此来教化爱尔兰单身汉，创造适应英格兰的文化、家庭行为和忠诚的盎格鲁-爱尔兰家庭。

配第并未止步于简单的人口操控。他辩称，政府应该收集数据，以使农业经济的领导者能够管理他们的事务。“使这项工作完美的更好方法，”他写道，“最方便的是了解每个堂区的英亩数，此外是黄油、奶酪、谷物和羊毛的数量，列举出 3 年的结果”，然后计算每一小块土地需要多少个雇工、能产出多大的量。重复运用到整个王国，结果将是完全洞悉全国财富：一定程度的定量细节，使算术家能够“制定土地和劳动力之间的标准和方程式”。配第的方法不能提供类似国内生产总值评估的事物，但他可以被认为是此类国民核算的鼻祖。这是一种现代的想法，源于配第与他的皇家学会同僚分享的信念：任何事物可以用数学来表达，这样就可以揭示实证经验能够计算、称量或衡量的任何事物之间的关系。

15 年之后，艾萨克·牛顿出版了他对天体运动的伟大解释，人们肯定很容易夸大其与配第尝试量化经济和政治间的联系，但它们之间的共鸣也不仅仅是巧合。牛顿和他的同僚提倡运动到点的数学模型，这样他们能够检验其性质，并且做出有用的、精确的、真实的预测。配第从来没有接近过这样一种精确性，也没有若干人类
33 经验的公理，类似于牛顿用来构建宇宙的物理定律，能够支撑人类秩序的描述。而且，配第认为，即使是简单的数量联系——从英亩到黄油——也可以揭示人类经验的真正模式。

在接下来的 15 年中，配第把他的政治算术转向其他挑战，比如通过各种统计测量，衡量英国、法国和荷兰的相对财富与权力，并且尝试计算年轻的英国北美殖民地的前景。在生命的最后阶段，他提出最后一个令人恐惧的关于爱尔兰的建议。他想要把岛上的人口削减到一小部分，只留少量人在一个成为巨型牲畜牧场的岛上做牲畜贩子。其他人被征用服务于另一项尝试——通过人口统计资料规划民族：把爱尔兰岛上的几乎所有天主教徒带到英格兰，以支持国王詹姆士二世重新天主教化王国的期望（配第不是唯一一个通过英国 17 世纪血腥政治骚乱致富的英国人，但这是他灵活性的一个标志。他既能在职业生涯的开头服务于克伦威尔的目标，又能在职业生涯快结束时服务于詹姆士二世的激情）。

这些后来的爱尔兰方案都未能实现，包括配第在天主教徒家乡驯化他们的梦想，也包括他最后骇人的清空土地的愿景。从根本上说，他是一名较好的知识分子福音传道者，而不是一位社会工程师。他的成功取决于他的同事和他的核心思想继承者：利用越来越强大的数学工具进行研究，对人类人口系统可靠的衡量能够转变人们和国家做生意的方式。他亲密的朋友约翰·格朗特（John Graunt）在 1662 年用他的标志性文本《基于死亡登记表的自然和政治观察》推进了配第对人口分析的能力。在这一作品中，格朗特把生死归结为数据。并且从其他方面来看，他在英国首次成功严谨估算出儿童死亡率。他发现，全国儿童的 36%，也就是 3 个中的 1 个多，会在 6 岁生日前死亡。

在配第于 1687 年去世之后，新的思想家继续以信徒行事，推 34

动他们也称之为政治算术的东西。多产的原型经济学家查尔斯·达文南特（Charles Davenant），把这一术语定义为“用数字对与政府有关的事务进行推理的艺术”。达文南特的朋友格里高利·金（Gregory King）利用这一框架来论证生活的方方面面，表明公正地收集数据的重要性。金记录了出生与死亡，每一种职业换得的或拥有的国民收入部分的估算，公共税收收入，甚至如历史学家泰德·麦考密克（Ted McCormik）揭示的——绣在“金太太们精致印花长袍”上的大小花朵的总数。

这些后来的作家都十分谨慎地避免配第部分堂皇浮夸的冲动，比如建议跨爱尔兰海来回迁移全部人口。金提供的是谨慎的建议，而不是提议大规模的全民交换。比如，他利用对英国和法国财富的分析，慎重地揭示：在新国王威廉统治下的英国，无法负担得起反对路易十四统治下的法国的九年战争（他是对的）。这种外表的谦逊隐藏了配第的后继者在使用计量社会知识时追求的野心。再比如，当金制作出一份全国资源和战斗能力的粗略模型时，他用它规划了几年后英国军队的命运。

采取英国皇家学会拥护的方法能够追踪一块下落石头的运动或潮汐涨落运动的“物理-数学-实验”方法，并把它运用到人类经验领域。伴随着这一方法的成熟，寻求预测社会结果的自然哲学分支面临着一个纯粹物理不会面临的问题：不仅是预见未来，而且是计算出其价值。

再一次，配第把爱尔兰转化成一种统一的以英镑、先令计数的
35 度量，他在唐恩测绘中已经展示了这种方法。但这仅仅是第一步，

人类社会随时变化的事实，使得为人类行动和资源相互作用计算价值问题，像科学革命家处理的任何其他问题一样复杂。解决这一问题将激发新数学，特别是概率和风险思想，以及思考经验的新方法。在 17 世纪最后几十年，创造这些工具占据了一些英国最优秀的大脑，包括一位年轻人、皇家学会第二代的一位领袖，他正紧盯着一份死亡清单。

第三章 “十分可信的猜测”

36 在 1693 年，埃德蒙·哈雷（Edmond Halley）年方 37 岁，虽然相对年轻，却被公认为英国皇家学会最令人敬畏的天才之一。

像许多当时的人一样，哈雷并没有把自己局限在单一的学科中。他是一名天文学家，位居欧洲最杰出的天文观察者之列，是一场伟大的理论预言的胜利者：1682 年出现的彗星将在 76 年后回归。他是一名勇敢的探险家，乘坐一艘 52 英尺的皇家海军船只横渡大西洋，对地球磁场变化进行了首次大规模海洋测量。他精通阿拉伯语，能够把数学文本翻译成拉丁文。他创造了一种“枪炮制造伟大应用问题解决方案”，甚至提出了一种关于诺亚洪水的假说：彗星的擦肩而过，足以撞击地球一侧，导致洪水。

在这份成就的名册上，还可以添加更多：他是第一位创造一种

严谨可靠的方法为人类寿命明码标价的人。哈雷能够看到“彗星”， 37
只需稍微夸张一点，他就是我们今天称为人寿保险的数学发明者。哈雷突然产生了对人口统计和人类出生与死亡定量研究的兴趣，虽然只持续了很短时间，但（恰好）足以开启机会。他在一位已经去世之人的通信中，发现了一封来自一位默默无闻的德国牧师的信件。

卡斯帕·诺伊曼（Caspar Neumann）由于一项技能而在历史上知名：能计算。

在1687—1691年间，诺伊曼是西莱亚西的布雷斯劳城（今天波兰的弗罗茨瓦夫）一名具有哲学倾向的牧师，他一丝不苟地记录下人们的出生和死亡时间、死者的年龄以及性别。但是，他只是简单记录这些内容，把生命简化为数字，并以表格的形式呈现出来。

当诺伊曼的数据积累到一定量的时候，他就开始和他人分享自己的成果。他给德语世界最杰出的自然哲学家戈特弗里德·莱布尼茨（Gottfried Leibniz）捎信。当时，莱布尼茨是汉诺威宫廷成员。1673年，莱布尼茨已经被接受为英国皇家学会的外籍成员，他发明的“计步器”是第一个机械计算器，能够完成四则算术运算：加减乘除。在看完诺伊曼的数据后，莱布尼茨给了什么建议呢？他让诺伊曼把数据送到伦敦。在这里，皇家学会的哲学家们可以在每周的会议上对这些数据的价值进行鉴别。

诺伊曼照做了，但是他的数据经历了一条曲折的道路。这些数据首先到了亨利·贾斯泰尔（Henri Justel）手中，那是一位为逃避法国对非天主教徒日益残酷的迫害而来到伦敦的法国新教徒。贾斯泰尔不是一位深刻的思想家，但他热切地维持横跨欧洲的联系，是已经被称为“文学界”（the Republic of Letters）的知识分子网络的一个节点。贾斯泰尔可能亲自把诺伊曼的作品呈送给皇家学会，但即便如此，它看来没有引起任何人重视。对大多数成员来
38 说，一份德意志地方城镇的死亡清单，可能只是自从学会创立以来热心的业余爱好者送来的成百上千份热心观察记录中的又一份。这些观察囊括一切，从由伟大的罗伯特·波义耳本人在第一期学刊发表的对“一头十分奇特的畸形牛”的描述，到 1680 年由一位“荣誉人士”完成的深度水压调查，再到罗伯特·波义耳向洛厄（Lower）博士询问输血的问题（他想知道在其他假说中，“一条凶猛的狗，经常被输送一头怯懦狗的新鲜血液，是否会变得更温顺”），或者来自巴黎的德·拉·金丁尼先生（Monsieur de la Quintinie）对“甜瓜的一些深入说明和观察”（结论是永远正确的建议：“困扰你的不是大个甜瓜，而是优质甜瓜”）。

诸如上述这些观察的文件到达伦敦后，如果激发了皇家学会某人的兴趣，人们就会在学会每周例行的学术会议上进行商讨，否则就会被永远遗忘。诺伊曼的数据在当时很可能并没有引起人们的注意，更无机遇可言。只是在贾斯泰尔于 1693 年逝世后，埃德蒙·哈雷翻找了他的文件。他在诺伊曼“不同寻常的布雷斯劳城死亡数清单表”中之所见，激发他用尽他全部数学论证的能量，来解决人类生命从摇篮到坟墓的任何一个时刻的预期。

随着哈雷一头扎进诺伊曼的数字，他在其中发现了这一事实：这座城市是一个没有活力的地方，安静且绝对与世隔绝。通过数字来看，布雷斯劳很少与外部世界交流：没有几个人离开城镇，也很少有人迁入，也就是说人口流动性非常小。诺伊曼汇集的数据表明出生与死亡基本持平，年龄原因的死亡模式在 5 年的数据中基本上保持常数。这使其成为哈雷试图调查死亡率（也就是多少人将死亡，在每一年的哪个年龄段），进行数学运算的统计典范，因为这是一个不那么复杂的环境，相对于哈雷居住的伦敦来说——永无休止的男男女女潮水般进入伦敦。

哈雷注意到这种稳定的人口，首先从诺伊曼的原始数据中抽取
最简单的事实：在调查的 5 年里，6 193 个婴儿出生，与此同时 39
5 869个男人、女人和小孩死亡。深入挖掘这些概要性质的数字，哈雷发现了一种无辜者的杀手，“每年有 348 人在其生命的第一年死亡，”他写道，“同样……在 1 周岁到 6 周岁之间 5 年内有 198 人死亡。”算术是无情的：每年诞生的 1 238 名小孩中的 692 名，也就是 56%，能够幸存下来庆祝其第 7 个生日。在婴儿期的灾难之后，布雷斯劳的儿童们能够保持一个合理的期望：他们能够活到拥有自己的孩子，因为在青少年和青壮年时期死亡率大约降到 6%。直到这一城市的居民达到 50 岁，这一比例开始缓慢上升。此后，随着幸存者的年岁逐年增长，死亡将占据越来越高的比例。

在这之后，哈雷以更细致的程度重新考察了这些死亡率数据，计算了每一个年龄段的人在他们死亡前一年的百分比，比如有多少个 30 岁的人在 31 时仍活着。他把这些结果放到另一份表里——一

份展示了布雷斯劳一年内从 1 岁到 100 岁年龄剖面的表格。

这些数字导出一组漂亮的代数。哈雷仅利用出生与死亡记录，就计算出诺伊曼数据中城镇的全部人口：34 000 人，这一数字多年以来保持得相当稳定，因为出生与死亡可以被合理地预估出来。

从这一基准线出发，哈雷开始触及允许他详细分析成百上千英里之外的陌生人的生命问题。在一次常见的配第式政治算术的练习中，他利用诺伊曼的数字估算布雷斯劳的军事潜能。他把 18 岁到 56 岁之间的城镇居民数加总在一起，然后把这一数字一分为二，以抽取样本中的男人数，从而得出男人能够“承担战争兵役和武器的负担”的比例，即布雷斯劳能够召集的防卫力量正好是常住人口的四分之一。

40 然后，哈雷进入了数据的核心，考察“死亡率的不同程度，或者在所有年龄段的生命力”，他将其定义为“一个（特定）年龄的人在某一年死亡的……概率”。这是一项简单的计算。25 岁活着的有 567 人，到了 26 岁仍有 560 人活着，比率是 560∶7，或 80∶1，这样任何一个到了 26 岁年龄的人都能看到其结局。接下来，哈雷展示了同样的推理：怎样来计算每个人活到任何年龄的概率，比如我们从目前的 25 岁活到 50 岁的可能性。

到了这一步，哈雷仍处在配第和他的继承者 30 多年来所做事情的范围之内：运用简单的公式做各种测量。尽管如此，接下来发生的事情把哈雷带入一个新领域，即：并非简单地处理诺伊曼的数据，而是加上了可能性的维度，也就是现代意义上的风险维度。他问道：任何人以他或她活到某一既定时间长度的概率打赌的话，他或她应该赌什么？正如哈雷表达的，对于任何年龄，从哪一点看应该死亡呢？我们每个人在取决于明年我们是否活着或死去的概率面前，期望寿命是多少呢？

对于 17 世纪的欧洲来说，答案就直接显现在哈雷用诺伊曼数据制作的表格中：他要做的是，以任何一点为起始，直到他发现中位数之年就停下来，也就是在任何一个同生群——不管是 1 岁、20 多岁，还是两鬓斑白的老者——起点线上的人仅有一半还活着的年龄。这几乎是一个微不足道的发现，仅仅是他前辈工作的延续。但
是，对所有机械的计算简便性来说，背后的思想对于其时其地却是 41
颠覆性的、至关重要的。在确定了生命终止的时间后，哈雷马上就询问怎样用数学来度量诺伊曼的观察，并且不仅是回答在任何时刻设定时间的问题，而且是回答生命用时间和金钱来衡量值多少的问题。他找到一种方法来计算出某人生命旅程任何时刻存在的货币价值：不是随意掷骰子，而是一种真实的评估，评估一个仍能看到的年岁的公平价格。

如果这个问题看上去眼熟，那是因为它的确眼熟。如果把哈雷称为人寿保险之父，有点夸张，但也不太离谱，并且阐明了当其被熟悉以后科学革命是如何产生的。哈雷一头扎进非常世俗的保险问题现在看上去非常令人惊讶，但他像其皇家学会的同事一样：每天早上穿戴整齐，出门进入充斥着人、地、物的日常世界，用其有准备的头脑致力于他们的发现。

在这种情况下，哈雷踯躅于一些问题，那些问题正开始渗透进一个处于幼年期的行业。在伦敦，最早的有组织的保险计划出现于

伦敦大火之后，是对伦敦大火做出的回应；在起初的一些错误之后，第一家公司成功地向公众出售火险，也就是“房屋保险营业处”，在 1681 年开始签写保单。涵盖了海洋贸易风险的海事险，有着悠久的历史，根源于古代，在意大利演进，然后从中世纪晚期起
42 拓展到北欧航海中心。试图给英国不断扩大的海事财富提供保险出现于 17 世纪，在 1686 年爱德华·劳埃德（Edward Lloyd）咖啡店创立时达到高潮。劳埃德通过提供定期更新的海运消息，来为从事航海事业的客户服务，从中催化了市场的出现，船主和保险业者可以从中敲定他们的交易。[①] 这些交易根据经验或预感，也就是相关知识拥有者能够做出的最佳猜测来达成。

为个人抵御死亡风险提供保险，或者最起码为其财务后果提供保险，对伦敦金融景观来说，是一项相对晚出现的附加物。首份人寿保险计划出现于 17 世纪 90 年代的伦敦，恰好伴随着哈雷正逐步做出他的发现。这些试验都有一个普遍的问题：试验者不得不让被试验者的收入和支出相匹配，这样就不得不算出被试验者在任何一个既定年份里可能需要支付的数额。也就是说，试验者需要算出一个年龄段或另一个年龄段的任何既定人员在一个特定时期死亡的概率，然后找出一种模型来帮助试验者了解对寻求保险的每个人收取多少费用。

这正是哈雷着手解决的问题：随着每一年过去，我们每个人，乃至我们的保险公司，将面临的风险是什么？一旦理解了这一点，

---

① 在劳埃德咖啡馆买卖的最早的专业保险之一是为奴隶贸易投保，这提示了早期大英帝国在多大程度上形成了跨大西洋的买卖人口市场。

就可以利用这一知识弄清当我们离开这个世界的时候，我们应该花费多少钱以获得一笔规定的赔偿金。哈雷解决了这个问题。通过考察概率序列，他能够比较一个人在一个年份期限里相对于另一个年份期限里死亡的风险。这一分析，哈雷写道，揭示出“担保一个20岁的人和一个50岁的人的寿命价格之间的……差异”。他列出了显而易见的另一个数学问题：一个人应该为这样的保险支付多少钱（或者说为这样的保险支付的年费，即寿命剩余年份里向投资人的付款）。

于是，哈雷完成了最后一跃。到那时为止每一个分析、每一项 43
例证，开始于当前，着眼于未来：如果我在写这些时60岁，我想在我儿子的婚礼上跳舞的可能性，我可以用现代视野看看哈雷的表格，将希望转变成预期，把当前情形考虑进可能的此后结果中。但是，当哈雷计算一个人为将来的一笔货币约定现在应该支付的价格时，他实际上询问的是什么样的数学关系能够把未来几年或几十年变成真的预期，和此时此刻做的决定联系起来。这就像是一种当前价值计算，但包含决定着最终结果的概率。换句话说，哈雷的计算位于最早考察金融交易风险之列。

哈雷呈送给皇家学会关于布雷斯劳数据报告的其余部分，详细列出了他给保险和年费设定价格的数学方法，考虑了不得不在任何给定的年份里支付的概率。他已设法把他从诺伊曼作品中抽取出来的最重要的结果——在给定的时期死亡的概率或风险，和不同的方程式、复利计算联系在一起。他的布雷斯劳数据报告不是第一个考察这一概念的：关于利息，一项特定投资的回报，比如土地或股份投资，怎样随着时间推移构建起自身（复利）的。牛顿本人在其早期数学探索中已经完成了类似的计算，这一概念在英国国内有一个世纪之久的历史，而欧洲对复利的研究至少要追溯到 14 世纪。

44 但是，正如哈雷自己评论的，只有前几代人的数学发现，才使得轻松计算复利成为可能。复合投资（或债务）以固定的期限更新。以年利息 10%、每天复合计算为例，意味着很小的利息量——如 10%的 1/365——将每天加到总额上，将依次获得同样 10%的收益，随着账户的更新每天重复累加，很快就变得很清晰。这样复合计算的效果是深刻的：10%的收益，每天复合计利，刚过 7 年投资或债务就能翻番［激动人心的是，据信是阿尔伯特·爱因斯坦（Albert Einstein）这样认为：所有时代最伟大的发明是复利］。转换一种不同的数学形式，哈雷通过对一个寂寂无闻的边远小镇五年人口记录的操作，创造了基本框架，能够描绘以规定的回报利息假设为基础，作为一项投资购买任何年数的保单，付款多少是值得的。其运作如下：作为一家保险公司，你想知道承诺 10 年内 100 英镑的派彩，你想盈利的话，今天必须收取多少费用。你需要在 10 年内把这笔钱投到你喜欢的任何东西上，这笔投资的收益率将创造一个资金池，在投保人去世时能够支付要求的金额。所以，假设一笔（慷慨的）10%的回报，按季度计算复利，初始投资 38 英镑，10 年后收益是 102 英镑，剩余 2 英镑给你。如果你的客户活得更久，那么利润将很快变得微薄（第 11 年回报增加 10 英镑，第 12 年将再增加 12 英镑，以此类推）；当然，如果投保人很快去世，损失就会中止。如果你向足够多的人摊平你的风险，这样你假定多少个人口结构群——也就是一定年龄或性别的人群或者其他的分

类——在一个时间段死亡更可能被确证，那么灾难性损失的风险就 45
会下降。由此，你将完成一项现代承保人签署每一份保单所做的最简单形式的分析。

哈雷在 1693 年 3 月把他的研究成果呈送给皇家学会，几个月后该研究成果在学会的《哲学会报》上刊发。对他而言，看上去他从布雷斯劳出生与死亡研究中汲取了和实际教训一样多的道德教训。“我们抱怨我们的寿命短暂是多么的不公平，”他写道，“认为我们如果不能活到耄耋，那我们就太委屈了。”他接着写道，我们应该从哲学上审思，也就是从数学上审思，考虑到“与其喋喋不休于认为死亡得过早，不如以耐心和淡漠承认”，再加上我们应该高兴地达到“这一生命周期，有一半的人无法达到”。

尽管充满了洞察力，但哈雷的保险统计工作对伦敦新保险行业的工作影响甚微。寿险的早期实验是互助协会：人们签约每月支付一笔认缴额，这样在他们死后，其配偶就会获得一笔费用。第一家这样的企业——永久保险营业处友善协会（Amicable Society for a Perpetual Assurance Office），在 1706 年开始运营，2 000 名会员付费启动了这项事业。年龄在 12 岁到 55 岁（后来降低了岁数）的任何人都能够认购，如果他们死亡，他们的继承人在年末将获得一笔费用，是分配给其他已死会员之外的幸存者总额中的一份，不管会员年龄多少和多长时间加入协会。

其他方案随之而来。但是，运用数学为保险单设定一个合理价格的想法，仍旧几乎是自然哲学家的专业领地。一直到 1762 年，

46 首家以伦敦为基地的公司根据年龄调整保险费才开启了大门，这才开始利用哈雷的洞见。与此类似的是，直到 18 世纪末，英国政府还没有利用复利计算帮助设定年金债券收取的价格；政府有义务为年金投资每年付款，直到初始债权人去世。相反，当政府提供年金时，财政部犯下的错误类似于对一位 20 岁的购买者和一位 50 岁的购买者收取同样的价格。很明显，这对于越年轻的购买者越是一笔划算的买卖，对于财政部来说则是一笔更糟糕的交易，因为它想将必须支付的总额最小化。

即使这门新兴寿命投机生意并没有利用哈雷和其他人发展出来的严谨方法，但其背后蕴含的想法，在 17 世纪最后几十年里，通过越来越多的人扩散开来。把经验转化成数字的热情，扩散到像皇家学会这样的地方，呈现出无论在哪里，看上去一项处理数字的举措都可能让一个人的钱包鼓鼓囊囊，而让那些行动迟缓、未能抓住日常生活数学度量的人付出代价。

人们看待金钱方式的这种转变，可以在艾萨克·牛顿本人身上看到。到 17 世纪 90 年代，在欧洲没有一个人比牛顿更完全认同数学的优势。最近披露：在瘟疫之年思想突然大爆发之后，以及在与皇家学会成员几年内进行一系列简短交流之后，牛顿仍待在剑桥，投身于他喜欢的一系列问题，很少和伦敦的大师们联系。这种接近隔离的状态持续到 1684 年夏天埃德蒙·哈雷前来拜访这位彗星爱好同道的那一天。

哈雷来到三一学院，为的是解决一个更常和皇家学会工作联系在一起的问题——一个有关宇宙运动的问题：如果一颗行星因万有引力受缚于太阳，其拖曳力取决于两大星体之间距离的平方，牛顿是否知道这颗行星运行的轨道是什么？当然，这是牛顿在 20 年前
就曾投入研究的同一个现象：在引力影响下两个星体如何运行。现 47
在，他能马上回答这一问题：行星沿着椭圆轨道运行。

当哈雷要求数学证明时，牛顿承诺马上给他一份，并且给他了。但牛顿没有让哈雷公布首份草稿，他意识到它能够成为一门全新的运动科学。相反，他在接下来的 3 年花费了大部分时间发展支配物质运动的物理学，在系列展示中达到顶峰。牛顿从中展示了数学怎样能够分析和预测整个已知宇宙的行为：从到达极远之地，到拍打着多佛白崖的涨落起伏的潮水。

牛顿给出的数学证明就是《自然哲学的数学原理》，以简化的《原理》而广为人知。这部著作被正确地看作 17 世纪科学革命的巅峰之作，既解释了诸多物理现象，又展示了至今仍在推动物质宇宙调查研究的一种方法和一种世界观。和证明运动问题能够用数学解决同样至关重要的是，牛顿极具说服力的修辞力量。《原理》明确表明自然按照数字运行，像配第宣称的那样，很快是哈雷宣称的那样，人类本质必定如此运作，同样呈现出更大的力量。

《原理》瞬间引发轰动。1687 年首次印制的大约 350 份片刻售罄。其作者，已花费数十年蛰伏在三一学院，同样马上被认为是这一时代的思想家（塞缪尔·佩皮斯其时是皇家学会主席，他在 1686 年授权这本书出版，这让他的名字印在了扉页上）。1689 年，牛顿来到伦敦，收获名扬四海的回报，被选为大议会的剑桥大学代表之
一。牛顿很享受在大城市的时光，他和像约翰·洛克（John 48

Locke)、罗伯特·波义耳、克里斯托夫·雷恩这样的人以及其他许多人会面，这比剑桥只能够接触有限的事物和无趣的同事更令他感兴趣。有记录可查，当他议会任期结束、返回三一学院之后，他恳求他的新朋友们帮他找一份新工作，以便能让他重返伦敦。

牛顿的朋友们花费了5年时间为他寻找一个合适的职位，但是与此同时他保持着与他在大议会期间来往的联系人的交往。这些通信者之一是无处不在的塞缪尔·佩皮斯——日记作家、狂热的健谈者和投机家。在1693年11月，也就是哈雷发表他的布雷斯劳发现不久之后，佩皮斯给他的新朋友写了一系列简短的信件，显示出他多么敏锐地领悟到数学能弄清日常生活（这种想法在时尚的伦敦已
49 经四处蔓延）。在这些通信中，佩皮斯寻求牛顿帮助赢得掷骰子游戏。牛顿把这个问题看得很认真，在下个月的三封系列信件中给出了回答，计算了佩皮斯提出的三种不同情景中每一种的明确答案。没有人感到惊讶，他做出了正确的计算，也表明佩皮斯是一个差劲的赌徒：他把赌注押在了最坏的可能性上，可能失去他的赌注。用牛顿的分析武装起来的他，宣布对赌注违约，拒付赌资。

从佩皮斯逃避债务吸取的一个教训是，你永远不知道谁会骗人。当然，另一个教训是牛顿真的能够围绕一项方程式找到方法，尽管这一洞见首先源自佩皮斯知道向牛顿询问问题。在他的时代，赌徒和许多人因此会谈到"大胆猜测"一个人一次投机或冒险的运气，或许可能会祈求上帝的仁慈（"婴儿需要一双新鞋"）。这些花冤枉钱的人将自己付诸运气，付诸超出他们控制和知识范围的力量。相比之下，佩皮斯表达了一种彻底不一样且在1693年仍是全

新的风险、收益和损失概念。

这不是牛顿首次涉足概率、风险和运气问题。1670 年，在对光学现象一系列精细和困难的观察当中，他面临着一个实验误差问题：怎样降低他以远不能确定却可接受的不精确数据来做的衡量导致错失真正价值的概率。当时，他的解决方法是多次做实验，求取 50
结果的平均数，这样就可能出示最有力的合理声明。他所观察到的是真实的。努力量化和限制误差是一项彻底的行动，是一种朝向现代科学方法的关键步骤。牛顿看上去已经成为第一个用这种方法矫正不确定性——任何既定的衡量是错误的可能性——的人。

牛顿在 1693 年 12 月向佩皮斯邮寄了关于赔率的最后三封信。哈雷关于死亡率和生命价格的作品几周后登场。正如他们都写到的那样，其他人运用同类论证来分析完全不同的问题。在 17 世纪 90 年代中期，政治算术家查尔斯·达文南特为确证政治算术的结果做了一个概率论证，写道："可以做出十分可信的猜测，只要发现任何确定的立足点，来让我们的推理建基于其上。"甚或当一个人分析表面看来非哲学的问题诸如东印度贸易的价值问题时，也可如此。历史学家卡尔·温纳林德（Carl Wennerlind）在其杰作《信用的机遇》中指出，这种概率和知识的结合是一种定性论证。比如，温纳林德把哲学家约翰·洛克以概率为中心的知识论描绘为一种四级判断、一种运用推理分析支持任何既定主张证据的方法。在洛克或达文南特的论证中，有一种风险意识，但还没有必要的数学描述。除了像佩皮斯这样的人能够利用真正的专家，帮助计算出赌徒的赔率，大多数牛顿和哈雷同时代的人，依赖不确定性系统分析的思想，而不是依赖此类分析的演进数学。

但是，在 17 世纪 90 年代，风险的概念帮助创立了一种思考货币的正式框架。尽管保险业本身几乎一个世纪没有利用这些新分析工具，但其核心思想更快地渗透进公众的意识：那些在伦敦做买卖
51 谋生的人领悟到，风险的概念现在不仅适合思考货币，而且作为一个能随时变化的数量获取收益、直面风险，也因此能够作为一个以英镑、先令和便士为单位的数学问题被研究、被模式化。

这一历史时刻要求如此彻底的思想。到 1695 年，英国已经与法国开战 6 年，为佛兰德斯战场上的军队支付费用正变得更加困难，英国人到了面对一场很有可能导致财务失败的战争的地步，而在之前几年里英国已经试过各种权宜之计。最终，在 1695 年 9 月，财政部寻求外部帮助来处理危机的一个方面：由于存量银币跨越海峡流向巴黎和阿姆斯特丹，英国的硬通货枯竭了。被请教的这些人中有四位皇家学会会员：达文南特、克里斯托夫·雷恩爵士、哲学家约翰·洛克和艾萨克·牛顿。在国家命运岌岌可危之时，科学革命在这里、在几位拥有最伟大头脑的人中，直接和金融转型碰撞在了一起。

第四章 “纯粹意见”

1661 年 6 月 4 日，艾萨克·牛顿首次踏足剑桥的主路。天已经 52
很晚，路边的绝大多数门已经因夜色关闭，所以这位来自林肯郡农场的 19 岁逃离者，不得不等到第二天在三一学院现身。完成大学注册之后，牛顿穿过大堂，前往接下来 35 年间除了瘟疫时期一直是他家的地方。

昔日那位穷困潦倒的大学毕业生，早已摇身一变成为卢卡斯数学讲席教授，1696 年 3 月 19 日，牛顿收到一封来自哈利法克斯伯爵（Earl of Halifax）和财政大臣（Chancellor of the Exchequer）查尔斯·蒙塔古（Charles Montagu）的信件，通知“任命牛顿爵士为铸币局总监（Warden of the Mint）”。凭借这一职位，牛顿能够获得一所房屋和他作为教授所挣薪水的四倍收入。

这封信解放了牛顿，大学已变得无法容忍。正如故事所传，在牛顿出版《原理》之后，他步出三一学院，听到一位路过的学生说
53 道："走过去的那个人，写了一本书，他和其他人都不懂。"这一故事一再被重述，它抓住了牛顿在首都突然一夜成名的感觉。他已厌倦；他很孤独；他感觉自己被严重低估，只要他仍陷在剑桥的泥淖里，他就会一直如此。

所以，当蒙塔古的通知到达时，牛顿显得迫不及待。他在 3 月 23 日离开剑桥。前往伦敦与蒙塔古的会面不晚于 3 月 25 日，在同一天，他接受官方任命成为皇家铸币局的官员。他几乎立刻返回剑桥，在不到一个月之内处理完个人事务。他为了工作再次离开，尽一切可能远离了教授的生活，后来也没有发现他写给剑桥任何人的信件——他迅捷地将这些人抛诸脑后。

最初，牛顿的新生活大体上局限在伦敦塔内墙、庭院和旧堡垒塔楼。外墙坐落着铸币局狭窄拥挤的官署、造办处和马厩，这些马用来提供动力拉动最大的机械，以把熔化的金属转变成硬币。当牛顿到来时，他住在总监的官邸，背靠这座复合体的东北角。从他狭小的房间抬眼望去，对着的是高大、单调、遮挡太阳的伦敦塔内墙，这促使他搬到威斯敏斯特靠近圣詹姆斯教堂的一个更加舒适的环境。

作为一位教授，牛顿在剑桥时被要求每年举行一次系列数学讲座。在铸币局，他成为英国最大规模金属加工机构的运营总监，这职位并不是铸币局最重要的官员。根据长期的实践可知，铸币局局长掌管货币的实际生产，按一定比例抽取在他任内铸造的硬币作为

报酬，而总监管理的是铸币局的实物产业。也就是说，从官方来看，牛顿教授要确保屋顶的漏洞都得到修补、马匹得到喂养、造办处的机械维持在一个好的运行状态。至于那些正式职责，人们并没有想麻烦这位总监的意思。在大半个世纪里，几乎每一任任职者都 54
把这一职位视为闲职，把实际工作留给二把手。牛顿的庇护人蒙塔古同样告诉牛顿：牛顿面对的工作情形是“没有太多的业务，你可以很空闲”。

牛顿对先例置之不理。他在 5 月 2 日宣誓就职，从那天起，他的名字经常出现在铸币局记录中。到仲夏，或多或少是借助名人的力量，他从现任局长、赌徒、败家子、投机家托马斯·尼尔（Thomas Neale）手中夺取了铸币生产控制权。这不算一场真正的竞争，并没有证据表明牛顿直接挑战了尼尔，相反，他仅仅是接手了尼尔不愿做的工作。铸币局官员们指着牛顿来处理紧急订单，而不是听从他们的名义主管尼尔的命令。

这一官僚“政变”来得恰逢其时：正值英国货币体系面临崩溃之时，牛顿掌管了权力。

国王威廉在 1695 年 11 月 26 日议会新一届会议开幕时的讲话中，提到 6 个月前发生的事情。早在 1689 年，威廉就把英国带入和法国的战争，现在是第 7 个年头了，战争没有很快结束的迹象。战争花费巨大——以至于国王报告说，议会先前授予“如此多次、如此巨额的援助”已经花光，“以前授予的资金已经证明严重不足”。即使在那时，统治者可能会把王国引向支付不起的战争，也已经不是新闻。但是，不仅仅是高昂代价困扰着英国的军事能力。威廉提醒议会，还存在着一个根本性的问题：国家的货币并不优良。构成英国货币体系基础的银币要么是无可救药的低质量，也就是内含比法律规定少得多的贵金属，要么就是直接消失了，在流通中找不到。国王暗示，这意味着国家可能在战争获胜时走向货币失败，这全都是因为“此时我们面临的巨大困难，原因在于货币的不良状态”。

55 威廉没有夸大其辞。牛顿来到铸币局不久之后，发现 10 枚银币中不止 1 枚是伪造的，而那些真币已经被切削得含银量远低于法定含银量。把伪币和法定货币含银量减损结合在一起，危机的深重就变得十分清晰：用于日常交易、国家每天业务的货币，含银量低于其面值的一半。存在的威胁是明显的，这会让银币在全国的市场和商店失去作用：谁愿意接受名义上为 1 先令，但其贵金属含量实际上不足 6 便士的硬币？

还有两项根本原因结合在一起掠夺了使用金属货币的英国。一项出现在 1662 年，当时皇家铸币局装备了第一条机械驱动的硬币生产线。这一生产流程开始以马匹为动力，用巨大的轧机轧平银板和金板，金银板原料在生产线旁边由杠杆驱动的冲孔机械进行冲孔。这些制好的造币板被传递给得到仔细看管的铸币局设备切边
56 机，在边缘蚀刻难以复制的纹饰，这成为造币的一种早期安全手段。最后，由绞盘驱动的冲压机，由 4 个人操作，修整货币，通过上下锤击把模具敲进空白处，用足够的力量在完工硬币的两面击出深陷的图案。

新的机械化铸币厂生产出了漂亮的货币。正如预期的那样，机械蚀刻和切边让通过修剪或切除货币使其贬值变得极其困难（货币不法分子通过这些手段在 17 世纪 90 年代，已经盗取了大约一半最初铸造为英国货币的贵金属）。同样，训练有素的金属工人能造出可流通的赝品，但是就制造出货币每一面的图案而言，（现在）伪造至少比以前困难得多。这样就只存在一个问题：伊丽莎白女王统治时期和之前旧有的手工打造的货币仍旧是法定货币。这些手工锤打的货币具有的毛病，正是机械制造的货币打算克服的。这些旧货币相对容易仿制，极为重要的是，它们能够容易地被切削，这些碎屑被熔化成锭块，作为金属原料出售。然而，根据法律，1 枚残缺的、变薄的、重量不足的，再加上詹姆士或伊丽莎白的头像模糊不清的银先令，和 1 枚光滑、闪亮、足额的，在新生产线上铸造的银先令，在价值上是完全一样的。那么，从一开始，它使所有经手 1 枚新币的人明显理智地将其作为银锭贮藏，或者仅花费不断贬值的 1662 年之前发行的货币存货。

这种情况已经相当糟糕：每年都有一部分在伦敦铸造的新的、机械切边的、重量充足的硬币退出了流通。然而变得更糟的是，随着数十年过去，英国愈益不断深陷全球化的贸易网络。到 17 世纪 80 年代，欧洲不同地方的金银汇率各不相同。很大程度上，如果你把 1662 年后足重的英国货币熔化成银，能在巴黎和阿姆斯特丹以银块买到更多的黄金；如果以英国的金几尼衡量的话，远比这些货币的面值多。换句话说，把这些货币作为贵金属处理，每枚新先令在巴黎都比在伦敦值钱。

57 不可避免的结果随之而来。一份由金匠公会 1690 年的陈情认为，仅仅 6 个月，商人们就跨海峡输送了 282 120 盎司的白银，足足是过去 5 年铸币局生产总量的 10%。其中一部分来源于蜡烛台和银器。但一项议会调查证实，大部分起初是国王的货币，被熔化和走私了出去。破坏法定货币是一项罪行，但这没有阻挡住那些意识到他们现在等于拥有金融永动机的人。一个人可以把英国银币换成外国金币，就能够购买更多的银币，这样就会产出更多的金币，只要英国不停生产的机械制造的货币能够被运送过狭窄的海峡。

这是格雷欣法则——劣币驱逐良币——的报复性体现：被切削的、不足重的货币和假币毫不夸张地将足重的现代铸币驱逐出国门。正如维多利亚时代历史学家麦考利勋爵所写，在财政部 100 英镑纳税收入中，优质的先令不超过 10 枚，按照价值衡量是两千分之一，“大量被熔化，大量被出口，大量被窖藏。在商店的钱柜中或在牲畜集市散场后农夫带回家的皮包中，几乎不能发现一枚新币”。

这是被经济史学家称为零钱危机的一个绝佳例子。银铸币既是王国的合法货币，你能用它支付你的税金，又是一种基本的日用货币，人们用它可以购买牛肉和啤酒，以及构成多数人在多数日子里的金融生活的一切其他东西。12 便士 1 先令，20 先令 1 英镑，还有金币，几尼和半几尼，和银币的比价不固定。一位劳动工人一天
58 所挣大致刚超过 1 先令，而一位技术工人一周可能获得 1 英镑。在货币危机高峰时，1 枚金几尼能换大约 30 枚银先令——1.5 英镑，接近于劳工世界最底层那些人一个月的工资。与此同时，在斯皮塔

佛德市场（Spitalfields market），1 磅牛排花费大约 3 便士，1 加仑啤酒用 1 先令或更少的钱就能购买。做个粗略的类比，想象一下尝试用面额不低于 1 000 美元的支票或 500 英镑的钞票（并且没有信用卡）度过一天，它不可能——也不能——运行。没有作为小面额货币的足够供给，没有作为日常生活发动机的银铸币，贸易将深受其害，并且几乎会停滞——“不用争论，什么东西都买不到，”麦考利写道，“单纯的人和粗心的人将被无情掠夺。”最糟糕的是看上去没有解决问题的前景。铸币局在 1686—1690 年间制造了将近 50 万英镑的银币，但在接下来的 5 年内，如此多的银币将流出英国。在 1691—1695 年间只有一丁点儿的贵金属可用，铸币局仅铸造了总数为 17 000 英镑的新银币。

良币的短缺足以威胁到国家财政。英国臣民用银币缴纳税收，任何人都能够用贬值的旧货币来交齐他应交的款项。和法国战争的高峰期，消耗了英国政府收入的 80％。英国货币的低值状态意味着没有外国银行家按票面价值接受劣质的旧先令。在 1695 年夏天，国王的军队准备就绪，打算拿下比利时要塞城市那慕尔。然而，由于缺乏现金供给，英国能不能让军队参加战斗还不好说。军队的发薪官理查德·希尔（Richard Hill）努力在布鲁塞尔筹措一笔借款，但英国货币和信用的悲惨状态迫使他做了数月的工作，才筹得相对适当的数目——300 000 弗罗林。由于这种耽搁，法国大炮差点落到他头上。正如他所写：“我在这里待的时间如此之长，以至于在我出门大约一个小时之后，我住的房间被轰塌。”

希尔活了下来。钱款交给了威廉和军队，那慕尔最终在 9 月 5 59

日陷落。每位消息灵通的伦敦观察家都清楚，国家处于货币灾难的困乏边缘。正是在 9 月，财政大臣威廉·朗兹（William Lowndes）开始接触他精心挑选的智囊团听取建议，其中就包括艾萨克·牛顿。牛顿的回应让他和其他更有经验的金融思想家意见相左。事后阅读让我们可以一窥在战争狂怒和市场摊位怨言背后，正在发生的货币意义上的全面激烈的转变。

朗兹的问题相当简单：怎么样拯救英国的银铸币？牛顿的答案同样直接：国家的存量货币需要从头开始重铸。两种并行的铸币形式，也就是现代的、机械制造的形式和旧有的、手工制造的贬值的形式，需要被代之以一种单一固定的标准。朗兹询问的每个人都或多或少同意的一点是：英国需要采取一项完全重铸货币的措施，召回所有的旧银币，熔化掉，利用 1662 年后铸币使用的反切削和反伪造技巧重新铸造。

但是，一旦全面改革货币供给获得同意——至少原则上同意，下一个决定却远没有那么容易。一种单一的正常铸造的货币，能够矫正已经让旧币付出一半白银的切削问题，但是只要新币按照当前公认的规格铸造，新币仍比其以黄金计价的票面价值包含更多的白银，这样就像既有的机械铸造货币一样，会跨越英吉利海峡大肆流出。这就是为什么牛顿（和朗兹本人）认为，任何重铸货币措施都必须在每枚货币面额下减少银的含量。牛顿在写给朗兹的回信中，认为最根本的是“让铸币内外价值始终保持一致，因为应该如此，并且可以阻止熔化或出口”。

也就是说，取代让英国的货币保持两种不同可能的价值，即金 60
属的内在市场价值与作为一定数额的先令和便士的外在面额的措施必须统一起来。为了做到这一点，牛顿建议提升铸币的面值约四分之一。比如克朗，在旧货币体系中是 5 先令的货币，那么现在值 6 先令 3 便士。很大程度上，牛顿认为“在阐明金银的价值时，关注点应该是它们在国内和国外互相具有差不多同样的比例”，这样就消灭了被货币和贵金属走私者成功利用的价差。

在现代人听来，牛顿的建议听起来完全是传统的。如果能够交易的一些东西在一个环境中比在另一个环境中值更多——现在被称为套利机会——仅仅调整价格直到价差消失就可以。尽管如此，在 1695 年的伦敦，这是真正颠覆性的推理。按照牛顿的逻辑，货币单位——先令、半克朗、几尼——关于 1 先令或 1 英镑所值的 1 枚货币包含多少既定数量的贵金属，是完全可以更改的。在他给朗兹的回复中，牛顿没有像几年以后说得那么清晰，但他论证的含义是明白的，“这是设定货币价值的纯粹意见，”他写道，“我们为货币定价，因为凭借这些货币，我们能够购买各种商品，就像为纸质证券设定类似价值是同样的道理。”

纯粹意见？（这是）挑起争端的言辞！牛顿的朋友约翰·洛克，在此情况下成为他的智力对手。洛克同意朗兹和牛顿以及其他人所说的英国应该重铸其白银货币的主张，但是，他认为，货币上的数字，比如 1 先令、5 先令（1 克朗）等等，是一种承诺：该货币包含既定纯度白银的法定重量。改变这一和货币联系在一起的数字，要求 1 克朗重的银币是 75 便士而不是 60 便士，洛克写道，不能

61 使那一货币比它以前具有的价值更有价值，也就是包含更多的贵金属，“恐怕没人会认为面额的改变有如此大的力量”。

到目前为止，洛克仅是重述了明显之事：以牛顿新比例铸造的1先令将比旧标准包含更少的白银金属。这的确是真实的，但无关紧要。白银因为套利机会流往欧洲城市：英国的银币比它们能拥有的同样面值的1几尼所含黄金数量，在巴黎能够购买更多的黄金。这意味着用英国银币在法国购买黄金，带回伦敦，比从一开始就拿来购买黄金，能购买更多的银先令。这是一个纯粹的套利游戏。洛克毫不在意，相反，他提出了一个更精细的论证。牛顿寻求的是迫使白银铸币面对金银贵金属市场转变做出调整。洛克则认为，银币和白银本身，拥有使其成为单一标准的特性，英国的货币可以以此为基础。他写道：“一些人的意见是，这种商业的度量（铸币），像所有其他度量一样是武断的，通过在已有面额的货币中加入更多或更少的银可以随意变动。”他声称并非如此：“他们的想法仅仅是另一种想法。但他们应当考虑到，白银是一种和所有其他东西完全不同的自然度量物”，它是“交易的事物，也是交易的度量工具”，是一种参照其基点，所有其他事物的价值——包括黄金——都应该得到度量的事物。按照洛克的说法，银币的价值不单单源于每一枚硬币里的金属数量，而且源于其作为独特的官方价值度量工具这种近乎神圣的性质。

洛克和其他人提出一系列其他论证来捍卫旧货币体系，关注价格的影响、是否贬值会开创一项危险的先例，等等。但是，斗争的本质可归结为洛克的货币观点和牛顿的货币观点的对立。对英国以

白银为基础的货币制度来说，这意味着白银的数量，切圆、压平和 62
切边，以及铸上君主的图像，是真实的、不可改变的。对这类具体事实而言，其基本特性不能改变，就像猫不能生出一头牛。

牛顿的货币图景和洛克的总体上属于不同的种类。“公意”设定货币的价值，他说——这也就是说，1 先令的价值应该与它能交换的事物联系起来理解：今天，明天，任何时候，它能购买多少牛肉，或者黄金。用现代术语来说，1 枚法定银含量的货币所值就是它能购买的东西。货币由贵金属构成，也就是说，决不单单是一种价值单位；另外，它一直是交换媒介，从中能想到其价格也决定了人们买卖任何其他东西的价格。

对于货币政治的头面人物来说，虽然牛顿的逻辑可能讲得通，但洛克触及了问题的核心。降低英国货币的价值，将使特定人群付出大量金钱。如果新先令包含的白银量突然比之前的货币少大约 20%，那么地主将损失很多的租金。以货币包含的贵金属来衡量，向王室缴纳的税收、关税和消费税面临着类似的减少。正如洛克所言，贬值货币“只用来欺骗国王和他的众多臣民，乃至所有民众”（只要切削货币在流通，政府收入只是法定白银重量的一半，这一事实在政治操控中被忽视了）。

不出所料，洛克的观点胜出。议会在 1696 年 1 月 17 日批准了重铸货币，规定新货币遵照以前发行的标准重量。这意味着在阿姆斯特丹和其他地方，货币能购买的黄金数量比在伦敦交换金币更值
钱，新货币含有更多的白银。议会要求马上启动（重铸）程序，由 63

无能的尼尔负责。这是一场灾难，铸币局在他的领导下产量微不足道；一直到5月，几乎没有任何小额货币在英国流通。“除了使用信用，没有贸易可以进行，”埃德蒙·博亨（Edmund Bohun）——前出版许可证发放者、审查官——在写给一位朋友的信中称，“我们的租佃者无法支付租金，我们的谷物代理商无法为已经完成或将要进行的交易付款，因此一切都停顿了下来。”这不仅仅是不方便，博亨继续写道，伴随着货币短缺而来的是实实在在的痛苦，“人们的不满达到了极限。在贫困弱小的家庭，发生了多起自杀事件”。在普利茅斯，政府设法用旧的磨损的货币为军队开饷，但在兵变的威胁下不得不做出让步，用食品代替现金来取悦士兵。日记作家和学者约翰·伊夫林（John Evelyn）担心最坏的局面出现：“每天都担心骚乱，没有人能付款或收款。”

在千钧一发之际，牛顿进场了。尼尔不可能比得上他的智力。新总监在铸币局每天都或多或少地露面，尼尔却不露面。在夏初，“政变”已完成。财政部给尼尔设定的生产目标是每周30 000～40 000英镑，正如一位职员所写：“这看上去是一件不可能的事情。”随着尼尔的出局，牛顿提升了生产线的产能，定购了8台新轧机和5台造币冲压机。在重铸的高峰期，1696年后期和1697年全年，牛顿指挥着大约500人和50匹马驱动庞大的轧机。为了确保他的劳动大军不浪费一分力量，他可能做了有记录以来的首份工时与动作操作效率研究。正如他观察到的，需要“2台轧机、4名轧机工、12匹马、2名马夫、3名切割工、2名压平工、8名分拣工、1名打钉工、3名热烫工和2名标记工”来搬运足够的白银，从熔化室一路沿着生产线，来供给 2 台造币冲压机。每台造币冲压机需要 7 个以上的人力，6 个转动绞盘杆，把模具压到坯料上，1 个勇敢的人把这些圆盘投放进冲压槽。

当牛顿部署他的力量时，他把同样的实证严谨运用到这份新工 64
作上，一如他在研究钟摆和棱镜时那样。铸币局不可能生产得更快了——超出他的手下能够转动绞盘的速度，每一步不得不控时，以配合冲压机的工作。所以牛顿注意观察以“判断工人的勤奋程度”。他看到转动绞盘所需无情的努力多么快地耗尽了其团队的精力。他观察了装填坯料和从冲压机拔出完工的货币需要多么快才能让手指保持完整。最终，他确认了完美的速度：如果冲压机的锤击稍慢于人的心跳，一分钟击打 50～55 下，人和机器能够一次连续几个小时产出货币。到秋天，牛顿已经使铸币局在每个工作周产出 100 000英镑，向世界展示出工时与动作严谨能够多么强大。

在接下来的两年半里，牛顿继续驱策他的马匹和人员，直到全国所有的白银货币被重铸。在他的指挥下，铸币局总计重铸了超过 600 万英镑货币，准确地说是 6 722 970 英镑 2 便士。正如最后的 2 便士表明的那样，牛顿之前的整个生活状态本质上如同一位隐居的思想者，现在证明他是一位真正出色的管理者，用精确到便士的账本把工作做到了家。

这份成就以任何技术尺度来衡量都光辉灿烂，然而从更大的意义上来看却是失败的。顾问牛顿已经预见到总监牛顿尽力而为的命运：制造的货币作为金属比其票面价值的购买力值更多钱，这是一项徒劳无功的工作。跨海峡的非法货币交易重新开始，在牛顿 1717

年调整金几尼货币价值之后，最终迫使英国从银本位转向了金本位。手术成功了，但是病人却死了。

但是，即使重铸货币对银铸币来说只提供了一个短期的缓冲，其引发的讨论也揭示了伦敦的金融思想变迁是多么迅捷。最重要的是，一些思想者和投机者正在发现，有不止一种方法增加国家中作
65 为货币之物能够流通的存量。随着牛顿掌管着将近 700 万英镑货币的制造，英国政府通过操控纸币而不是金属币，在财政部账簿上带来了几乎同样数量的新货款品种，从而匹配了（牛顿的）成就。

这些借款是真正全新的事物，甚至是革命性的事物。这类似于国王的古老习惯：借款支付战争费用，否则无法负担得起。但是，英国财政部在这一时期开启的事物转变了对货币的看法，这远不只是一种简单的和物质世界的联系、和成堆的贵金属的联系，或是和国王能从自己的土地上收取的羊和谷物或向其臣民征收的税收的联系。英国财政当局创造出新的货币抽象形式，取代这些世俗的价值来源，来支付威廉战争的费用，数目逐渐远离了和囊中羞涩的直接联系。财政部借的每一英镑成为债权人收入的一笔细流，也就是借款每年支付的利息，支付给任何愿意用现金换取一片纸的人。

把货币概念定义为收入的一笔细流，能够用数学模型来解释或操控。起初，在 17 世纪 90 年代，这样的一种货币科学仍旧是人们梦寐以求的。但是，时局的紧迫促使金融革命不断前行，伴随着英国货币官员通过使用建立在“纯粹意见”基础上的信用新形式，转向更加抽象——并且更复杂——的方法来筹集资金以应对支出。

九年战争不是一个单独事件，这场战争是上述货币领域革新的
背后驱动力，它是一个几乎持续的战争世纪的第一段插曲。从威廉 66
和玛丽在 1688 年加冕到拿破仑在 1815 年最终失败，英国和法国的士兵和海员在这 127 年里有 76 年在互相战斗。英国从来不是一项血腥事业的陌生人，但威廉和其继位者发动的冲突就其覆盖的空间——全球——和卷入的人数来说，和之前发生的冲突完全不同。在前一个王朝的最后几十年，斯图亚特王室仅保持着 14 000 人服役。在光荣革命之后，威廉送去打九年战争的军队平均数最多时达到了 76 000 人。

庞大的战争规模，对英国来说是一种挑战，因为英国不得不支付工资、提供饮食、供给服装，并为迅速发展的军事复合体提供武装。这一进程要求有另一支由文书、会计以及用钢笔和报道武装起来的人员构成的大军，都需要供给大规模冲突的装备。他们处理一切杂事，从炊事旅按需每天为每个人做出一条面包，到辎重队拖送半吨重的东西来供养战场上的每个士兵。花费的每一盎司，都来自其他地方。问题是，来自哪里？并且，即使 1698 年后有了改革后的货币，问题的答案还是不明显。

坦率地说，威廉承担得太多，超出了他的处理能力。在他的前任詹姆士二世统治下，英国一年花费大约 200 万英镑。而在九年战争期间，英国每年花费在 500 万至 600 万英镑区间，尽管新君主比斯图亚特君主能设法筹措到更多的钱，但政府收入每年平均仅 364 万英镑。在整场战争中，财政部支出超过 4 900 万英镑；收入低于 3 300 万英镑，勉强是所需的三分之二。正如政治算术家查尔斯·

达文南特所写，“战争的全部艺术大致可以归结为金钱”，并且“能够出色地找到金钱来供给饮食、服装和为军队支薪的王公，必定会成功和获胜”。如果英国的军队没有付薪、没有饮食、没有服装，
67 就不单是早在战斗打响之前就在战场上作鸟兽散那么简单。国王的大臣们在最聪明的臣民的帮助下，不得不筹措前所未有数量的金钱——比以往英国政府掌管的金钱多得多的金钱。

事实上，王公大臣们的确筹措到了金钱，但这样做给他们自己时不时地带来困扰，然后变成了数年的困扰。

英国国王早已借贷。即使是最节俭的统治者，每天的治理都花费金钱。来自税收、杂费、王室土地获得的收入，或者来自查封不服统治的领主和太世俗化的修道院的罚没财产，这些收入很大一部分只有按时令才会收到，并且在需要的时候并不必然会收到。在特定的时刻，如战争的时节，对现金的需求——借贷的需求——只能进一步强化。尽管随着议会的发展，英国议会对王室特权施行了限制，包括通过特许才能在王国内榨取金钱的能力，但在光荣革命前，这些债务最终仍落到英国王座之上及其占有者手中。在统治者和他或她的财源之间，官员的层级和权宜手段多年以来变得更加复杂，但根本的原则没有变：如果国王或女王政府支出超过可支配收入，就不得不借贷。原则上，统治者本人对全体债权人负责。

一些统治者失败了。荷兰战争的重新开始让国王查理二世的财政部在 1672 年不能偿还其债券，导致臭名昭著的国库停止支付。政府的供应商和工人被告知，在可预见的将来，他们拿不到收入，

政府花费了几十年来解决由停止支付造成的索赔问题。即使在那时，不幸的王室放款人也不得不勉强同意 1 英镑按 10 先令结算，人们的应收款缩减了 50%。尽管蜡烛制造商和制桶商及其他所有人从来没有接近过他们这位名义上的消费者，最终他们却被国王本人欠账和失信。

在这一背景下，光荣革命远不仅仅是一场王朝更替，从一位不被接受的天主教徒和专制的君主转向他的新教女儿及其丈夫。1689 年，英国议会向詹姆士二世的继位者——荷兰总督威廉和他的妻 68
子，也是詹姆士的大女儿玛丽·斯图亚特——提供了一份契约。英国的新统治者及其所有继位者，必须放弃由斯图亚特君主声称的那种绝对权力要求。相反，英国君主被要求“根据议会同意的法令……进行统治”。最重要的是，没有立法机关的准许，国王被明确禁止筹款。从今以后，议会将是公共资金的唯一来源。这看起来是任何统治者的明确损失，新的继任者没有斯图亚特君主所宣称的那种不受限制的行动自由，现在把更多的权力放到了整个国家的手中：整个阁僚机构、立法机关和正在浮现的官僚机构。当议会准许政府花钱时，这样的权威就是全国性的。这至少是代议制立法机构形式的权威，不仅仅是一位单一君主领导形式的权威。

当然，国王仍旧至关重要，并且威廉能够运用他相当大的王室权力和影响力，把他治下的英国卷入了欧洲冲突。但是，新的安排意味着，早在 1692 年，也就是九年战争的第 3 年，解决怎么样支付迅速膨胀的账单的问题落到了下议院头上。10 名成员负责征求建议，他们汇报了两套建议，每一套都被认为无法接受。一套试图利用当前的危机来清算旧账，全部付清暂停支付之后剩下的到期款项。这是一种让新统治者偿还以前国王债务的尝试，这对许多下议院成员来说不可接受。另一套方案，由威廉·帕特森（William Paterson）提交，他是一位金融规划家，下议院成员起初不太理解他的建议。委员会要求帕特森重新提交他的想法，告诉他提出一些
69 类似于我们今天认为是政府债券的想法，提供一种“带息的基金……只要他们（债权人）愿意，他们可以转让他们的利息给任何同意的人”。换句话说，创造一种借款，人们能够从其他人手中购买或卖给其他人。帕特森接受了挑战，带回了一种非同寻常的借款形式，称为唐提（tontine）。

唐提，由其发明者、意大利银行家洛伦佐·德·唐提（Lorenzo de Tonti）命名，是一种债券的私生子，是一种保险，当债券持有者个人去世时触发派彩。投资者付出他们的金钱，回报是利息收益。帕特森建议的利息每年高达10%，后来降低到7%。这些款项设定为由政府收入的稳定涓流，也就是对啤酒和其他饮料新征的税收来做担保。这是新金融工具的债券。之所以说是保险，来自随着时间的推移所发生的事情：每当一位债券持有者去世，其利息款项将添加到健在的唐提投资者的收益中。每去世一位，就增加派彩，直到最后一位投资人去世才结束。本金，也就是借款本身，永远不会偿还，但是那些购入唐提并活得足够久的人实实在在会受益。最好的一点在于，能够卖给其他人，允许原始投资者在他们选择的任何时候换成现金。

唐提在荷兰和法国已经试行，但从未在英国试行过。唐提计划这次在英国做了修改，这样投资者就不会被其不断演进的派彩复杂性吓到，接受一种更类似于债券的体验，他们每年收到 14%固定利率的付款（当他们死亡，付款就停止）。这一计划修改以后，很快在议会获得通过，目标是筹集 100 万英镑。1693 年 1 月 26 日，计划得到王室批准。

事实证明，唐提结构对英国大众来说不是特别具有吸引力。几
乎 90%的投资者都愿意选择接受年金担保，它的设定是高回报率， 70
这样唐提在英国很少再次被尝试。发售唐提进展缓慢，一直到 1694 年 2 月才筹足 100 万英镑。但同一实验的下一个版本却运行良好。与帕特森相比，托马斯·尼尔更像是一名优秀的推销员。托马斯·尼尔本质上是个投机商，从他作为王室侍从官（groom porter，实际上是王室博彩场老板的角色）到他追逐沉船财富的岁月都可以看出这一点。90 年代的财政危机有助于他深入了解他的英国同胞对小赌注的喜爱。为了满足财政部对更多现金的需求，尼尔提议了一项计划，他称之为“百万冒险”（Million Adventure）。这一冒险源于一种彩票：提供 10 万张 10 英镑的彩票，在 16 年中每年抽取一份最高奖 1 000 英镑。尼尔计划的曲折之处在于，兑奖之后，彩票将变成债券，在同样的 16 年期限里每年获得 10%的收益。从政府的角度来看，这是一项相当昂贵的提议。但是，考虑到战争的紧迫，财政部官员几乎无权协商更低的利率。

尼尔对国人的嗜好有着敏锐的洞察力，所有 10 万张百万冒险彩票很快销售一空，随后进行了抽奖，中奖者确定，财政部获得了

100 万英镑，所有这些都是在夏天活动季节充裕的时间里完成的。但对任何密切关注者来说，也有令人不安的迹象。收益率，也就是头两笔借款两位数的利息，反映了由史无前例的战争成本激发的危机感。但此时此刻，最要紧的是英国已经发现了全新的东西，能够为其野心付款：取代靠不住的国王的个人债务，这些由议会授权和背书的借款相当于第一笔真正的和永久的国债。

头两笔借款的筹款成功产生了不可避免的后果。两笔 100 万英镑的数字是庞大的，但战争仍在进行，部署在低地国家的军队成本节节上升，很快耗尽了这些资金。对于资金耗尽的情况，一种回应是创立英格兰银行，它于 1694 年 7 月 27 日作为股份公司开门营
71 业。银行存在的理由是，其特许状的代价是借给国家 120 万英镑。这一要求把初出茅庐的机构变成了欧洲金融的新景观，因为作为对于那些在银行存款的人的回报是，他们可以使用票据作为货币，只要另一方接受，就可以在任何交易中使用。银行执行的是我们今天称之为部分准备金的制度。就是说，以前国家特许银行像阿姆斯特丹银行，扮演的角色是纯粹的存款机构。你能够存入黄金，获得存款的纸质收据，它也能作为货币流通——这是一种早期的银票。但那是阿姆斯特丹银行家愿意尝试的最大限度。

相比之下，英格兰银行既给存款人存款银票，又能够兑换和出借同样的钱给政府（遵循的是一些私人金匠银行已经使用的惯例）。这意味着银行实际持有的硬通货数量只占纸币——它发行发放的票据和贷款——数量的一小部分；它仅持有部分金银储备用来支付其全部债务。其假定是（实际上也是），不是每个人都同时想要从银

行取出他们的钱，这样就有可能让不止一个人使用同样的钱存款。[①] 72
这样一种部分准备金方法让更多的钱进入流通，它是帮助威廉支付战争费用的关键创新之一。

尽管如此，就其本身而言，维持战场上英国军队的任务，还是超出了银行筹措新借款的能力。这样，财政部继续听从尼尔的建议，利用一切权宜之计来向大众筹款。在1693—1698年间，利用稍有不同的形式，英国能够借到刚好超过690万英镑。这并不总是那么容易。这期间，财政部没有履行百万冒险彩票和其他一些新债的少量付款义务，这使潜在的债权人变得谨慎起来。1697年，财政部面向公众提出另一项彩票计划，即由麦芽（实际上也就是由啤酒）税提供担保的140万英镑彩票抽奖。但麦芽彩票失败了。14万张彩票中只有1 763张进入付款的客户手中。财政部把剩下的彩票当作现金使用，把这些彩票强迫发给那些被套牢的债权人、那些向军队供给用品的人员或皇家海军海员，他们没有资格拒绝。1697年早期，财政危机不断恶化，刚获得特许状的英格兰银行不能满足另一笔长期借款的新要求。危险是显而易见的。货币实验正在进行，实验可能失败。而如果失败了，后果将接踵而至：一个不能筹得所需现金的政府，也不能保持现有的负债。这意味着这个政府不能运行并且可能彻底垮台。

---

① 这一假定事实被证明是真实的。只有在极少情况下被证明完全错了：在大萧条期间的银行挤兑情节，激发了新的监管需求和制度变革，像存款保险的创新，减少了大众的风险。

然而，政府没有垮台。战争在 1698 年结束。政府重新开始支
73 付国债和短期借款应付的利息。这已经是一项几近奔跑的竞赛，但由于两个原因，永久债务的想法已经开始起作用。第一个明显是表面原因：使国王的债务变成国家的债务。由能够借款给国家的同一人群选出的立法机关提供保证，赋予放款人从来没有拥有过的权力：如果英国领导人以背信的想法轻率对待的话，放款人能够投票让这些人下台。一笔国有债务是一笔国家比坐困愁城的君主更可能承兑的债务。

第二个原因更微妙，但至少更重要。在 17 世纪最后几年发明的各种形式的贷款都具有一个关键的特征：它们是各种形式的财产，尽管比一块土地或一卷呢绒抽象得多，仍具有一项未来的权利。提供资本给新的英格兰银行的任何人，购买百万冒险彩票或下了一笔唐提赌注的任何人，都收到了特定的权利作为回报：银行利润的分红，或者是财政部为每一笔借款承担的利息支付。通过设计，这些权利能够被让渡。牵涉到的庞大数额被分成易于管理的份额——一位面包师或一位伦敦女裁缝能够而且已经购买了一张 10 英镑的彩票。这些份额能够用来交易。任何人拥有这样的纸质凭证并且想换成手头的现金，能够找到想获得相关收益的其他人。这与借给国家的老式借款形成鲜明对比——后者（大多时候）支付利息但是不能轻易地买卖。

当时的观察家已经认识到，这至关重要。政府的债权人在他们选择的任何时候取出他们的钱（而不是仅仅收取一系列长期的并且偶尔会中断的利息款项），这一事实意味着更多的人一开始就愿意

借款，英国就能在需要时迅速且便捷地筹款。也就是说：当财政部
开始用这种新方法借贷时，它创造的不仅仅是一种新的总体安全的
国家借贷形式。一笔政府借款的一部分可以在市场上用货币买卖，
这一新奇事物吸引了以前不能参与国家金融的顾客，等于有效地扩 74
展了借款给政府的资金池，反过来使更多的国家借贷和国债的扩张
成为可能。

1693—1694 年不顾一切的金融实验打算解决一个范围狭小的问题：怎么样给军队弄来大量的现金。他们在这一点上成功了，实际上，是金融票据的二级市场使得把紧急措施转变成平常的治国才能成为可能。这样的交换在国债突然出现之前就已经开始出现了，主要是交易少数私人企业的股份。国债为新生的金融市场增加了动力，这一市场沿着交易巷分布。交易巷是一条狭窄弯曲的通道，在英格兰银行最初总部的东面。对许多英国男人和女人来说，这条巷子是一个有异国情调的冒险的地方——没有什么地方比乔纳森咖啡馆更是如此了。在这些房间内，正如永远质疑一切的丹尼尔·笛福所警告的，粗心和无知的人可能成为“一些生活大罪恶”的牺牲品。

第五章　“更多的纸质信用”

75 今天，乔纳森咖啡馆什么也没有留下来。交易巷本身成为一个幽灵：一条狭窄的、被遗弃的步行走廊，侧面被毫无个性的官方建筑包围。甚至它的名字也缩水了，多年以来缩减到仅为“变迁巷”(Change Alley)。乔纳森咖啡馆所在，现在是一处黑色、单调、无窗的出入口，一块蓝色的历史标牌放置在此，显得相当奇怪，大约有一膝高。大部分日子里很少有游客经过这里，但是任何人只要弯下腰读一下它，就会发现：“城市股票经纪人主要会面地”，曾经坐落在这里。

这是真实发生过的事，就像说某人曾在基蒂霍克的海滩上起飞了一架飞机一样真实。但是，人们忽略了一个重要的问题，那就是：伦敦金融市场怎么样在乔纳森咖啡馆和少数几个类似的设施中出现？这里涉及一个更为复杂的起源，一个开始于在国外的英国人沉溺于外国药物的传奇故事。

丹尼尔·爱德华兹（Daniel Edwards）在历史上几乎没有什么名气。在他原本普通的简历中，最独特的时期出现于 17 世纪 40 年代，当时他作为家族贸易事业的代理人活跃在港口城市士麦那，也就是今天的伊兹密尔。在那里，爱德华兹雇用了一个男仆——一位名叫帕斯夸·罗西（Pasqua Rosee）的年轻人。

作为一位士麦那希腊人团体成员，罗西能用数种该城的语言进 76
行交谈，遵照地方风俗和习惯小心行事。他帮助他的主人爱德华兹达成一些交易来建立他的事业。总的来说，罗西拥有一项他的老板看重程度可能胜过所有其他的技能：他能制作咖啡。

大部分士麦那的爱好者在城市的 40 多家咖啡馆之一饮用咖啡，一位法国游客让·德·戴维诺（Jean de Thevenot）用精彩的措辞将其描绘为“简陋的大众酒馆”。爱德华兹养成了当地的生活习性，他很快发现自己比平常更渴望他的“药剂”，量如此之大以至于后来记载：他一天需要喝多达 9 杯咖啡来满足他的渴望。爱德华兹命令罗西去购买所有必需的设备，这样每天早上罗西在他老板的家里能为老板准备第一杯咖啡。

考虑到自身的强迫症，爱德华兹返回家乡时带着罗西和他的设备就毫不奇怪了。用土耳其人的方式制作咖啡，是一个复杂的过程：必须烘烤原料豆，然后研磨成粉末，再在粉末上倒水，拿去煮沸，然后使其静置，之后再煮沸 10 多次，直到剩下浑厚苦涩的咖啡。在伦敦，爱德华兹向他的朋友们及其家庭介绍了他的习惯，他们聚会来品尝这种奇怪的新饮料。直言不讳地说，他没法工作，因为寻访咖啡的访客流“给他招来太多同伴”。

摆脱爱德华兹困境的方法很明显：把经常性的对咖啡的需求转变成一门付费生意。士麦那有自己的咖啡馆，为什么伦敦不能有呢？爱德华兹和其岳父支持罗西作为这项新事业的出面人物。这一合伙企业1652年在圣迈克尔小巷——从康希尔向南延伸的一条狭窄过道——的一间小屋开始营业（关于具体日期有一些争议）；皇家交易所——托马斯·格雷欣（Thomas Gresham，就是创立格雷欣法则的那个格雷欣）在女王伊丽莎白的祝福下建筑的宏伟旧楼，
77 矗立在离它可能不到200码远的地方。这里成为利凡特商人——爱德华兹之类的人——的大本营，这些商人遍及奥斯曼帝国做生意，也包括许多参与到英国国内和国际商业的一些人，正是这些人可能为奢侈和异国事物的品味所诱惑。根据历史学家马克曼·埃利斯（Markman Ellis）的说法，在几年内，这家咖啡馆的年收入接近或达到450英镑，这的确是一份相当不错的收入。

在三个半世纪前，一项小生意能够被培育得具有盈利能力通常不会给时代刻下印记，但是在英语世界第一家咖啡馆的开业远超过伦敦人体验异国饮料的意义。伦敦咖啡馆成为聚会地点，老顾客在这里发现了思考的新方法。在出人意料的短时间内，这些咖啡馆就明显成为变化的象征。

罗西的咖啡馆在1666年大火中被烧毁。考虑到在圣迈克尔小巷附近的街道和过道有超过6家咖啡馆已经开业，说围绕伦敦城扩散得更多是不会错的。一些罗西的模仿者可能已经在经营接近于真

正的土麦那咖啡的咖啡了，尽管更大的可能是，大部分制作的咖啡是很可疑的产品。在最坏的情况下，一杯 17 世纪的伦敦咖啡可能是一杯可怕的乱炖，里面有烧焦的面包屑、山胡桃和一部分真正的研磨咖啡豆。一位讽刺作家把这种典型的饮料描绘为“烧焦的蓓蕾和泥潭的脏水”，闻着像“古老的欣嫩子谷、路西法的深炉、一股扼杀美德和良好举止的恶臭”。但是，对于逐步增加的在新咖啡馆聚会的大众来说，他们喝什么不那么重要，而他们相聚消费时发生什么才更重要。

关键是，咖啡馆临时废除了通常的社会等级。一份 1674 年印制的印刷品提供了一张半开玩笑的“咖啡馆规则和秩序”清单，第一条是“这里欢迎包括乡绅、商人在内的所有人/没有冒犯地坐在一起”。例行程序是一样的：1 便士买一个座位；买 1 盏咖啡；使用另一项新奇之物——报纸；随自己所愿，与朋友或陌生人交谈，有时是有组织的谈话，有时不是。

由外来新混合饮料催化出的如此彻底的不拘礼节，对皇家学会 78
的人们来说很新鲜。约翰·霍顿（John Houghton）在 1699 年给学会大会的报告中，对这种渴望很感兴趣：“咖啡馆让各色人等相互交际，他们改良了技艺、商品和其他知识。”也就是说，学会同人们发现自己一而再、再而三地光顾喜爱的咖啡场所，许多咖啡场所位于罗西咖啡馆原址几百码远。比如博学的罗伯特·胡克（Robert Hooke），每天经过一系列固定的憩息处，前往交易巷与加勒韦咖啡馆竞争的乔纳森咖啡馆（在交易巷的南面隔着几扇门远，作为他最频繁的光顾地）。在那里，他书写实验报告呈送给学会，处理生意的杂活（在 1680 年 1 月 17 日易手了一磅茶叶）。胡克也想追求更深层次的学会事务，有一天他发现自己“在乔纳森咖啡馆，和克里斯托夫·雷恩爵士在一起”，讨论的主题是什么？“行星运动”——这是一个激发艾萨克·牛顿《原理》的问题。甚至很可能，也许咖啡师和科学人的最终相遇在乔纳森咖啡馆达到高潮。如果胡克在咖啡馆阅读了来自安东尼·范·列文虎克（Antoni van Leeuwenhoek）的信件，这位伟大的显微镜学家在信中第一次描绘了咖啡豆的微观结构。列文虎克的报告甚至扩展到制作完美咖啡愿景的指南。①

乔纳森咖啡馆并不能长期保持对胡克和他的哲学朋友们的热情友好。随着伦敦咖啡文化的发展，其地点更加专业化，剧院的人有他们经常出没的咖啡馆，三流作家也有自己的地方；忙于商业的群体特别是从事货币交易的人们，在威廉和玛丽登基之后突然变得显
79 眼起来，也有自己喝咖啡的场所。他们在沿着或靠近交易巷过道几百码的咖啡馆互相碰头并和顾客见面，特别是在胡克以前常出没的乔纳森咖啡馆。在这里，最近身处英国新人行列的这些人，包括臭名昭著的股票经纪人，以各种形式的货币做生意，开始涉足这些发明中最具前景之一的股份公司的股票。

---

① 列文虎克喜欢轻轻地烘烤以避免过度烘焙咖啡豆出现的“苦涩和烧焦的味道”。他研磨豆子是“如此精致，用绸质网筛筛选，以至于人们用手指都感觉不到其中有轻微的硬质”，“一份确切数量”的粉末放进一个壶中，在上面倒入水，“几次煮沸，一直保持沸腾”。然后，他把壶放回到火上，仔细照看，恰好保持在沸点以下，然后让它短时间内保持这种状态——至于咖啡和水的比例，他并没有详细列举。直到最后，列文虎克告诉胡克：“我饮用这种咖啡饮料。”

实际上，股份公司的结构很简单：一群投资者为某项行动提供资金——在早年，这通常是一项商业冒险，作为回报，他们收到和各自投资数额成比例的股票。这远不是一个简单的资源池。在股份公司出现之前很久，合伙和临时结盟早已存在。不像这些安排，股份方法改变了拥有一门生意的含义。不是写明部分拥有现货的具体部分——一艘船、一组木材、一部机器——而是拥有股份公司的股票，带给他们权利去索取随着时间推移赚取利润的一部分。与此同时，合伙和其他安排包括规定分配每一次冒险的收益，而股份结构使得在更广泛的基础上集合资金和无限制运营成为可能，这是一种更灵活、更具扩展性的做生意的方法。但是随着它的成熟，这种新的商业形式变得更复杂，并且更强大：一种把世界上的进程转变成纸上数字的方法。17 世纪晚期使用的股份概念与自然哲学家基本的洞见就这样产生了共鸣：把不断扩大范围的不同现象带入一种可以被分析、比较、量化，最重要的是易于买卖的形式。

英国的第一家股份公司在 1553 年创建：莫斯科公司（最初令 80
人惊讶地以“发现未知地区、领土、岛屿和地方的冒险商人行业和公司”而著称）。大约有 250 名股东投资寻找传闻中的通往中国的东北通道的探险，启动了一系列与俄罗斯的商业冒险。几乎半个世纪之后，女王伊丽莎白授予将成为早期贸易事业最大和最著名的商业实体的东印度公司特许状。东印度公司本身说明了商业实践中困难的变迁过程，正如人们对股份形式的实验。比如，在几十年里，并没有创立一种永久的资本基金、一种使持续运作成为可能的财务结构。相反，一直晚至 17 世纪 50 年代，它使用的是短期协议来支持其冒险。

随着东印度公司发展为更强大的公司，几家其他大贸易公司开始效仿其榜样。1660 年，皇家非洲公司开始交易黄金和奴隶；8 年后，哈德逊湾公司在后来成为加拿大的极北之地捕获了其第一张兽皮。总体来说，当这些早期股份商业冒险公司把英国人带到了全球，并且把世界拖回了伦敦（包括成袋的咖啡）时，还没有多少家公司，少数几家由极小的富人圈子拥有。只有 18 人创立了哈德逊湾公司。晚至 1688 年，经营了几乎一个世纪之后，东印度公司名单上只有 551 名股份拥有者。股票在交易巷能够进行交易，但对大部分人来说，他们并不买卖。比如在 1682—1684 年间，皇家非洲公司股票仅有 67 笔买卖，而巨无霸东印度公司的股票仅有 537 次换手。

当以前是马萨诸塞湾殖民地船长的威廉·菲普斯（William Phips）购买的船只“詹姆士”号和“玛丽”号在泰晤士河口抛锚时，所有这些在 1687 年春季改变了。在 3、4 月份，菲普斯的船在
81 远离伊斯帕尼奥拉岛的一片礁石间徘徊。在这里，他的船员们从一艘沉没的西班牙运银船“圣母像”号（Nuestra Señora de la Concepción）上捞起了 34 吨金银和珠宝。这次打捞的价值超过了 200 000 英镑。

菲普斯的个人回报也相当令人印象深刻：11 000 英镑，用 21 世纪的货币衡量的话刚好超过了 100 万英镑。尽管如此，最大的份额落到了资助寻宝的一家股份企业的 7 个人手中。每 100 英镑的投资回报是 10 000 英镑，这次冒险最大的支持者阿尔伯马尔公爵（Duke of Albermarle）克里斯托夫·蒙克（Christopher Monck）

得到了 43 000 英镑辛苦费。然后，毫不奇怪的是，对菲普斯奇遇新闻的即时反应是仿效，以股份投机繁荣的形式出现。

在“詹姆士”号和“玛丽”号返回国内水域之前，英国仅有不到 20 家股份公司。到 17 世纪 90 年代中期，数量达到大约 100 家。其中的一些新企业堪称盲目模仿者，一夜暴富的计划更多的是源于欲望而不是任何理性的计算。但是，在下一个十年，伦敦见证了一轮股份公司的出现。这些公司涵盖了人们能够想到的全部领域：一家制作墙纸的公司设法筹集资金，如同两位玻璃制造商（一位制造平板玻璃，另一位制造玻璃瓶）一样；还有一家精炼铅业开始经营，和三位火药制造商（战争一直有利于生意）筹资；“改良本土制造摆脱潮湿学会”自己宣布，如同另一家公司那样，制造“德国球”——含有蜡和其他成分的圆团，据其所称，能够“保护皮鞋，防止潮湿”。“有多家公司组建来捕猎鲸鱼、捕获鳕鱼或者潜水寻找珍珠，再加上几家计划支持在宾夕法尼亚、新泽西和多巴哥的殖民。”远洋公司寻求资金，矿业运作同样如此，再加上一家规划镀金的公司和另一家“以日本方式涂漆”的公司也是如此。一位公共马车经营者吸引投资，一家制造鲸须鞭的公司同样如此。如果某人有一个创意，无论这个创意怎么样，几乎都有人能够带着资金支持他们。

然而，不得不说的是，这些公司多数是小打小闹，并且许多都 82
失败了，没能幸存到新世纪。但是，这些公司提供给可能支持它们的英国男女以机遇。新的国债本身是一项具有潜力的投资。一张百万法案（Million Act）的股票或一张百万冒险的彩票能够出售给第三方，人们也可以交易英格兰银行的股票。所有为英格兰银行提供

120 万原始股本的人都收到了股票，记载了他们的权利，无论与他们初始投资成比例的银行利润是多少。恰如东印度公司的股票，银行股票进行个人出售的报价。到 1694 年末，这意味着伴随成打的繁荣的股份冒险活动，价值超过 300 万英镑的金融票据——两笔国家贷款和银行的股票——能够在买者和卖者间流动，只要买卖双方能够找到彼此。

当然，在咖啡馆出现之前，股票就开始易手，处理这些业务的经纪人倾向于在皇家交易所聚集。每一种交易商都有一个指定的地点，或者在交易大厅“逡巡”。外国人的集中引起了 17 世纪旅行作家内德・沃德（Ned Ward）的注意，他描述了在一种“世界万国”（nations of the world）展览和一种充满恶魔的地狱幻影之间的交汇景象。闲逛交易所时，沃德写道，首先是“一群黝黑的同性恋者，然后是一群搞鸡奸的意大利人”——这是用性犯罪的修辞来谴责整个民族。然后，他穿过街道到达荷兰区，在那里遇到的是“一群穿戴着皮衣和花边帽、窄幅边饰的怪物”。沃德声称，他遇到的大声叫卖的商人，是“欧洲的河鼠，谁都不喜欢，只喜欢自己，通过分赃而成硕鼠，把自己的幸福建立在毁灭邻居基础之上”。当沃德漫
83 步深入人群时，他回避西班牙人和法国人，必然也回避“上帝的流浪者”“人类的小商贩”——犹太人。他的蔑视不纯粹是因为恐惧外国人。尽管如此，对沃德来说，这个地方真正的陌生感在于利润。真正的英国人和外国人一样坏，都是那么靠不住，甚至可能更坏。沃德描绘“航海者和英国商人”欣喜于“以计谋击败别人，好

似光明磊落是一桩罪行，欺骗是一种美德”。

有一个群体没有出现在沃德的列表中。他咆哮的对象选择了商人，但是在他于17世纪90年代末闲逛的时代，一群交易商消失不见了：处理股票交易的那些人。股票经纪人一度看起来太喧嚣、太傲慢，是问题丛生的种群，并且总体上行为粗鲁。1697年，有执照的经纪人被正式从交易所中驱逐出去，但之前几年很多人已经开始大批离去，因为犯罪已经数不胜数：股份公司和政府票据的暴涨已经引发许多满怀抱负的人加入经纪人队伍，旧有的建筑已经无法容纳下他们。

交易巷的机会就在于逃离交易所本身，这使得它成为那些从事股票交易的人舒适的目的地。交易巷的咖啡馆是天然的聚集场所。这些处理金融票据的人流向乔纳森咖啡馆——在康希尔最接近皇家交易所的地址——进一步深入交易巷，就会到达加勒韦咖啡馆、汤姆咖啡馆、耶路撒冷咖啡馆，以及其他咖啡馆。随着人们的到来，这些咖啡馆成为民主之家（democratic home，小写“d”），“这里欢迎包括乡绅、商人在内的所有人”。在胡克和他的朋友们探索新奇事物的地方，乔纳森和其他提供含咖啡因饮料的地方，逐渐成为批发商和经纪人的独有栖息地，因此也成为初级英国金融市场的场所。

在经历一场大火重建之后，现存最早的乔纳森咖啡馆的内景图像来自一幅雕刻。观察者往地狱般的室内仔细看。在那里，“那些交易的骗子”把诚实的人推向“他们唯利是图、花言巧语的仁慈
中”，房间里挤满了一大群贪婪的人，伸手、抓紧、嬉笑、传递票 84

据、密谋，贪婪清晰地写在大多数人的脸上。一些人无法掩饰他们斜着眼、聪明过头的瞥视。每个地方都充溢着饥渴——一种想要得到更多的渴望。

乔纳森咖啡馆室内后墙的三幅大画描绘了全景。在最左边，一对狐狸用后腿站着，看上去像是在共谋对付中间图像中的那只沾沾自喜的鸭子——在其漂亮的羽毛下是一只相当高贵的家禽。在右边，站着掌控全局的撒旦本人，他通过小望远镜注视着混乱的下方。他的判词在字幕上引人注目，劝诫他的仆人：“来吧，哭吧，撒旦/跟着我走吧。/在这个区域的下方，有的是你的地方。/如此肮脏的职业，肯定感到羞愧。/应该从所有国家最杰出者中吸取最好的血。”

这是许多伦敦人看待那些通过流转其他人的钱财来谋生的人的
85 态度。对当时人来说，这些人是外来物种，不同于那些交易实物的商人。对丹尼尔·笛福来说，金融票据的投机者，是伦敦的人渣，“破产者和乞丐”，他们“依靠大资产养活自己……通过削尖脑袋、欺骗别人，在臭名昭著的股票交易行业耍阴谋诡计来挣钱”。股票经纪人的“整套业务就是欺骗”，内德·沃德赞同道。这样的人是“一面反射镜，在其中你可以看到人类的激情和人类生活的浮华”——由“这对孪生的激情——希望和恐惧”所驱动的“开怀大笑、露齿而笑、神经错乱”。

在托马斯·沙特维（Thomas Shadwell）出版于1693年的戏剧《志愿者，或股票经纪人》中，这些无赖被表现得栩栩如生。在剧中，一位经纪人引诱一对同样不招人喜欢的无赖，购买正在申请专利的捕鼠夹的股票，它“能把所有家鼠都捕获，而且对田鼠也好用”。现在购买 15 英镑一股，这位经纪人怂恿道，这是在专利申请下来之前，谁知道专利申请下来之后（会涨到）多少钱。不感兴趣？好吧。试试声称知道水下漫步方法的一家公司的股票，一股仅仅 20 英镑。不要？那么“一位伟大的大师”声明能够飞翔怎么样？——飞得足够快能打败“一小时 5 英里的驿马”，这一计划的股票也是可以购买的。

沙特维的场景把他的观众能够感受到的紧张，置于荒唐和可能之间。在一个人们刚了解怎么样从海底打捞财富且争分夺秒的时代，一个上佳的捕鼠夹有什么不可能的？在一个我们接触飞行能手的时代，当然，每个人——观众和演员——同样知道是怎么一回事。但是，当时的经纪人提出了最后一拨推销行话：一家旅行公司的业务股票怎么样。“一些中国绳舞者，跳着世界上最高雅优美的舞蹈”，这是一台好看的表演，他说：“重要人物已经购买了它的股票。”但是，他和他的目标人物都知道真正出售的是什么。有人说，这种冒险唯一的要点是“利用它，我们可以换得金钱”。舞者的优美无关紧要：“所说的股票能卖得很好。我们并不关心前述的舞者来不来。”至关重要的是：卖出股票，捞得现金，从不关心以后发生的事。

没人说沙特维狡猾，但是他抓住了他的时代的性情。他的大多 86
数观众都相信，交易巷是充满敌意的地方，金融票据交易是彻头彻尾的欺骗。那些读过笛福作品（或者了解过任何其他印刷品的文艺批评）的人，当他们看沙特维的戏剧时，已经对讽刺作品有所了解，但沙特维的情景剧还是起作用了，因为它是一种合理的夸张，不纯粹是虚构。假新闻是交易巷日常生活的事实，正如卖情报者是另一幕新奇的现象：报纸，或者潜伏在咖啡馆里寻找机会掘金。信息——或者能被传递的此类东西——拥有公认的价格，“一先令或一品脱葡萄酒”，支付给“一些小办事员，或者会议的门卫”，很容易就种下了彻底欺诈的种子。正如历史学家安妮·L. 墨菲（Anne L. Murphy）指出的那样，股票经纪人欺骗的动机很明显，市场中的一些经纪人屈服于诱惑。墨菲揭示了埃斯特科特铅矿公司的案例。1693 年，一群股票经纪人和富有的伦敦人以每股 10 英镑发行该公司股票。在接下来的两年里，公司的股票价格走势可疑——暴涨，与此同时，内部人却向交易巷一带的天真购买者大规模出售。这可能有助于那些操纵埃斯特科特业务的人推进他们的交易，其中有查尔斯·布伦特（Charles Blunt）——主要股东之一约翰·布伦特（John Blunt）的堂弟，一位拥有执照的股票经纪人。

记住这个名字：约翰·布伦特。如果他不存在的话，笛福就会发明一个“布伦特”出来作为他的交易巷罪人目录原型。这个人没有丝毫懊悔地“买卖股票”，“以当事人高兴与否和根据私人利益拉高或压低价格”。他的父亲托马斯·布伦特（Thomas Blunt）在罗彻斯特乡镇制鞋，是一名立业已久的商人，他用自己的双手挣钱。相比之下，约翰则野心勃勃地想提升自己的身份。在他青少年时期
87 或二十出头的年纪，他就朝金钱所在的地方进发，也就是伦敦及交易巷周边地区。他在一位公证人那里做学徒，学会了怎么样起草合

同和其他商业文件。这实际上是在信用和法律技术领域进行训练。

到不晚于 1689 年，布伦特开始用自己的账户交易。1693 年，他在埃斯特科特铅矿公司的冒险，显示出他多么迅捷地掌握了股票市场的习性，这恰恰是笛福谴责的行为。布伦特和其他内部人在早期设法收进埃斯特科特股票，在计划中附带收益。当了解公司的潜在衰退前景带给他们远超交易另一方的优势时，他们就变现，或者如墨菲以冷静的语言从长远观点来看，“唯一合理的结论是，埃斯特科特铅矿股票价格被其管理者利用自己的优势操控了”。

布伦特在接下来的 25 年时间里打磨这些技巧，当时他积累起的财富使他暂时成为这个时代的最有钱人之一。但是，即使在早期阶段，他也体现出既敢于置身于伦敦早期金融市场的明显风险之中，又对其有抗逆力。埃斯特科特铅矿公司对一些极具进取心的股票经纪人来说是一项工具。但它也是一家真实的公司，不是虚构的，铅矿出自威尔士一小块土地。同样，交易巷对任何人来说可能是一个相当危险的地方，且是最复杂的或者说异常精明者聚集的地方。对所有真实的证据来说，这是事实：交易巷开始发挥作用。

这部分地反映了一种在金融市场仍旧存在的生活事实：最容易 88
的欺骗发生在市场的边缘。当无法发现一家公司的股票已被操纵时，威尔士铅矿的哄抬股价计划（夸大股票，然后在现实冲击之前卖出）更容易实施。对所有新股发行来说，推销商竭尽全力兜售。市场上大部分的货币都流向最大的事业：东印度公司、英格兰银行、百万法案借款、百万冒险彩票，以及一系列其他事业。这些都要么是庞大的、被充分了解的贸易公司，要么是由政府背书的金融股票。这些证券肯定免于上涨或下跌。当政府短时间内暂停支付英格兰银行借款的利息时，其股价下跌；百万法案票据因为同样的原因价值下滑。但是，能够支撑或威胁大公司股票的这种全国和国际事件几乎不是秘密；沙特维经纪人穷凶极恶的花招几乎没有杠杆来推动如此众所周知的买卖。

也就是说，英格兰和英国的金融革命在科学转型中开启：把数字运用到经验中；对风险的数学发现，既包括限时的也包括历时的发现；把这些剧变合并到货币中，并用信用来表达，作为一种财富形式，其价值在日复一日、年复一年地演进。但是，把交易巷特别是乔纳森咖啡馆，转变成首家公认的现代金融市场，而不是沙特维的演员所描绘的无知的屠宰场，还剩一步需要走：必须有一种方法计算出买卖的每一张纸质票据在任何时刻值多少钱。股票市场在10年的大部分时间里，经历了一系列尝试以后，一位叫作约翰·卡斯丹（John Castaing）的经纪人最终意识到他不需要以股份的形式交易，他可以出售知识。

第六章　“经纪人约翰·卡斯丹，他在办公”

约翰·卡斯丹作为一名遭受驱逐的人、一位因路易十四镇压法 89
国新教徒而逃难的人，在伦敦是失败的。我们对卡斯丹跨越海峡之前的生活知之甚少，尽管他肯定参与了买卖。卡斯丹在伦敦运用他的技巧，成为一名拥有执照的股票经纪人，在皇家交易所过道上拥有了自己的位置——他同样敏锐地见证了那里形势变化的趋向。1695 年，卡斯丹已经在打广告，和任何前往乔纳森咖啡馆的人一样，“买卖各种空白票据和（彩票借款的）收益票据以及其他所有股票和股份”。

一旦他的新经营场所固定了下来，卡斯丹就面临着在交易巷做生意的任何人都会面临的一个问题：任何既定股票的实际成本是多少？当然，在现代金融市场，这通常是一个微不足道的问题：一种股票的价格是最后一人为此支付的价格，是一个对于所有利益相关方立刻可见的数字。但是在 1695 年，它并不如此简单。一位在耶路撒冷咖啡屋寻求购买东印度公司股票的经纪人，没有办法知道在
90 几百码远的乔纳森咖啡馆的一位经纪人向同一种证券收取的费用是多少。甚至不需要多远的距离就能带来麻烦，正如一位银行家托马斯·马丁（Thomas Martin）发现的那样，在加勒韦咖啡馆的一端出价 920 英镑的股票，在另一端就需要花费 1 000 英镑。

这样一种疯狂的波动肯定促使人们相信，冒险进入交易巷的局外人，除了是待宰的羔羊以外，什么都不是。但在这种不确定性中暗含的危险更为深重。如果经纪人和交易商无法确定应该为某物付款多少，那么，交易巷的人们也能借助交易股票实现这一要求，但这种操作不能履行市场的主要功能：使买者和卖者相遇并敲定交易，确保在市场上的其他人认为价格是多少才没人行诈。交易巷给那些打算出售任何东西的人提供了一个平台，在这里所有人会集体判断某件东西价值多少。不管东西多特殊，交易巷都会给客户一个合理的期望：付给每一份国债的数额在乔纳森咖啡馆和在耶路撒冷咖啡馆是一样的。如果涌进交易巷的男男女女对价格感觉不到一丝确信，那么，国债在这样一个破碎的市场上进行交易，国家通过出售国债借贷的能力就会受损。在最坏的情况下，如果有足够的不确定性，不可避免地会在最需要的时候，一次短暂的恐慌就能够恶化国家的信用。

在转移到交易巷两年之内，卡斯丹提供了一种解决方案。很明显，缺乏的不是出售的东西：这里有大量的政府票据可以交易，与

此同时，那些英国热切的规划家能够被人们信赖，他们会想出不断 91
更新的股份企业目录。对于人们来说，最缺乏的是信息：在任何特定的时刻，一种明确、简洁和可靠的市场集体决定的记录。为了满足这一要求，卡斯丹在 1697 年 3 月提出了一目了然的答案：一份简单的价格列表，每天更新，标题是“交易进程和其他事情”。它的操作就像我们想象的那样，也是今天我们习以为常的有关市场基础设施的原型——万物报价表。从纽约股票交易所的股票，到全世界债券市场的当前价格水平，无不需要这种价格列表。他招募了一组职员，下午三点他们在交易巷和附近街道走街串巷，其时刚好一天的交易基本结束。他们和经纪人与交易商细谈，查明进程涵盖的各种投资收到的成交价。最后，印刷的表格在周二和周五晚上每周两次出版。一些读者选择订阅发行的每一期——相当公道的成本价，每年 12 先令（大致上相当于今天的 100 英镑）。或者，可以仅仅去拜访“经纪人约翰·卡斯丹，他在乔纳森咖啡馆办公”。

《交易进程和其他事情》不是伦敦出现的第一份股票价格表。
在 17 世纪 90 年代前期至少有两种短命的价格表早于它出现。但 92
是，只有卡斯丹的价格表延续了下来，每周二和周五准时出版，时间持续了一个多世纪。这种价格表的格式几乎始终未变：单张，单面印刷。在页面顶端是最新通货汇率、英国汇票在欧洲诸城市交易的价格，那是英国经济生活范围不断延伸的证据，它显示的是能够给予投资者的可靠的信息。比如，在最早的一期中通讯员发现，在热那亚交易的英镑和在托斯卡纳港口城市里窝那的价格稍有不同。这两城市之间距离稍微超过了 100 英里，因此很难利用套利机会——在便宜的地方购买英镑，最好是相当快捷地在其价高的地方出手。但是，可能性是存在的，卡斯丹的读者了解这一点。

在这些数字之下是股份公司的行情。早期登载的仅是最大的和最常见的交易股票，形式如下：在每周的第一版，星期六、星期一和星期二的价格刊载的是英格兰银行、哈德逊湾公司和东印度公司，周五版包括的是一周剩下日期的交易。页面再往下是不断扩大的国债工具清单的最新报价，从百万冒险开始。综合来看，或随着时间的推移来看，一周接一周，这一单张新闻纸的重要性就会显现：它把交易巷前前后后几百份单笔交易信息概括为一系列数据表，从而转变成英国初生股票市场所思所想的动态图像。

在这样的情况下，本是谈话场所的乔纳森咖啡馆就转变成一家机构——伦敦首家股票交易所。在17世纪90年代中期，众所周知的是，如果你想找一位股票经纪人，你就得去交易巷。但其只是一个会面的地方。从现代意义上看，交易巷不仅仅是为小范围人群创
93 造了交易的便利条件。这需要共同的知识储备和详细的观察，允许任何交易的双方作为市场主体相信正在易手的任何事物，拥有一份共同的理解（尽管在当时和现在都不完善），也就是说，一个市场不仅是一个场所，它也是信息的汇集之地，那些参与其中的人都可使用。如果那些信息没有得到充分交流——或者是不存在——那么砖瓦泥灰能做的仅是为一家失败的交易所遮风挡雨。

这样，《交易进程和其他事情》就不仅仅是一份纯粹的价格表。相反，它是对观察和事件的量化，然后加工成一种任何人都可以理

解和使用的形式。当然，这样一纸价格表不可能解决一个初生金融市场的所有问题。内幕交易——特别是在更小的股份公司，它们从来没有进到卡斯丹的名单——仍旧是一种经常性的危险。谣言能够淹没卡斯丹竭力收集的硬数据。完完全全的欺诈肯定也发生过。但是，《交易进程和其他事情》赋予市场以记忆，实际上，它记录了成百上千名交易者的洞察力——他们赌的是接下来、明天和未来几年发生的事。与此同时，它为一个运行得相当良好的金融市场提供了动力——买者和卖者在其中能够合理期望以基本一致的价格进行交易。

借用一下温斯顿·丘吉尔（Winston Churchill）的名句："这如果不是结束的开始，至少是金融市场开始的结束。"到 18 世纪，已经万事俱备：与科学革命紧密相连的数学力量和观察习惯，已经为 17 世纪晚期以来的英国人创造出思考未来的新方法。几乎同时发生的英国硬通货危机，以及受计算与数学支配的信用形式的出现，创造出新的货币形式。在初生的股票市场，这种新奇信用事物和新创建的私人企业，都能够被定价和交易，也就是把数字概念和货币创意黏合在一起。

至少对英国统治者来说，这是整个运动的关键点。一个发挥功 94
能的股票市场，创造出一个所谓的政府信用二级市场①，有议会授

① 证券初级市场是证券创立者在其中向原始买家出售债券或其他各类金融票据的市场。在早期，它通常是通过认购——一家公司或财政部发行或发售股票或债务，那些想要投资的人对他们想要购买的数量进行报名。二级市场是大众成员互相买卖此类证券的地方——现在是一个范围广阔的公共交易场所，过去大众成员在沿着交易巷的犄角旮旯进行交易。

权和提供担保的大额长期债券（就是大家知道的国债）与所谓的浮动债券（就是用来筹集资金来快速替代正在运作的短期借款）。浮动债券是官方融资的一种常用工具，借贷几个月左右。此类借贷有助于让财政部解决诸如支付账单的需求等问题——军队付款、供应商和类似的资金问题。通常，人们认为，此类借贷最后到期时能够用正常收入之外的收入付清，或者以类似的付款条件滚动到新的短期债券中。这意味着这种所谓的短期债务，事实上能够在相当长的时间内悬置。但是，它也意味着市场在政府财政中扮演着至关重要的角色。财政部短期票据在交易巷的日常报价，给官方和其他每个人都传递了一个明确信号：有钱的大众在任何一个特定时刻对政府具有多大信心。卡斯丹的《交易进程和其他事情》经常显示这类债券打折交易。也就是说，面值 100 英镑的债券可能以 93 英镑或 87 英镑或类似的价目出售，反映的是在乔纳森咖啡馆那些聪明人的判断：财政部是否将按照约定的计划支付利息——或者根本不支付。

95 此类折扣过去和现在都是为国家财政上任何不确定性支付的价格，也就是市场的风险概念，财政部可能无法履行其义务。政府票据价值的任何崩溃——大折扣——表明拖欠风险高。当风险发生时，国家借贷价格就会极其昂贵。[①] 任何新的借款都不得不提供足

① 一笔债务的价格的每次下跌都会提高借款的实际利率：如果初始利率是 5%，那么票面价值 100 英镑就会赚取 5 英镑，即使这笔债券仅卖了 80 英镑。那就是 80 英镑基础上 6.25%的收益率——债权人实际上为他的投资支付的数额。这反过来影响了实际利率，贷款人在发售新债时不得不按此支付，潜在的债权人将不会以比他们在交易巷或华尔街更低的利率拿出现金。

够的回报，来劝说投资者甘冒风险；这也将使得重募短期借款更困难且花费更多，也将影响财政部数十年不断增多的债务，如果财政部试图筹集更多长期国债资金的话。但是，直到或者说除非发生一场崩溃，否则购买者愿意在英国持续交易借款、彩票、短期票据和其他种类的票据，从而为财政部的借贷助力，即使交易巷把政府票据的价格定在了票面价值以下。

这一新增强的借贷能力运作如下：许多人购买新国债的原因，是确保一份长期稳定的收入——所有固定的利息款项。议会保证财政部在几十年的时间里将支付每一笔特定借款的利息。但国债的协议规定，投资者的本金需要保留在政府手中，直到债务被还清。这肯定是个问题，如果有人因为某些原因突然需要他们的资金，这是交易巷有用的地方：它是财政部票据的二级市场。在这种情况下，这些人可以前往乔纳森咖啡馆，在那里咨询《交易进程和其他事情》，然后就能理性地确定他们会得到一个合理的报价。这种把一个人的现金从金融世界中兑现的能力，是一个安全舱门，使政府借 96
贷变得更容易。这样，新的借贷就依赖伦敦新股票市场不断提升的能力，来买卖政府创造的所有债务。

从 1688 年光荣革命胜利到 1697 年，英国在和法国的战争中花费了近 5 000 万英镑。财政部借贷了差不多三分之一，总共超过了 1 600万英镑。其中，大约 700 万英镑出自新“国债”证券形式，是由议会担保的长期债务。这一新兴的信用和金融体系很明显在一个方面是成功的：它筹集到了完成国家目标需要的资金，这一目标的花费在任何既定的时刻都超出了国家拥有的资金。但这是一件好事吗？一旦战争结束，聪明的英国人就会问：国家是否应该继续借贷，因为现在战争的直接压力已经减轻？即使对伦敦的一些思想者来说，答案也不是一目了然的。

到 17 世纪末，约翰·波列芬（John Pollexfen）已经成为一位富有的人士。作为一位富豪父亲的二儿子，他曾尖刻地回忆起他“从来没有在他父亲那里得到过哪怕是 200 英镑”。作为一名最初和西班牙与葡萄牙从事贸易的商人，波列芬从这项适度的冒险中发家致富。在他 30 岁时，他变得能够轻松自在地结婚。到 1677 年，他已经积累起相当充足的财富，来建造伦敦最知名的大厦之一“沃尔布鲁克之家”，花费了惊人的 3 351 英镑 6 先令 8 便士。

从那时起，波列芬已经给他的私人业务赋予了公共责任。首先，他作为几个贸易和其他商业事务官方委员会的成员之一，提供服务；然后，在 1679 年，他获得了一个议会席位，在那里他对英国商业和金融体系的演进给予了特别关注；最后，在 1695 年，他加入了最新重组的贸易委员会。因此，他成为英国少数几位能够例
97 行思考信用和国债风险与收益的人。随着英国战争借款达到顶峰，他觉得是时候发出警告之声了。在《论贸易、硬币和纸质信用，以及获得与保持财富的方法和手段》一文中，他写道：“一个国家严重依赖纸质信用，就会在某一天被认为富有，在另一天被发现贫穷。”波列芬特别提到，这一状况会出现，正好“当一些大转折（突然的转折或惊奇）发生时，只有它能发现（就像一些真实的贸易商的死亡）一个国家是富有还是贫穷”。一旦发生，他警告说，

“这样的信用就会失败”，国家就不能筹集到任何资金，特别是“在大量使用纸质信用的时候”。最后，他有些神秘地建议，没有人应该对私人市场支撑国家债务的能力给予太多信任：“国家应该对那些相信他们富有的人十分小心”，因为银行家和有钱人可能受诱惑去操纵政府票据的价格，来迎合自身的利益。这里指的并不一定是财政部的那些人。这些“对人造财富感兴趣的人，或者做信用票据买卖的人”，面临着同样“巨大的诱惑来增加”他们的财富，有时候这种财富的诱惑会以整个国家为代价。

这种对交易巷中人们的嘲讽可能在所难免，但稍微地脱离了波列芬想要探讨的主题：个人、企业或财政部所做的承诺，取决于多年以后展开的事件，可能看上去是相当安全的，直到它们的不安全时刻来临。一场政府发现借不到新资金的危机，只有在最需要货币的时候才会发生。波列芬认为，这意味着对明智的政府来说，把财政命运押到不确定的和无法控制的货币市场上太冒险了。波列芬承认，纸质信用是有用的，能够“在最大程度上供应货币需求，推动商业发展”，在面对代价高昂的战争时可能同样如此。尽管如此，纸质信用仍然存在风险，关键是“我们很快就会经历对有价值财富 98
的巨大需求，但只在想象的房间里拥有它”。最后，他的结论是，这种信用的新发明是不可靠的，“是不值得依赖的”。诚然，政府能够借贷，但它是否应该超过一条仔细划定的界线？波列芬，作为一名冷静且聪明的商人，很清楚：不应该。

1697 年，波列芬将他的论证以小册子的形式出版了，当时正处于货币大重铸高潮。铸币局总监相当忙，因此，尽管牛顿对有关英国货币的任何争论特别有兴趣，但当这本小册子首次发行时，他还是没有注意到。直至 1700 年再版的时候，这本小册子才引起牛顿的注意。幸存下来的牛顿手写备忘录草稿，捕捉到了英国新发展出来的把纯粹的票据用于国家目标的能力是多么强大。

牛顿在备忘录开头同意波列芬的观点："与货币成比例的纸质信用太多的话，是不安全的。"但是，当人们看一下英国账目的实际情况，会发现没有如此迫近的危险来临："仔细审查一下……这种信用是通过增加贸易（更有利于英国），还是通过增加奢侈（也就是说，把借到的钱浪费在了非生产的消费上），迄今为止，我没有发现这种信用对我们造成了损害。"换言之，牛顿同意波列芬的观点：通过让一位借款人花费比他拥有的更多的钱，信用能够制造出一种财富错觉，创造出一种激励——把纸质财富挥霍在精致生活上。但牛顿对英国货币史做了详尽的研究。他在笔记中提到，黄金在中国和日本比在伦敦便宜得多。他的结论是，通过信用形式的创新，完成了由普通铸币完成的一些工作，政府借贷在帮助英国处理
99 银铸币贬值中扮演了关键角色，在不计后果支出方面，也没有产生显著上升。信用帮助了国家，远比它造成的伤害多。

对于这一点，这两个人回答了同一个问题：对私人企业或政府财政来说，债务有多危险？波列芬的回答是"很危险"。牛顿的回答是"没那么危险"。这是程度的不同，而不是性质的不同，反映的是共享的假设——一种对他们正在谈论的事物的共识。但远不止于此。当回想起他刚刚帮助处理的危机时，牛顿写道："但就纸质

信用来说，远不是伤害我们，而是在货币重铸期间对它的需求给我们带来了巨大的困难。”关于现金的短缺，牛顿写道：“使得货币的利息相当高……这给贸易造成了最大的障碍。”这一观察直接导致牛顿论证的下一步：“如果利息还没有低到足以有利于贸易、安置穷人工作和鼓励所有对国家来说赚钱的行业，降低利息的唯一正常方法是使用更多的纸质信用，直到通过交易和业务，我们能够赚到更多的钱。”

牛顿说得很明白：他不希望对个人应该为货币收费多少，也就是国家和普通人能借到钱的利息，进行任何直接的政府控制。相反，牛顿吸收了他的朋友约翰·洛克的经典自由主义精神，他提到“通过议会法案降低利息是一种激烈的方法，且……易于使贸易和商业状况不佳”。最好让市场发挥作用，包括交易巷那些喧闹的笨蛋。“法律应该紧跟或遵照利息的自由且自发的路线，而不是试图强迫它。”“因此，让我们考虑一下，什么样的利率对国家最有利，那就让那么多的信用（不用更多）把货币拉低到那一利率。”

这是一种如同货币类型的官方借贷观点，是一种政府影响对国
家可用的总货币供给的方法。牛顿不是一位深刻的金融理论家，但 100
是在这一争论中他大大超越了许多同时代的人，也就是官方债务可以分成易于交易的份额，能够成为一种政策工具。财政部的借款因此远不仅仅是一种解决即时短缺问题的方法——它远比那样更为有用。信用涉及的是未来，如同它对未来几年的国家经济生活做了预测：一笔借款的利息是一项未来收益的权利，以政府从被统治者处收取的税收为基础。此外，一笔借款为物品付账，目前的契约能在

未来的日子里生成更多的经济活动，这将创造更多的利润来纳税……这既服务于借款，又能鼓励更多的贸易和生产，以及英国男女在他们的工作期间内所做的所有不同事情。因此，牛顿的结论是：信用是在未来的岁月里金银和利润流动的抽象表征，并且它能治愈英国经济生活的小恙。“信用是贫穷的一种现时疗法。”他写道。他承认他过早地向波列芬让步，信用的使用从来不是无风险的，它是强大的药物，它的疗效严重地依赖剂量，“就像医学最好的疗法，（它）作用强大并有毒性……因为它使国家倾向于消费昂贵的外国奢侈品”。但是，牛顿再次强调，掌控一个清醒政府的聪明人，能够被信任来处理这样的烈性药。“好医生不拒绝烈性药，因为它们可能致命，但可以研究怎么样安全且成功地运用它们。假如这种代价为良序和法律所矫正，那么信用就成为一种安全有效的疗法。”

牛顿的观点看上去让人怀疑是现代的观点——一种今天我们称之为财政政策的倡议：如果经济萎缩，如果生意停滞不前，并且就
101 业迟缓，那么，政府应该发行新的信用，并且花费借到的款项，直到贸易繁荣，穷人能够安置就业。牛顿不是凯恩斯主义的倡导者。他不建议财政部应该选择创造赤字，也不建议政府应该操控利率，以促进经济活动。在那个时代，没有人真正想过这些事情。事实上，那时现代财政政策的基础设施还不存在。你不能呼吁中央银行有所行动，这样一种银行的概念存在于未来的世纪里。这是一个货币能是什么和能做什么的概念仍有待确定的时代，牛顿并没有一个清晰的想法，好比货币供给多大数量能与财政问题相互作用，或者

理论上怎么样支出能影响到利率和其他价格。铸币局的主人牛顿是这个时代最有成就的思想家，但他不是一位 20 世纪的宏观经济学家。他甚至不是一位 18 世纪早期的政治经济学家。他回应波列芬的草稿是一个梗概，从来没有发展成能被视为金融理论的任何东西。

但是，即使牛顿不应该被视为一位经济学先驱，他的信用思想也暗示了在他任内发生的事情。毕竟，他是英国国家金融机构的一位高级成员，并且他把国家信用和私人信用同时视为安全和有效的。其他知识渊博和老于世故的人都不同意他的观点。但是，牛顿的论证显示出，这些围绕在权力中心的人，当他们弄懂首个可被视为政府财政措施的现代方法时，他们是怎么思考的。有记录可查的是，牛顿的观点在 1700 年赢得了和波列芬的争论。英国在 17 世纪 90 年代的实验经历了风雨。考虑到这一点，财政部在下一次的行动就清楚了。好的大臣不需要拒绝猛药。如果情况需要，那么更多的“纸质信用”将会出现。

第七章　“满足需求的方法”

102 情况很快发生了变化。1702 年，在女王玛丽去世 8 年之后，国王威廉驾崩。玛丽的妹妹安妮获得权力，成为首位英格兰、苏格兰和爱尔兰的女王。然后，在 1707 年合并法案把苏格兰和英格兰合并为一个国家之后，她成为大不列颠的君主。法国的路易十四拒绝承认安妮的王位继承权，支持詹姆士·斯图亚特来取代她，这位詹姆士是被威廉和玛丽废黜的国王詹姆士二世的儿子。再加上其他几项争议，这点燃了欧洲主要霸权间随后的斗争。在没有子女的西班牙查理二世驾崩之后，又一场全球范围内的冲突开始。这场冲突以西班牙王位继承战争而知名，让英国及其盟友深陷与法国及其同盟者的战争之中。这场战争持续了超过 10 年。到 1713 年，大家都精疲力竭，达成了协议。这场战争像前一次冲突那么费钱，甚至更费钱。这支 9 万人的庞大军队需要支付薪水、提供给养、提供服装和武器，与此同时，舰队人员每天也狼吞虎咽了成吨的啤酒和牛肉。随着战争越拖越久，这场巨大的军事战争的成本稳步上升。到 1710 年，战争费用已经攀升到英国收入的 10%，也就是整个国家工作时间产出的 10%，不仅仅是政府的收入。

在 1697 年之后短暂的和平时期，国债的增长曾经停了下来， 103
但面对如此特大规模的需求，现在再次膨胀。1704—1708 年，政府借了 800 万英镑。随着财政部协商从大股份垄断公司东印度公司和英格兰银行大笔借款，更多的债务随之而来。此外，财政部带着更大的资金渴求，回头面向大众筹款：1710 年报出筹款 240 万英镑，紧接着在后两年达到了令人震惊的 710 万英镑。随着战争账簿的封账，英国的长期国债，从 1693 年的零开始，到 1697 年大体上是 700 万英镑，总数超过了 4 000 万英镑，总额还要加上几百万英镑之多的短期贷款。

交易巷抱怨声四起。战争的巨大成本损害了伦敦货币市场满足政府所需货币的能力。混乱的明确标志出现在 1711 年，当时财政部推出四项新彩票借款，寻找第一项的购买者。财政部报了一个夸张的出价来吸引博彩者：付给 8%的利息，期限超过 30 年。这至少比私人借贷者支付的利息多 50%，这是一笔溢价，反映了在乔纳森咖啡馆的内行人对国债变得多少有点忐忑不安。政府和战争的支持者可能认为，和平时会恢复财政的审慎。但这很难令人放心，特别是考虑到英国自从威廉在 1688 年掌权之后，已经和法国开战了多年。

这样的财政困境叠加到了政治危机之上，这场政治危机已经威胁到牛顿的朋友们在政府部门的统治。西德尼·戈多尔芬（Sidney Godolphin）政府已彻底地站在了辉格党的立场。辉格党和伦敦市联系在一起，主张宗教宽容和英格兰银行式的金融发明。辉格党遭
104 到托利党的强烈反对，托利党更多地和乡村、拥有土地者的利益、传统宗教联系在一起，他们害怕大辉格公司垄断政府金融，特别是英格兰银行扮演的角色。把辉格党和托利党这两个标签视为始终如一的政治承诺，是错误的。这两个群体在斯图亚特王朝结束之前和之后的那些年里，对王权和治理具有明显不同的看法。但是，20年来，此类联合体很少有一致的信仰，更多的是某人朋友们的网络和利益以及庇护权。

这样，尽管英国的治理精英们真的是在不断变换对国家政策的立场，包括对战争行为的立场，但是戈多尔芬政府面临的困难和他们（包括那些享受治理特权的人）面对治国理政重大争议时要忍受的短暂激情一样多。这个时代是一个被激怒的神职人员起决定作用的时代。1709年11月5日，亨利·萨谢弗雷尔（Henry Scheverell），一位痛恨传统消失的神职人员，爬上通往圣保罗大教堂布道坛的盘旋楼梯。如硫黄遇水般，他在英国国教内进行了一场针对传统消失的非常恶毒的谴责，这一布道后来以“教会和国家中虚伪兄弟的危害”为名印刷出版。这场谴责马上被理解为对教条且不可靠的辉格党人的攻击。紧接着，三周后，萨谢弗雷尔进行了第二次更具煽动性的布道。戈多尔芬的辉格党人把他带到下议院受审，判定他有罪，命令把他的布道书在皇家交易所焚毁，三年内禁止他从

事牧师工作。这些措施都是极度愚蠢的行动。萨谢弗雷尔立马成为一名圣人，再加上那些反对他的人也加盟进来，他成为托利事业的英雄。骚乱随之而来，选举也随之举行，戈多尔芬失败，被温文尔雅的托利党领袖罗伯特·哈利（Robert Harley）取代。

哈利继承的是一个混乱之局。膨胀的债务，包括长期国债、短期流动贷款、每笔津贴和年金，以及在过去 20 年甚至更长时间发行的到期未付票据，仍旧全部摆在那里。战争也仍在无休止地持续，意味着更多的借贷可能要到来。可能对哈利的纯政治微积分学来说最糟的是，主要的新机构都卷入国家财政中，特别是英格兰银行（和辉格党联系紧密，这样就被视为对托利党权力的一种威胁）。

事实上，这是一种困境，类似于英国在光荣革命之后多年面临 105
的困境：随着国家在欧洲战争中过分扩张自身，随后陷入无力偿债的境地，领导人参与到宫廷和议会紧张而高风险的政治斗争中。像尼尔一样的投机者，像约翰·洛克一样的货币理论家，笛福式的“规划家”，等等，许多人利用这一契机发起一项又一项实验，希望救国家于困境之中。20 年之后，哈利面临着类似的英国借贷能力崩塌的风险。他竭力在一个被政敌控制的财政环境中处理危机，他收到了一系列的建议，类似于 20 年前建议的那些内容。建议者们重申，如果其建议得到采纳，推动金融革新，能够拯救国家，并能使那些驰援国家的人变得富有。

在众多方案中，有一个比较吸引人。这一方案由几部分构成，并取决于一个简单的想法，也就是将金融革命的两项标志性发明——官方债务和股份公司强行联姻。该计划是将政府债务转移到一家新的私人公司。那些借钱给财政部的人现在将获得该股份公司的股票；反过来，该公司可以使用其新资本来资助其准备开展的任何业务。这是现在所谓的债转股的首个例子。债权人成为所有者，将对其用货币购买的国债的定期支付利息承诺换为新股份。

这是一个激进的概念，但不完全是一个陌生的概念。英格兰银行在 1697 年已经实验过类似的事物，向那些看起来政府可能停止
106 支付到期利息的某项借款的持有者提供公司自己的股份。对于那些拥有靠不住的票据的人来说，赌的是英格兰银行比个人处于更有利的位置，去迫使王室官员付款，如果对方不能按时支付的话（但对方最终会支付）。这是一种普遍的看法，最终证明这种看法是正确的，投资者把 80 万英镑的债务换成了银行的股份。与此同时，整件事情有一种将简单事情复杂化的性质，匆匆拼凑成某种东西来处理某笔坏账。债转股是一种创造资产价值的方法，它在英格兰银行手中比在任何人手中都更值钱。就其本身而论，债转股没有在债务和公司股权之间真正建立清晰的联系：英格兰银行股票可以被视为一种通货，投资者买进其正在进行的业务的想法是次要的。即使如此，交易也暗示着可能性，并且看上去已经存在于一些伦敦最精明者的头脑中，这是一个由三位交易巷“老兵”领导的群体：乔治·卡斯威尔（George Caswell）、埃利亚斯·特纳（Elias Turner）以及雅各布·索布里奇（Jacob Sawbridge）。

这些人是丹尼尔·笛福在他对股票交易攻击最尖锐的作品——1719 年的《交易巷剖析》——中叫得出名字的人。卡斯威尔“完

全可以拥有更多的生意，但他不值得信任……他是兄弟会‘扒手’的头面人物”，特纳是“一个赌徒……一脸怪相”，索布里奇“如卡斯威尔一样狡猾，厚颜无耻”。他们在 17 世纪 90 年代联合起来的力量构成了“一个真正的现代偷窃三人组”。这个三人组的第一步行动是一场金融大抢劫：他们挖出了一家几近死亡的僵尸企业——英格兰北部的制造中空剑刃公司（Company for Making Hollow Sword Blades），以剑刃公司之名而更为人所知。该公司成立于 1691 年。公司宣布成立的目的是以法国样式制造“中空的”或带沟槽的剑刃——被认为优于传统的英国平刃长剑。刀剑业务前几年开展得很好，但不到十年业务就崩塌了，除了一份股份公司的特许状，什么也没有留下。这些“金融海盗”认识到这样一份特许状具有实际价值，就像他们最新的共谋同伙——补鞋匠仍年轻的儿子约翰·布伦特——最近在威尔士矿业计划中看到的那样，可以通过内幕交易自肥。

复活剑刃公司是约翰·布伦特的手笔。关于他早年在交易巷的 107
经历，很少有详细的资料保存下来，仅有一些对他二三十岁时粗略的追忆，当时他在一群同样渴望发财的人中间摸爬滚打。但是，很清楚的是，布伦特是一个复杂的人物，比他的对手所想的更复杂。正如历史学家约翰·斯佩林（John Sperling）指出的，布伦特确实被视为交易巷恶人的完美化身，把他的新伙伴“最致命的品质”和“一种咄咄逼人的残忍品质”结合在了一起。根据另一份描述，布伦特从内到外都讨人嫌，“粗鲁傲慢，油嘴滑舌，心眼太多”，并且拥有在社会上层人士眼中最应该受到谴责的“一往无前的决心”。然而，即使是认为他最坏的批评者，也注意到他回避了这个时代典型的一些恶行。他是一名具有虔诚宗教信仰的人、一名浸信会教友，他强烈不赞同英国国教的观点。布伦特是快乐婚姻生活的榜样，其妻子的社会地位可能稍比他高。在所有描述中，他是 7 名子女挚爱的父亲。虽然布伦特在生意上以冷酷无情而知名，但他看起来从未欺骗过他的合作伙伴。当然，这也并不矛盾：布伦特既不是第一个也不是最后一个贪婪的放债人，在热爱家庭的同时会重击他的敌人。尽管他的敌人和他的盟友记录下来的这种经常性的回忆，与罪恶和慈悲问题毫无关系，但不管他是什么人，很明显约翰·布伦特相当聪明，一心一意利用他的才智获得能够想象得到的财富。

考虑到他的经历与和他合伙的那些人，这一合伙经营寻求用一项设计巧妙的计划，来掩盖不给剑刃公司内部留下多少经济价值，就毫不令人惊讶了。在这个伞盖下敲定的第一笔交易，是一笔虚假的土地交易。布伦特等人企图攫取由被废黜的斯图亚特王朝支持者
108 拥有的爱尔兰地产，这些土地在威廉和玛丽继位后已经被没收。剑刃公司所有者对在爱尔兰的地产出价 20 万英镑，一年回报租金是 2 万英镑，这是一份他们投入货币后正常回报 10%的出价。唯一的问题是什么？他们并没有这笔钱。

布伦特等人的解决之道在于现存的作为股份业务的特许状。利用特许状，剑刃公司能够创造公司的新股份。按照业务的常规进程，公司将在公开市场（乔纳森咖啡馆、汤姆咖啡馆、加勒韦咖啡馆和其他咖啡馆）出售这些股份，来筹集他们在爱尔兰冒险所需要

的资金。然而，在一次由布伦特本人发起的煞有其事的行动中，新股票被用在了债转股交易中，用股票换取被称为军队信用债券的东西（一种由财政部发售的流动票据，用来负担军队每一天的小额现金需求）。不像国债借款那样大张旗鼓，这些信用债券没有得到有担保的资金流的背书，也就是没有麦芽税做其后盾，这就使它们相当具有风险，军队票据的价格在交易巷经常跌到面值以下。剑刃公司的合伙人却从这种风险中看到了利益，他们对制定的计划做了最后润色，军队信用债券的交易价低至 85 英镑，比票面价值低了 15 英镑。根据协议条款，任何人持有军队票据出售，可以交换每股 100 英镑发行的剑刃公司股票，立马获益同样的 15 英镑，只要剑刃公司的股票在交易巷保持住其价值。

自然而然，剑刃公司发现许多人愿意进行这项交易。不令人意外的是，剑刃公司股东利用他们的内部所有有价值的消息，在他们宣布交换之前就在交易巷买进大幅打折的军队票据。根据估算，布伦特和他的同伙至少进行了 25 000 英镑的内部交易，大约是今天的 400 万英镑。公平地说，这种抢先交易在交易巷相当普遍，英格
兰银行的内部人士在 1697 年就已经这么干了。笛福和其他股票交 109
易怀疑论者，都鄙视知道消息的人利用那些不知情的局外人。对所有这些方式，布伦特和他的同僚能够用剑刃公司合伙人履行了他们的承诺这一事实来为自己辩护，至少他们最初履行了承诺。政府摆脱了一大块债务；剑刃公司得以掌控一些爱尔兰土地，能产生高出市场的回报；冒着风险的政府票据持有者既获得了一份收入，如果剑刃公司股票随着时间的推移上涨的话，又获得了未来收益的机

会。这是一个三赢的局面！

问题是，令人高兴的结果需要持续的时间足够长，让交易完成，让公司的内部人士能把交换之前攫取的便宜的军队债券兑现为利润。挫折很快来临。对与其事先请求允许不如事后请求原谅的市场交易者来说，最值得注意的一个问题是，剑刃公司合伙人正在出售的东西，还不清楚他们是否曾经拥有。在跨海对岸，爱尔兰被没收土地的索赔人出现了，爱尔兰法庭同情这些挑战者。剑刃股票下跌。在 1708 年春天，股价一度达到实际交易价 85 英镑（信用债券的打折价）；现在每股仅值 51 英镑，刚过 5 年就损失了 40%。

但是，在投资者深受其害的同时，公司的主管也从交易中获得一个教训。他们的失败归因于他们在一项特殊业务提议上下了糟糕的赌注。但交易看来证实了它的根本逻辑。他们的投资者损失了金钱当然很糟糕，但布伦特和他的同僚承认，用政府债券交换私人公司股份，是他们能够再次使用的花招。

罗伯特·哈利和他的托利党同伙进场了，他们极度需要免除债务。新政府的首批法案之一是登记英国全部的借贷情况。与议会授权的国债相比，流动债券仍旧令人感到恐怖：在海军账目上的 500
110 万英镑已到期，另有 100 万英镑军队债券，130 多万英镑用来支付政府日常开销，等等。由于没有特定的收入来源指定用于偿还债务，所以这些债务中的大部分都没有担保，从而使得这些债券都处于最危险的政府信用形式之中。总而言之，流动债务几乎达到了 950 万英镑，就交易巷而言，全部付清的可能性越来越小：到 1711

年，股票经纪人为这类票据每 100 英镑仅出价 65 英镑多一点。这对财政部来说是一个明确的信号，国家为日常所需借贷将变得更加困难，也许可能借不到钱。这是一场真实的危机，以至于安妮女王在对新组建的托利内阁的讲话中，几乎恳求道："对这些债务的偿还，我诚挚地希望你们找到满足需求的办法，防止将来再发生类似的情况。"

如果是在辉格党政府治下，英格兰银行早已被招募来回应安妮的请求了。哈利不愿意冒险与他敌对的银行打交道，于是寻求另一种出路，这正是布伦特和他的同伙需要的。哈利上任几个月之后，布伦特他们递交了制定的计划，这是到目前为止剑刃公司全体人员曾经尝试过的最富丽堂皇的计划。实际上，新想法仅是另一种债转股的交换，类似于 10 年前不幸的爱尔兰冒险。但是，计划中再次存在着诈术：剑刃公司人员想围绕另一项规划来包装这次交换——一项类似于极端成功的东印度公司的商业垄断，由王室授予和西班牙南美港口进行贸易这项新业务的商业垄断权。创立这一跨大西洋商业网络所需的资本，将来自英国无担保票据投资者，也就是来自流动债券，即将由议会法案强制用债券来交换这家新公司的股份。最后，为确保新贸易公司有充足的运营资本，财政部将为交换后的债务支付一致同意的但是经过折合的利率。

正如在爱尔兰土地交易中一样，这一想法显得对每个人都有 111
利。英国政府将巩固其所拥有的，为其债务支付 6%的利息。那些被迫交换他们具有风险的甚至可能不值钱的票据的人，将收到一家现行公司的股份。随着海外商业的开展，这家公司本身将盈利，其股价也会随之水涨船高。对布伦特和他的圈子来说，整个计划都以他人的金钱为基础来实施，他们不需要拿出一先令自己的钱。这将是名义上世界上最大的经济组织，带来的不过是英国已经向其债权人做出的不断扩张累积的承诺。

哈利在3月时告诉了下议院这一计划。创造新的冒险企业的措施在两个月后获得通过，在夏末该企业被授予特许状。新企业被正式称为“与南海和美洲各地开展贸易并鼓励发展渔业的大英国商人总督和公司”（the Governor and Company of the Merchants of Great Britain，Trading to the South Seas and the parts of America，and for encouragement of fishing）。然后，该公司以一个更简单的名字而闻名，并被今人记住：南海公司。

第二部分 货币的魔力

113 在国家转型之际，所有英国人欢欣鼓舞，
拯救国家于掠夺之中；
你将永远记得，从这一愉快之年起，
信用得到恢复。

——亚瑟·梅因沃林（Arthur Maynwaring）
“一首卓越的新歌，
称为恢复信用”[①]

① 梅因沃林，一位怀疑论者，实际并不相信这一点。

第八章　“精细管理”

17 世纪晚期和 18 世纪早期是一个公共辩论的伟大时代，没有 115
人比丹尼尔·笛福更好地掌握了通过印刷出版物开展争论的策略。在每一个政治和国家财政的关键转折点，他都会出现，有话要说，并且巧妙地扭转了抨击的内容。笛福在 1719 年首次创作了《鲁宾逊·克鲁索》，那一年他 59 岁。在他大部分生活中，他写的或多或少都是能够挣钱的东西。他是第一代真正的职业记者之一，但是他也写时政诗歌、关于得体举止的小册子、政治论文、大众历史读物、贸易作品，以及其他更多的东西。

随着环境的变化，笛福还成为另一个时代称为“政治化妆师”那样的人，为了钱写稿支持当权者。他从来没有必要反对他自己确信的东西，但是他能够随机应变，适应当时庇护人的需要。这些受雇作品的后果之一，是多年来笛福创造了一项纪录：挑起论战，猛烈抨击，经常诉诸人身攻击，来讨论英国领导人应该怎么样努力，来解决债务和信用问题。

116 在 1711 年，笛福发现自己处于一个十分尴尬的立场。他的问题何在？他把赌注押在了错误的一方。尽管在新世纪他因债入狱之后，托利党要人罗伯特·哈利就成为他首批援助者之一，但在 1711 年之前的几年里，他追随的是辉格党这边的权贵，充当的是戈多尔芬的可靠喉舌。托利党的胜利让他陷入了困境。几个月来，他努力重获哈利的信任。约翰·布伦特的南海策略给了他机会，他支持南海交易的小册子，提醒新领导人他的能力所在。那本小册子既表明了笛福所相信的东西，也表明了政府希望向大众宣传兜售的东西：南海公司不仅仅是专门设计出来缓解财政部压力的财政计划，其商业垄断有望成为一项有价值的事业，其本身很好，是未来的财富发动机，不单纯是入不敷出的国家的另一项绝望行动。

这样的公开宣传是必需的，因为不是每个人都确信这些。笛福在争论中面对着一些令人困惑的议题（毕竟南海的提议在某种程度上依靠的正是他所鄙视的东西——交易巷欺诈）。但是，对笛福这位曾经大有前途的规划家来说，贸易因素看来能够克服任何疑问，所以当怀疑南海者出现时，他是首批回应者之一，并且在一份怎么样充当写手的图解中，为一些他以前嘲笑过的同行进行了辩护。

117 在公共辩论的常见形式中，笛福也这样做了。他首先抬高他打算反驳的主要观点，“它属于人们不熟悉的贸易领域”，不管他们对货币多么熟悉，他们都“没有机会蹈海冒险，对此类商业化一无所知”。这意味着，正如笛福重申的其反对者的观点，“向这些人谈论南海贸易就是谈论希伯来语和阿拉伯语”。

笛福知道，这确是事实。正如历史学家约翰·卡斯威尔（John Carswell）所写，令人瞩目的是，布伦特和他的南海创办者同事“没有一个人有任何前往南美甚或西印度地区贸易的经验”。考虑到这一事实，笛福尽了最大努力。他辩称，问题在于公司具有分裂的人格：这家公司有点像银行，但还是一家贸易企业。那些能够管理债务的人不是商人，那些埋首商业的人几乎不是操纵货币的专家。这样一家公司不得不从事两份工作，这是“国家的不幸”，但是通过“精细管理”能够避免可预见的灾难。笛福写道：“这一公司的贸易不但可能成就伟大，而且有可能成为整个英国商业中最伟大、最有价值、最赚钱、最具潜力的商业门类。”

需要记住的是，笛福绝对写出了哈利和托利党政府想听到的话。但是，笛福本人同样也相信英国的贸易威力。东印度公司可能是运用这套贸易技巧最明显的榜样，但皇家交易所的如潮人群也见证了贸易对国家在和平与战争中的重要性。并且总是存在着历史后见之明的问题：我们现在知道发生了什么，笛福和相当多的同时代人当然不知道，并且真诚地相信新公司面临的风险很小，潜在收益巨大。考虑到从事东印度贸易的商人已经获得的巨大财富，以及英格兰银行近 20 年的成功运营，这样的信心并不疯狂。尽管如此， 118
虽然相信英国商业和金融优势是合理的，笛福及其支持者同伙假定新公司的计划在真实世界面世后会存活下来，但是它并没有。

公司面临的第一个困境最显而易见：和西班牙属地的贸易需要西班牙的同意。1711 年，安妮女王的军队和法国支持的天主教国王的军队之间的战争仍在进行，这意味着从一开始从事任何合法的商业机会为零。从布伦特以降，主管们肯定都知道这一点，并且已经准备好了回应。1712 年 2 月，布伦特等人要求政府部门组建一支舰队：20 艘战船，40 艘以上的运输船，400 名女王陛下的战士，致力于征服西属美洲，在新世界创建一个防御基地。很明显，布伦特等人相信新政府将授权建立一条在与辉格党斗争中竭力避免的新战线，任何西班牙属地都将在枪口的威胁下开展贸易。他们有足够的信心搜罗 1 100 吨价值 20 万英镑的货物，在一个确定的日期起航：1712 年 6 月 26 日。

4 月过去了，然后是 5 月。

商品堆放在公司的两艘船上。6 月来临，然后就到了 6 月 26 日。两艘船都抛锚摇荡。夏天过去了；秋天来临了；然后是冬天，没有任何理智的旅行者会选择此时跨越大西洋。最后，在 1713 年 3 月，南海公司通知政府联系人，等待中的船只所装货物开始腐坏。

没有官方回应，没有士兵上船，没有船只起航，贸易货物的命运无人可知。哈利和他的政府同僚在漫长艰难的和平协商过程中，也没有让皇家海军去刺探西班牙帝国的意图。一旦流动债务划归公
119 司账户，政府就从公司得到了它所需要的东西。尽管如此，对政府部门来说，重要的是避免南海计划完全崩塌，哪怕只是为了支持一家向托利党倾斜的金融机构，来对抗辉格党的英格兰银行。因此，随着结束战争的谈判在持续进行，英国外交官们寻求该公司能够利

用的某些让步。

哈利的谈判代表看来在 1713 年最终达成的协议中赢得了这一点。西班牙授予南海公司一系列明确的商业特权，协议条款允许公司每年派一艘船去卡塔赫纳（在今天的哥伦比亚）或者韦拉克鲁斯（在墨西哥）的市集进行贸易。英国也赢得了一些潜在的更有利可图的东西，叫作阿西恩托（Asiento，意思为协议或协定）：奴隶贸易的权利。凭借该权利，公司每年可以在西班牙所属美洲任何港口出售 4 800 名非洲人。南海公司在 1713 年 6 月正式收到了这些特权，然后马上准备其首次意义重大的贸易航行，寻找船只，购买贸易商品，出售了 20 万英镑的公司债券来为整个行动筹款。一些人读到了精致印刷品的宣传：西班牙国王、英格兰女王安妮和其他一些达官显贵宣称，每趟允准的交易之旅利润将高达 58%。公司人员可能在长途商业贸易上是新手，但是他们已经做好计算：这是一场掏空他们口袋的交易。他们冒了大西洋旅程的风险，仍然不得不损失掉在顺利航行中可能获得的任何东西的一半。1713 年的探险被取消，公司及其支持者致力于第二年补偿安妮女王的股份。

从实际角度来看，这等于损失了两年的贸易，损失有点大。那些被迫把财政部债权交换为股票的人不得不等待，希望政府减少利息支付来资助公司的扩张计划，最终至少有一丝希望。在 1715 年，第一艘南海商船跨越了大西洋，再次航行一直到 1718 年才进行，公司能够入账 10 万英镑的利润。

奴隶贸易看上去更加前途无量。公司已经拥有了一个良好的开端。在 1713 年上半年，南海公司代理人沿西属美洲海滨建立了 7 120

家奴隶贸易站，从北边的韦拉克鲁斯，到南边的布宜诺斯艾利斯。在牙买加和巴巴多斯建立了中转站，这样在旅程中活下来的那些人可以在这里留置足够长的时间，以送达西属中南美洲的主要市场。南海公司和皇家非洲公司敲定了一笔协议，来供给“大大小小健康齐整的黑人，在这种条件下能够上船”。船只已经找到，航程已在规划中。

但是，就公司的所有准备工作和令人印象深刻的贸易量来说，跨大西洋的艰苦运输并不能获利。

原因何在？早期的批评家指出公司缺乏贸易的经验，这是正确的。奴隶贸易永远是一项丑陋的、野蛮的、残忍的生意，但是南海公司比已经成立的皇家非洲公司更加笨拙，因此甚至更加草菅人命，其船只在航程中比其竞争对手会损失更多的奴隶。与此同时，公司人员在出售点并没有准备好竞争。牙买加的英国种植园主抵制南海公司对奴役市场的垄断，抱怨它提高了他们的劳动力成本和暗中干涉了他们的黑市奴隶贸易。一旦公司船只卸下其“货物”，新的障碍出现了。地方官员尽其所能妨碍或榨取每一笔销售，包括使用彻头彻尾欺诈的方法：当计算进口税款项时，多计被送到海岸的奴隶数量，以某种方法减掉一些——归因于事故、疾病或任何其他借口——来少计出售的最终数字，公司甚至不能正常获得报酬。协议的一项条款允许购买者用“本地的收益”像可可、菝葜、烟草和
121 其他商品类的货物购买奴隶。代替净价和可观的利润的是，购买奴隶用的是现金，出售所得是一堆装船运回英国的干货。这代表了一种充其量延迟的和不确定的回报。通常在每一名“健全黑人”身上

的损失一直漂洋过海。看来，出售盗猎生灵需要的技巧和地方知识，新来者并不拥有。

剩下的就是残酷的事实：从 1712 年起的 10 年间，从英国港口向拉丁美洲的货物和黑奴的流动，从来没有给接受债转股的那些人带来任何财富。事实证明，南海公司不是东印度财富制造机器的孪生兄弟。冷嘲热讽的观察家相信，它从来不可能真正成为这样的一个兄弟。但是，这家公司还可以从事无趣的会计事务：从财政部接收缩减后的利息支付流，然后把款项送达其股票持有者。

无趣并不意味着坏事，尽管交易巷也这么认为。在最初的几年 122
里，在乔纳森咖啡馆报出的南海股价显示，股票交易者实际上并不关心公司的西班牙迷梦。最初债股转换是与票面价值相等的：一份价值 100 英镑的政府债券交换 100 英镑的南海公司股票。但是，当交易宣布之后，流动债券以大约 32%的折扣交易。这意味着，只要公司股票售价不低于 70 英镑，那些参与交换的人仍会不赔不赚。以打折后的市场价值来衡量的话，承诺给公司 6%的报酬实际上接近于 9%。换一种说法：印在卡斯丹《交易进程和其他事情》中的股价，揭示了因掌握内情而下的赌注，是怎么样纯粹作为一种金融游戏来估价公司的，而且从这个角度来看，交易运行良好。

1711 年 10 月，南海公司股票首次买卖，获利远早于投资者能预期的任何贸易获利。对政府票据来说，这些交易成交恰好超出不赔不赚的范围，比如，票面价值 100 英镑的股票交易价格在 73～76 英镑区间。在接下来的两年里，交易巷对这一股票很感兴趣。到

1713 年末，股票交易价格是 94 英镑。这是一种相当不错的上涨：大约是两年前用来交换股票的债务价值的 35%～40%的上涨，并且至关重要的是，上涨并不是取决于任何对公司商业技能的错误乐观主义。相反，股票持有者看到他们的股票价值持续缓慢上涨，在 1716 年达到了 100 英镑的票面价值。在那个阶段，财政部正可靠地支付利息报酬，如承诺的那样，每年 6%。这被认为是一项坚实的回报，没有什么特别的地方，但实实在在，也并不糟糕，100 英镑仅仅收益 6 英镑——这是伦敦货币市场相信任何相对安全的证券应
123 该实现的收益。换句话说，每股票面价值 100 英镑，乔纳森咖啡馆的聪明人计算南海公司正好与其金融资产价值相等，不多不少。它是一项静悄悄的业务，合理且缓慢。如果哈利的目标是利用一项商业冒险的虚饰来为减轻政府债务直接压力提供掩护，那么到公司 10 年的中期，它无疑是成功的。

并不是说哈利收割了这种合理判断的回报。他掌控大权始终是一种平衡的举动，是管控内阁中的竞争的需要，是议会大多数成员急于向辉格党、辉格党人本身复仇的需要。并且君主安妮女王对任何她被大臣操控的暗示极度不满。可能更重要的是，哈利在他女儿 1713 年去世之后把自己封闭起来让安妮生气，女王陛下把这一行为失检都算到哈利罪恶的账上。1714 年 7 月 27 日，女王罢免了他。她写道，他忽略了他的职责，对真理漠不关心，不准时，更不用说“他经常喝得醉醺醺”，并且“最后，对王室所有人来说，他用没礼貌、不体面、不尊重的行为对待她”。

毫无疑问，这一切是真的。但是事实上，哈利的倒台一半是由

于党派斗争的熟悉套路，一半是由于王室不愉快的抨击。另一位托利党人超越他获得了安妮的信任。与此同时，哈利在议会两院的支持基础，随着每次有争议的决定而变得脆弱。尽管如此，他的托利党竞争对手没时间享受他们的胜利。在罢免哈利后的日子里，女王起床，报道说她比前几周感觉好多了。但她突然摔倒，不断抽搐。这种痉挛持续了一个早上，当她重新获得知觉时，她几乎不能说话了。安妮女王在两天后驾崩，年仅 49 岁。她怀孕 17 次，但是仅生下 5 名活的婴儿，其中没有一位活过了她。

这样，在安妮女王驾崩后的下午四点，汉诺威选帝侯乔治・路
德维格被宣告为大不列颠和爱尔兰国王。乔治是安妮的表侄、斯图 124
亚特王朝首任君主詹姆士一世的曾孙。乔治有许多表兄弟姊妹与英国王室有类似的或更强的联系，但是他拥有一项特质让他领先于他们所有人：他是一名坚定的新教徒。这样一位相对疏远的德意志王公，成为伦敦政治生活的中心，并且立刻开始让人们感受到他的权威。新国王和托利党不和，不仅仅是因为一些托利党人对被废黜的天主教斯图亚特王朝保持着一定程度的同情。乔治在安妮逝世 6 周后到达英国。在 1715 年的选举中，新国王明显属意的辉格党以轰动的方式重掌权力。

南海公司再次出场。尽管公司完全是托利党的创举，但在仅仅 3 年时间里它已经成为金融景观的一部分，从哈利陨落中幸免于难。只有一个让步：它同意"忽略"到期的国家利息付款（大约 100 万英镑，财政部不知何故未能支付）。从那时起，在具有商业头脑的辉格党人治下，南海公司的贸易运气并没有好转，因为没有

人能解决缺乏西班牙方面愿意合作的伙伴问题。但是，公司还是继续尽其所能变得有用。

即将就任的政府部门急切地需要南海公司的服务。重新掌权之后，新政府发现，尽管哈利努力让国家债务处于控制之下，英国的财政还是变得极度混乱。

官方债务的纠缠至少可以追溯到 40 年前斯图亚特国王查理二世的不良行为：他“叫停”了国库支付一笔财政部到期的债务，在 50 万英镑上下。从 17 世纪 90 年代起积累的长期国债仍保留在账上。九年战争的代价已经让债务增长到 1 200 万英镑，利息上升到
125 10%，付款条件扩展到 100 年。这些是“不能赎回的”，之所以这样说，是因为其在运作期间不能简单地一次性付清。长期债务中，超过1 100 万英镑在托利党执政年份里不断累积。在可赎回的彩票借款中，当政府找到资金时大部分是能够一次性付清的。并且，另外还有 1 600 万英镑流动债务已经被英格兰银行、东印度公司和南海公司本身吸收。南海公司拥有 900 万英镑政府票据，这样一个数目使其成为当时世界上最大的金融公司。

把所有的数字汇总起来，结果真的糟糕：欠债 40 357 011 英镑。每年的利息费用是 2 519 808 英镑，大体上是国家年收入的一半。并且，这是在和平时期，不需要为参加军事行动的陆军和海军支付费用。更糟的是，从一份整体债务清单来看，很明显没有显著的方法让债务问题处于控制之下，尽管一些借款和不同的收入流挂钩。像 1697 年老麦芽彩票，由生效的啤酒税、苹果酒税和梨酒税

（苹果酒由啤梨酿成）提供担保。在过去 20 年，英国的筹款计划数量庞大且种类繁多，威胁到了未来的借款。如果政府耗尽明显能提供担保的收入流，或者潜在的放款人认定没有留足收入来支付到期需要支付的款项，会发生什么？

就财政部来说，最终的结果是到 1714 年所有被迫借贷的危机累积效果，意味着通常是以国家借款支付高利息而结束，远比私人借款者面临的利率高。总而言之，英国的债务承担了大约 6.25％的利息费用；对最长期、最容易处理的借款来说，常常是最高利息率。与此同时，金匠银行家收取顾客的利率仅有 5％，有时更少。这种差别累加起来每年额外花费大约 50 万英镑，这一数目虽然不足以解决国家的困难，但仍旧是一笔大有用处的数目。这样，对新 126
就任的政府部门来说，问题是：怎么样削减成本、简化债务，在需要时仍能借到钱？

为了解决这一问题，辉格党领导层花了 3 年时间来提出一项计划，这项计划多半是内阁中一位最年轻和最聪明成员的手笔。事实证明，这个人非常擅长他的工作，这是很幸运的，他的挫折和他的胜利一样幸运。

他的名字叫罗伯特·沃波尔（Robert Walpole）。

第九章　“诸多的会议和顾虑”

127 在其漫长的一生中，罗伯特·沃波尔在他的时代扮演的每一个角色，让人们看到了一位野心勃勃、才气闪耀、贪得无厌、精于算计的公众人物。尽管有一个角色是他从来没有预想到的——由英国金融革命催生的最可怕的游戏之一：成为陌生人下注的对象，赌注是他的死亡时间。这是大赌客的赌博，并且这场赌博产生了不曾预料到的后果，那就是人寿保险的诞生。

人寿保险本身在英国从 18 世纪早期已经萌生，尽管如此，伦敦的保险商很少关注埃德蒙·哈雷关于布雷斯劳死亡人口的论文。关键是，直到 1774 年，为陌生人投保才完全合法。这意味着，此类保险的要害之处，是有机会对陌生人的命运下注，这样的赌注可以采取多种形式。在一个臭名昭著的例子中，两名混蛋提议下注他们的父亲谁先死，赌注如下：父亲先解脱的一人是失败方，有义务付清受活着的父亲羁绊的另一人的所有债务。两人在法官面前了结了此事，因为首先成为继承人的那位拒绝支付，理由是他们敲定赌注时，他父亲已死的消息还没有传到俱乐部。法庭没有采信这种说法。

贵族家谱中无用的旁支亲属可能会让他们的财产挥霍一空，这 128
不是一个新发现。但是，人类经验量化方法的兴起，产生既是下注的新方法，又是赌博的新文化，从中人间喜剧的任何变化都能引出一个小赌注。曾经有关于哪位绅士可能先结婚、哪位绅士的妻子先产子（以及孩子能活多长时间）的赌注，甚至有一个远近闻名和声名狼藉的例子：一个私人赌注是关于一名在伦敦暧昧不清的法国男外交官或间谍的性别，当打赌者努力收集所谓的证据时，这一赌注也引发了一两起诉讼。曼斯菲尔德勋爵至少听到两起此类事件的案例。最终，法院裁定所有涉及特定臣民的赌注都是无效的，对在公开法庭讨论明显不适当的罪行不予考虑。

考虑到单纯诽谤性的闲话就能引发一位乡绅下赌注，围绕陌生人生活的赌博不会停止。从 18 世纪早期开始，运用保险契约围绕著名人物（和一些妇女）的命运打赌已经很平常，并且具有充分的理由：如果一位重要人物在一个关键时刻去世，那么其在治国理政和商业往来上产生的破坏，对于各种投机者而言代价高昂。在此类死亡事件中付清的一份保单，就是一种对政治、战争或暴动转折的对冲，或者对英国官方财政管理变幻莫测的对冲。在 1713—1717 年间，一家保险企业联谊会参与到围绕成打的大人物和好人的打赌之中，押注托利党高教会派煽动叛乱者亨利·萨谢弗雷尔，连同他的主要政治对手查尔斯·唐森德（Charles Townshend）一起押注。唐森德是一位贵族，是安妮女王死后把萨谢弗雷尔的朋友们一扫而空的辉格党政府领导者之一。特别是，联谊会成员认为南海公司足够重要，因而投保约翰·布伦特，几乎可以肯定的是他们对他一点也不了解，并且他们在一位仍旧年轻、正在崛起、尚未掌权的名叫罗伯特·沃波尔的政治家身上，看到了同样的机会。

129 沃波尔几乎成为英国历史上最常被投保的人，给他生命投保的一份保单的成本甚至成为一种麻烦指数：无论何时他面临政治挑战，或者他统治的国家面临威胁，保费就会上涨。与此同时，随着生命的保单开始扩散，商业保险同样如此，通过投保海上商船、个人和公司抵御火险起到了保护商业的作用。所有这些保单合同催生了一种宽泛的思想：意外、风险和人类选择能够用货币衡量，并且能用预测未来的方式加以分析。

在一段时间内，保险成为常态，仅是商业世界的一部分。但是，在保险发展的幼年期，存在一些令人惊奇的事情，如下注下一次哪位著名人物将去世。这是一个新世界，纸面上的数字能翻倍，财富得以激增。同样的信念驱使交易巷用整套新奇方法来投机，包括由南海公司提供的最新可能性。南海公司的兴起与沃波尔的崛起步调一致；他的职业生涯取决于与南海公司及其领导人布伦特的一系列相遇。他们的相互影响在一场冲突中达到高潮，并将决定企业的命运。沃波尔本人的命运，在一定程度上也决定着国家的命运。

罗伯特·沃波尔的出身绝对正统，尽管很难说伟大。他出生于1676年8月26日，是诺福克一位地主的儿子。长大后，他预见到富裕之家年轻儿子的常见命运：一份受人尊敬的在教会中的职业。但是，他的一位哥哥在1690年比奇角海战中被杀，另一位在1698年去世了，当时沃波尔在剑桥完成了第二年的学业。他突然成为继承人，被从大学召回，受训成为一名地产管理者、郡里要人和世代相传的辉格党人。

年轻的沃波尔从来不乏自信。他后来曾说，如果他的哥哥们活 130
着，他会被迫进入教会，并作为坎特伯雷大主教而服务终身。作为一名乡绅，在他的间奏曲中没有什么东西暗示未来的结局。他的父亲给他指派了单调乏味的杂务，并确保他完全掌握地方要人的习性：“他的早晨……忙于农务活动，或者旷野运动，这是他极端感兴趣的。他的晚上在欢乐的社交中度过。”的确欢乐，老罗伯特“给他的玻璃杯倒了双份葡萄酒，接着说道：‘来啊，罗伯特。我喝一杯，你喝两杯：因为我不允许我的儿子处于清醒的状态目睹他的父亲喝醉了。’”

老罗伯特对他儿子的管理远远超出了餐桌。当时普遍承认的一个事实，是相当数量地产的继承人一定需要一位妻子。因此，在罗伯特回家后的两年时间里，他的父亲已经为他找到了一位合适的配偶：凯瑟琳·肖特（Catherine Shorter），一位富有的木材商暨伦敦前市长的女儿。如果单从相貌来看，两人是不般配的：凯瑟琳算得上“一位优雅漂亮和举止成熟的女子”；而沃波尔，尽管还没有成为超级大胖子，但“接近于荒诞，因为他又矮又胖”。但是，沃波尔等级的婚姻是一门理性的生意。事实上，新郎是一位地产继承人，新娘也带来了 2 万英镑嫁妆。两人在 1700 年 7 月结婚；那一年 11 月，沃波尔的父亲去世，沃波尔成为地产的唯一继承人，年租收入 2 000 英镑。他很快就参加了他父亲议会席位的选举，毫不出人意料的是，他赢得了下议院选举。

沃波尔和凯瑟琳很快就在伦敦安居。出于新任议员的兴奋，他已把牲畜赶到了村庄市场出售；从此以后，不再有居高临下的父母召他回来履行职责。相反，这对年轻夫妻加倍地投入首都世俗且昂贵的欢乐之中。

131 基特凯特俱乐部（Kit-Cat Club）——这处饮酒和谈话场所在沃波尔到达伦敦不久就欢迎他——在阴郁的环境中已经开业了。它很可能是从克里斯托夫·凯特（Christopher Catt）那里得名，在夏尔巷（Shire Lane）的一家客栈里营业。伦敦的讽刺年代史家内德·沃德赞扬凯特为一位“技师，在奶酪糕饼、派和蛋羹配方上技艺高超”，当一位辉格党智者希望招待他的朋友们时，他“邀请他们去一家废物烤炉便餐店（Collation of Oven-Trumpery）”，以凯特的甜点为特色。他的标志性羊肉派已经被誉为基特凯特，这一名字紧随不断增长的爱好者成为品牌。

基特凯特俱乐部里的人从来不是一群饱学的大众。它是一家辉格党人的大本营。俱乐部以良好的“文学”竞赛而知名，辉格党智者相互以诗词唱和，内容大部分与八卦、丑闻有关。俱乐部的另一项传统，是用不那么公开无礼的方式向在座的美女们干杯，其中就有艾萨克·牛顿的外甥女凯瑟琳·巴顿（Catherine Barton）。当牛顿移居伦敦时，凯瑟琳·巴顿随之而来，她遇到了查尔斯·蒙塔古，这位辉格党的赞助人已经让牛顿就任铸币局职位，她成为蒙塔古的情妇。查尔斯在基特凯特举杯祝酒中把他对她的魅力永生化："爱神匍匐在巴顿的脚下/他的箭和箭袋搁在那里/忘了他高高在上的王座吧/这一可爱的人儿就在这里。"

这已经比多数俱乐部常客谨慎多了，它标志着俱乐部成员能够达到的诗歌高度——但是这种打油诗赋予了沃波尔新世界一股气味：对权力的野心家来说，不过分正直，但很有用。在这里，他和 132
其他政客建立了联系，有机会和偶然出现的要人（成员中有半打公爵）擦肩而过，和聪明人相伴，像约翰·洛克（饮酒有点优雅，讲话很快）。

所有这些对乡下出生的沃波尔来说都是猫薄荷[①]，激发出他的真正习性。仅仅存在一个问题：他负担不起这种生活。作为议会成员用度方面微有提高，加上带着一个习惯奢侈的妻子在伦敦的生活成本，沃波尔的财务活像国家的财政：他日益深陷债务，并且总是寻找下一个应急手段。他向店主借钱，然后搪塞他的债权人，直到他的诺福克代理人查尔斯·曼（Charles Mann）写信道："他们让我心累。"一位借款人"像疯子一样狂怒"，他进一步写道，另两位"已经几次跟着我，极力抱怨"。沃波尔向和他表姐结婚的人借钱；他拖欠根据他父亲的遗嘱应付给母亲的钱，次数如此之多以至于母

① 猫薄荷是一种会引起幻觉的植物。——译者注

亲最后威胁要把沃波尔告到法庭。他还抵押家族土地并且出售了一些。

这一切都没让沃波尔太担心。他缺钱，不缺虚张声势，并且他直接不理会大多数向他催债的人。沃波尔的代理人特纳（Turner）告诉他："一些报道四处传播你的奢侈生活方式，很大程度上是出于对你的偏见。"特纳可能是希望让他的委托人感到羞愧，采取更好的行为。如果是这样的话，他失败了。纵观沃波尔在伦敦的早年，他的嗜好经常超出了他的财产承受范围，他决不会根据他的荷包调整他的生活。

有一种可靠的方法让沃波尔摆脱困境。仅仅一个议会席位不能产生重要的政治分赃；但一些职位是王室的礼物，能慷慨地回馈它们的购买者。因此，为不择手段争夺一项任命，沃波尔义无反顾地
133 投身于下院事务。他定期充任计票员，他从事委员会的工作，他在下议院发言。随着时间的推移，他掌握了议会辩论的获胜技巧。显而易见，在沃波尔充任议员后数月，他设法进入一个负责调查国债问题的委员会。他的付出得到了预期的结果。1705 年，他加入了为安妮女王的丈夫和皇家海军名义上的首领乔治亲王提供建议的委员会。这一职位伴随而来的额外津贴让他生活得很好。海军部还安排了一艘船只供他调遣，他用之装载大量未纳税的红葡萄酒（包括勃艮第葡萄酒）和香槟酒，从荷兰走私进来。

沃波尔也显露出行政技能。海军财务通常是一片混乱，意味着海军的后勤也是如此。作为乔治亲王的顾问之一，沃波尔承担了理

顺混乱的海军账目的任务。这帮助他赢得了对实际权力的首次体验。他在1708年被任命为战争秘书。尽管有头衔，但这一头衔与战争战略或英国正在进行的战役的方向没有任何关系；相反，战争秘书一职涉及的是主管军队的组织事务。考虑到18世纪早期政治的习惯，该职位对于任何年轻国务活动家来说，都是一个潜在的大有回报的职位，只要愿意谨慎使用他的办公室经手的任何钱财。

纵观头些年，沃波尔证明了他的能力，让他在议会服务了4年。这种能力就是一种对公共事务的天资（他的对手如果有这种天资，也是少数人纠集在一起，投身于一种对派别斗争狂热的嗜好中）。在萨谢弗雷尔布道点燃的政治危机期间，沃波尔的崛起势头停止了。作为下议院辉格党最令人生畏的战术家之一，他成为惩罚这位牧师行动的领导之一。他帮助起草了弹劾条款。在随后发生的审判中，沃波尔锐化了他的攻击，认为萨谢弗雷尔与叛乱者眉来眼 134
去：布道的明显意义攻击了“我们政府的根基”，甚至滋养了让斯图亚特国王复辟王位的古老梦想。

那场审判对沃波尔来说，是一次非典型性失策，直接为哈利的胜利和辉格党10年统治的表面崩塌做出了贡献。沃波尔本人成为新政权的目标，新政权以一场自己的审判来进行回应，他们控告沃波尔在担任战争秘书期间接受贿赂。这是一个彻底的政治案件。毫无疑问，沃波尔在位时比他作为一名纯粹的地主和议会成员时变得更为富有。但托利党人并不能证明，沃波尔从他们在审讯中提交的任何合同中获得了个人收益。无论如何，扫除沃波尔在议院折腾政府的机会是最重要的，所以托利党多数投票宣告他犯有“严重破坏信任和臭名昭著的腐败”罪名。他被从议会开除，于 1712 年 1 月 17 日被带到伦敦塔。

沃波尔从来不是一个最值得同情的人，但就这样转变成一位殉道者，就像之前的萨谢弗雷尔，带给他无限的、如果说稍有延迟的好运。他在伦敦塔是一位饮食奢侈的客人，带着仆人，笔墨供应充足，并用这些给他的敌人带来烦恼。一扇大门摇摇晃晃地打开，带来一系列不变的朋友——从马尔伯勒公爵和公爵夫人以降。演员理查德·埃斯特科特（Richard Estcourt）创作了一首民谣，起了一个宏大的标题“致塔里的宝石”（On the Jewel in the Tower）。在诗句中——可能比通常基特凯特的货色稍显优美——埃斯特科特讽刺了沃波尔的对手：“他们试了千百种方法，/谁的坚定每小时都在强化；/他们丢人现眼认输，/所以他们把它送进伦敦塔。/然后警告这些流氓结果肯定会来的：赔罪的那一天将会到来，/这一宝石将会自豪地佩戴，/笼罩他的敌人和他的朋友，/荣耀之光照亮塔外。”

托利党的做事过头在沃波尔入狱几周后演变为一种公共尴尬：
135 沃波尔赢得了补缺选举，以填补他刚被他的敌人驱逐空出的议席。最终，沃波尔被从伦敦塔释放，但是损害已经造成，更敏锐的托利党人像乔纳森·斯威夫特（Jonathan Swift）对此早已经很清楚：沃波尔从伦敦塔的回归只是等待哈利政府的陷落。当那一天在 1714 年准时到来时，沃波尔收割了战利品。他出任了极其有利可图的财政部主计长。这份工作带给他一幢背靠泰晤士河的精致房屋和花园；更绝的是，给了他一种匹配其生活方式的敛财手段。他坐在办公桌后监管着一条资金流淌的大河。在1714—1717年间，他努力让他直接控制下的政府基金投资累积超过6万英镑，近似于21世纪的1 000万英镑。与此同时，伴随着官位回报的平常追求，持续存在的如何为英国霸权付款的问题仍然存在。随着10月沃波尔被任命为财政大臣和第一财政大臣，这些问题就落到他头上。计算出如何为英国战争付款现在成为他的工作。

在沃波尔就任之前的年份里，他在国家债务方面已经取得了一些进展，但大部分是一系列小打小闹的修修补补；甚至随着哈利的出招，英国仍旧欠下附有高利息的巨额有担保国债，还欠下各种各样大杂烩般的流动债务。即使在和平时代，利息款项也花费了国家
每年进项的一半多，国家依旧处在破产的边缘。评估损害的程度花 136
费了沃波尔近一年的时间，但是当他露面时，他已经做好准备提交一份全面的计划以一劳永逸地解决这一问题。

沃波尔开始为借贷的需求进行辩护，认为国债是为保护“英国宗教、法律和自由”而付出的代价。对于这些，他断言：“我相信，没有一个人会承认他买贵了。”他承认，欠下的总数“数量巨大，负担沉重”，但考虑到私人借款人借款仅支付5%的利息，对比财政部面对的利息——6%，7%，甚至更高——他说，现在是行动的时候了：“时机合适、信用好、货币价格低的情况”让他尝试“利用有利的时机，政府可以分享普遍的优势”。用更通俗的话来说就是，如果国家能利用普遍的利率，那么这是一个用低成本重组国债的时机。

沃波尔的计划存在一个巨大的障碍：大块头的国债明确由议会担保的借款已经发行，约定条款受法律约束不能提前偿还，除非“出资人绝对同意”。这些“不可赎回”债券构成了欠债的差不多三分之一。① 现在，如果人们不愿意放弃好处也就是这些高利率的利息款项，将一无所得。沃波尔明白，财政部要得到想要的东西，就要放弃一些东西，为其债权人制定优惠的条件。为此目的，沃波尔写道：“毫无疑问，在有钱人和金融机构中间……有诸多的会议和顾虑。”

137 沃波尔严重低估了这些会议的折磨人程度和步伐的沉闷。没有现存记录表明会议上说了什么，或者政治家和这些有钱人多少次聚集在一起逐条检查每次的报价。人们花费了一年多的时间，仅编制了一份交易的大纲，来纠正国家财政所有的失误。到 1717 年 3 月，沃波尔提交了计划，如果完整实施，财政部将控制全部种类的英国借款。那些持有可赎回长期国债的人会看到他们的利息款项数额减少。彩票持有者面临着同样的选择。最重要的是，那些持有不可赎回债券的人拥有担保，以及此后数十年的利息款项流，他们会面临一项至关重要的束缚：众所周知，这种债务在技术上不能变现，它不能转让给其他人，不能在交易巷的二级市场买卖。这意味着，如果不可赎回债券的拥有者需要那笔被政府债券占用的资本，而不仅仅是每年的利息款项，他们是无法拿到这笔钱的。所以，沃波尔的

① 可赎回借款（可以在政府选择的任何时间偿还的借款）和不可赎回借款（就是除非出借人同意，否则在指定的到期日之前不能被收回）之间的区分，并不取决于一笔既有借款的期限长短。有一些长期国债是可以赎回的，有一些则不能。

交易包括一项提议：把他们更高的但是固定不变的利息支付转换成流动投资，金融票据仍支付利息（尽管利率较低），并且能和第三方自由交易，在交易巷随意买卖。

这项计划的结构有点复杂，但基本概念却很简单：在前几十年关于现值计算工作的帮助下，能够找到适当的价格——政府债券据以折合的数额。那就是在任何时间范围内付款流的价值上加上一个数字的数学。这样的计算起源于为一块有一定年产量的土地估价的 138
方法。同样的数学用来为一片牧场定价，能够用来发现一份以牧场未来产量为基础的证券的当前价值。在这种新的环境下，目标是找到一份共有的价格，既包含年利息收入，又包含根据不可兑换公债长期利息支付流确定的市场价值。

人们可能不同意一个模型的细节——比如，怎么样乘上一年的收入来确定价格，或者怎么样估算在一种 3 人份年金中的人口风险。[1] 但那是件普通谈判的事情。沃波尔计划的关键在于，到 18 世纪 20 年代，投资随着时间变化收益的基本数学运算已经得到充分的理解，使整体谈判成为可能。通过无休止的会议，财政部和其债权人知道，他们能够以理性的方式达成一个互相接受的价格，这样就把高利息的、不能立即兑现的、不可赎回的债务，变成有折合率的、可赎回的和可交易的债务。换句话说，这正好是那种经验和可

① 一些长期国债是以年金名义筹到的。作为一笔既定款项的回报，财政部承诺只要出借人活着，财政部就会对那一数额付息。一些此类年金不仅在初始出借人生命的基础上成交，而且以一位或两位以上的人的生命为基础；一旦指定借款的最后一人去世，付款就停止，并且那将是其终结，年金购买价格仍留在财政部的保管库里。

量化的理性的体现，科学革命已经将其运用到自己的问题上，并转化成一种思维方式，能够被英国精英社会使用，也能被珍视。

过了1717年夏天，议会开始致力于起草实施沃波尔计划的系列议案。一项议案处理彩票借款，转换超过900万英镑，使之成为英格兰银行管理的低利息率证券。其他的议案改造各种由英格兰银行和南海公司持有的长期债务。一些短期债务被收回，更多的变得
139 更便宜。总而言之，不管按什么标准，这都是一项令人钦佩的成就。临时借贷的“狂野动物园”，尽管跨越了战争的30年，但已经驯化精简到有点像简化的订单。国债已经变得更便宜，只有微薄的利润，账目已经简化到不再需要忙活数月仅为发现究竟欠谁多少钱的地步。

但值得注意的是，可赎回的债务保留未动：它们的持有者没有被强迫把他们高出市场的收益，交换为无论财政部选择何时偿还政府都能够收回的债券。最终，强迫足够富有的人借款给政府而放弃高于市场的收益，对处理这件事的议会来说太冒险。这些人是下一次英国需要借款时，政府需要转头面对的人，因此，眼下政府部门选择不去触碰他们的利益。考虑到辉格党和英国的有钱人是多么紧密地联系在一起，这可能是政治上的正确选择。但是，从财政上看，如此胆怯会付出代价。超过1 500万英镑最昂贵的债务，或者超过总国债三分之一的部分，仍旧是财政部漏水的龙头。已经通过的计划削减了英国借款的成本，但直接减少欠债总额所为甚少，加上这一事实，严峻的情形依然如故：英国政府仍旧手头没钱，并且可能随时要借更多的款。

很明显，那是财政大臣下一项重要工作。但是，这项债务突然间不再是沃波尔的问题。“辉格”和“托利”唤起的是一种或多或少团结一致的政治政党的形象，但那不是政党体制早年的运作方式。确定为辉格党人或托利党人部分是一种家庭关系事务。沃波尔本人继承了他父亲的地产、议会的议席和父亲所属的政党。阶级和信仰也至关重要：托利党整体上和土地财富以及正统高教会联系在 140
一起；而作为辉格党人，意味着一种更加宽容的宗教情感、亲近较小土地持有者的网络，以及拥有一定数量的财产的城镇人与城市人的联盟。但是，甚至这样的分类最多也是相当松散的参考——存在着辉格党公爵和托利党银行家。政治标签遵从的是可塑的同盟——通常只是忠于“敌人的敌人是我的朋友”原则。这样的同盟面对个人的敌意、纯粹求胜心切所致的狂怒和偶尔赤裸裸追求权力的时候，总是脆弱的。

这样，在 1717 年早期，沃波尔和查尔斯·唐森德——一位诺福克旧友和政府两位最高级成员之一——被辉格党同伙伏击。他们的对手斯坦霍普伯爵（Earl Stanhope）和桑德兰伯爵查尔斯·斯宾塞（Charles Spencer），早在 1716 年夏天陪同国王乔治前往汉诺威旅行，当时沃波尔和唐森德仍留在伦敦。在德国时，斯坦霍普还维持着曾经和沃波尔是朋友关系的门面，同时他和桑德兰伯爵巧妙地利用这层关系，以便让国王看到留在伦敦的大臣们是最不可靠的。当议会在 1717 年早些时候召开时，两位伯爵已经能够把唐森德和沃波尔驱逐出内阁，斯坦霍普攫取了沃波尔在财政部的工作，桑德兰伯爵窃取了唐森德的职位。

两位被打败的人计划复仇，但面对他们对手的政变却束手无策。沃波尔投票支持他自己为国务操劳所制定的财政措施，但是当这些措施通过以后，他实际上成为反对成员之一，运用他在议会掌控的所有技能来挫败他的对手。在接下来的几年内，他经常和托利党人结盟，在 1719 年甚至着手限制辉格党长期持有的对新教徒在宗教上不遵国教的宽容优先权。

沃波尔输掉了那场战斗，但在其他方面获胜。在两大辉格派别的所有小冲突的背后，在每次尝试把国家预算带回某种稳定状态时，不可赎回国债持续赫然耸现。在这一问题上，作为一个比下议
141 院任何其他主要成员拥有更多知识的人，沃波尔被迫选边站，他拒绝在南海公司向当权的大臣们提交建议开展一项实验的时刻发挥影响力。这项实验如果成功，会一劳永逸地解除英国的金钱困扰。

第十章 “执行得忠实和严谨”

梦想在徘徊，可能没有人比那些财富超越贪婪的人更能坚持。 142
对南海公司主管们来说，要按时且悄然地把财政部的收据转换成给股东的付款，他们首先希望的仍是从贸易中获取真正巨量的财富。1717 年 3 月，公司第一艘为特定目的建造的船只“皇家王子”号，在船长贝恩汉姆·雷蒙德（Baynham Raymond）的指挥下，装载着价值超过 25 万英镑的货物从英国水域起航。雷蒙德 10 月在韦拉克鲁斯登陆，在整个新西班牙散发他的贸易品清单。“皇家王子”号的货物可能超过了 650～700 吨的约定总额，但是船只在到达后得到了地方司令官安东尼奥·塞拉诺（Antonio Serrano）的批准——他可能因为睁一只眼闭一只眼而得到了很好的补偿。

这样的地方腐败激怒了那些西班牙贸易商，他们的货物紧随英 143

国人进港。而塞拉诺的快速决定，让南海公司的船只能够在竞争对手之前卖完其货物。南海公司的人当然十分高兴，“皇家王子”号首航的丰厚收获促使他们订购了第二艘船——“皇家乔治”号。该船在1718年启航前完工。该船在这年的早些时候下水，配备装备，然后装满货物跨越大西洋。

但是，“皇家乔治”号从未返航。

西班牙从来没有让自己和乌得勒支条约实现和解，这份和约在1714年标志着西班牙王位继承战争的结束。“乌得勒支和平”迫使马德里放弃若干领土，包括几处地中海岛屿。在1717年夏天，西班牙士兵重返战场，入侵撒丁岛，而其对手奥地利仍受困于另外一场冲突——和奥斯曼帝国的冲突。一段时间以来，奥地利人忽视了西班牙的挑衅；而一旦与苏丹在1718年7月达成和平，他们就把注意力转回到他们的老对手身上，当时也恰逢西班牙人开始入侵西西里岛。其他欧洲国家联合起来反对野心过大的西班牙，因为后者威胁到了欧洲权力的平衡。奥地利、荷兰、法国和英国，罕见地与传统对手们在巴黎团结一致，创建了四方联盟。战争在数条前线打响。

多条战线的战役在1720年停了下来，但与此同时，可预见的效应在伦敦仍能感觉得到：英国企业和西班牙领地之间的所有贸易立刻彻底崩溃。南海公司的奴隶贸易灰飞烟灭。尽管“皇家乔治”号在18世纪20年代恢复了在南大西洋的航程，但它第一船用于交易的货物在停留期间已经变质甚至腐坏。

与私人损失相比，国家再次处于战争之中，所有这些都暗示着

英国的财政状况。南海公司再次回到其纯粹的财政角色，逆来顺受 144
地让财政部通过其账目付款。在这一背景下，无尽的国债压力肯定对约翰·布伦特内层圈子的聪明人来说，是一场太好的危机，绝不能浪费。

南海公司始终是一家喜欢金融骗局的公司。比如，1715 年，政府未能把近 100 万英镑到期的利息款项拨给公司和那些在公司创建时债转股的股东。对于这一问题，有一个简单的解决方法：更多的金融炼金术，把拖欠的利息转变为南海资本，这从理论上来说能资助更多的商业冒险。在这一交易下，公司资本增加到令人满意的 1 000 万英镑。这些资本能够以 100 英镑的面值持有新股票，或者在乔纳森咖啡馆和交易巷以市场愿意承担的价格出售。在原始债务加上拖欠的款项这个更高的总数基础上，财政部面临着更多的到期利息，财政部给公司的款项也将增加。总之，南海公司从政府手中接收了越多的纸面债券，到期的定期利息付款额就越高。并且把拖欠的利息款项处理为大量资本的权利，增加了公司的整体价值，因此也增加了它能发行的股票数。用现代术语来讲，站在政府一方，这一交易十分像你忘记了给信用卡付款所发生的事：下个月你欠下未付过款的原始余额，加上那个余额在前一个月累积的利息，以及新总额基础上的利息，构成了总数。

当然，对一个人或一个家庭来说，用这种方式经营他们的财务
绝对不是一个好主意。但这对国家来说是不一样的，有几个方面的 145
原因。因为 18 世纪初的财政部官员遗憾地知道，王国和个人一样，

在紧急情况下试图借款时，可能进行的是差劲的交易。但是，过去和现在同样真实的是，国家有你我没有的各种办法，让他们把更多的钱弄到手。国王乔治的大臣们能大幅提高税收，提高消费税和关税税费，出售许可证（就像授予南海公司与西班牙所属美洲的贸易垄断权），等等。正如笛福所言，这意味着在需要时，“很容易计划好足够的资金，但这对穷人来说是难以承担的，对国家来说则是不体面的”。这里，他的意思是，财政部能够随意借贷，因为它能确定足够的税收收入来源来说服出借人，他们的收益将按时收到。对新国债利息支付存在的小问题的各种例子来说，这不是小册子作者对政府钱袋的无聊吹牛。17 世纪 90 年代金融革命的第一阶段，已经证实了议会差不多在任何时候都真能够筹到借款，并运用其权力来说服投资者。此类债务实际上由一种新收入流（对麦芽的收费）或者其他方法来提供担保。[①]

英国政府拥有的第二项优势，是无情的时间流逝。政府在任何时刻所借的资金，成为对未来年复一年国家经济生活的下注。赌注是每一家新企业正在进行的工作，每一次航程将创造足够的财富来
146 支撑由此导致的债务。作为一种现收现付的需要，财政大臣不需要

① 领先于这一历史时刻一步，在现代后金属-货币国家，有一种更加直接的方法来应对政府的资金短缺：国家能够简单地通过各种各样的中央银行运作来创造货币。这种货币创造的一种极具争议的形式，在开始于 2007 年晚期的大衰退期间得到运用，即所谓的量化宽松：中央银行购买金融资产——债券和其他形式的债务——从而为广大的金融市场注入由央行创造的货币；这一“新”货币在整个经济中足够使用。同样的货币创造权力原则上能被用来偿还用任何国家货币表达的官方债务；用这种方法偿清美国所有债务的风险是通货膨胀——美元对其他任何货币的急剧贬值。

处理每一笔开支。正如伦敦的货币思想家已发现的那样，整个国家不需要践行体现在每月全额付清信用卡余额的良善忠告中的美德。相反，任务是平衡此刻的需求，使用分析的图表从整体上绘制英国的所有收入和支出。

对于这一任务的实现，时间至关重要，资金流可能是国家比家庭拥有的更重大的优势：政府在一项事务上选择花费多少，以及花在什么上面，能够直接影响一个国家经济运作前进的方向。比如，在议会于 1714 年批准了《经度法案》后，英国政府授权花费相当一笔金钱既作为奖金又作为研究基金，给能够解决在海上查找经度问题的任何人。对于具有全球野心的海洋霸权国家来说，这是一项至关重要的发明。还有更多的科学革命和国家的日常工作生活纠缠的例子——牛顿和哈雷都建议议会开展测量——以及官方支出方式对经济活动产生了直接和间接影响的例子。在接下来的几十年里，在法案之下的资金支出用于几个人的工作，同时，一种为在海上保持精确计时的计时器的最终发明，对海洋贸易和培育它的国家都产生了无法估量的回报。

债务对固定的宝藏来说根本不是一个累赘，这种共识从某种意义上来说是英国金融革命的核心共识。至少直到 18 世纪中期，花费了几十年，这一观点才完全实现了内在化。但是先前，在 18 世纪早期，信用处于每次设法解决国家债务问题的中心位置。笛福表 147
达了这一洞见："信用不是政府中这种或那种轮子的效果——定期转动并正常运作。"没有一个人能控制进程，国家的借贷不取决于某位大臣的正直或聪慧。相反，英国随意借贷的能力开启了"整个运动——由其真实的原始运动力量驱动”。

笛福的读者，没有一个人不提到牛顿的钟摆宇宙：以严格秩序运行的自然由根本规律所支配，随后的每个小时都产生可靠的和确定的结果。但笛福的理论没有牛顿的精确。笛福曾写道，信用是英国财政的“荣誉、正直和极其精确的管理”，驱动了“国家钟摆的大轮”和“转动大轮的大水”。但是，这种比喻是清晰的。英国信用的力量存在于一个事实中，恰当诚实的债务管理“执行得忠实和严谨，（也就是说）平等且精确地划分最小的时间单位”。

诚然，笛福充其量只是一名业余的金融理论家，但是他传达的宽泛思想是正确的。这种思想既不是笛福为之辩护的特定交易，也不是操纵英国债务的宽泛思想，看起来要么对作者要么对其读者特别危险，并且肯定也不是内在的腐败。这种思想仅是政府的正常业务，英国官员们完全有资格，可能唯有他们有资格来完成：维持国家机器，以确保精心安排的机制能够平稳运行。

当然，笛福的许多论点能被用来反对特定的决策或交易，品行不端的政党和派别政治甚至能让明显理智的行动脱轨。但是，后见之明让笛福的乐观自信看上去几乎是令人难以置信的天真，重要的
148 是要记住：他和他的同时代人，并没有把南海公司为英国财政制定的新计划，视为激进的、陌生的或危险的东西。相反，南海公司的提议，开启的是在过去已经运作过的那种交易。

第一步行动是大家熟悉的，和沃波尔两年前丢掉职位之前已经建议过的基本上是同一种想法。1719 年 1 月，财政部和南海公司的

主管们，同意对国债的一部分进行一种实验，并且根据其原始条款，在其条款运行期间，政府不能赎回。如果这一实验起作用，这种概念验证能扩展到全部未偿付的英国债务。这是对不能赎回国债问题的首次迎头进攻。为这次实验所选择的债券是一笔从 1710 年算起的 150 万英镑的彩票借款，承担着一笔超过 30 年的在 9%左右的利息。

严格说来，1710 年彩票不算是一笔借款，也就不会被偿还。相反，它是一种定期年金，承诺在一定年限里支付一定数量的金钱。这一想法是执行现值计算——这种在其最初 30 年期限的剩余年份里年支付 9%，作为一种单一货币数量来看将会值多少钱——来为收入设定一个公平价格，以南海公司的股票支付。

为这一计算制作的表格，早在 17 世纪头十年里，在英国的土地买卖者中间已经在使用。自从这些早期实验给一份固定的物质资产定价以来，已经发生的变化，是英国政府现在使用的借贷多类型的出现。如果政府的信用是发达的，那么就有必要找到一种有说服力的数学方法，来锁定所有对未来的承诺和全部风险范围。对这种 149
特定的彩票债务来说，最终达成的价格是每年收益的 11.5 倍，以公司股票每股 100 英镑的面值来支付。这将把彩票年金转换成由南海公司持有的债务，政府将仅支付 5%的利息。至关重要的是，这一债务能在人们选择的任何时间赎回和付清——用现金或用一堆更贬值的借来的钱。

随着交易浮现，那些持有彩票的人进行了一项伟大交易，因为他们的持有物按票面价值将被转换为南海公司股票——公司股票票面价值 100 英镑换彩票票据 100 英镑，以已经商定的 11.5 倍的购买价来交易。考虑到在交易巷二级市场股票能卖到 112～117 英镑，当彩票换股票开启以后，做转换的任何人立马走在了游戏前头。

与此同时，新的股东将拥有由政府利息款项提供资金的公司分红部分，加上他们从企业交易方获得的任何收益的公平部分。可能最重要的是，以金融语言来看，这种提议的转换，允许彩票持有者把不能变现的资产转化成可以变现的。这种资产在无论何时你需要时，都能让你得到你的资本。

对财政部来说，优点同样明显。它摆脱了成本远远超出任何其他借贷者的债务，疲惫地一年又一年地支付高额利息。交易也简化了财政管理：不需要向成千上万的彩票持有者做出解释，只需要面对南海公司，每 6 个月付款 1 次。最好的是，交易承诺做成了以前
150 不可能的事：通过一个金融操作法案，一种政府数十年来无法摆脱的债券成为可以改动的，甚至无论何时机会来临的时候，可以完全付清的东西。

最后，南海公司本身的确干得很出色。最明显的变化，是转换为公司股份的彩票债务全部价值被累加到公司资本中。先前存在的债务持有的过期利息款项 168 750 英镑也转换成了资本。同时，公司同意提供给政府一笔 778 750 英镑的新借款。把所有这些碎片拼凑在一起，结果是公司的账目上增加了 250 万英镑，所有这些都从财政部赚取利息。

公司本身并没有拿出额外的收益，同时，交易所得的任何收入

都将作为分红转移给公司股东。同样的约束条件，让约翰·布伦特和他的同伴，从一开始就备受挫折：他们业务的金融方面从根本上说是无聊的，今后也不是极其有利可图的。但是这一次，潜藏在表面无害的交易机制之下的，是真正能够制造出现款。公司承诺给政府提供新借款，因此协议允许公司通过发行新股出售给大众来筹集这笔款项。

这样做看上去直截了当，但存在一个问题：公司被允许给新股票每股定价为票面价值 100 英镑。这样，每借出去 1 000 英镑，就会给公司账目上增加 10 份股票。但是，实际上，为借款提供资金的那些钱来自出售股票，不管市场是否承受得起。这样，如果交易巷报价超过票面价值，公司将把差价收入囊中。当时，第一批新股票被售出，每股带来 114 英镑。在这一总额之中，100 英镑将提供为借款，剩下 14 英镑给公司本身——14%的收益。一天的工作并不坏，尤其当你是一名兴奋的股票持有者，收割了由后来者提供的额外现金收益时。

强调一下：在这一安排中，所有东西都不会被视为一种危险或 151
是贪赃枉法。正相反，至少在原则上这不过是合理的安排——一种解决存在已久的问题的聪明且公平的方法。正如笛福所扬言的那样，这样的金融操作仅是“使我们的国家信用上升……到如此高度的诸多方法”中的一个例子，诸多方法使以 6%或 5%甚至更低的价格筹集到任何数目的金钱变得容易。笛福提到，这是在永无止境的权力斗争中至关重要的优势。他写道：“外国人已经听说通过战争英国没有变得更好……同时我们就拥有一个取之不尽的货币贮藏库，没有战场上的优势能匹配得上这一财富优势。”这种能力，看上去很随意，以财政部的命令来塑造货币市场；笛福总结道，是“英国的荣誉和优势”。

向大众发售新股票开始于 1719 年春季，当时南海公司向持有彩票年金的所有人打开了认购簿。大众迅速做出反应，虽然没有财政部或公司期望的那么热情。大约三分之二的彩票券被转换为股票，这意味着公司总股本增加了 170 万英镑左右，而不是 250 万英镑。与政府的交易和公司将提供的借款捆绑在一起，等于公司吸收的彩票债务数量，这样借款金额也同样缩水，大致是 54.4 万英镑。在这些数字的基础上，交易给公司带来了近 27 万英镑的即时利润——在公开市场拥有的价格和公司交给财政部的借款之间的差额，连同已经转换成股份的过期利息。关键是，对有关各方来说，交易的动议方运转良好，表明这种类型的交易能被照着做。

152 诚然，一些人是表示怀疑的。对丹尼尔·笛福所有为南海公司所做的早期宣传来说，像这种强力推动的腾挪，是他极度不信任任何与股票买卖有关的事情的原因所在。笛福在 7 月 1 日出版了《交易巷剖析》。在书里，他认为，一个金融证券的非官方二级市场，通过让英国的金融屈从于无可救药的欺诈，用金钱击穿整个贸易，把国家置于危险之中。在《交易巷剖析》中，他重复了一个来自当天新闻的故事，来说明邪恶的股票经纪人能够造成的伤害。

那年春天，在一系列支持斯图亚特王室的叛乱中，又发生了一起，这次是在苏格兰高地。6 月 10 日，叛乱在格伦希尔战役中被碾碎，这是一次极小的战役，每一方大约只有 1 000 人。值得记住的是，在冲突中，被传奇化的罗伯·罗伊·麦格雷戈（Rob Roy MacGregor）受伤严重。这是英国军队最后一次在本土面对入侵的部队：200 名士兵来自加里西亚军团，由西班牙派遣来资助叛乱，希望内战的冲突颠覆英国君主制。西班牙人的野心落了空。而一旦起义开始，直到格伦希尔的消息传到伦敦，任何在交易巷交易的人都容易受任何叛军进展报道的影响，不管是不是假消息。在笛福写作时，恐惧已经蔓延，但是他利用最近的记忆来说明乔纳森咖啡馆和加勒韦咖啡馆的敏锐之人是怎么表现的——即使处于国家危机之中。

笛福的警世故事开始于一个年轻人带着更多的钱，而不是带着更多的感觉步入咖啡馆。很快，那种“宰客者”出现了。一对同谋者扫视了年轻人一遍，开始下诱饵：“先生，这里有条大新闻，它还没有公开。只是提到它，就值 1 000 几尼。”行话继续不停歇：“遇到你，我衷心地高兴。但是，你一定要保守秘密，如同你灵魂的黑暗面，因为在咖啡馆他们还一无所知，如果他们……我向你保证，南海（股票）将在一周内涨到 130 英镑，当这条新闻众所周知之后。”

谁能抵挡这种诱惑呢？反正不是笛福塑造的稻草人：“哎呀， 153
说到那个可怜的东西，请问，亲爱的汤姆，它是什么?”这个人会揭示致富的答案吗？为什么会……是的，他会。“先生，我为什么真想让你知道这个秘密呢？你需要保守它，直到你从其他人那里听到。为什么会这样？王位冒牌者肯定会被带走，会被作为犯人带到米兰城堡，在那里他们很快拿下他。我向你保证，政府会在这个时辰内派出专使。”

冒牌者，斯图亚特王位的申索者，作为一个威胁永远被消除。很明显，这样的情报对市场至关重要。只要詹姆士二世的儿子自由游荡，他将对英国王位的德意志闯入者是一个威胁，并且对围绕由闯入者的大臣们产生的债务进行交易的任何人都是威胁。毕竟，一位复辟的和复仇的斯图亚特君主，有可能拒绝信守他前任的承诺。一个冒牌者被俘虏的消息会极大地鼓舞交易巷，因此会促发一次政府债券价格的突然暴涨。这是一种内幕消息，从中梦想和财富得以实现……正如笛福的“宰客者”清楚了解的。

但是，也没有那么快！无辜者很为他恰当的勤奋而骄傲：“你确定吗？话说鱼儿为什么急着跳进网中？”噢，真的，汤姆确信。这两位交易巷的人把他们的鱼儿送去和共谋的第三位成员交谈，他证实了这则新闻。于是，笛福写道：“这位受骗者带着满脑子的野火离去，且在他的脑中爆炸……这没有给他时间考虑，他匆忙回家，满怀幻想，梦想着获得 10 万英镑，或者购买双份。”

故事的尾声以彻底的必然性展开。笛福的急切无辜者“和他的经纪人见面，经纪人在火上浇了更多的油，把他煽动得急如星火，他雇用经纪人马上带着几尼去收购任何种类的股票，几乎不管价格的高低，因为他相信：消息会在现在公开，能人们会在他的基础上
154 报价”。但是，呜呼，当然，这消息是假的。股票价格下跌，乔纳森咖啡馆的“聪明”庶人们真相大白，像……土匪。“经纪人获得了一份财产，掮客获得了 200～300 几尼。”至于“受骗者”，他现

在欠下了“5 万英镑，没有能力偿还”，“苦中作乐，卖掉马车和马匹，还有他精致的座椅和昂贵的家具，来补偿不足的数额”。

笛福的要点并不是说信用和金融本身是可怕的想法。他仍是一名私人规划和公共规划的鼓吹者，两者都由借来的钱提供资金。但是，笛福未能在交易巷和政府借贷能力之间建立联系。政府以不同标准在二级市场使信用借贷成为可能。聪明的坏人把有用和必需的借贷，转变成他们可以操纵的商品，这让他感到害怕。他从未提供一个交易巷的真正替代品。同时，财政部需要按照支付战争费用要求的规模筹集金钱。这样的要求，和能让足量的私人资本为公共资金所用的交易角色，只是最近才具备，即使是专注的观察家如笛福，也发现很难从中区分出哪些是危险的、哪些是必需的。笛福本能地厌恶寄生于乔纳森咖啡馆和其他地方的那些人，这方面他肯定是不孤单的。他和乔纳森·斯威夫特共识甚少，但斯威夫特完全共享了他的对手对那些靠货币投机谋生者的蔑视：“这里有一个深渊，成千上万人跌落，/所有大胆的冒险者都来到这儿，/一条狭窄的巷道，深如地狱/交易巷是一个令人恐怖的名字。”

这样的哀歌在英国金融革命的早期阶段切入了关键问题。在所 155
有这些金钱的新概念背后，潜藏着什么样的未知风险？国家能获取一种制度的收益吗？在这种制度下，国债在市场上也不用放弃太多，就成为王国的“荣誉和优势”，其中私人利益因素也在起作用。然后，会发生什么？公共信用能在人们的诡计下存活下来吗？他们使伦敦的货币市场“随着他们的策划而起舞，随他们的兴致而上涨或下跌”。

南海公司 1719 年的交易，让这些问题得到了检验。给彩票持有者的提议，也就是把你的资产转换为所得稍少但提供了更大的灵活性的某种东西，完全依赖交易巷。正是在那里，讨人厌的经纪人和交易商将这种新资产（一家股份公司的股票）转化为现金。当时市场的反应，是衡量这种金融工程早期例子在现实生活中实际运作是否良好的标准。

那么。它运作得如何?

相当良好!

在 1719 年整个夏天，笛福关于交易巷的可怕警告没有一项成真。正相反，实际上，正如公司股票换彩票证券的进展所证明的那样，事实揭示了笛福在理解货币新市场方面的一个基本缺陷。英国官方能够筹集新借款，不仅仅是因为财政部对到期款项的可敬和恰当的管理能够（大体上）被信赖：其从英国臣民中抽取现金的出色能力，取决于交易巷如何劝诱那些有钱人进场。无论当时还是现在，证券（股票和债券）二级市场的一项关键功能，是允许投资者的投资十分容易地进出。在把你的钱让给其他人使用的任何决定中，一项主要风险是：如果你在你的债务人归还之前就需要那笔现金，怎么办?

156 在交易巷为买卖双方以一致的价格交易政府债券提供了一条途径之前，国王的债权人大部分运气不佳：不管他们提供给王室的是什么，能否按照约定期限归还给他们，要视君主高兴与否而定。通过给予投资者一个保证（他们能够在任何时间进入或退出，借钱给财政部的业务），加勒韦咖啡馆和乔纳森咖啡馆以及其他地方的股票交易商扩大了国家可用的资金池。也就是说，英国使用信用，依靠的不仅仅是有资本可出借的那些人的存在，还有交易巷——一个公开市场，比如南海公司的股票在其中能轻易换手。

在 1719 年夏末，交易巷的故事在上演。看起来这个地方的确有可能同时服务于贪婪和公众利益。恰好在交易完成时，南海公司股票在 113 英镑到 115 英镑 5 先令 8 便士之间交易——一个光荣乏味的范围。过了 10 月，股票价格没有什么大的变化，在 11 月的第二周开始缓慢上涨。笛福关于交易巷掠夺无辜者财富的故事，看起来是妄想狂的表现：那一年南海公司股票价格记录显示，没有什么东西表明交易商操控了市场，夺走了傻瓜们所有的世间之物。在整个 1719 年下半年，交易巷看上去把这笔交易视为无非是一次成功的和次要的财政部行动，来控制国家借贷的成本。与这一记录相反，笛福的小册子可以被视为一次靠不住的预言的哭号，妥妥地被忽视；同时，大人物和好人们计划着国债的下一步。毕竟，存在着明显的下一步，在同一系列年金上可以上演同样的戏码。如果大部分 1710 年的彩票、100 万英镑左右不可赎回的国债，能够被操作得消失在公司的股票中，为什么不再次尝试一下同样的操作呢——以更大的规模？

南海公司主管们肯定认为这是一个好主意，几位主要的大臣也这样认为。来自议会两党 1719 年下半年的记录令人沮丧地碎片化， 157
但是，散乱的和极富提示性的谁和谁谈了话的记录表明，早在夏天，几乎肯定到 11 月，双方都在紧盯着令人震惊的野心勃勃的第二次行动。目标是什么？所有一切。全部。用借来的钱为雄心壮志的不列颠超过 25 年积累起的债务之山买单。

第十一章 “决心致富”

158 亚历山大·蒲柏（Alexander Pope）翻译的《伊利亚特》第五卷，在1719年秋天到了订购者手中，这是最新的一卷。《伊利亚特》英译本出版已经成为英国的年度文学盛典。《荷马史诗》的这一版本第一次读起来像英语诗句，不再是笨拙的希腊式翻译，它让一众订购者感到愉悦，包括“公主殿下”，还有许多公爵、公爵夫人、伯爵、伯爵夫人，以及诸多其他人等。

这既是一次文学的胜利，也是一次世俗的胜利。这一项目为蒲柏挣到了对写写画画行业里的人来说几乎没有听说过的金钱数额。随着第五卷的发行，他的财富增长到了使他真正实现富裕的程度，并且他相应地开始变得活跃起来。在开始工作的那一年，蒲柏在泰晤士河畔的特威克纳姆别墅刚完工，包括声名狼藉的洞窟。诗人出身贫穷，但他现在有钱了，他在房子后面挖掘的洞窟成为他的游乐场。白天，它是一个暗箱，河水射到其墙体上；晚上，它又变成一个像镜子一样的洞窟，“由一千条笔直的光线闪烁照亮，整个地方流光四溢”。

对某些人来说，1719 年或许是一个好年份。这一年是丹尼 159
尔·笛福给伦敦社会介绍鲁宾逊·克鲁索的时间，同时也是非虚构的詹姆斯·菲格（James Figg）赢得了比赛的时间，这场比赛使他成为英国首位有记录的不带拳击手套的拳击冠军。同年，乔治·弗里德里希·亨德尔（Georg Frideric Handel）成为皇家音乐学会奠基者之一，并且令人瞩目的是，学会正式作为一家股份公司成立，认购者以每股 200 英镑购买股票为其提供资金。从功能上来看，皇家音乐学会主要从事歌剧业务。过了 1719 年秋天，一小伙人策划了一项自己的壮举，尽管他们竭力想远离公众的视线。

约翰·布伦特首先采取了行动：接近内阁两位领导之一的斯坦
霍普伯爵，带着一项计划，这项计划是对已完成的彩票转换在大规 160
模程度上的重复。但该计划算得上一次失策：斯坦霍普不愿投身于算术和投机的肮脏世界。布伦特很快醒悟，把注意力转移到作为财政大臣沃波尔的继任者约翰·艾斯拉比（John Aislabie）身上。布伦特没有明确说明但心里肯定会算计，认为艾斯拉比不会比他需要的更实在了。正如后来的下议院发言人阿瑟·翁斯洛（Arthur Onslow）根据明显的常识所言：财政大臣聪明，对商业熟悉，“但是内心黑暗，拥有一种狡猾的品性，使他对所有人的意见都怀疑和轻视”，他“热衷于增加自己的财富，且已经这么做了”。

在谈判的政府方，和艾斯拉比一起加入的是邮政大臣詹姆斯·克拉格（James Craggs）。克拉格自己和南海公司有着紧密的联系。在1719年秋天，经常有人看到他和公司的出纳罗伯特·奈特（Robert Knight）谈话。奈特可能是排在布伦特之后公司最重要的职员。奈特的薪水变化使我们得以从侧面对他的人品有所了解：在1711年公司创立时，他每年仅挣200英镑，足够维持生活，但很难进行奢侈消费。在接下来的几年中，工资上升到250英镑，对审查1 000万英镑资本的人来说，这仍是一个可笑的数字。更令人好奇的是，那一数字几乎不够支付他购买的地产和他在1716年开始建造的宅邸的费用。奈特家里是有一些钱，但是它几乎不可能为奈特的迅速致富提供一个合理的解释。流经公司的数以百万计的金钱，为聪明人提供了许多机会：从简单地利用内幕消息，到在他的权限范围内直接动用资金。奈特是个热爱金钱的人。从留存下来的详细证据来看，他是怎么得到这些钱的，没有什么特别之处。克拉格加入后，他发现了一个完美的同谋。这里再次引用翁斯洛的话，他记录了对邮政大臣的一致意见：克拉格是一位不知疲倦的发愤图强者，“不受良知的约束”，也就是说，正是那种奈特和他的同僚能够与之做交易的人。

161 从一开始，将要发生的事就已经露出端倪，这可以从一个长期培育的关系网中窥见。由于交易的利润可能让上次交易的收益缩水，所以参与的每个人都小心翼翼地推进就很自然了。布伦特拉了几个最亲密的同伙来讨论，包括他的旧盟友乔治·卡斯威尔，与此同时，让大多数公司主管们蒙在鼓里。在政府方面，艾斯拉比、克拉格在和其他大臣们之间罩上了一层面纱，尽管不是那么不透明。对此最好的解释是，负责人希望避免南海公司股票在市场上的任何大幅波动（一种不那么大方的解释是，两位大臣计划通过在交易巷交易来获利）。他们讨论的首次记录开始于 1720 年 1 月，省略了前几个月密室谈话中的细节。

然后，草签的协议内容没有出人意料的东西。随着 1710 年彩票转换的成功，新的更大规模的计划走的是同一条路子。真正的问题是此次尝试的规模：多少国债应该被包括在新交易中。布伦特似乎首先建议囊括所有国债，甚至包括由英格兰银行和东印度公司持有的资产。但是，把这两个大对手驱逐出局，在政治上是不可能实现的，所以谈判代表很快拟定了一个更加合理的计划。在这一计划中，转换对象将包括所有英国未偿付的国债：不可赎回的国债；国债的可赎回部分；所有流动债务，除去由其他两家有钱的大公司持有的那些债务。把这些都加起来，形成了一个大约 3 100 万英镑的英国债务池，由其债权人转换成南海公司股票。

所有这些都是在秘密中进行的，但是不可避免地会有一些消息泄露，再加上一些转移注意力的消息，比如在 1 月早期，《圣詹姆斯周刊》宣布：南海公司和东印度公司都向政府提交了债务转换计划（这肯定会让东印度公司的主管们大吃一惊）。其他的伦敦小道 162
消息更是广为人知，并且假装成最愤世嫉俗的解释，作为掩盖谈判的神秘面纱。伦敦“商业区”已经获悉“和南海公司的交易已经达成”，之后“艾斯拉比先生已经购买了 27 000 英镑的股票”。在这种情况下，正如历史学家迪克森（P. G. M. Dickson）揭示的那样，伦敦“商业区”是正确的：艾斯拉比在 1 月份已经开始购买公司股票，在随后的几个月里继续购买。无论如何，现在计划的细节正泄露出来，到了推动换股计划通过的时候。

布伦特和他的内层圈子，在 1 月 21 日向公司的其他主管转告了协议的细节。第二天，艾斯拉比告诉下议院，这份交易能使国家在 26 年内付清所有国债。克拉格赞扬财政大臣“用清晰明了的方式解释了交易”，并且进一步添油加醋，祝贺“国家有希望以比普遍期望的快得多的时间卸下债务包袱”。

这份声明震惊了下议院。根据一份后来很可能重新润色过的回忆录，几乎整整 15 分钟没有人说一句话。但最终一名议员站出来回应，他打碎了匆忙投票的希望。斯托克布里奇的议员托马斯·布罗德里克（Thomas Brodrick）是一名辉格党人，但不是财政大臣的朋友。他虔诚地开始发言，告诉下议院他衷心地为国家能摆脱国债感到高兴，断言直到这份协议最终完成，“我们还不能恰当地说，我们自己是一个国家”。但是，如果说这种情绪是在鼓励艾斯拉比和他的盟友，下一步他们面临的就是一场灾难。布罗德里克问道，为什么南海公司应该是这项手头任务唯一的可能选择，两名大臣“看上去在专门推荐这项计划”，但是他认为“希望为国家获得最好的交易。每一家其他公司或者任何社团，也可以完全自由地递交它们的建议书”。

163 那一句“国家获得最好的交易”，表明布罗德里克已经看穿了这份计划不同于 1719 年实验运行的关键所在（那时候，南海公司的主管们同意一项直接转换，其中交易的唯一因素是企业的股票和财政部有义务支付利息的彩票券）。这一次，艾斯拉比和克拉格的目标多了一些：现款，公司为有权进行交易支付的费用。只要不打算通过法律强制国家债权人把他们持有的债务转换为公司股票，那么计算出来的最终数额会按比例增减，但可能的最高价以一个真正令人印象深刻的数字达到极限：300 万英镑。很明显，交易的发起人希望，这足以震撼到让潜在的反对者保持沉默。这一次的确做到了这一点，直到布罗德里克提醒下议院，他们不知道这份协议是否能把布伦特公司或任何其他公司挤压到极限。

这正是艾斯拉比在匆忙间强推交易通过时希望避免的。他的答复支支吾吾，含糊其词，提到这项交易“必须用灵魂来执行”。当声明言犹在耳之时，在座大臣们的主要对手介入了。尽管仍旧在野，但罗伯特·沃波尔没有失去在下议院讨论时发号施令的权力。他温文尔雅，脸色平静，也赞扬艾斯拉比的财政审慎。不过，他温和地提到，计划的一个方面或两个方面需要修改，“其他几处不合理”。这样，沃波尔认为议会的职责是听取这份提议可能引发的所有方面的意见。

罗伯特·沃波尔对下议院的估量，远好于他的派系对手。经过短暂的交换意见，下议院同意了沃波尔的建议。由于最后形成的决议是欢迎完善提议，因此议员们将在一周后再回来考虑在此期间取得的进展。这偏离了布伦特和他的朋友们规划好的道路。

尽管对沃波尔的尽责建议任何人都能提出不同的提议，但实际 164
上只有一位挑战者能够扰乱结果。东印度公司没有提出它自己的出价。它足够有钱来尝试一下，而且它是南海公司的对立面：首先，它是一家贸易企业，并且金融业务只是用来运营商业帝国的副产品。剩下的是英格兰银行。从一开始，英格兰银行就是一家偏向辉格党的私人企业。它已经作为政府的第一贷款人提供了服务。在英格兰银行存在的前 25 年里，它强烈捍卫这一地位——不可能没有交手就让一个自命不凡的对手篡夺它的地位。

在议会首次讨论那天，英格兰银行开始形成其提议。两天后，即 1 月 27 日，提议被呈交给股东会议。提议漏掉了一项细节：英格兰银行愿意出多少钱来参与这项特别交易的比赛。相反，主管们要求一项自由处置权：有权发动一场投标战争，必须确保公司利益。与会的股东们没有明显的疑虑就答应了。英格兰银行在议会的同盟向下议院转交了它的提议。那一天，南海公司修改过的提议也紧随其后提交了上来。南海公司的股东，像英格兰银行的股东一样，授权了同样的无条件许可来提高其竞争力。

到目前为止，布罗德里克和沃波尔的策略恰如预想的那样奏效。两家企业都向财政部承诺，为做交易的权利提前预付一笔更大数额的款项。英格兰银行保证提供 5 547 500 英镑，几乎是南海公司最初出价的两倍，还附加了其他甜头：财政部能着手赎回银行收进的任何债务；英格兰银行有能力最早在 1724 年全部付清，比南海公司提议中承诺的提早了三年；另外，它也同意为政府处理其他一些小额的金融工作。

165 南海公司通过提高交易权利款项至 3 500 000 英镑来展开反击。这一数额明显少于英格兰银行的出价，但其计划中包括了一项新的重大让步：到1727年，转化债务的利息从5%降到4%，这会为财政部提供一笔潜在的巨大节约款项。议会成员讨论了两份建议书，但没有形成决议。同时，布伦特本人反对和英格兰银行拆分任务的可能妥协。“不，先生，”他说道，“我们永远不会把孩子分开。”为解决这一问题，下议院寻求再一轮的报价，正如艾斯拉比提出的那样，这等于“把国家拿去拍卖”。

拍卖的狂热可能是致命的。英格兰银行稍微地提高了它付费入场的费用，与之匹配的是南海公司下调了利率。然而，无论如何，南海公司的人决心取胜。在一次主管会议上，公司的谈判代表被命令“不管付出多大的代价，都要获得优先权”。布伦特和他的同事也是这么做的，他们提出一份真正天价数额的建议——几乎到760万英镑（稍多于21世纪的10亿英镑）。顺便说一句，公司并没有这笔钱——上交给财政部，不是作为一笔贷款，而是作为一项纯粹的费用。

这使得下议院更容易做出决定。选择南海公司通常都被视为政府的一项胜利，尽管不是人人都这么看。布罗德里克在写给他弟弟的信中夸口说，人们可能一直怀疑，公众“应该是幸运的——超出原本打算的两倍多。但是，这样发生的事仅此一次”。

只有一个步骤保留了下来：交易协议必须转化成能投票决定的立法。这不是简单的事情。在其最终形式中，南海法案占满了35个页面，一丝不苟地列出了每一方的权利和义务。公司被赋予选择权，用现金或股票交换由公众持有的官方债务。法案也详细说明了 166

长期和短期国债的转换准则。长期债务估价为年收益的 20 倍——年利息 100 英镑就是 2 000 英镑——那些持有更短期限的债务是 14∶1。考虑到这些数字，能转换的英国未偿官方债务总额估值在 3 150万英镑，公司的资本——财政部支付利息的数额——将根据这个数额而增加。

然而，在这一数字、责任和权力的细则中，人们忽略了一个问题：国债已经被估价，立法已经详细规定了转换率，把持续运作的利息款项变为单一的数字。但是，公司股票没有被估价。立法中没有条文要求公司宣布每位债权人为他或她所持资产将收到多少股票。这是一项从前一年彩票转换的转变。在那次交易中，兑换是有一个固定价格的：当前价格——年收入的 20∶1 或 14∶1 的转换率——将会以票面价值为 100 英镑的股票支付。英格兰银行在这次竞争中最后一次出价也按照同一方法来操作。那些同意把他们持有的长期国债转换为股票的人，将收到他们持有物收益的 17 倍，即：年利息每挣得 100 英镑，或大约年利息为 6%的回报，可以换取票面价值为 1 700 英镑的银行股票。

但是，在下议院的立法中却没有这样的条款，没有详细规定公司将被迫用多少公司股票来交换每一单位的债务。相反，它仅要求，交易应该“以这样的价格……在一致同意时”进行。

这是至关重要的，所有即将到来的事情将在这个转折点上转向：法案允许公司以票面价值创造新股份，一直到按协议规定交换完所有的国债数额为止，也就是整整 3 100 万英镑。但是，如果南海公司股价在交易巷二级市场上涨超过每股票面价值 100 英镑，那么公司在其股票市场价值更高的基础上，可以随心所欲地提供给债券持有人一笔交换费用。

对南海公司的人来说，这是交易的美好之处。考虑到年收益 17 167
倍的估值，立法允许公司为每一份年收入 100 英镑的债券创立 17 股新股票。但是，其股票在交易巷换手价是 170 英镑，这意味着 10 股股票在当时就值 1 700 英镑，用来交换收入 100 英镑的债券。只要公司能够说服债权持有人以这一市场价或接近它的价格接受股票，它就能够从《南海法案》授权的以票面价值创造股票中保持股份盈余。在这个事例中，那将是 7 股新股票，用它可以来做任何想做的事。这是一种戏法：在乔纳森咖啡馆的长条形房间里，财富是从经纪人的价格中用魔术召唤出来的。

为什么公司和其同盟用这种方法来创建交易？这不是什么秘密。它是以牺牲那些做交换的人为代价，来回馈现有的股东。这些后来者实际上比他们的前辈们为其股份付了更多的钱。随着在交易巷价格的攀升和用更少的股票就能买一份国债，这些结果就变得更不公平。也就是说，投资越靠后，可能越受伤害，财富面临的风险越大。

人们并非没有注意到这样一种利益的不对称。在讨论《南海法案》时，罗伯特·沃波尔再次让自己插足他的对手和他们的财富梦想之间，“整个计划的成功必须主要依靠股票的上涨，项目的最大原理是一项第一等的罪恶”。他发言支持一项动议，来设定被忽略的价格，也就是每份公司股票到底能买多少债务。他认为，如果不
能做到这一点，将激励公司“通过刺激一种普遍迷狂，故意抬高股 168

价”。沃波尔并没有说南海公司的人可能会怎么样操控股票，但是正如笛福已经写过的那样，股票经纪人知道怎么样在咖啡馆和交易巷过道里煽动不顾后果的激情，这已是常识。沃波尔看起来显得具有令人震惊的先见之明。在这个仍有希望的时刻，他被忽视了。

部分是因为太多卷入的人获得了优厚的报酬，所以他们保持了遗忘。在某种程度上，在 1720 年的伦敦，“平常的”腐败不会冒犯到大多数世俗的人。一次上流社会的以权谋私，仅仅是事情运作的方式，并不是一种失信，如同庇护、酬谢和恩荫经济的常见节奏，远至记忆所及，已经成为人类治理的一部分。在那个没有确定性的年代的英国，每个人都会照顾他的朋友，比如，甚至包括艾萨克·牛顿，作为铸币局总监，为他的同道中人——彗星爱好者和门徒埃德蒙·哈雷，安排了一项公差。牛顿以这项原理而享有盛名：带着礼物而来的人，有望照顾好他自己，并且更好地照顾那些将来可能有用的人。

在 1719—1720 年的冬天发生的某些事情，正以这样的态度在形式上持续发展。当然，多大规模是另一回事。在议会讨论行动的两个月的过程中，南海公司的倡议者实施了一种系统的、灵活的和冷酷的贿赂活动。最令人印象深刻的甜头，经过了公司出纳罗伯特·奈特之手。他保留了一本特殊的账本，在其中他记下了向公司的目标“出售”的股份，这些自始至终都是杜撰的，尤其是因为直到议会批准了《南海法案》，南海公司都没有出售过任何东西。事实上，没有人为这些幽灵股票付过款。相反，奈特写下了一个数

字，也就是分配给每位政客或要人的股份数，这样每个人都在等
待。“如果股票价格下跌，”一位证人后来告诉议会，“他们（虚假 169
的购买者）没有损失。但是，如果股票价格上涨，就会被兑现给那
些虚假的购买者。”

换言之，受贿者从来不用付出一个先令。在奈特账本上的条目，就像现代的认股权证——公司常用其来回馈它的高管们。一旦标的股票上涨，这种权证的持有者可选择来行权；他们支付权证中规定的要获得这些标的股票需支付的费用，这样他们马上就能在公开市场以更高的价格出售。如果股票价格下跌，或者仅仅停滞不前，那么他们什么也不用做。在哪个方向上都不需要换手，直到接受者决定拿到他或她的收益。这毫无疑问是这类礼物的目的，“没有这类操作的记录，没有个人的名字，做得都一模一样”，可以记名为“公司账簿上的任何人”。换句话说，这不仅仅是“亲朋好友”补贴的约定，它是一种报酬，得到了涉及的每个人的认可。

首先接受这类酬谢的人，是那些已经拿到贿赂的人。艾斯拉比和克拉格的名字出现在公司的账簿上。证人后来承认，政府部门主要成员被照顾得很好：桑德兰伯爵、查尔斯·斯坦霍普以及财政部次长和官至其他高级部长的堂兄詹姆斯·斯坦霍普（James Stanhope），都是高价值的目标。尽管如此，公司领导人还是很快扩大了范围，仓促行动去收买能帮助确保《南海法案》通过的任何人的忠诚。这些人包括“名字不适合让人知道的人……获得宫廷勋章的人……40 名或 50 名公司最好的朋友”。并且，布伦特和奈特为了把事情做得没有漏洞，还想让“一些持有股票的女士愿意为公司服

170 务”。在这些有帮助的配偶中间，肯德尔公爵夫人、国王乔治的情妇“看起来对这份上贡很高兴，谢谢他们，并希望他们大获成功”。

尽管看上去每个可能用到的人都得到了甜头，但仍有一些显而易见的遗漏。詹姆斯·斯坦霍普就是其中之一。时人的描述和后来的调查，都显示他是这项计划的真诚支持者，跟随他的同僚桑德兰伯爵，推动《南海法案》在上议院通过，但他不需要贿赂以支持一个看上去是好的东西。

没有证据表明沃波尔的廉洁。当时的人们都相信他可以被人收买。虽然托利党未能证明他在担任战争秘书的时候把手伸进了军队合同中，但他并不能排除嫌疑的阴云。他在财政部主计长职位上实际财富突然暴增，表明他知道怎么样玩这种游戏。但是在 1720 年 2 月和 3 月，沃波尔仍旧是不合群的人。他打乱《南海法案》的讨论，和他一直坚持热衷于跟他从前的盟友们过不去的做法一脉相承。只要他身处政府部门之外，他在戏剧中的角色就是固定的：他是反派，屡战屡败，不会受贿。这看起来像是偶然廉正的一段插曲。

这是他成功的原因所在。

与此同时，一系列事件表明，奈特已经用他熟练的技巧在小本子上记下了一系列数字。3 月 17 日，法案在下议院一读。23 日，沃波尔和其他人迫使公司确定股票的价格。跑腿者待在议会游说大厅，顺便去给交易巷传话。公司股票价格随着谈判的每一次转折而涨落。当沃波尔的提议以绝对多数被否决时，市场反响热烈，股票
171 价格冲上了 195 英镑的新高位。下议院在 4 月 2 日投票最终批准了交易。桑德兰和斯坦霍普在上议院没有遇到什么困难，在 4 月 7 日

通过了法案。国王在同一天批准了这项措施。

南海公司现在正式被授权接手政府债务，转换为其公司股票。与此同时，公司有许多工作要做。公司不得不筹款，来支付那笔为了获得接收国债的机会而欠财政部的古怪款项，并且不得不处理随着国债进入后涉及创立新股份的棘手账目。从 4 月 28 日开始，公司出售首批新股份，以筹集它为广泛扩展其金融操作而需要的资金。这次出售被称为“现金认购”，时间安排在 4 月 14 日，价格以日期临近的交易巷成交价格幅度为基础。游戏仍在进行中，而且看上去，正按公司的计划进行。

当我们现在知道它的结局的时候，我们很容易感到疑惑：为什么只有少数反对者含糊地窥见了事情一定会脱离既定路线？透过时间窥视那一刻，远比那些亲身经历的更难。围绕交易的肮脏是事实：诸多有权的男男女女，收钱允许一国之债成为一家私人公司的股份。但是，没有一个接受贿赂的人做了他们积极反对的事，这也是事实。毕竟，有最近的先例表明，不管这项行动是多么野心勃勃，它明显不是规划好走向灾难的。如果一切事情就像期望的那样发展，那么，所有这些在食槽内大口抢食的传奇，将成为一则有趣的逸闻、一份关于一些聪明的恶棍在近代早期资本主义胜利边缘的脚注。

从 4 月 14 日早晨向前看，关键问题不是当权者是腐败的，而 172
是：他们是容易被说服的，愿意在那些春天的甜美日子里，相信金融炼金术大变革的可能性和没有眼泪的财富前景。

第十二章　“商业区的情绪”

173 随着1720年的展开，丹尼尔·笛福发现自己面对的是南海公司的所有问题，满脑子都是它的杰作、它的罪恶、它可能怎么发展或怎么破坏英国的霸权追求。但是，在那个春天，在史诗级的债转股交换即将推出之前，他在很大程度上完全是沾沾自喜的。正如他在4月8日星期五写道：“一个人远离了股票，可能几乎远离了世界。”

这是鲁宾逊·克鲁索文学之父的谈话：谁会藐视这样一种冒险？在南海新股份出售之前的七天，笛福表现得除了自信，没有别的。笛福认为，“这些股票价值的某种测试”是合理的分红——应该是2%。没有理由假定南海公司不能达到这样的收益，所以笛福责备那些认为价格太高的人。对“一些愤怒的乡绅”的所有悲叹来说，可以反映出“当前股票的价格远非过高”。

对于所有这种自信，笛福的匿名反对者能给他们的不安做一些合理的论证。南海公司股价从 1 月以来已经令人满意地上涨，公众也首次注意到可能进行的交易。它在 1 月 13 日达到 130 英镑，自 174
月初以来仅涨了 4 英镑；在下个月蠕动着上升了一点点。从情人节开价 138 英镑，到 2 月 15 日就跳到了 155 英镑，24 小时获得了 12％的收益。正值《南海法案》被草拟之时和公司明智的贿赂活动开始实现越来越多的目标时，这次跃升肯定不是巧合。股价在 2 月 26 日触顶 181 英镑，比上次结清上升了 11％，然后市场暂时停顿。随着交易推出日期的临近，温和的小跑变成了飞奔，公司股价在 3 月 29 日达到了 198 英镑，30 日 220 英镑，4 月 1 日 255 英镑，2 日 275 英镑，在下议院批准《南海法案》后的第四天达到了令人目瞪口呆的 350 英镑——这是一个非常过火的价格。市场泡沫越过了理智的边缘，直到 4 月 14 日稳定在 310～320 英镑区间。

这看上去不计后果的攀升导致那些被笛福嘲笑过的批评者认为，南海股份已经“过高”——几乎 3 倍于 3 个月前的价格！公司股票代表着纸面财富的爆发，看上去完全偏离了现实世界中的任何物质缘由：一次成功的远航，一座新的磨坊，买进几亩待耕的土地。

对于这些质疑，有一个现成的回应。笛福作为一名经济思想家，富有经验，足以做到：任何投资，如果市场说它有意义，它就讲得通。4 月 14 日是一个特殊的日子：这一天是星期四，是南海公司股票首次现金认购开放日，投资者可以带着现金直接购买股票。

在此次认购中，公司提供了价值 200 万英镑新发行的股票来出售，每股定价 300 英镑。需求如此之高，出售总额达到了 225 万英镑，所有这些股票至少在纸面上马上有了盈利：在认购者涌进南海公司办公室的同一时刻，在仅仅几百码远的加勒韦和乔纳森咖啡馆的经纪人出价 317 英镑购买南海股份，几乎立刻实现了 6%的收益。

175 这些拥挤的人群和这一数字，其实是笛福扔在那些人面前的战书（在议会内外几个月的纵横捭阖之后，那些人仍在贬低一份看来对政府、公司和投机的大众都有回报的交易）。笛福写道，那些相信这份计划的人“处于极度震惊之中，不时地有点痉挛性的抽搐”，但是，“他们看上去比那些出局的好多了：他们的脸颊上有一抹苍白的嫉妒，并且明白了他们需要的不是金钱而是勇气”。

到头来，这样的懦弱之人在数量上远远超过了那些热切之人，交易的初始目标就在这些热切之人中间：拥有英国国债的任何人。4 月 14 日股票现金认购的超额订购之后的两周，在那些拥有政府债务、能够把他们所持债券转换为南海股份的人中间，首次认购出价。出价（offer）并不是一个准确的词，投资者被邀请交出他们的资产来进行交换，“按照上述公司约定的条款和条件”，也就是说，不管布伦特和他的朋友们承诺给予他们的是什么。

这些条款在 5 月 19 日最终被披露出来。长期不可赎回国债持有者，就是政府不能提前赎回的，会收到“32 年的购买”——这是 18 世纪投资者的语言，意味着那些长期持有的且因此是最有价值的信用债券，即：每付给持有者 100 英镑的收入，会得到 3 200 英镑。短期不可赎回国债将按照英格兰银行的报价进行：17 年购买，或者 100 英镑的派彩得到 1 700 英镑。大部分金额——大约 80%——以南海公司股票支付，余额以现金和新发行的公司债券支付。① 再一次，关键问题并不是附属于交易的名义上的数字——令 176
人印象深刻的 3 200 英镑——而是在交换中股票会被估价多少，这一数字越大，债权人收到的股票就越少，公司留在自己账本上的就越多。想一想公司能以侥幸成功的任何价格来为其股票定价吧。对这第一次债转股交易来说，那一数字结果是 375 英镑：比货币认购者两周前支付的价格高 25%，几乎是票面价值的 4 倍。

交换价格和票面价值之间的差距，是交易吸引此次行动中心的那些人的地方，这些人包括：布伦特和他的同伙，以及他们在政府部门和议会中的盟友。一项长期不可赎回债务每 100 英镑的收入，估价 3 200 英镑，进入公司账簿，成为公司的新资本——股票价值 100 英镑的 32 股新股票。为债券持有者通过交换收到的股票设定超过票面价值的价格，实际上意味着南海公司能以折扣价购买那些债券。给这些股票定价在 375 英镑而不是票面价值，意味着交换的另一方将得到他们每交出 100 英镑收入换得的南海公司股票 8 股以上的等价物，这就意味着留下近 24 股股票给公司。这些股票可能在账簿上持有，或者不管主管们选择以什么样的方式处理它们来筹集资金，或者以其他方式进行分配。但是，不管怎么使用它们，它们都代表着一种纯粹的收益（即使是纸面上的）。如果市场能被说服

① 这是商业债券的一种早期形式——债券发行企业承诺支付一定数量的利息，但不能在基础业务中让渡所有权，像股份一样。

相信更多更好的未来将会来临，那么这种收益就会增加。

有一种明显的方法能让这样一种财富蒸发。如果所有的新股票所有者都跑去把他们所持股票变现，南海公司股票将会淹没交易巷。所以，布伦特和他的朋友们阻止了如此麻烦的竞争，其方法是不在交易时间向其新拥有者转交股票，他们推迟了交换时间到几个
177 月之后，一直到 12 月 30 日。围绕后来会收到的股票的权利进行交易是可能的，但是要确保公司能控制进入市场的股票的绝对数量，以维护股票的价格水平。现金销售和交换的两种认购程序，在 1720 年春季和夏季又反复进行过几次。新股票在 4 月 29 日、6 月 17 日、8 月 24 日再次提供给大众——第二次、第三次和第四次现金认购。债转股交换在夏天重新开放。在三次不同的交换中，短期和长期债务一扫而光，同样，延迟交付股票给那些做交换的人。

从 21 世纪回过头去看，就其操控市场的长期经验来说，可能 1720 年事件最令人震惊的教训，是太阳底下没有新鲜事。布伦特和他的同伙用来在交易巷操纵他们的股票的花招和工具，300 年没有多大的变化。过去和现在一样。这样的策略，也就是南海公司主管们在早期交易中使用的策略，像前面提到的交付博弈，以及在南海春夏进程中出现的更多策略，放在普通的环境中会产生无伤大雅的结果，但是当恶意地、无知地或者不幸地混合在一起使用时，会形成火上浇油的效果。例如，提供股票而不是现金，完全可以是普通的行动，一种企业向其投资者转让股票、所有权的方法，这样一种策略，和金融市场其他许多常用方法同样能服务于购买者和出售者的有用目的，但它们也能赋予肆无忌惮的能力来造成实际的

伤害。

1720 年，这样一种策略是我们今天称为保证金购买的变种——支付股票市场价的一部分，同时向一位经纪人或另一方借贷其余部分。这是一种现代金融市场完全常规的交易。它的运作原理如下：当一位投资者以 50%的保证金购买时（美国的当前标准），她提供金融购买物一半的价格，其余部分借贷（通常是从处理销售的经纪人手中借贷）。这样，她用同样数目自己的钱能购买两倍数量的股票，使她的潜在收益翻倍，同时也让任何的市场下跌影响加倍。

保证金购买是一种用职业投资者术语“杠杆借贷”来增加个人 178
或企业控制下的资产数量的操作。就整个股票市场来说，这样的杠杆是把更多的股票需求汇聚进一项交易的另一种方法，因此推动了价格，至少暂时是这样。南海内部人士明显理解了这一概念，并且利用这一知识提供了一种付款计划，让现金购买者过一年再拿出所有到期的钱。在 4 月中旬的第一次货币认购中，购买仅需要拿出 60 英镑，正是发行价 300 英镑的 1/5，在接下来的 16 个月内以一定的时间间隔付清余额。两周后，第二次货币认购开出了更高的价格——400 英镑——但这次仅需要拿出 40 英镑（发行价的 10%）来购买发行物，安排分期付款的剩余部分时间延展得更长，一直到 1722 年末。在夏天进行的第三次和第四次认购条件类似，允许单个的赌博者加杠杆 5～10 倍，最后一次的杠杆比率意味着投入 1 英镑能控制价值 10 英镑的股票，在上涨的市场中这将提供特大的回报，相反也是如此：在任何下跌过程中，潜在地产生毁灭性的损失。

公平来说，南海公司并没有为购买股票发明分期付款的办法，但是它以惊人的急于求成的风格使用了这一策略，并且和现代实践具有关键性的差别：在今天的保证金交易中，某些第三方（通常是处理交易的经纪人）出借金钱需要承担一项购买的全部成本，资产的出售者在出售时得到所有的现款。然而在1720年，出售者和名义上的出借人是同一个：南海公司。只要公司不要求为其新股票全
179 额付款，它可以使用必需的不管什么样的价格和条款组合来钩住购买者，并把需求注入市场，以支撑经纪人推动的价格。公司的优势是明显的：在每一次债务转换中保留下来的所有股份，定价高于票面价值，随着市场攀升，价值就会上涨。风险不太明显：如果市场走向相当不利于股票，那些部分付款的购买者可能违约——不再拿出他们购买股票所欠的余额。这些损失将落到南海公司的账面上。最后，账单可能到期。但在此时最激烈的时刻，最重要的是多高的声音能推高股票。

在一段时间内，市场肯定走高了。早在3月份，正当议会制定交易细节之时，新注入的资金就在交易巷开始追逐南海股票。当交易推出的时候，交易巷开始梦想成真。到4月末，股票以328英镑交易。5月2日，在乔纳森咖啡馆的经纪人卖出股票能得到339英镑；到下周末，已经达到352英镑。19日，375英镑；20日，400英镑。到此时，市场仅仅是预热。南海股票在28日碰触到500英镑，在5月的最后一天跳升到595英镑。

一个月内接近翻番！就在春天的早些时候，实际没有发生什么事来证明这样一种走势是合理的。交易的数字没有改变，没有购买

土地或项目启动……什么也没有发生。这是希望的胜利，或者可能
是一次展示：在交易巷多么容易推动无风险意识的人。到 4 月后
期，公司的股东投票批准主管们以南海股票作为抵押品借钱——创
造了一种循环式的金融发动机，输送更多的现金进入上涨的市场。
在这里，每一步上涨都抬高了抵押股票的名义价值，然后这可以被
用来证明更多借贷、更多现金的合法性，并且这些钱在被带到乔纳
森或加勒韦咖啡馆后，在交易巷产生了更多的需求和更高的价格。
正如历史学家迪克森所写，每个人，包括那些投票赋予公司人员这
些权力的人，都知道他们正在做什么。股东们被告知，“公司的收 180
益主要依靠股价”——这些借款的目的是让越来越多的购买者获
得越来越多的股票，这样就会保持市场价格一路高涨。另一场行
动也随之而来，最大的可能包括（根据迪克森的说法，“尽管不
能被证实”）对公司自己股票的购买，这样的购买既不会对外宣
布，也不会有人承认。公司本身在同交易巷比赛来支撑自己的
股票。

最重要的是，这些不仅仅是一次性的话语策略，以迅速启动完成交易。主管们说得很清楚，市场操控在可预见的未来是公司的策略。在 5 月 20 日做的一项决定中，执行官们“因此被授权……去做他们认为必须做的所有事……为了公司的利益”。这听起来无伤大雅——一家企业的领导除了服务于企业的利益还应该做什么呢？——除非这一指令出自这样的背景：授予其主管人员为了任何被认为必要的目的（包括支撑其股票的市场），不受限制地使用公司资金的权力。约翰·卡斯威尔是一位用慧眼研究南海荒唐剧的历

史学家。正如他所说，布伦特和他最亲密的同伙建造了“一台金融泵，每次股票的喷射都伴随着把现金一吸而空，让其处于比以前更高的状态”。

尽管使用了所有这些可疑的（到目前为止是“合法的”）诡计，但一个基本的现实仍然存在：即使公司领导点燃对其公司股票的欲望，也没有一个火星能引燃缺乏燃料的大火。1720 年 5 月见证了交易巷被梦想点燃。表面上看起来，这种立刻实现和不受限制的财富梦想，不仅仅是由像布伦特本人这样的人一起分享——他们花数十年时间来追求他们的财富——而且越来越多地由范围所及的每一个人一起分享。

181 像通常一样，丹尼尔·笛福在那里记录了这种迷狂。“商业区的情绪有的时候是一种天罚或一种资产。”他在 5 月 6 日写道，“牧师和俗人，男人和女人，甚至仆人、跟班、女厨和儿童，他们都参与了进来。”随着市场急速上行，大众的激情受到激励并被点燃，笛福怒道：“我曾经认为，爱和嫉妒是仅有的能使世界疯狂的两件事；但是我现在看到，贪婪和贪婪的灵魂追求金钱的急迫，有能力引发（人类欲望的）暴怒之情。”

在市场的第一次大暴涨几周内，早期盈利者开始炫耀他们的现金。金融家和公司主管西奥多·詹森爵士（Theodore Janssen）是英格兰银行的创始投资人，是一位金融辩论家，在 1717 年还是议会成员。他处于一个极佳的位置来参与早期的游戏。但是，到春季后期，詹森所持公司股份据说值 100 万英镑，他在公开场合被看到把玩一枚新的钻石戒指。众所周知，这枚戒指是来自威尔士亲王的一件礼物——用于酬谢詹森服务公众。更奢侈的行为随之而来：詹森拆除了他在温布尔登地产处的旧房子，来重新建造一座更宏伟的房子以匹配他的钱包。至少他足够仁慈，不是把自己的好运都用在自己身上：他帮助他的女管家以公司股票的形式积累起她自己的8 000英镑。

詹森的饰物和建筑狂欢，一次又一次与商业区充斥的纸面财富相匹配。在写于南海股票上涨的相当早期的一篇文章里，笛福记录了在一个礼拜天，他拜访了一座以前他从未到访过的教堂。他不记得任何一句布道词，却被仪式结束之际不同寻常的喧闹声转移了注意力。“当我经过一排教堂长椅时，我听到一位绅士对另一位说：‘……昨夜是226。哎，说说另一个，有点意外，你打算出售？’”更多的同样场景发生在下一排座位上，不仅仅是发生在绅士们中间，“我发现女士们也窃窃私语……‘好的，夫人，你卖你的股票吗？’”

不，她不卖，结果是因为她有“好消息说，更多的上涨将到来”。笛福一路走来，走进了一家贵格会会堂，即使在这里也是一样：“当我在走廊时，我听到一个声音……大声叫喊……‘股票怎 182
么样了？’卖出去了，说点别的吧；没卖出去，它会一飞冲天。”

对笛福来说，这不单单是愚行，而且是更坏事情的证据。他写道，痴迷于最终报价，“打断的不仅是我们的对话和我们的快乐，还打断了对上帝的崇拜，打断了安息日的责任”。把虔诚放在一边，笛福记载了整个月大众沉迷于市场，沉迷于发财致富的象征，沉迷于一系列预示着黄金罐的数字，今天，明天，可能很快就能实现。"'股票怎么样了?''股票怎么样了?'成为人前人后的问题。"他写道，"门内门外，整个人群。"

当然，不是每个在谈论南海奇迹的人都入市了。但是，一个上涨的市场看上去却在不停地扩展，驱使许多人几乎万分紧急地参与到这件好事中。随着股票在6月份持续获益，马尔伯勒公爵夫人纠缠桑德兰伯爵，以确保她的朋友们在最近的一次货币认购中签约更多的股票，直到"让你的恩典像我尽我所能一样"。为了她的利益，他中断了他的工作。当他听说政府长期和公司的出纳罗伯特·奈特联系，他再次安慰公爵夫人，奈特已经承诺"他们在之前已经照顾了这些人，我对此放心"。

183 与股票市场关系甚少的人也投身其中，像贵族夫人圈子的那些人一样贪心。食盐办公室（管理向食盐征税）的一位官员詹姆斯·温德姆（James Windham），不是地方长官。在5月份，他给母亲写信，抑制不住的喜悦："我发财如此之快，我喜欢股票买卖的一切。因为南海宣布了他们给领年金者的金额，股票已经快速上涨。"温德姆告诉他的家庭，他"有买地的想法"，并且"乐意购买一份精巧的产业……不管其价钱是10英镑或15英镑或20 000英镑（以21世纪的货币衡量，大约是150万～300万英镑）"。

更多的时代标志出现：马车制造商见证了他们的业务飞涨。成打的马车——最终在春季共有几百辆马车交付，更多的已经在订购中。这样的暴发户在伦敦谁都看得到，交易巷变得越来越不可抗拒，达到了其狭窄通道成为一种金钱的狂欢节的程度——如讽刺诗

“一首南海民谣”所描绘：“我们最伟大的女士来到了这里，/每天用战车往返/经常当掉她们的珠宝获得一笔款项/在交易巷冒险。”那些有才能的人摩肩接踵，带着“从德鲁里巷来的年轻名媛”，来“挥霍他们到手的黄金/用他们可憎的堕落”。一首无名诗歌补上了关键的细节：“我们南海之船拥有黄金之索，/他们带给我们财富，那是合法转让而来，/但是他们的财富存放在云端，/藏在那里直到需要时再取。”没有人让这一点困扰他们。财富堆放在每个角落里。那些还没有受到这类黄金诺言祝福的人们一头扎进一窝蜂的混乱场面中，从交易巷的这头冲撞着到那头。

随着有股票的那些人在南海的海浪中嬉戏，同样具有进取心的其他人为他们高歌。总是有不止一种方法在繁荣中赚钱，猎场里满是目标，正如在那个南海公司的春天伦敦街巷里的那些人。扒窃者 184
以三到四个人的团伙形式作案：一个人转移目标的注意力，同时帮派真正的“大师”扒手来扒钱包，或者由更熟练的扒手把手伸进目标的外套内兜，然后带着钱包逃离。他们把赃物传递给其他人，在受害人知道被偷窃之前，就已经消失得无影无踪。甚至在南海公司的房子里面，人们也无法幸免于难，正如约翰·卡斯威尔所记：在他步出南海公司之时，“一位爱尔兰伯爵丢失了他的钱包”。

这样的犯罪归因于当时非理性的繁荣：毫不奇怪，一次荒谬的财富大爆发，会让胜利者面对传统的捕食者十分脆弱。更谨慎或更精明的人，通过把纸面财富转变成更加有形的东西来照管它们。土地是 18 世纪英国财富的终极衡量标准，见证了本身的繁荣。在拥有安置的新财富的这些人中，16 位南海公司主管在那个春天和夏天都购买了土地。他们之中包括詹森和历史学家的始祖爱德华·吉本（Edward Gibbon），也包括给公司记账的奈特和他的助手。在相对更平静的时期，生产性的不动产价格是年产出收益的 20 倍。公司的暴发户支付了不动产年收入的 29～37 倍——达到了价格的最大程度，几乎是几个月前同一地产价格的两倍。

185 尽管如此，不是每个人都是金钱迷醉者，即使是在交易巷发狂的最高峰。一位伦敦人写道，他“有好奇心去看一看交易巷拥挤的人潮”，“这是它震撼我的地方：完全像所有的疯子都从疯人院跑了出来”。这呼应了笛福的说法，是相当可信的。不是所有人都疯狂。新公司潮流的一片附和声，在 17 世纪 90 年代回荡在交易巷。在下一个十年，由投机者主导的一些新冒险，或者仅是一些骗子在寻求更大的傻瓜。一位南海公司的职员亚当·安德森（Adam Anderson），在他对 1720 年的回忆中写道：“任何无耻的骗子需要的仅是在一些咖啡馆租一个房间……前一天在报纸上打个广告，他可能在几个小时之内就能为虚构的股票找到 100 万英镑或 200 万英镑（在一些情况下更多）的认购者。”但那种欺骗并不意味着所有报名的人都被骗了。“许多认购者完全不相信这些项目的可行性。”他回忆道。正如一整年发生的那样，当他们的认购物在价值上突然暴涨时，“他们通常在拥挤的交易巷出手，卖给那些比他们更轻信的人”。

安德森描绘的这些人，买进所谓的“泡沫公司”的股票。但他的判断同样适用于把自己限定在南海公司股票本身的那些人。南海公司股票的持续上涨，拉动所有股票随之上行，不到半年时间，有一个人仿佛成为金融魔法爆炸性胜利的门面，那就是约翰·布伦特。

布伦特和他的同伙知道这是不对的。南海公司的腾挪不是一出 186
独角戏。但布伦特是公司的门面，因此也是在伦敦上演的嘉年华的门面。他已承诺既让国家减轻债务，又让国家的财富和西属美洲的财富相当。随着1720年夏天的临近，从表面看来他已经做到了。

荣誉在适当的时候来了。6月17日，国王乔治和蔼地授封这位鞋匠的儿子为准男爵。从此以后，他以约翰爵士知名，也从不那么尊贵的地方受到了极其过度的赞扬。尼古拉斯·阿姆赫斯特（Nicholas Amhurst）在1719年被牛津圣约翰学院开除，作为诗人和政治辩论家的他竭力用笔谋生。在1720年7月，阿姆赫斯特尝试了一种常见的花招，发表了一首赞扬诗，目的在于参与一件好事：他的《致布伦特的信》，是对光荣冒险公众热情的证词。正如其所写，这场冒险已经进行了3个月。阿姆赫斯特写道："国家近来处于危难之中/由于公债，在其古代力量中新生。"这是一场胜利，不仅仅是因为一些人近来幸运致富，而是因为其特大规模。他继而欢呼道："在国家信用所及的每片领地，欧洲的财富流干。"哦，顺便说一下，阿姆赫斯特还询问布伦特是否能送一些南海公司的股票给他。

在整个春季和进入盛夏后，发财的诺言几乎都兑现了。过去《交易的进程和其他事情》在乔纳森咖啡馆外报道的数字，得到了证实。6月17日，当布伦特为准男爵爵位跪下时，南海公司（股票）以 755 英镑收盘。在这个月，公司以票面价值 100 英镑又新发行了 500 万英镑的股票，以每股 1 000 英镑售出。在认购时没有遇到什么麻烦——认购者中包括艾萨克·牛顿——甚至达到了许多人向阿姆赫斯特抱怨没有给他们留下任何股票购买的程度。

然而，面对交易巷所有的嘈杂和喧嚣，面对英国新金融天赋的
187 每次大幅报纸赞美，面对公园中闪亮的新马车的炫耀，以及面对精致的古老隐庐旁的猩红色河流，仍有少数人对交易巷股票的辉煌上涨深表怀疑，他们看着股票交易的向上攀升，想知道在这些令人愉快的数字背后的原因是什么。科学革命已使经验服从于数字，但是这种思想并不取决于单一的数据点，也就是一只特定股票昨天的收盘价。需要做的是让这样的量化信息接受理性的检验。

换言之，南海股票价格能够得到控制不是一种答案，而是一个问题：价值主张背后的原因是什么？不是基于行星的运行而是基于人类行为和交易的何种运动和期待，能决定南海公司实际值其所值？在南海公司的年份里，在英国至少有一些人，他们的头脑在之前的几十年里已经沉浸在知识革命中。对他们来说，一个人应该为预期的收益付出什么，怎么样把对风险的判断吸收进计算，这些问题是理性和经验应该能回答的问题。是否可能做出买或卖的选择，不是依据大众的喧嚣，而是经过审慎的分析？甚至在迷狂的高潮期，一些人仍相信他们能。

第十三章　“如果我做的计算是正确的……”

让南海计划服从于数字管理的那些人中，最大声的是一位众所 188
周知的爱争论的议会成员阿奇博尔德·哈奇森（Archibald Hutcheson）。哈奇森虽然是皇家学会成员，但不是自然哲学家。相反，他是一位思想家，利用数字游戏来模拟人类事务。1720 年股票市场给他提供了一个极具诱惑的分析目标。他猛烈抨击它，非常频繁，以至于开始成为一种寂寞的声音。到圣诞节时，他的同时代人认为他抓住了年度的愚行，也抓住了英国的所有人。

哈奇森在 1714 年作为一名托利党人加入议会。但他很快改变了忠诚的对象，选择和辉格党新政府结盟（虽然这也没有持续多久）。从性情上说，他是喜欢口头争论的人，并且他看上去对掌权的无论是谁都有一种本能的鄙视。他也受限于他的时代（和我们的时代）共有的罪恶之一——证明他是房间里最聪明的人的冲动，这让他很难交到朋友或保持友谊。

喜欢与人争辩和愿意自夸，可能和哈奇森的平凡出身有关。1660 年左右，他出生在苏格兰的一个家庭中，后移居到爱尔兰的
189 安特里姆郡。他通过注册进入中殿律师学院，迈出了公共生活的第一步。1683 年，他以专门律师的身份出现在世人面前。几年后，哈奇森找到一份法律方面的工作，也就是担任背风群岛的首席检察官。没有证据表明，他曾经接受过正规的数学训练。但是，在中殿律师学院学到的东西，和随后作为实务家为其最著名的庇护人奥蒙德公爵工作，帮助哈奇森把自己变成了他的时代最重要的实践数学家之一。在 18 世纪头十年里，哈奇森算得上一位“计算家”（“计算家”，他们被这样称呼，有时是带着嘲笑意味的。这些人成为政治算术家奠基者威廉·配第和查尔斯·达文南特的继承人，这两人已经把他们的注意力转到国家财政问题上），并且哈奇森很快成为国债事务数量的重要争论者之一。

进入议会不久，哈奇森就出版了关于债务数量问题的首本主要专著，即《公共债务支付的建议》。在该书中，他使用了一种简单的会计技巧，计算将花费多长时间来还清所有国债，展示了各种方法的不同结果。1718 年，他又回到了这一问题，为此出版了《关于当前公债和基金的一些计算和评论》一书。在这本书中，他好斗地提到，当政府不顾一切地增加国债时，债务的风险就会很大。他长期以来寻求劝说议会相信债务的危险。布道结束后，他继续分析需要采取什么措施来付清每一笔不同类型的借贷。结果是一种令人

望而生畏的炫耀：一页接一页的数字，旨在恫吓读者屈服（即使哈奇森的读者不会关注他的计算，他们也会对纯粹的体量和看上去精确的数字印象深刻）。哈奇森的解决方案，最终摆在了人们的面前：一种“偿债基金”——通过向土地征税来减轻或“偿还”英国的债务。哈奇森建议基金仅用来还清债务。

这一想法其实并不具新意。沃波尔已经提过类似的建议。但因 190
为别的原因，哈奇森的建议是有意义的，因为它显示了在早期政治算术家岁月之后牛顿文化前进了多远。正如历史学家威廉·德林杰（William Deringer）指出的那样，从第一次努力开始，哈奇森就使用复利计算，作为分析模型和修辞手法，这是一种劝说他的读者相信他的论证真理的方法。这样的模型是随着时间演进的数学故事。通过使用这种模型，哈奇森指出：随着每次支付削减了债务总额，剩余债务利息积累就会减少。节省下的钱能够用于付清更多的贷款本金。

这正是标准的不动产抵押运作方式：房产拥有者在 30 年的时间里，每月还同样的数目。每次付款都减少了房屋所欠本金的数量，这也意味着累加到下个月的利息会少一点点。随着持续付款，还回去的钱开始比借贷的本金多一点点。房贷还得越来越快，最后所欠的都还清了。画一幅这笔借款还清的速率图：在实际图景中，即使每月还同样数量的本金，你也不会看到一条直线；相反，出现的是一条漂亮光滑的曲线，标志着随着时间前行累加的影响。这是对哈奇森建议从修辞角度的解释。政府不需要尝试像 1711 年首创的南海交易那种复杂的债转股策略，如果财政部仅仅采纳他的计算智慧，创造一种以税收为基础的支付体系，那么所欠的国债数量将会以持续增长的速度减少，直到英国完全摆脱债务。

这是一种科学革命的思维方法。在《原理》中，牛顿已经构建
191 出数学模型，用来考察木星卫星的运动规律，或者预测彗星的运动（其轨迹大部分仍是未知的）。他发表了他的结果，作为一种科学推理的练习，还带有说服的意图：他想劝说读者，他发现的东西“是真的”。哈奇森在他的早期作品中，尝试了同样的双重行动。他的作品聚焦于预算动力学，而不是天空的星体，但使用的是同样不容置疑的数字语言，这样就产生了一条像动能一样的断言：就像牛顿宣布了他的世界体系一样，哈奇森对货币的论证是正确的。

当然，哈奇森的计算和《原理》中完全权威的演示之间是有关键区别的。当牛顿吹嘘他的作品具有无懈可击的精确性的时候，他能让大自然成为裁判，在他对一颗彗星运行的数学描述和其实际轨迹之间达成一致。哈奇森不拥有这样的确定性。相反，他用的是文化力量来强化他的政治观点，而不是牛顿及其朋友们的数学推理。他的代数包含的真理，取决于涉及任何金融选择人为因素的不确定行为。

这暗示的是南海公司。起初，哈奇森并不反对南海公司的计划。在议会早期辩论中，他甚至喜欢南海公司的提议，而不是英格兰银行的提议。但是，一旦交易最终达成，他就看到了把他的数学运用到协议条款的机会，并且可以参照在交易巷实际发生的情况，来检验他对南海公司股票合理价格的估算。

在 1720 年上半年，哈奇森几次重复同样的计算。每一次，他询问的都是同一个问题：假定大家都知道公司实际收入来源和潜在收益，那么付给这笔收入的既定份额的合理价格是多少？这个看似 192
简单问题的背后，潜藏着两项关键性的假定。当经济思想者开始构想出 17 世纪晚期和 18 世纪早期的新金融思想的时候，有关一家企业的实际构成存在着真正的不确定性：它是做什么的？它的资产是什么？所有这些可能值多少钱？一家公司仅仅是在某一时刻由所有能看到、能衡量、能计算的东西构成的吗？那将会是人们已经投入其中的金钱，比如其金融资产；其实物资产，像船只、建筑和货物；甚至，如果是一家冒险企业，会是其他人拥有的金钱。或者是公司经年累月所从事的重要事项。如果是这样的话，怎么样算出现在以及未来几十年这些行为的价值？

举一个例子：什么是最好的方法来考虑一个简单的项目，如派遣一艘船只开展一次贸易之旅？如果你参与的是新保险计划之一，去给那艘船的成本和它装载的所有东西估价，就很有意义。但是，可能一位拥有长远眼光的商人冒险家想去权衡一下此次航程的希望和前景，甚至是货物出售后可能的收益。那么，为这场未来之旅投入多少钱呢？如果哈奇森已经分享了“你所看到的就是其价值所在”这一观点，那他的计算将十分简单：总资产除以其股份，就得到了价格。他没有这么做，就暗示着他接受了这样一种思想：一家企业的价值远多于它所拥有的东西。

这一点现在看来很明显。其标准做法是将人员、知识和事物三者综合起来，在预期能够做的事情和随着时间推移能赚到的钱的基础上，来确定任何企业的价值，从而也确定了其股份的价格。

但是，处于金融革命分水岭的年份里，很难彻底想清楚怎么样
193 定义和估价像政府承诺收入来源这种东西，因为面临着财政部可能延期支付甚至债务违约的风险。将其运用到数量不断增多的在交易巷买卖股票的新股份公司上，同样的问题变得更加棘手：考虑到伴随如此之多新业务的出现而来的极度不确定性，怎么样以某种事物为基础，而不是以投资者愿意出多少钱为基础，来确定一只股票"真正的"价格？可能最真实的价值衡量仅仅是人们想要它值多少钱，以人们愿意为其股票支付的价格来表达，这也算是给股票定价的笨方法。

哈奇森以及其他人并不同意这一方法。在18世纪头十年出版的关于国债的小册子里，哈奇森已经展现出重大飞跃，承认金融分析内在地扎根于时间。国债或一家公司的静态简单印象，不能用于衡量任何既定投资选择在一年、十年或任何时间间隔能够带给投资者多少钱。相反，理解任何新金融证券价值的任务，必须既包括其前景分析，又包括其未来收益实际具体化可能性的明确解释。对哈奇森和其他人来说，只有一种方法能做到：这种未来可能性和牵涉到的风险，只有用数字语言才能够被理解；它们能够以数学关系被衡量、量化和表达，因此能够被分析，甚至被评论。

换言之，哈奇森可能和他的议会同僚们一样，充满偏见和党派之见。但是，他也是一名皇家学会成员，他的作品以学会成立以来培育的核心文化价值出售——通过深度使用"数字、重量或尺寸"发现最可靠的真理。最重要的是，这样一种方法让金融哲学家能够

做出预言，像牛顿和他的继承者在衡量了掷骰子游戏的概率后所做的预言，或者是一颗彗星的回归的预言。

这两条公理——要紧的是随着时间的变迁而发生的变化，在一 194
系列潜在结果中计算概率将提供至关重要的洞见——支持了哈奇森在泡沫之年尝试的一切。在做这些事情时，他活在卡珊德拉（Cassandra）的噩梦里：像她一样，他能清晰地看到未来。正如她所发现的，几乎没有人听他的话，没人在意他能在每一列数字里看到的即将到来的灾难。

哈奇森在 3 月 20 日发表了他的首份对南海公司经济基本面的详细分析，此时交易刚刚在议会获得通过，交换和出售在数周后开始。这本名为《呈交下议院关于南海公司和英格兰银行所做建议的一些计算》的小册子展示了一份公司数学概要。如威廉·德林杰在他阅读哈奇森作品时发现的那样，真正的才华闪耀体现在他对公司拒绝设定用于交换债务的股票价格的分析上。不是想方设法提出一种“正确”价格的计算——哈奇森做了一些相当不同的事情：他反而认为，公司的成功程度必定会自证任何既定的价格都是合理的。要牢记的是，股份公司的每一股本质上是对业务利润一部分的要求权。它的价格就是某人愿意为其股份的利润而支付的金额，这种利润可以拿来和任何其他投资（土地、彩票、年金等）的收益进行对比。对哈奇森来说，关键的衡量对象就是公司每年取得的利润总数，这样才能了解分配到每股的数额。他的方法的天才之处就在于：任何南海公司的股价，暗示着一份既定水平的利润，足以匹配或超越投资者从土地上的所得，或通过仅持有政府债券的所得（公司正是想把这些债券换成公司股票）。

这已经足够清晰了。18 世纪早期诸多的计算家，都知道怎么样考虑年金收益。但南海公司交易是一个比一家农场甚至一次商业
195 航海更复杂的命题。此处有两则信息长期被人们忽视：公司计划向用于交换的股份收取的价格，以及对跨大西洋商业冒险利润貌似合理的预测。哈奇森做出了自己独特的贡献，找到了弥补遗漏知识的一种变通方法。

哈奇森的方法仅对某些准备好大量单调乏味的数学劳动的人起作用。哈奇森进行了超过 16 次的单独运算，来验证 100～500 英镑区间的股票价格。他变着法子计算：多少债券将用来交换股票；公司会从政府那里收到多少钱的利息款项；出售给公众的股票的价格。[①] 而且，每个方案都要求单独核算。但是，透过这些令人厌烦的数字，哈奇森的基本论证是简单的。他只是把公司的总收入，减去其支出，求得国债带来的利息款项，或者从一块麦田里抽取的租金。

通过用这种方法设定他的问题，哈奇森完全改变了通常的计算。他的方程式吐露出了答案，但并不是股票值多少钱。相反，其方程式能说明公司在未来需要赚多少钱，来证明其确定的股价的正当性。他计算出的股价范围，不是为南海投资者准备的答案，而是把未来变成一系列明晰的和易比较的数字，能显示出公司在此刻的要价是否精确反映了它真实的当前价值——如其他潜在投资确定的

---

① 这些是公司以超过票面价值的价格做债转股时剩下的股票。一直存在着一种风险，那就是这些股票的新供给将拉低股票价格。但哈奇森并没有试着模拟那种复杂性。

收益一样。那就是，哈奇森想知道，如果和公司股东把同样的钱投到其他资产得到的回报率相比，公司是否可能产生足够的收入，为每位股东提供同样的甚至更好的收益率。

哈奇森的答案从来没有改变： 196

不，不可能。

随着他的首份小册子在 3 月份印刷出版，交易巷的经纪人给南海公司股票的报价在 207～220 英镑区间。哈奇森没有预料到，在交易的消息流出之前，会涨到如此高的水平，所以模型的早期版本验证了一系列股票报价仅会最高上涨到 200 英镑。即使这样，这些数字也不管用。公司的前景不得不证明高于票面价值 100 英镑之外的 100 英镑的正当性。票面价值至少理论上代表着企业本身的货币价值（它拥有的资本），它必须显示未来的利润将让那笔溢价合算。

这个问题促使哈奇森去探寻：是不是公司的资产或未来可能的业务，能弥补这一差距？股价在 200 英镑，公司将保留大量为债转股而创造的股票。哈奇森做了一个假设，公司吸纳所有的不可赎回债务，公司的资产负债表上将增加 2 100 万英镑。哈奇森针对公众持有的所有公司股票（包括那些交换之前的投资者的和参加了交换 197
的投资者的），用除法算了其价值，发现它代表着要一次性分红 48 英镑 5 便士。相对于新投资者已经支付的高出票面价值的 100 英镑，哈奇森认为，那意味着留给那些做交换的人 52 英镑的亏空。

当然，比起其自有资本，公司还有许多业务。所以，哈奇森下一步就看能给投资者产生回报的其他一切。他先处理已知的东西：

财政部转交给公司的、已被接收的所有债务的利息。为了看一看这笔收入值多少钱，他做了一项绝对常见的现值计算。在所有表现出色的股票中，剔除财政部的贡献，他发现，如果把公司生意中的银行业务单独拿出来的话，其现值每股仅值 6 英镑。加上新创股票每股应得的“分红”，对于新购买股票者意味着：每股超出票面价值每 100 英镑的投资，购买的资产值 54 英镑，剩下的 46 英镑需要交代清楚。

哈奇森独一无二的洞见，开创了这项计算的最后阶段。财政部因其债务所欠公司的钱是众所周知的。这里仍存在一些风险，如财政部可能错过支付，甚至发生债务拖欠，但是至少涉及的所有数据是公开的：从吸纳的债务数量，到这笔债务到期的利息。仍然未知的是，南海公司怎么样良好执行运输人员和货品跨越大西洋的任务。所以，哈奇森的问题是，为了给那些已经为股票付款的债务持有者的最后 40 多英镑提供足够的回报，公司需要多少贸易收入。以股价 200 英镑的水平来计算——剩余 46 英镑——他的计算显示，每股每年贸易利润达到 7 英镑 13 先令 2 便士，才能匹配投资者获得广泛投资的平均回报率。7 英镑加上零头听起来很适度。但是，把所有的股票数加总在一起，这项总指标就是和西属美洲的贸易利润，每年必须达到 3 335 816 英镑。

198 哈奇森知道，这几乎是不可能的，并且这是狂欢开始之前的情况。4 月份的数字淹没了他早期的预期：债务转换开价达 375 英镑。前两次货币认购，出售给公众，价格是 300 英镑和 400 英镑。在这些高度上，哈奇森的模型听起来更是警钟长鸣。要配得上人们排队付款，公司不得不产生的贸易利润范围从 500 万英镑到超过 725 万英镑。

在他的小册子中，哈奇森几乎未做评论，让这些数字的冲击自己渗入。他知道公司最近的历史，任何富有经验的读者同样如此。南海公司的远航在 18 世纪头十年的中期，有超过三年的时间千方百计却只带来了 10 万英镑的利润；自从 1718 年和西班牙的战争重新开始之后，公司在争取贸易权方面就没有作为。

哈奇森也不认为奴隶贸易能有所帮助。他对奴隶贸易没有道德上的异议，但他不相信通过出售非洲人能赚到足够的钱来让数字有效。“如果我做的计算是正确的，很明显，南海公司的贸易收益必须极其巨大。”这里的“极其”应该解读为“不可能”。对于公司对西属美洲贸易的垄断，哈奇森写道：“十之八九，在弥补这里没有宣布的损失方面，不大起作用。”

在这些早期计算中，哈奇森没有敢冒险说布伦特和政府部门共谋了一场骗局。但是，他肯定感觉到，公司有义务说清楚，怎么样证明当前股价的合法性。他写道：“因此，如果股价是不合理的，南海公司应该解释他们的优势在什么地方，会成为公司股价的坚实基础……千千万万的人才不会被毁掉。”

阅读这样一份沉着冷静的建议，非常吸引人，从中可以看到哈 199
奇森明显是一位现代金融思想家。当然，他领会到了至今仍是资产分析中的一项基本概念的东西：要搞清某些经济活动，把发生在真实世界的一些事情，转变成每天、每月或每年流出的资金流量。然后对这些数字做一个计算，把它转变成一定条件下的收益率，也就是红利。然后利用这一结果，来获得对任何特定提议合理价格的看法。哈奇森的模型远比今天使用的简单得多——比如，他没有明确尝试量化风险——但是他的思维习惯，类似于今天沃伦·巴菲特这样的人。

但是，我们今天和哈奇森那时候有一点不同。他说的不是大众能够普遍理解的普通语言，他的读者几乎完全由专业人士构成：他们用数学语言对人类事务的推理，仍旧是一个新奇现象。这对哈奇森来说完全不是负面的，数学甚至定量推理的出现能用作一种修辞话题，哈奇森努力说服和使人信服并用。没有人能解开必要的方程式，但是英国人已经知道利用方程式算出怎么样追踪星星的轨道，这种观念已成为一种强有力的文化骄傲。哈奇森利用文化权威服务于他自己的目的。他 1720 年的小册子构成了长期辩论的一部分，旨在劝说他的读者相信：不仅仅是南海公司的交易是可疑的。国债也是这样，股票市场投机则更糟。像牛顿本人一样，哈奇森也能在完全没有摆脱自己的时间、地点和充满了假设的情况下，创造新的方法来为这个世界提供框架。

对所有这些资历，对他的分析既不纯粹也不完美这一事实，哈
奇森在 1720 年一整年的书写断言，这种方法不可能严格运用到货
200 币上，即使是在南海迷狂的高潮时。不管多少当时人的描述或记载
把泡沫之年描绘为大众疯狂，它都不是不可避免的疯狂。哈奇森展
示出，在过去半个世纪里，英国已经出现了推理的方法，能够用来
对交易的疯狂这样一种陌生的现象施加影响。这是一场摆在街面的

科学革命，任何人都能够计算、思考和使用正式计算的结果，来驯服他或她的激情，用理性武装起来做出选择。

任何人都能做到。但是，几个月来，没有多少人会这么做，并且看上去并不明显。这意味着这些头晕目眩的狂热者是错误的。在 3 月份，甚至在 6 月份，关键问题仍然是：哈奇森的计算是否只是漂亮？他对吗？

可能是对的……但是在此时此刻，不对。在 1720 年的夏天，交易巷忽视了哈奇森，南海股票继续上涨。很快，他的计算修订版在 3 月 31 日出版。哈奇森在一个他认为是一次荒谬演示的价格基础上，运行他的模型：一个达 500 英镑的南海股票价格。他为他的模型感到发狂，并且吐露出他的答案：以每股这个价格计算，公司每年必须获得超过 900 万英镑的贸易利润，来产出仅仅是平均的投资回报。这不是困难，而是荒谬。没有理由在更高的价格基础上重复进行计算演示。

南海股票在 5 月 28 日首次达 500 英镑。两天后涨到 530 英镑，所有人都想在第二天下午购买这家公司的股票。在 1720 年 6 月 1 日，公司股票报价 720 英镑，4 天内收益近 50%。这代表着每股 220 英镑的利润：一笔账面收益等于一位劳工五年的辛劳，是剑桥大学卢卡斯数学教授两年的薪金多一点，相当于掌管英国货币的铸币局总监艾萨克·牛顿爵士 5 个月的薪水。

这一年的后来，一副扑克牌在伦敦四处流行。每张牌的正面卡 201
通画，都开了英国南海愚行的恶毒玩笑。在梅花二的行语诗行中，完美地抓住了那个光荣的 6 月 1 日的腔调：

> 一位尖声的大臣出价，经纪人跑了起来，
> 买到了他的股票，相应地，任务完成；
> 意外的是，刚购买就开始上涨，
> 他售出，无缘无故白得了一百英镑。

货币并非万能！且更进一步说，更多的货币更非万能！只要你让自己耐心等待，到明天再处理今天所得；只要市场持续这个令人愉快的进程，这就是一种连上帝也无法抑制的激动。用干巴巴的和复杂难懂的数学计算来进行责备，阿奇博尔德·哈奇森所做的争辩是徒劳无功的。并且这也是事实：一些人的确是做得很好，并将继续做得很好……至少眼下是这样。

第十四章　“最大一笔诚实财富”

到目前为止，本书避免提到发生在1720年上半年的事件，该 202
事件以其名而闻名内外：南海泡沫。早在1721年，这个标签就贴到了这类事件上，但是“泡沫”这个词，即使在那个时候也不是一个新词，它已经被运用于更早的金融灾难（当时的人经历了泡沫之年后，采用了这个词）。尽管如此，在他们头脑中的泡沫，不完全是作为市场失效意思的现代泡沫概念。在18世纪20年代的伦敦，这个词与乌合之众无力理解正在发生的事情关系不大，更多的是与特定的个人罪行有关——指的是，当他们吹大泡沫时，他们知道自己正在做什么的那些人的罪行。这正是讽刺作家和剧作家威廉·切特伍德（William Chetwood）在《股票经纪人，或交易巷的诙谐》中所描绘的东西。这部作品在1720年这场公众戏剧高潮时写就，从来没有上演（切特伍德可能打算把它作为一篇辩论文章，而不是作为一出戏剧）。这部作品的主要反派角色是一位股票交易商，名叫约翰·威尔塞爵士（Sir John Wealthy），他的开场反映了美好一天的工作：“（买了）大约 10 股，”他列举道，“卖出去 15 股。”

谁是他的猎物？威尔塞夸口道，自己已经移交了“4 股给笨蛋
203 先生（Mr. Noodle）”——他以“精致的镀金战车”而知名，换句话说就是财富比智慧多。3 股流向了总是腰包鼓囊的目标：上岸的水手，一名“乐观的船长，刚从东印度返回……赚得盆满钵满，流淌着年轻嗣子的热血”。还有“异想天开的音乐人”，刚从意大利来，“不用曲调不说话”，他购买了 3 股。还有 2 股流向了一位“出走兰开夏的年轻绅士……刚达到法定年龄”，由他母亲送到伦敦来赚钱。还有 1 股流向一位处于破产边缘的商人，拿他的最后财产在南海公司身上冒险，“希望赋予他运气”。最后 2 股流向“一位年轻的愚蠢多嘴的家伙”，他是约翰爵士最喜欢的客户：“他从不说二话（设法讨价还价）。只要我告诉他价值，他的几尼就飞脱出手，好像它们早已在我的柜台里一样。”

切特伍德明显鄙视约翰爵士，同时嘲笑不计后果与他开展交易的那些人。那个春天，如此多的交易的双方都是可笑的人：一些是怪物，一些是傻瓜，所有人都被骗，没有一个人值得同情，没有一个人值得钦佩。一个剧作家除了嘲笑所有这些人还能做什么？但是，切特伍德把约翰爵士描述为一个世故的人、一位嘲笑其猎物的猎人，抓住了 1720 年泡沫意思的关键。泡沫不仅仅是一个名词，肯定不是像今天用来描绘价格之前和之后都跑得比价值快的市场行

为。相反，对观察这些早年间金钱交易的人来说，泡沫是一个动词：欺骗一个人，或一个国家。这正是德林杰在一位“杰出的商人”的通信中发现的：他在 1718 年抱怨，英国商人们在巴黎的货币交易中被“骗走了（bubled out）他们货币内在价值的四分之一”。这不是一种对非个人的事物，比如两国间的贸易条件进行抱怨，相反，是对这位商人所写的人的抱怨。这样的损失是“欺诈管理”的结果：由单个行动者做出的明确选择，旨在欺骗乔治国王诚实的臣民。

这也是丹尼尔·笛福理解这个词的方式。在 1701 年，他猛烈抨击那些“在赌桌上做交易”的人，那些从事“贸易靠骗术和诡计”的人，以及那些“相互欺骗”的人，这些人的盛筵就是“他们 204
进行欺骗（bubbled by them），没人知道更好的（道德）”。1719 年，笛福在抨击股票经纪人时说了同样的话，这些人“决心以每个他们能欺骗的人（they can bubble）为代价来致富”。

这种把市场看作道德空间的早期本能，从来不是完全错的：买卖货币新方法的发明，加深了那些轻松自在地以非常规方式思考金融的人和其他人之间所有的分歧。这反过来激发形成了数量庞大的专家能在任何交易中获得优势的系列方法。这种欺骗（bubble）很快成为一种技巧的术语，证明了这样一个事实：在整整一代人的时间里，货币世界已经转型，为那些知道得更多且选择作恶的充满恶意者提供了机会。在 1720 年 6 月的南海事件中，这意味着群集在交易巷的许多人，确实把自己置于险境之中。当这些天真的人成群结队地奔向危险时，他们或许可以被原谅，但不是全部能被原谅。

正如切特伍德的门面——约翰爵士揭示的那样，如果他们失去了一切，他们可以谴责那些折磨他们的人，利用了他们对这种陌生的、全新的和不断复杂化的账面财富市场的集体无知。可是，约翰爵士这样的人物，也承认他们自己的贪婪。即便如此，切特伍德的故事也隐含着：对任何投资新手来说，竭力弄懂交易巷的日常激情，对债务转换中的南海公司做出理性的判断，这几乎是不可能的。也就是说，后见之明很容易，但处在混乱之中，约翰爵士的花言巧语主宰了一切。

这一结论是错误的。一些投资者能够让市场来评判，即便这样的计算通常没有全面的数学分析复杂。结果少数几个人发了大财。

205 托马斯·盖伊（Thomas Guy）是一个没人能够愚弄的人。他生于 1644 年，很大程度上是靠个人奋斗的人。他的父亲在伦敦码头以矿工和木工的身份开始了职业生涯，他从那里崛起，直到拥有了自己的造船厂。这种成功让年幼的盖伊有机会接受了文法学校的教育，并习得了拉丁语和希腊语的有用知识。在 16 岁时，盖伊跟随约翰·克拉克（John Clark）开始了 8 年的学徒生活，后者是伦敦齐普赛街的一位书商，在那里，盖伊找到了生命的召唤。

盖伊一完成克拉克交给的任务，就着手建立自己的书籍业务，并赢得了关键的客户，包括牛津大学。他扩大业务范围进入出版行业，忽然发现了书商的真理，这一真理将会被多次重新发现：如果你能制作出一本经典著作的大众版本，你就能获得相当数量的金钱。他制作的代表性书籍，是大部头且价格昂贵的牛津《圣经》的精减版本。盖伊给他的这册书的定价远低于竞争的版本，由此他获得了第一桶金。

尽管盖伊后来被诽谤为守财奴，但他的确算是一个热衷于慈善的人，不仅仅是一个只顾挣钱的人。1677 年，他送出了首份已知的大礼：他出资帮助他的文法学校建造了新楼。他的书籍贸易持续兴旺。随着金融革命给那些有剩余现金的人提供了机会，他开始涉足金融市场。他的第一笔交易进展良好。在 17 世纪 90 年代，他购买了各种政府债券，包括海员券（就是当财政部拿不出所需的金钱的时候，皇家海军付给海员的抵用券）。早期涉足债券市场，导致后来更多的参与。一直到 1711 年，他选择把他的政府票据转换成新创立的南海公司的股票。

直至 1720 年，盖伊已经是一位有经验的投资者，无独有偶地又是一位相当富有的人。他从不是一名投机者——在每一次市场波动时买进卖出。他仍持有南海的原始股票，看来他已经持有十年。在 1720 年早期的月份里，随着议会让南海公司和英格兰银行进行竞争，盖伊拥有 544 股南海股票，花费了他大约 54 000 英镑——以平均略低于票面价值 100 英镑的价格到手。现金从财政部没有变化 206
地流向公司，然后流向他——这正好挺适合盖伊。

经过 10 年的耐心积累，盖伊改变了主意。4 月 22 日，南海公司宣布以 300 英镑成交价进行第一次货币认购的那一天，他开始出售。他十分谨慎，从 4 月到 6 月，他慢慢地释出他庞大的所持股票，其时股价正在稳定攀升。他在 6 月 14 日出手了最后 40 股，此时南海公司股票在交易巷报价 700 英镑。在这个价格水平，他完成了交易。

盖伊的笔记表明他拿到了总共 25 万英镑，相当于今天的 4 亿英镑。一位历史学家断言，这是“在泡沫中挣到的最大一笔诚实财富”。这次胜利在伦敦留下了永久的标记。1721 年，书商托马斯·盖伊把他的大量财富投入萨瑟克区兴建一家医院，为“被医生判定为或称为无药可救的”病人而建。他在 1724 年 12 月 26 日节礼日到访该医院，回家后抱怨天太冷了，在一天内他就去世了，他的财产都捐赠给了医院。盖伊的医院如今已经绵延到 19 幢建筑，成为世界主要的医学教学和研究机构之一。一次恶风，结果如此！

207 慷慨赠予是英雄行为，但事实是，盖伊能拿出这么大一笔钱，说明了在南海公司那个春天谨慎的投资者可能取得的成就。记住：盖伊不是数学专家，他没有在皇家学会会议上传播方程式，他没有布伦特计划或政府部门计划的内幕消息。相反，他的天赋是敏于想清楚他所拥有的东西和为什么他会拥有。他多年持有这些股票，当公司的情况清楚地而又根本性地发生了改变时，他的方法也发生了改变。正如他承认的，一笔无聊普通的业务一夜之间已经成为不同的东西。盖伊没有留下日记，只写过几封信，所以他的推理只能从他的行动上推测，但他看起来已经得出结论，他的股票以现金的形式持有，这要比拥有虽说新奇但不确定性不断增加的金融实验的部分所有权更划算。

正是基于这种判断，盖伊做出了一个明智的决定。他接受了一个事实，那就是不会等到股价达到市场最高点时再出售。但他认识到，从长期投资来看，他仍然获得了完全令人满意的回报。在整个清空所持股票的过程中，盖伊持续敏锐地行动，分阶段进行交易以免干扰市场，一路走来，享受了不断上涨的过程。最后可能也是最重要的，他并没有事后批评自己。一旦他出手最后的股票，他就收手，尽管交易巷仍旧在泡沫翻腾，南海股价在他退出后持续上涨。换句话说，一旦盖伊把纯粹是账面利润的东西兑现成甜美坚实的现金，他就不再追逐股票。

盖伊是最著名的南海赢家，但他不是唯一清晰理性的人。其他一些人也相当聪明，理解市场；还有一些人仅仅是幸运。可能只有少数几位足够有智慧的人，认识到好运在结局中扮演的角色。

马尔伯勒公爵是英国最富有的人之一。萨拉·丘吉尔（Sarah 208
Churchill）公爵夫人在其财富增值中是一个称职的配偶，她是一位有经验的投资者，拥有坚忍不拔的精神，遇事冷静镇定。在 1715 年的詹姆士二世党人叛乱中，当大部分苏格兰人暂时倒向老冒牌者詹姆士·斯图亚特的支持者时，萨拉持观望态度，因为她对推翻国王乔治以及伴随的风险感到担忧：新君主可能拒付被废黜者的债务，这些债务已经在交易巷展开交易。像盖伊一样，萨拉是南海股票的早期买家，她在股票恐慌达到顶点之时写信给她的朋友玛丽·库珀（Mary Cowper）夫人，称她的面值 2 100 英镑的股票“现在不值 200 英镑或 300 英镑了”。但是，她提到，“我没有发现，从苏格兰来的消息像一些人报道的那样糟糕”。她承认，更多的坏消息可能到来，但她不打算由于恐惧就出售股票，这被证明是一个正确的决定。

1720 年，萨拉·丘吉尔公爵夫人很可能是内部馈赠的受益者之一。她的老朋友詹姆斯·克拉格是中介人，在他成为邮政大臣和公司的关键同盟者之一之前，他已经是马尔伯勒的商业代理人。萨拉·丘吉尔入场很早，一直待到 4 月末和国王生日庆典之时。在突然暴富者痛饮王室庆祝美酒之时，萨拉·丘吉尔感受到了市场的温度，选择让她的钱离场，以大约每股 500 英镑售出。她错过了 6 月初的飙升，但她像盖伊一样，并没有追逐市场。

从市场退出的时机，总是一项不完美的冒险技巧。尽管罗伯特·沃波尔没有在急着让议会通过南海法案时受贿，但他也在过去 10 年中拥有相当数量的南海公司股票。1719 年 6 月，他拥有的股票价值在 19 000 英镑以下。他在那一年售出一半，在结束于 1720 年 3 月 18 日的一系列交易中出手了另一半，价格是每股 194 英镑 10 先令。这对于他所持股份原始价值来说是一笔可观的收益，但他很快可怜地意识到他留在牌桌上的有多么少，这种领悟在接下来的几个月里啃蚀着他的心。

艾萨克·牛顿爵士做的就好多了。他也是南海公司的长期投资
209 者，按票面价值持有 10 000 英镑的股票，这些股票在 1720 年初市场价值大约为 13 000 英镑。当价格在那个点上涨时，他密切注视着。与盖伊相呼应，牛顿从 4 月开始出售，正是股价第一次大幅上升的时候。牛顿的记录只有一些碎片保存了下来，但有一封注明 4 月 19 日的信件提及授权他的代理人［铸币局的一位助手，名叫弗朗西斯·福基尔（Francis Fauquier）］出售 300 股。等到福基尔出手了大部分剩余的股票，正如历史学家推断的那样，牛顿实际让他

的原始投资增值 3 倍，实现纯利润 20 000 英镑。

从后世来看，没有什么任何特定的事件，推动牛顿、丘吉尔或者盖伊去出售股票，他们也没有做任何复杂的定量论证（尽管牛顿肯定做了）。相反，许多在泡沫中盈利的人，似乎共有一种关键的反应：一项无趣且长期的投资，已经变成类似一项投机或赌博的东西。一些人能够在他们变得足够富有时下定决心，然后离场，远离更多的收益（可能也是更多的风险）。那些内部人士，比如布伦特和那些主管，他们在国王生日庆典上炫耀他们的新财富，能够利用个人知识来决定什么时候和怎么样完全变现。但是，在春季的进程中，像盖伊、丘吉尔和牛顿这样的局外人，展示了任何人都可以步入交易巷，然后凯旋。

金融革命的一个副产品，是出现了一项新职业：以所有不断变化的形式，靠货币交易维持日常生活的那些人。这些人是我们今天称之为金融专业人士的第一批人员。泡沫之年揭示了他们的专门知识多少有效，以及这些知识的少数主人能获得多少利润。

最好的例子来自最早和最成功的私人银行之一豪尔银行 210
(Hoare's Bank)，它创立于 17 世纪 80 年代，至今仍存在。它的账簿提供了独特的视角：最聪明的金融家，怎么样在泡沫中确定航向。经济史家彼得·特明（Peter Temin）和汉斯-约阿希姆·沃斯(Hans-Joachim Voth）剖析了这些记录，追踪了银行在 1720 年所做的每一笔南海股票交易。他们发现，在这一年年初，银行持有价值 8 600 英镑的南海股票，随着议会讨论启动南海法案，以每股

181 英镑的价格购买了另外 25 000 英镑的股票。然后，银行在法案最终通过股价急剧增长之后，于 3 月末售出了其投资组合中的大部分。豪尔银行小心地在不同的交易中分散售出，很可能像盖伊一样，避免打击市场。

豪尔银行在 4 月末重返市场，以 341 英镑购入，稍微高于他们刚卖出的价格，然后在 5 月底以近 500 英镑的价格再次买入，在 6 月份买入和卖出更多。随着价格达到顶点，然后徘徊摇摆，银行有条不紊地开始着手售出第二次的投资组合。在整个 1720 年，它完成了总数达 54 笔的交易，都是买入和卖出，140 029 英镑——大致上相当于今天 10 亿英镑的 1/4——易手。到初秋，银行成功在其所有南海股票交易中获得 20 000 英镑。尽管它在那一年的后面在南海公司的股票遭受了一些小损失，但正如特明和沃斯所写，到尘埃落定的时候，两位主管的合伙人——亨利和本杰明·豪尔（Henry and Benjamin Hoare）在分配泡沫之年银行成功的交易利润时拿到了28 000英镑。根据特明和沃斯的估算，从总数上看，“银行家在 1720—1721 年买卖股票所挣到的钱和他们在前 20 年所挣一样多”。

那么，豪尔银行决定的做出者知道了什么吗？为什么他们做出了那样的选择？很明显，他们是在交易，不是为了长远购买一项资产。对特明和沃斯来说，有几项证据指出：豪尔银行的负责人相信，南海股票被估价过高（特别是在其最高点）。一条关键线索在
211 于，当豪尔银行的客户寻求把这些股票用作抵押品的时候，他们怎么样对待南海公司的股票。早在 3 月份时，银行给这些股票打的折扣超过了 50%，当时市场价 100 英镑的股票勉强能借到超过 40 英

镑的款项。对一名富有经验的投资者来说，不需要什么就能让意思更清楚：豪尔银行对南海公司的业务能力没有信心——没有足够的回报能证明其在交易巷当前高价的合法性。

但是，这并不意味着银行家们相信，在乔纳森和加勒韦咖啡馆所进行的交易是令人费解的。相反，他们对人性做出了判断。他们是在市场情绪评估的基础上进行买卖，也就是基于大众投资者喧嚣着购买股票的激情（后来是争先恐后售出的激情）。换句话说，豪尔银行的合伙人在打赌，但从来不是随意地在赌博：他们的赌局是牌桌的必胜局。他们的策略是购买——预订利润，然后重复操作，直到交易巷给他们发出明确的信号：好时光已经结束。他们是足够稳定的玩家，比赌场内的几乎所有其他玩家，都维持着一种清晰持久、欣然赚钱的优势。

在容易受骗的人当中，可以把乔纳森·斯威夫特算作能够冷眼对待的类型，就像豪尔银行的交易员一样。毫不奇怪，不论以何种方式与伦敦公共生活联系的几乎所有人，在那一年都对交易巷怦然心动。斯威夫特这位脾气不好的作家离成名还有几年，那一刻将在1726年到来，《格列佛游记》成就了他作为这个时代最伟大的讽刺作家的名声。但此时他已经是一头强大的文学饿狼，不可避免地会对1720年事件有话要说。

在一定程度上，斯威夫特是幸运的：他把他的冒险活动限制在了1720年上半年，投入南海公司股票的仅有500英镑，多数是几年前购买的。到春季末期，他已经变得很富有、舒适。一年后，他

那幻影般的财富消失不见了，他仍处于幸运者行列。他几乎没有在
212 南海股票最高峰时涉足，所以当泡沫破裂时他没有损失多少。但
是，他知道他深受这种疯狂行为的触动，并且知道应该谴责谁。

> 构思午夜女巫的作品，
> 为她们背后的傻瓜感到痛心：
> 这些银行家，到处是他们的票据和猎获物，
> 坐在那里，挤干了蜡像。

这就是豪尔银行深具洞察力的专业人员！在所有这些当头一棒的诗句重击中，斯威夫特忽略了 1720 年夏初交易巷的真理，个人投资者和投机者在整个 1720 年上半年，都获得了真实的收益。在那个夏天的短暂时刻里，看起来，许许多多的人一起做着同样的事。

第十五章　“股票的走势如何”

亚历山大·蒲柏对赚钱的想法没有意见，没有关于艺术家贫穷纯洁性的罗曼蒂克幻想。在《伊利亚特》使他变得相当富有之前很长一段时间，他完全理解钱包鼓囊的快乐，如同那些不得不凑齐每一个先令的人一样。所以，当他的财富飙升，让他成为一个有财产的人时，他知道钱够用是快乐的，更多会更好。 213

在1720年早期，亚历山大·蒲柏已经是一个怀疑论者。他同情托利党人，从来没有相信过推动南海交易的那些人的动机。但是，一旦旅程开始，像许多手头有几英镑备用的人一样，他也不能抵制怦然心动。他明白他能得到什么，且特别提到，“股票没有被售出，就没有收益……我们的财产仅是一种想象的财产”。他承认，这“对大多数冒险者是普遍情况”。随着冒险挺进到了6月，他仍坚持到底。他的一首作为大酒杯铭文保存下来的短诗，可能提供了泡沫激情最高潮时最完全的印象：

来吧！把南海的酒杯斟满吧；
214 众神会照顾好我们的股票；
欧罗巴高兴地接受了牛市，
朱庇特愉快地拒绝了熊市。①

交易巷从来没有见过像 6 月第一周所发生的事。6 月 1 日（南海公司股价）是 720 英镑，到 6 月 5 日涨到 770 英镑。更令人兴奋的是，它的股价已经极具爆炸性。亚当·安德森（Adam Anderson）为南海公司工作超过 50 年，他在泡沫之年开始了他的职业生涯——只有 27 岁——但 6 月这个巅峰之月的记忆在几十年后仍十分鲜活，当时他正在写作权威性著作《商业的起源》。"股票发生了突然的波动，有时甚至发生在几个小时的间隔里。"他写道，"……因为在 6 月 2 日，股价上升到每股 890 英镑，所以这个高价导致这

① 不能确定的是，牛市和熊市作为上涨行情和下跌行情或者押注在一方或另一方的行话名称来自什么地方。一个普遍的说法是，韦氏大字典支持这一说法，认同古老谚语"'在抓到熊之前就出售熊皮'是不明智的"，就产生了另一个短语"熊皮批发商"来描绘人们的出售行为，期望在卖方交割之前证券价格下跌。这一用语早在 1709 年就在印刷品中出现，丹尼尔·笛福在 1719 年标志性的小册子《交易巷剖析》中使用了它。到那时，成为一个熊皮贸易商，或者简写为熊，已经明显留下了它的本意，指那些不顾一切交易其并不拥有的东西的人，获得了人们使用它的意义：下注或希望市场下跌的人。而牛市来自哪里并不清楚，它作为市场流行语的出现稍晚于熊市，可能仅是徘徊在交易巷的令人印象深刻的哺乳动物熊的头韵对应物和足够有进取心的对应物。蒲柏使用这些最近成为货币贸易私人行话一部分的术语的意义，在于表现投机和金融世界的语言与思考方式渗透到英国广阔社会的速度……以至于一位主要作家争辩说知道读者能理解他。这是不断变化的文化该有的面貌。

一天交易巷出现了许多售出者……在傍晚它跌到了 640 英镑；可是同一天晚上再次涨到 770 英镑。”

所以，股票在令人眩晕的暴涨和令人心碎的下跌之间徘徊，但 215
常常看起来是箭头向上的，朝向更多的财富就要到来的方向。在乔纳森咖啡馆和交易巷的每个角落，改变人生、跨越代际水平的财富每天都在易手。正如蒲柏的朋友乔纳森·斯威夫特所写，“在令人振奋的希望之羽的鼓舞下”，能指望什么样勇敢的灵魂抵制住诱惑?

少数人做到了，在回到熟悉的迷乱故事、男女疯子的故事、单纯贪婪的故事之前，甚至承认在这场大暴涨最后的极高点，也不仅仅是一个非理性繁荣的事件，这是很重要的。发生在南海股票上的事情，与稍微平和地说发生在其他股票上的事情，部分的是对需求真正增长的一种传统回应。自从春季以来，外国资本已经进入伦敦市场。荷兰投机者早在 3 月时就已经运送现金到伦敦，法国购买者出现在市场上不晚于 4 月。到 5 月末，伦敦的小道消息盛传，在哈威奇港口的荷兰小艇，待命运送指令往返荷兰，与此同时，交易巷的现金塞满大木桶横跨北海回来了（在平常的时间里，这些木桶里装的是葡萄酒或啤酒）。牵涉到的金额总数相当惊人，可以说是成千上万英镑。随着交易巷的价格攀升，伦敦市场对大陆投资者来说变得更有吸引力，他们开始不喜欢在充满竞争性的首都像阿姆斯特丹和巴黎投资。

6 月，南海公司继续从市场榨汁。这在一定程度上纯粹是自私自利：内部人士从每一次开创新纪录的价格中获益。但除此之外，存在着清晰的个人动机。公司要员和主管们意识到，公司本身的生存取决于持续地吸引投资者。

他们的问题早在几个月前哈奇森就已经指出。财政部给转换后债务的利息付款，受到法律的限制。奴隶和货物贸易仍处于停顿之
216 中。留给公司的唯一其他利润来源是在债转股时保留的股票。记住：这笔（债转股）交易的关键一直是，交易价格并不是按照票面价格设定的。布伦特和他的盟友确保他们无须以票面价值 100 英镑的股票，交换价值 100 英镑的政府票据。相反，市场价格越往上涨，新发行的股票就越多地保留在公司手中。

股票的运作方式是一样的：吸纳的每份债务，成为一份新的资本资产，公司以此为基础发行股票。按照达成一致的转换数字，一份一年支付 100 英镑的政府债务当前价值是 3 200 英镑，也就是为年基收入流支付的价格，其价值作为资本会记录在公司账目上。在《南海法案》条款下，这意味着公司能以票面价值 100 英镑创造 32 股股票，来表示这笔添加到资本总额中的股本。但是，以 6 月初的价格，只需要拿出大约 4 股就能达到同一份债务 3 200 英镑的成本，这样公司就在自己的账面上获得了另外的 28 股。这是在这场金融炼金术活动中点石成金的转换：南海股票上涨得越多，公司的市值就越大，这就使这样一家有价值的企业的股票更加值得拥有。但股票的价格只有被抬高到春季时那样的定价，这种运作方式才会有效。

内部人士和有心的独立投资者，清楚地了解这一动态。大量抛出股票将让整个企业漂浮不定，这意味着南海公司从事的是一项价格高昂的业务。

以后见之明来看，这项计划存在明显的缺陷。就像现在还能发现它们印记的许多计划一样，南海公司股票的暴涨需要不断有新资金追逐股票。每次上涨能合理证明，下一次上涨即将到来，需要保持一种不断运转的动态，直到它不再运转，直到那些愿意孤注一掷的人消失。一些核心玩家抓住了这种危险。因此，公司的主管们在 217
5 月和 6 月急于购买土地。即使是对于膨胀后的价位，这些交易也不过是把纸面财富转变成了有用的尘土。但是，当一些人兑现后，这一计划矛盾的逻辑仍然存在：只要交易巷持续形成泡沫，南海公司依旧可能出海贸易。于是，出现了那些管事人员尽一切努力来保持市场沸腾的情况。

那是在 4 月宣布 10％的分红（以股票支付，而不是以现金支付）想要达到的目的：说服投资者，会有更多的资金投资到公司的股票上。这仅仅是第一张也是最简单的一张王牌。随着市场在春季加速上扬，南海公司人员转向更复杂的金融操控形式。公司推出更简便的分期付款计划，让投资者以手头最小限度的现金来购买股票。公司提供贷款，使股票持有者能够在他们 4 月购买的股票到期时，付得起分期付款的款项。股票本身是抵押品；没有现金易手，贷款数额只是简单地记载在股票收据上。这样一种花招的功效，是传播了一种幻象：所有这些以保证金形式出售的股票（但没有全部付讫），仍能说成购买和持有。如果购买者有自己的剩余现金，那就更好办了：任何这样的零钱都能在交易巷找到自己的方法，来让市场保持活跃。这是绝对循环的金融推理，这仅仅是数字游戏，从不同的地方挪到公司的账面上，但是它服务于自身的目的：没人仅仅是因为在规定的日期不能拿出几英镑，就被迫出售或放弃股票，因为这可能给交易巷的交易施加下行压力。

这样的贷款至少不牵涉到实际的现金；从最慷慨的观点来看，公司仅仅是以小额费用，扩展了投资者的付款计划。这种克制并没有持续多久。相反，更具爆炸性的是，投资者开始以不断膨胀的南海公司股票为抵押品出借现金。这种出借——实际上是把大量资金
218 直接抛进交易巷——在 6 月初加速推进，当时南海公司的主管们授权了一系列新贷款。这是相当容易得来的钱：每 100 英镑的股票，持有者能借款 400 英镑，最高限额 4 000 英镑。在 5 月最初宣布的是每股可以借 300 英镑，最高 3 000 英镑，可借款的总数又上升了。成千上万人利用了这两种报价，正在进行出借的总额令人震惊：在整个 1720 年，公司以南海股票为担保，借出了超过 900 万英镑，再加上另外至少 200 万英镑，用来支付分期付款的款项。

这种信用洪流的部分款项，给市场提供了更多的刺激。南海股票持有者借款来扩大投资，这样就倍增了潜在的收益，或者如果所有的事情出错，就会放大随之而来的一连串的损失。经过几个世纪的发展，获得此类杠杆作用的技术，已经变得更复杂和更具危险性，但是从南海时代到我们自己这个看起来更复杂的时代，杠杆投资的基本实践基本上是不变的。

货币春季浪潮的最高峰在 1720 年 6 月 17 日到来。六周时间内，南海公司又开展了另一次货币认购，也是它迄今为止第三次公开出售在债转股中创造的部分股票。在发售之前的几周内，价格仍

旧是一项秘密。在 4 月 14 日的认购中，股票开出了每股 300 英镑，两周后 400 英镑。所有这些价格或多或少与交易巷经纪人当时的报价一致。仅在新的第三次销售准备开始前，南海股票价格接近 750 英镑。

随着认购的临近，交易巷人员推测公司寻求的价格。安德森记录道，他“清楚地记得”此时的一个插曲——“某位主管……被一位加勒韦咖啡馆的绅士询问到”，是否“主管理事会很快就要以 219
1 000英镑公开第三次认购”？公司人员依旧忸怩作态，“老实说，绅士们看来努力说服我们以此类价格发行，不管我们是不是接受”。最终，随着销售的临近，数字被公开，加勒韦绅士是正确的：股票以 1 000 英镑发售，比交易巷最后一次报价高出了 1/3，也就是 250 英镑。对南海公司来说，这一计算结果看起来考虑到了对发行更多股票的经常性呼吁——真实、深切、坚持不懈的呼吁——为什么不看看赌博者愿意付多少钱呢？结果，500 万英镑的发行额在几个小时之内售罄。

到目前为止，一切都按照计划运行。第三次货币认购吸引了大量投资者。这次销售记录是不完整的，但是保存下来的记录证明，英国的精英们依旧确信，一切都很好：议会上下两院至少有一半人签约认购，名单上的 153 名议员是由小詹姆斯·克拉格（the younger James Craggs，邮政大臣老克拉格的儿子，老克拉格帮助出台了整个计划）介绍来的。贵族夫人们依旧在买进，在这些人中，有威尔士亲王的女儿们。

这种对更多股票的急切渴望，部分是由另一轮巧妙设计的购买条款推动的。认购者只需提前拿出买价的 1/10，其余的分九期交付，再次遵循的是先前新股的例子，但是有一点主要的区别。4 月的购买者有 6 个月的时间来付清余额。在 6 月购买的那些人可以一直等到 1725 年，来支付他们股票的所有成本，并且如果他们愿意的话，他们可以不完成交易就若无其事地离开。这明显是不对的，但没有条款不允许这么做，考虑到这种模糊性，在实践中就很容易出现在分期付款最后期限内不再付款的情况。对富有经验的投机者来说，这就很容易下注：只要他们愿意放弃他们缴纳的款项，所开的购买股票的账单就变成了其他东西，就是我们今天称为期权的东
220 西。这种倒转术赋予购买者以一定的价格获得每股股票的权利——如果市场不利于他们，就放弃购买的选择权。

也就是说，认购公司第三次股票销售的那些人，实际上是用他们的 100 英镑给自己购买时间：用 6 个月的时间来观察股票将发生什么。如果他们不喜欢观察所见，他们可以简单地抽身而去，把损失控制在首笔付款上。另外，如果趋势对他们有利，他们就可以交付下一个 100 英镑，购买另外 6 个月来观察市场，同时保留完成那笔股票购买的权利。

这样的操作本身不是起源于泡沫之年。在《政治学》中，亚里士多德描绘了另一位哲学家基于即将来临的橄榄收获进行了成功的期权交易。这一概念再次出现不晚于 17 世纪早期，以一种立即对交易巷交易商和经纪人有用的形式出现，到第一次伦敦股票繁荣时期，即 17 世纪 90 年代期权得到广泛运用。到 1720 年，股票交易

商至少熟悉两种期权：看涨期权和其反向的看跌期权。看涨期权给购买者在未来以设定的价格从出售期权的人手里购买股票的权利。看跌期权则翻转剧本：它允许购买看跌期权的人以设定的价格出售股票给“写下”或发售期权的人。

南海公司的分期付款计划，可以被视为一种看涨期权，在每次分期付款的最后期限，不得不重新开始以维持对标的股票的控制。但是，这种期权交易并不限于公司本身。在泡沫之年，各种各样的私人看涨合同在投机者之间达成协议。从买方来看，支付看涨期权价格是向一只你认为可能上涨的股票下注的一种廉价方法，如果你猜错了，会限定你的损失。如果一位爱好者支持一家给定的股票， 221
比如说艾克美公司（Acme Company），当前交易价格是 100 英镑，他认为其价格过一个月会上涨 5 英镑，于是每股花费 1 英镑，购买 100 股的看涨期权，创立净收益 400 英镑（每股 5 英镑，100 股，减去期权成本）。这比直接购买 1 股获得 5 英镑收益好得多，它限定了拿出 100 英镑购买期权所冒风险的金额。①

这些技巧在当时和现在的普通投资实践中仍都有用。比如，你持有一种股票，你害怕它下跌，出售你持有股票的看涨期权，就拥有某种保险来抵御下行的糟糕状况。在上面的艾克美公司例子中，如果其股票下跌到每股 95 英镑，看涨期权出售者将保持赎回价格，当

---

① 看跌期权——在南海背景中没那么重要——允许购买者打赌一只股票将下跌到敲定价以下。如果它没有下跌，他们就不行权。但是，如果它下跌了，他们就把差价收入腰包，同时把风险限定在期权成本。那些出售看跌期权的人有义务以议定的价格接受股票，这样他们就希望价格上涨，这是期权风险真正关键的地方，他们负责期权敲定价和标的股票市场价之间的全部差价……即使它一路下跌到零。

购买者决定不行权时，那么每股下跌了 4 英镑，而不是 5 英镑；同时，如果股票上涨而买方行权时，就保证每股实际价格是 101 英镑。

当然，看涨期权也可以被用来进行高风险投资。不拥有标的股票而出售看涨期权被称为裸期权，是市场下行获益的一种好方法。但是，如果你猜错，艾克美股票暴涨到 110 英镑，这种痛苦将实在是太真实了：你将负责你的敲定价和你需要在公开市场上购买股票的花费之间的差价。托马斯·盖伊就他的技巧和沉着的胆量来说，看上去已经落入这一圈套。当他在春季出售了持有的公司股票后，
222 他好像也出售了他并不拥有的股票的一些期权：下注南海公司股票很快就下跌。几个月以后，交易巷报价仍高于他的敲定价，由于他持有的股票已经出售，他不得不亏本购买股票来兑现赌约。

当时和现在仍有大量的其他方法来进行这种裸期权赌博，常常只需预付很少的资金或根本不需要预付资金。远期合同要求订立契约者完成合同所指定的交易（这不像期权，授予的是权利而不是执行交易的义务）。这样的合同在泡沫之初的几个月里相当普遍，约束一方以约定的价格购买股票，而另一方在约定的日期交付股票。在 1720 年春天不断上涨的市场中，这样的安排能强烈满足那些喜欢以宏大风格投机的人的需求。在年初，波特兰公爵已经被认为是英国最富有者之一，但是他不能抵制为了最高的赌注玩一局的诱惑。从 4 月计划启动到整个夏天，他签署了至少 24 份远期合同，来购买南海股票。他的合同推迟交付多达 9 个月，只有到那时，所有的钱款才到期交付。总而言之，他同意以均价 649 英镑购买 507 股股票，总数达到惊人的 328 975 英镑。这是一个直接的非赢即输

的赌局。如果股票上涨超过他的合同价，只要合同到期，他就能出售它们，不用再拿出一先令就能致富。如果下跌到那个价格以下，他得负责差价。波特兰的信念是相当清楚的：足够强大到能把全部财富都放到赌局中。

尽管所有这些技巧很早就出现了，但泡沫之年仍旧标志着现代金融形成的转折点。确实，像股份公司的想法，成千上万人类行动的量化，都领先于且塑造了泡沫。同样，金融技术的发展——期权、远期合同和更复杂的交易——在南海计划策划之前的几十年里已经出现。但是，对先于它的单独发展而言，只有在泡沫之年，这 223
些发明的累积效应才变得清晰。即使他们在最激动的时刻没有意识到它，交易商在咖啡屋的高声叫价依赖的货币概念也正变得更加抽象，正更加远离生产东西出售的真实世界的任何根本行动。

股份公司体现的是一种抽象概念。每一股是一个数字，代表了一份由南海公司、英格兰银行或任何其他此类企业产生的利润。一份保单形成了另一种抽象概念，越来越深入地接近数字、远离世界（在这个世界中计算你的房子有多大的风险可能被烧毁，从而决定在房屋火灾中为保护你，保险保单每年应该支付的数额）。尽管所有此类交易直接和标的资产紧密关联——一块土地、一笔债务、一条生命，但期权和类似的交易技巧，让金融更远离与世界的任何联系。看涨期权本身并不购买一家公司的一份资产，相反，它授予的是附带的东西或假定的东西。换句话说，看涨期权不是购买某些企业的股份，而是在特定条件下购买或出售这些股份的机会或义务。

此类金融工具有一个名字：衍生品。衍生品不是简单的有价证券，其价格取决于另一份证券发生了什么。看涨期权和看跌期权是衍生品，因为当赖以授予权利的标的股票在市场上上涨或下跌时，它们的价格也会变化。当今，衍生品比南海岁月里在运作的那些，已经变得非常多样和复杂；许多现在已经司空见惯的金融交易特点，毫不夸张地说已经匪夷所思，用以前还没有发明出来的数学思想来创建和定价。乔纳森咖啡馆、耶路撒冷咖啡馆和加勒韦咖啡馆以及交易巷其余角落和咖啡屋，还不完全是现代金融市场，它们是
224 替代地点，在那里，人们和思想在走向现代的进程中汇聚在一起。即便如此，它们的时代和我们的时代之间也是有联系的。联系之一：衍生品并不必然是危险的，它们不仅能充当投机的赌注，也能充当某种保险。比如，当某人想确定她能以既定的价格购买一只一路向下的股票时，那是看涨期权的作用。

但是，毫无疑问，衍生品在其全部历史中，提供了全新且往往激动人心的方法，来进行无限制的投机。波特兰公爵在签订远期合同时，并不投资，他在打赌股市繁荣将持续下去。他的游戏是他从来不需要拿出任何实际的现金：随着合同到期，一个上涨的市场能支持他的利润。

在刚下注之后，波特兰尽了自己的力量，来确保结果更可能发生。每份合同表达了他的预期：南海股票将继续上涨。反过来，市场整体上表达了他在每一笔交易敲定价中股票将走向何方的概念。这些股票的任何收益再次是白来的钱：对于波特兰签署的每一份合同，他都不需要预先支付一便士。

从这样一名大胆的投资者到市场，都是一个整体：在 1720 年期间运行的金融发明，服务于南海公司的目标。分期付款计划、以股票为抵押贷款、以股票支付分红，所有这些都允许投资者和投机者用越来越少的现金，索取越来越多的股票。面对所有这些需求，价格在眼前持续上升。期权、远期合同和它们的近亲创造了杠杆：长期借款，甚至不需款项就能控制更多的资产，只花费一小部分就能直接购买。所有这些话题，给予越来越多的人购买越来越多股票的能力，需要预付的资金则越来越少。从来没有过如此完美的股市暴涨秘方，事实上，股票是如此成功，到 6 月，南海公司的唯一问题是怎么样让这一魔法维持下去。

答案在一些令人烦恼的消息背景下出现。在 1720 年上半年， 225
所有重要的股份公司都分享到了南海公司快乐上涨的成果。英格兰银行的股票在 4 月 10 日以 139 英镑易手，在 5 月初上涨到 155 英镑，然后在月末冲到 200 英镑。东印度公司股票的涨势更猛——从 4 月 1 日愚人节的 230 英镑涨到 6 月末的 420 英镑。与此同时，皇家非洲公司的奴隶商人见证了更大的收益，他们的股票在同一个时期翻了一番多。保险业也进展良好：皇家交易所保险公司股票在 5 月实现了 3 倍增长；伦敦保险公司表现更好，在同样的几周内一路从 14 英镑 1 先令 4 便士冲到 51 英镑。

对南海公司人员来说，这样的股票收益是令人烦恼的。购买英格兰银行或东印度公司股票的钱就不能用来购买南海公司股票。但是，真正令布伦特和他的朋友们烦恼的问题，是众多暴发投机商的突然出现。股票市场的兴高采烈激励了有好点子的所有人去组建一家新公司，并且瞄准漫步进入交易巷、手头有几个几尼的所有人。急切的规划家在 4 月创建了 27 家公司，在 5 月创建了 20 多家；在 6 月的前两周，出现了 77 家新企业的创建提议。所有人都在追逐寻找购买股票的金钱。一些公司完全值得尊敬，包括几家卖保险产品的公司——举例来说，全球火险营业处寻求筹资 200 万英镑，4 月 23 日在船与城堡酒馆认购。同样地，专门的项目实体像“新英格兰东部、安纳波利斯、貂角、纽芬兰或美洲的任何部分的渔夫公司”这类公司至少有一个可信的故事，告诉大家企业将怎么样挣钱。

但是，创建一家有着与“在地中海创立珊瑚渔业和在英国制造印花棉布”这样截然不同的目标的公司，看上去一点也不鼓舞人
226 心。对于一家“新近发现的改良肥皂制造工艺、号称制作的 6 磅肥皂比 8 磅最优质棕色皂更实用的公司”就需要更多的调查，而不是追随市场的狂热步伐。同样，很难估价这样一类建议，像规划家打算制造一种东西（听起来是通过“熔合锯木屑和碎木片”来制造一种类似胶合板的东西）。

这是这些“泡沫”公司的共同主题，当时的人是这么称呼它们的。它们成打地涌现，一些似乎是可信的，许多是可疑的，其他的毫无疑问纯粹是骗局。还有几家公司计划从铅里提取银，购买爱尔兰沼泽，买卖龙涎香和鸵鸟毛。与此同时，恶名昭著的“以后透露规划的公司”，很不幸看上去就是假的。一个十分接近的（计划）出现在 5 月 21 日的一则广告里，要“筹措 600 万英镑从事具有更多优势和更切实利润的一项设计”，超过伦敦乐观主义者曾经见过

的项目。历史并没有叙及这波特别的推销是否找到了投资者，但正如历史学家理查德·戴尔（Richard Dale）指出的，一份1764年沉船调查显示，在1720年早期嘉年华日子里成立的公司中，仅有4家度过泡沫之年继续经营。

在股市暴跌之前的很长时间，南海公司的内部圈子认识到，每一家初创企业寻找投资者，都会把本来可以用于购买南海股票的现金虹吸走——在安德森的账簿中，很明显，"（大量的泡沫）交易妨 227
碍了股票的……上涨"。随着几周过去，曾经在股票市场暴涨最初几周里的小刺激，随着任务变成把南海公司股票维持在高于平流层的高度上，就越来越变成了大麻烦。结果，布伦特和他的同僚匆忙开始了对于他们的困境最简单的解决方法：转向他们的政治关系，来解决掉他们的竞争问题。

因此，在6月11日，议会通过了一个以《泡沫法案》（Bubble Act）而知名的法案。法案禁止组建任何新股份公司，除非获得王室特许状或议会法案特别授权。在2月，针对这项立法的工作已经开始了。但随着推动南海公司股票的需求步步紧逼着公司，公司主管人员开始介入，确认所有南海股票交易仍有效，因为新法律似乎有一个条款禁止了这一交易，该条款禁止现有公司从事它们的特许状没有授权的活动。

法案的其余部分也服务于公司的目的。所有的这个春季里所谓的泡沫公司和善于创造的英国人发明的任何东西，都不能再组织为股份运营，这意味着被这些项目吸引的资金现在可以重新回到它正常的地方：少数几家已经得到授权的公司，当然也包括它们中最大的南海公司本身。

作为一个实际情况，《泡沫法案》没有产生多少直接影响。几个新项目在 6 月和 7 月出售股票没有引起官方注意，但是很明显，这项措施应该达到的效果是，为主要的公司把市场支撑在或高于已经前所未有的高度之上。它暂时奏效了，在 6 月 11 日，随着议会通过法案，南海股价站上了 735 英镑。到 6 月 24 日，股票以 1 050 英镑易手。在这个月末，股价仍接近于这个水平，连续三天钉在 950 英镑。

228 那个数字背后的含义是令人震惊的。随着其股价悬停在每股 1 000英镑左右，交易巷给南海公司的定价，大约是伦敦金融市场交易的所有企业总值的一半。见证了泡沫的公司职员亚当·安德森估计这个数字大约是 5 亿英镑。相比之下：这笔钱能够购买英国所有固定财产——所有不动产、每一亩可用土地及其上的建筑物。国家的财富现在成为纸面上的东西和承诺的东西，变成如此平凡的东西，就像任何有进取心的英国人一天的工作所做的事一样。那是亚历山大·蒲柏在后见之明的蔑视中，以苦涩的标签捕捉到的情绪和瞬间：

股票的走势如何，成为大众的呼喊。
宁愿失败，我们也将在九百英镑时买进。
取代流言蜚语，股票趋势如何的语调，
甚至智者和美人也变得无益地成熟：
我们看到，没有船只卸货，没有织机工作，
但我们都被该死的南海吞没。

第十六章 “一场盛大辉煌的娱乐”

6 月的最后几天代表着顶点——市场的最高点，这是短暂但仍具有希望的时刻，如亚历山大·蒲柏所写：“股票和认购到处倾泻而下/直到所有的恶魔完全降落。”

当然，不是每个人都会被恶魔欺骗。即使在令人喘不过气的高点上，仍有可能进行衡量和计算。阿奇博尔德·哈奇森定期用他的模型来重复测试南海股票的价格，在 6 月再次公布了结果。他用数学给出了无情的结论：“这些新认股人为仅值 300 英镑的股票付出了 1 000 英镑”（在早前得出的结论中，加上公司拥有的所有资产和收入来源，他用同样的方法计算出了这一数字）。

但是，正如哈奇森很清楚地知道的那样，他的数字表对“这场光芒耀眼和惊心动魄的流星”影响甚少。在适当的时候，他提到，

“人们可能开始更加冷静思考股票这一事情，会倾听一点理性的意见”。那是在仲夏之日？没有，还没有开始。

230 相反，乐观主义者仍旧面露微笑。食盐办公室的詹姆斯·温德姆在 7 月 12 日给他弟弟的信中说，他很高兴以 1 000 英镑的价格认购了更多的股票，他们的母亲同样如此。蒲柏和斯威夫特的朋友约翰·盖伊（John Guy）分享了他们对南海计划的最初热情。在 4 月，小詹姆斯·克拉格给了盖伊一些南海股票。对纸面财富的迷狂很快出现。在市场的高点时，盖伊的赌注大约值 20 000 英镑，他拒绝了所有的变现建议，相反（像温德姆一样）把自己所有的可怜资本的最后 1 先令，都投入 6 月一股 1 000 英镑的货币认购中。

威廉·贺加斯（William Hogarth）在他的《南海计划的标志性印刷品》中，捕捉到了人们在股票上表现的疯狂时刻。贺加斯作为一个视觉讽刺家，像蒲柏在语言上一样恶毒，把泡沫最高点的疯狂转变成一则滑稽的、不原谅人的寓言，让贵族和其夫人可商榷的品行终结，让荣誉受到鞭笞，让恶魔狂欢。一首诗的标题解释了所有的行动，开头是：“看看这里，为什么你的事业在伦敦，/如此多的人成功了或没有成功，/那门技艺，诚实的交易已经陨落，/蜂拥来到恶魔的店铺。”

231 21 世纪的经济学家仍在争论这次及随后一系列泡沫和恐慌的合理性，但贺加斯的画作揭示了最后几周活生生的经历，其时可能仍有人相信“当跌落到南部公海时，/魔法会使我们的财富上涨”。幸运仍旧主宰着人们。财富找到进入女巫钱包的方法和进入任何贵族钱包的方法一样多，当贸易停歇时，钱就能生钱。任何人都能为那个夏天选择所做的事找到合理的原因，但这样的原因，一个接一个行动的合理性，都被那一刻的激情塑造，用贺加斯的话说，被“货币的魔法力量”击穿。

这一魔法力量一直持续到 1720 年夏天。在 7 月初，《泡沫法案》设法冷却紧随而来的股份公司项目狂热，这些项目让南海公司负责人大为光火，尽管几周内股票经纪人再次推出了新项目。南海公司股票的狂野飞奔，看上去也开始慢了下来。南海公司股票在 6 月的最后一周，已经大步跳跃到接近 1 000 英镑，几乎是一个月前的两倍。然后，股价开始稳定下来，甚至后撤回去一点，接下来几周内在 850 英镑和稍高于 900 英镑之间进行交易。英格兰银行的股票在 5 月份上涨了 50%，也放慢了下来，整个 7 月徘徊在 230～245 英镑这个狭窄的范围内。其他主要的公司遵循的是同样的模式，没有攀升到新高度，也没有大幅下滑。

即便如此，布伦特和他的盟友仍继续追逐每一枚剩余的先令。7 月 14 日，公司提供用股票交换在私人手中的最后一批官方债务，由英格兰银行管理的可赎回债券。这是一笔为满足年金运作亏空而经年借贷的款项，1720 年初该款项总计超过了 1 600 万英镑。为了签署交换协议，其拥有者不得不亲自到南海公司。现场的混乱显 232
示，公司股票没有失去其光芒。根据《周刊或星期六邮报》报道：“大量的人来到这里，拥挤的人群在这里认购。”人声鼎沸的民众签约认购了公司股票达 1 100 万英镑，几乎是预期数字的两倍。

这种紧急事态，看上去让一些帮助推动整件事情的人都深感困扰。小詹姆斯·克拉格在 7 月 15 日给他的长官斯坦霍普伯爵写信道："无法告诉你，在这里有多么群情汹涌，不惜以任何价格抢购南海股票。"英格兰银行不得不为其客户提供金融文件，也面临着近乎骚乱的局面："拥有可赎回年金的人群是如此之庞大，虽然银行有义务接待他们，但也架不住人多，以至于被迫让其办事员在大街上摆上桌子办公。"客户的热情看上去也影响了银行通常很冷静的职员。他们的银行在自己账户上拥有价值 30 万英镑的可赎回债券，约翰·布伦特爵士定会心满意足地看到他们谦卑地请求将其全部换成南海股票的机会："已经下定决心把债券写进当前的认购书中，"一位银行主管写道，"我们希望得到你的支持来告知我们，这样我们可以依靠它来实现。"

经过那一阵骚动，市场平静了下来，部分是由于 18 世纪股票交易的一个现实情况。公司股票的所有交易，都需要记录在它的账簿中。每个认购南海公司债转股股票或出售新股票的人，都必须登记在册，在春季宣布的股票分红会得到分配。当股票在公开市场易手时，这种所有权转让也必须记录在册。多数主要的股份公司都设
233 法在滚动的基础上登记交易，但南海公司绝对的股票交易量导致公司宣布，从 6 月末开始，将封闭账簿两个月。封闭期间在交易巷的任何交易实质上是一种远期销售，只有转让账簿重新开放才能完成。这并没有阻止股票易手，它只是增加了一些程序而已。交易商等待正常交易的恢复，就像轻踩了一脚刹车。

让文书工作排队等候，并没有停止公司的业务。在 8 月初，还

有另一次报价，目的是把官方债务的每一分钱都交换成股票。一些剩余的不可赎回年金持有者，能给持有者带来有保障的终身收入。在 4 月，这些人没有被说服加入南海计划中；现在，他们被赋予了最后一次机会。在这些人中间，谁接受了公司的报价？艾萨克·牛顿，他交易的年金每年值 650 英镑，比他在铸币局每年的薪水都多，交易为现金和股票组合，南海公司股票以每股 800 英镑定价。

这不是一项糟糕的交易，考虑到交易巷仍在报出的价格。但是公司领导知道，只有市场一直保持乐观，价格才能维持。这样公司下一步行动的所有目的，就是提高对其股票的需求。在 7 月 27 日，主管们批准了更多的贷款，来支付从 4 月两次销售股票以来分期付款到期的下一批款项。其次，公司忽略了少数几条现有的市场规章之一，用其自有资金回购股票来支撑市场。其最大规模的购买出自 8 月和 9 月。一些主管从事个人交易，也旨在帮助公司股票以波特兰公爵喜欢的远期合同的一种变种形式出售，“以 1 500 英镑”吸纳了“大量资金，在 6 个月后以（最终价的）40%～50%交付股票”。这样一种出售的传闻让仅仅 800 英镑或 1 000 英镑的价格想法，看来几乎是一种便宜货。

最后，主管们批准了再一次公开出售新股票——第四次货币认 234
购，定在了 8 月 24 日，正好是公司转让账簿重新开放之后，它像 6 月出售一样价格是 1 000 英镑，再次提供长期和慷慨的付款计划。像在 6 月一样，在咖啡馆的现货价格低于那个询价：在认购开放的那天只有 820 英镑。尽管缺口大，但作为纯粹的投机，认购对富有经验的购买者来说也是有意义的——他们能利用小额初始分期付款价作为一种期权。在出售开放那天，大约 2 500 人拥到南海公司办公室。公司职员亚当·安德森回忆，他们是如此急迫，“这次认购……在 3 个小时内完成”。没有足够的股票满足需求，由此制造出自己的小型泡沫和少数明显的赢家，一些成功的认购者转身来到交易巷二级市场，“以当晚预付 40％”出售。

乍一看，这是自 4 月以来同样拥挤的人群、同样的期望、同样的激情，但现在看起来出奇地鲁莽。所有在夏天最后几周蜂拥进交易巷的那些人，是不是像他们现在看起来那么疯狂？在学院经济学家和经济史家中间，是否泡沫、暴涨和崩溃总体上是“合理的”这一问题，是一个根本问题。

市场通常是发现所有事物“正确”价格的精确机器，这种信仰过去曾经是传统经济学的教条。现在不再是一种信仰，更多的是一项复杂的争议。认为市场会走向疯狂，成千上万的个体违背自己的利益来行动，在学科领域内，仍会深受困扰。重大研究已经深入“理性泡沫”概念之中，其中投资者在做出决定的时刻，其决定可以被视为是理性的。这样的著作考察了在一场根本上是没有根据的暴涨期间，给定可用信息，看看如果最终灾难性的决定在做出时可
235 以被视为合理，那会发生什么。1720 年春夏的事件，能理解为一种集体的丧心病狂吗？或者有更细致入微的方法，来帮助理解为什么如此多的人把自己置于危险境地吗？

这不是一个是否富有经验的投资者能合理地从泡沫中获益的问题（他们能获益并且也获益了）。马尔伯勒公爵夫人萨拉，在 6 月

最后的大跃升之前就出售了，在 8 月没有选择去交换任何政府年金，特别提到“这一项目必将在不久爆裂，跌到什么也不是”。那些行为谨慎的人是重要的提醒，货币狂热并不能压倒一切。

尽管有这些反例，但更深层次的问题仍然存在：为什么如此多的人在 1720 年屈从于狂热？为什么在每次泡沫中都有如此多的人参与其中？在整个泡沫之年，丹尼尔·笛福在蔑视货币狂热和信任国债根本方法之间摇摆不定。南海公司诱发了他一系列相互矛盾的反应。自从 1711 年以来，他是南海公司的一名支持者。他在 1720 年初明确宣传公司的计划；但同时，他把这一年更小的项目嘲笑为欺骗：由英国的坏人投放给大众，这些坏人就是交易巷的经纪人。笛福花费了很长时间来接受南海公司的业务同样令人担忧。晚至 8 月中期，他表达的仍旧只有信心：“南海公司……不管发生什么，其股票价值甚少变化。”亚历山大·蒲柏尽管鄙视笛福的政治活动，但他的感觉是一样的，他在 8 月 22 日写信给他的一位朋友玛丽·沃特利·蒙塔古夫人（Mary Wortley Montagu）称：“昨天深夜我获悉，我可以通过以当前价格购买南海股票来获得一定的收益，它肯定会在几周内上涨；或者可以以更低的价格购买。”蒲柏告诉她，他对这条消息完全有信心，“因此派遣持票人迅速到你那里”。蒙塔古夫人接受了蒲柏的建议，不仅用她自己的账户购买，而且为至少一位即将成为前朋友的朋友购买（这种朋友关系的终结，是即将到来的损失中最小的一种）。

最重要的是，艾萨克·牛顿怎么样了呢？当然，牛顿是无与伦比的计算家，事实上比当时活在世上的任何人都熟练得多，毕竟是

他在几十年前发明了微积分学。他能根据随着时间变化不断演化的
236 数字来思考。在伦敦，没有人比牛顿更有能力计算出，南海公司要
超越他现有政府债券的投资组合上无聊但固定的收益，有多么困难。

牛顿看上去已经掌握了他在4月清醒选择卖出时难以忽视的真相，不过他只能眼看着他不再拥有的股票一路不断上涨。到6月中旬，他不再忍受了。历史学家安德鲁·奥德里兹科（Andrew Odlyzko）对牛顿的账目进行了新的分析，发现了牛顿的转折点：他在6月14日决定出售他拥有的价值约26 000英镑的政府债券。奥德里兹科写到，牛顿利用这笔收益以大约700英镑的价格购进了南海公司股票。在7月他再次投入，置换出他手头最后的6 000英镑可赎回债券。到整个夏天购买狂欢结束，他已经获得至少100股、多至160股的南海股票，付出了比他在4月每股所得两倍或更多的价钱。后来在8月，牛顿押上去的家当，玛丽夫人押上去的家当，以及所有那些成千上万的人喧闹着进入公司认购名单，离灾难只有几周之遥。所以，很公平地说，艾萨克·牛顿本人，以及所有这些热切的人，仅仅是丧失了理性思考南海股票市场的能力了吗？至少在这个事件中，他们事实上是狂热的吗？

有一种貌似合理的情况，可以说明他们不是。在市场中合理行动的概念，并不意味着理性决定必然产生良好结果。只有在市场上的信息是充分的时，理性决定才有意义。牛顿在7月交易的是一份资产的稳定收入流，其市场估价在同一水平上，并且从前几个月的迹象来看，有机会实现价值上的增长。当我们做这样的选择时，他或你或我都可能犯错，进行尝试从表面上看并不愚蠢。那种市场

是理性的、人类交易发生的事总是反映了市场参与者理性判断的想 237
法，已经成为许多经济思想家的信条。这样一些 21 世纪的泡沫观察家声称，把交易巷描绘为露天场所的解释是完全错误的，他们认为，错误决定并不必然是疯狂决定。

但是，这一争论还有一个问题，那就是，南海泡沫是通过一个完全理性的过程膨胀起来的：它与那些亲身经历者描述的经验相矛盾。可能“人们要么完全掌控他们的理性，要么就发疯”这种想法太二元化了。经济史家安妮·麦坎茨（Anne McCants）暗示了另一个选项：人类是社会动物。我们感觉到的和互相交流的情感，形塑了能够说服我们自己的就是客观“理性”的决定这种观念。金融市场可能不需要疯狂传染病的暴发；也就是说：人类情感的正常流露就能在兴奋中横扫一切，对骗局来说就足够了。如果这个时代理性的化身艾萨克·牛顿都不能控制他的激情，从而有足够的时间想清楚他的选择，其他人怎么能够做到呢？

除了单纯的货币狂热，另一种解释或许让看清 1720 年事件的原因成为可能。可能好人只是简单地与坏人发生纠葛，骗子在交易巷对一个无辜的外人施行骗术。既然那样，牛顿、蒲柏和波特兰这类人，可以被视为在不良信息基础上做出理性决定。如果这样的话，他们不是由于愚蠢或贪婪，而是被其他人恶意驱使做的决定。所以，南海公司内部人士知道他们的所作所为，知道股票不可能永远被支撑起来，而选择隐瞒这些事实，这样他们就能在一切崩坏之前把财富收入囊中吗？

我们无法准确回答这些问题，因为从 8 月所做的决定来看，南
海公司依旧完全掌控其事务，唯恐泄露其秘密。但是，即使苗头仍
238 大部分潜藏在整个夏天的视野里，毫无疑问的是，至少在南海公司
中掌控表演的其中一些人已经变得紧张不安，与此同时，稍微远离
核心的其他人仍轻松自在。

举个例子来说，老克拉格，也就是大臣克拉格的父亲，在 7 月目睹拥堵在交易巷的人群，并没有表现得像大骗局的幕后操纵者。他夸口道，他已经为“相当多”的朋友和关系施了恩惠，确保他们在 8 月新股出售时占有一席之地。当他离开伦敦去度暑假时，他告诉朋友们自己很满意。他在 8 月 2 日写道：“最终，尘埃落定。”他在乡下的小住开始于“一场盛大辉煌的娱乐”——一次包括“夜晚篝火、成桶的啤酒和辉煌灯饰”的庆祝会。

新任准男爵约翰·布伦特就没有如此乐观。在股票价格接近顶部时，他甩卖了相当数量的南海股票，变现成传统的避险资产：现金和土地。布伦特的账目透露了在 6 月 10 日那周的三次单独出售，在 7 月次数更多；在 8 月，出售使他以任何尺度来衡量都足够富有：在一个月之内出售的 265 股股票，大约获得 10 万英镑现金及“韦纳姆的一处地产”（最后这处地产只是他在那个夏天购买的土地之一）。到 8 月，“众所周知，他最近在诺福克购买了相当多的地产”。布伦特对夏季南海股票行情显然感到紧张。在 8 月，公司期望每位主管拿出 3 000 英镑自有资金来认购股票，布伦特只拿出了 500 英镑。

布伦特和他的内层圈子在那个夏天为公司所做的决定，也表明

他们知道一些不能让其他人知晓的事情。例如，布伦特本人让股票持有人为购买股票的借款达到了惊人的规模："出纳员们在一天之内借出了 300 万英镑，没有知会财政部委员会。"对于这样一个重要的决定，即使没有要求，交流沟通也是标准程序。布伦特不可能独自做出这样的决定，但是潜藏的事实依然不得而知。公司主管们 239
的作用是监管金融运作，在那一天不可能被蒙在鼓里；他们极力避免获知贷款细节，因为布伦特确信"在 7 月一整月，财政部委员会没有召集开会"。

这样目空一切的行为，不可能没有抗议就获得通过。委员会成员抱怨"财政部的没有规则和混乱"，这让他们感到恐惧，可能"给公司带来巨大的损害"。布伦特回应道，迷惑就对了。他也说道："越混乱越好。人们一定不能知道他们在做什么，这将会使他们更急于进入我们的彀中。"一点也不用避讳其暗示：布伦特知道公司立于危墙之下，并尽其所能向那些最需要知道真相的人隐瞒事实。

但是，即使是这位最具敌意的叙述者也承认，布伦特夏季行动背后有一个超越了个人收益的动机。一本小册子引用了布伦特的话作为警句："执行计划是我们的业务。"英国的金融业处于险境："欧洲所有的眼睛都盯着我们"，"议会两院希望在下一会期之前让其完结"。如果为了保卫股票，让南海公司的金库忍受一些痛苦呢？"对快速执行计划来说，100 万英镑或 200 万英镑算不上什么。"

确实如此，过了 1720 年夏天，布伦特竭力保护他的财富。对小人物来说，规则和审慎是没有问题的：南海公司的管理者们，在允许行为的边缘踮着脚行走，从而使股票游戏得以继续进行。在这方面，公司内部人士在公开市场偷着购买自己公司的股票，就做得太过分了。但是也不清楚，布伦特和其他人是否完全理解这一切将怎么结束，或者只要他们得到自己的，他们并不关心一场普遍的灾难。

最震撼人心的是，晚至 8 月，即使是布伦特紧盯着自己的财富，他也没有预见到日益临近的灾难。他和他的盟友们继续行动，仿佛他们仍旧是此刻的主人。南海计划的设计师是无知的恶棍还是
240 故意的恶棍，这一争论取决于泡沫的一个确定事实：它是第一种。没有历史记忆能帮助欧洲任何人预见它将怎样结束。金融分析的数学工具即将问世，但是没人知道这样的计算是否真正描述了现实。

当然，那些把握住机会挣了钱的人，能够引领他们的人类同行对自己的同伙撒谎、哄骗和欺骗。对交易巷有所了解的人，对布伦特及其朋友们没有任何幻想：大家都知道，他们尽其所能在追逐财富。但是，身边的恶棍像交易巷三流的骗子，确实知道怎么样欺诈那些不警惕的人。南海计划更复杂的设计师们本身是金融工程的新手。布伦特和奈特、克拉格以及其他人，并没有完全理解股票市场背后可怕的脆弱性，随着每一次不惜一切代价成功尝试维持“计划的执行”，他们将学到教训。

第三部分

货币的兴衰

241 汝等聪明的哲人，解释一下
什么魔法让我们的货币上涨，
什么时候会跌入南方之海
或者是这些变戏法的人欺骗了我们的眼睛？

——乔纳森·斯威夫特《南海规划》

第十七章 “人们现在……极度惊恐”

到 8 月，《泡沫法案》已经记录在册两个月了。在这一点上，新法案并没有证明对阻止未经批准的股份公司股票发行起过什么作用。亚当·安德森尖刻地评论道，“的确是”在国王御准新法案之后的“几天里”，“根据这项措施对疯狂的交易做了一些检查”，但之后，“面对当局，它很快恢复，并且比以前增加了许多”。根据安德森的说法，这是早期场景的一种再现，“持续的人潮涌向交易巷，塞满了所有的通道”。 243

安德森提到，泡沫公司确保他们的认购条款既方便又便宜，低至 6 便士就能购进 1 股。他有点狗眼看人低，他对这样的交易让“下层人民”很容易享受“奢侈和挥霍，和他们的上层人士一样”感到生气，而且，他承认“优秀的男男女女深度沉迷于这些泡沫，贪婪盛行一时，超越了一切高贵或公平的考虑”。

安德森是正确的。在这些享受最近投机放纵的人中，有威尔士亲王、未来的国王乔治二世，据说他大量投资威尔士铜矿公司，并
244 在 7 月同意出任公司主管。罗伯特·沃波尔告诉他，这是一个糟糕的想法，警告说“他会被检举，在议会中被提及，在交易巷被呼喊”。他被告知，如果公司失败了，就会被称作“威尔士亲王的泡沫”。亲王无视顾问的意见，小克拉格向在德意志照顾国王的大臣们报告说，他这么做有一个最简单的理由：“他已经从公司拿到了 40 000 英镑。”

这些泡沫公司再次和南海公司的利益发生了直接的冲突，当南海股票过了夏天稍有下滑时更是如此，所以必须有一项明显的策略，来让迄今为止没有得到执行的《泡沫法案》打击这些讨厌的竞争者。现在已不可能确定是谁推动了政府去行动。在伦敦那个夏天，政府的零碎工作本身决定了其会抑制投机狂热，这似乎是可信的。但是，依照安德森的说法，处于知道一切的位置上的是“南海小团体”，是他们在 8 月把投诉带到了财政部。

作为回应，8 月 17 日，财政部官员联系了总检察长，寻求面对“无视有关买卖”泡沫公司股票“的法律进行的贸易”应该怎么办的法律指导。回复很快就来了：对从事此类股票出售的公司可以适用于一种特定的法律工具，就是告知令状（从字面上理解，就是让人知道的令状）。这样的行动就是断言其违反了《泡沫法案》，将被告知的每个实体淘汰出局。第二天，4 家没有核准特许状进行交易的公司被批准使用令状，其中，有亲王的威尔士铜矿公司。

约克建筑公司首当其冲，在新闻出来后缩水了 1/3 的市值。安德森写道："在两天后，它和另外其他 3 家在告知令状中被明确点名的公司，不管出什么价格，都没有买家了。"没有别的需要做的了。安德森再次写道："各种更加厚颜无耻的泡沫，立刻打回到了原形……它们的规划者关门大吉，突然消失；交易巷和其咖啡馆， 245
不再挤满了投机商。"他写道，许多人"现在发现自己完全被毁；然而另一方面，诸如经营它们获得巨大好处的，开始对其拥有的收益感到极端畏缩"。也就是说，任何一个短暂项目的提倡者，已经把投资者的钱收入囊中，让自己尽可能跑得无影无踪。

到目前为止，布伦特和他的朋友们取得了明确的胜利。南海人员旨在消灭最后的干扰——那些可以引诱投机者远离他们股票的干扰。那些不是特别喜欢南海公司的人也为这一行动喝彩。丹尼尔·笛福从定期报纸辩论中注意到一条公众意见，提到依据"正义原则"，政府部门开始执行《泡沫法案》了，这是一项必须做出的决定，因为"泡沫者做出规划、吹胀泡沫和进行欺骗的罪恶不断增多……最终必然到处毁灭贸易、公共信用和私人财富"。

这样的支持未抓住问题的核心：布伦特急于"执行计划"和完成把英国债务吸纳进南海资本之中的目标。一个健康的南海股票市场仍是第一要务。一旦公司的过户登记册重新开放，问题就会变得很急切。8 月 22 日，小泡沫公司被压垮 4 天之后，事情发生了，起初看上去效果不是特别直接：南海公司股票以 750 英镑交易，从本月初下降超过10%。两天后，在第四轮货币认购热情的带动下，股票价格上弹，在交易巷以820英镑易手。

246 然后，新的情况发生了，南海股票价格开始下跌，没有通常的小幅上涨以让紧张不安的投资者消除疑虑。起初，它只是下跌了一点点，在25日仅下跌了10英镑；第二天又下跌了10英镑多；然后，在接下来的两天，又下跌了25英镑；到8月30日，跌回到750英镑。这种下行让布伦特和他的主管同僚们焦躁不安，他们尝试了一些老把戏来填补市场。他们再次关闭了过户登记册，宣布新的分红：在圣诞节以现金而不是股票支付30英镑，在接下来12年每年派彩达到令人震惊的50%。第二天，市场以今天我们称作死猫式反弹的反应来回应，助推南海股票价格回升到810英镑。

这一行情没有持续下去。无法确定地说出在那个时刻是什么打击了投资者的信心。经济史家已经确定了几种可能的崩溃触发器或促进剂。海外竞争可能发挥了作用，诱发盲目模仿阿姆斯特丹和里斯本的投机性繁荣。这些坐火箭般的泡沫和伦敦的泡沫差不多，多数在转年就被戳破。但是，它们暂时从交易巷转走了资金，减少了同一时间南海股票出售者追逐的从乔纳森咖啡馆到加勒韦咖啡馆再到耶路撒冷咖啡馆购买者的需求，随后这些资金又回来了。

但是，即使有这样起作用的压力，在崩溃中也有一个明确的可疑之处：南海公司本身惊慌失措了。公司职员安德森相信，正是那些“致命的告知令状”，让投资者对南海公司本身是不是一家泡沫公司产生了疑问，它本身不比那些一周前被摧毁的公司更可靠。“主管理事会现在意识到自己的错误，但为时已晚。”他写道。分红公告加重了错误，它把投资者的注意力恰好集中到过去六个月很少有人做的那种金融计算上。是否隐含的公司收益承诺好得令人难以置信，这一问题现在露出头角。严格来说，承诺的年红利是按照股票的票面价值计算的，这意味着令人震惊的冠冕堂皇的50%的派彩相当于每股每年仅50英镑。那只是最近两次货币认购价格1 000英镑5%的回报。

5%就没劲了，更糟糕的事情发生了。 247

每个（甚至没有）卷入金融生活的人都知道，这种高涨幅、高风险的股票不能只赚得那种收益：5%是私人借款的通常利息。更可恨的是，这种股票的收益明显少于长期不可赎回国债的收益。更糟的是，正如阿奇博尔德·哈奇森几个月来大声呼吁的，有相当正当的理由怀疑，即使是这么点收益，公司也是否能够支付。安德森证实了这种可怕的想法。他写道，在最好的情况下，“在所说的12年的至少部分时间里，公司可能支付如此庞大的一笔分红……但是这可能给他们的本金和利息带来必然的和痛苦的损失”。换句话说，没有赚取的利息和贸易利润的组合能兑现那种承诺。

这些数字指向的只有一种结论：抽身而走的时间到了。在9月的前几天里，越来越多的股票持有者竭尽所能地逃离。分红承诺的短暂希望只持续了两天。在9月3日，股票价格再次回到750英镑。一周后，公司股票只值640英镑了。在7天后，它们的成交价是440英镑。到10月1日，股票价格跌落到300英镑以下，并且再也没有攀升到这个水平。

下跌持续了整个秋天。到 12 月，南海股票完成了它的旅程，回到了年初时的价位。在新的一年里，它将再下跌一点点。但所有这几个月的无情损失，到 9 月末已经很明显了。

一切已经过去了。

“可恶的南海”已经枯干，再也没有上涨过。

248 丹尼尔·笛福对南海交易的信任时间和其他人一样长，就像他曾经对过分泡沫的轻蔑情感一样。但是他很早就承认，金融狂热牵涉到把货币看作不仅仅是手头现金类的某物这种陌生的思想，所以早在他能够完全分析南海公司本身在什么地方出了毛病之前，他就开始担忧，如果交易巷狂热破灭会发生什么。

整个夏天，当海外的消息传来时，笛福都在思忖这种危险。8 月 15 日，他写道：“法国马赛在进口货物之余进口了鼠疫。”他告诉读者不用担心；马赛路途遥远，似乎威胁没有记忆中的严重。但是，他问道：“祈祷吧，如果这样一种特别可怕的（传染病）……落到我们头上，股票价格会发生什么?”答案是明显的，“我不愿意提醒我们的人民……上一次传染病的时候……伦敦街头和交易巷的青草是多么茂盛”。考虑到乌合之众拥挤在康希尔街和伦巴底街之间的每一家咖啡馆，“可以设想一下，在交易巷每天会看到多少人?在英格兰银行和南海公司会有多少股票过户?”是不是“所有泡沫……都会消失不见，就像清晨的水蒸气?”鼠疫能摧毁伦敦股票市场，将所有纸面财富席卷一空吗?

笛福的思考超越了这样一次崩溃的金融冲击力。他的新闻工作和他立场最鲜明的党派争论，总是有一个道德框架存在。对笛福来说，鼠疫不仅仅是一场传染病，它还是能够分裂社会的其他传染病的一种隐喻。1722 年，笛福将出版可能是他最奇怪的小说《瘟疫年纪事》，这部小说表面上看是对伦敦 1665 年小说化的叙事：经历了一场瘟疫是如此骇人，以至于阿尔德盖特的葬礼正厅成为通往地狱之门。当笛福在读者面前描绘城市毁灭性的图景时，南海之年是
最近的记忆。在他的故事中，他描绘了在瘟疫全面流行开来之前， 249
小贩出现时，饱受折磨的社区居民是怎么不顾一切地急于打听只言片语的好消息。他写道：“普通人现在被他们的恐惧主导，达到了愚蠢的极致。”在听到沿泰晤士河的第一例报道时，“他们跑去找魔术师、巫师和各种各样的骗子……那些人助长了他们的恐惧……哄骗他们并且掏空了他们的钱包”。

这是泡沫早期阶段的景象，骗子们似乎培育着发财之梦：如果不赶快购买，就会悄悄溜走。在这个故事中，“崩溃”就是瘟疫的全面袭击，并且残酷地证明了骗子的补救措施一文不值。那些要求恢复秩序的人无法实现要求：“阻止传染病的传播不在地方长官权力的掌控之下，也不在人类方法或政策的掌控之下。”作为回应，“人们开始放任自己面对恐惧，开始思考所有的规则和方法是徒劳无功的，没有什么是可以希冀的，除了遍地的哀伤”。

随着笛福描写的传染病达到顶点，社会生活的束缚解除了。“很难相信在瘟疫的绝境中人们身上的过剩激情会做出什么，”笛福写道，“城市的样貌本身令人害怕。”伦敦裂散，“一切停止了回响；

瘟疫肆虐，人们现在十分害怕，极度惊恐，自暴自弃于绝望之中”。

250 笛福的读者很容易从这一虚构的大都会中发现他们刚刚经历之事的真实写照。到 1720 年 9 月末，不难看到螺旋上升的金融灾难造成了更多的痛苦，还不清楚的是能做什么。是否金钱的裁判官能在全英国自弃于悲惨和愤怒之前减轻当前的瘟热?

第十八章 “没人比他更了解计算和数字”

伦敦的人们想知道，接下来会发生什么。随着南海泡沫破灭， 251
下一步该干什么？他们可以将目光穿越海峡遥望巴黎，那里一系列类似的事件刚刚展开，反衬了自己刚发生几个月的灾难。法国君主刚刚尝试的措施，与南海公司的主管们和英国政府部门设计的方案之间，存在明显的区别。但因为有足够多的重合之处，使得巴黎投机商的命运，对英国同行、投机者和领导来说是至关重要的问题。

法国大投机泡沫和那个秋天在交易巷爆裂的泡沫之间的一个区别，是巴黎危机中心有一位人物。这个人——一位游荡的苏格兰决斗者、投机商人和数学家——不像布伦特和他的同僚一样，是一位真正与众不同的货币思想家。当他在法国到达权力的巅峰，并在真实世界实验他的思想时，他被智力激情驱动的程度，如同被过度贪婪驱动的程度一样高。他经历了一场不太可能的旅程，刚步出少年时代就几乎死于一次暴乱。这个人就是约翰·劳（John Law）。

252 约翰·劳在 1694 年 4 月 9 日杀了人。

受害人爱德华·威尔逊（Edward Wilson）是一个花花公子，用当时的说法来说，是一名“宝儿”（beau）。在他们致命的邂逅之前，劳已经到了威尔逊的住处，决斗的惯例得到尊重：他们一起痛饮了一杯。劳“在客厅喝了一品脱白葡萄酒”，然后他离开，威尔逊紧跟着，坐着四轮大马车来到了布卢姆斯伯里广场。

劳已经就位，“在他们近身之前，威尔逊先生拔出了他的剑，带着防护装置站好”。劳抽出了自己的武器，他们开始了第一个回合，劳的利刃捅入对手肚子两英寸，威尔逊当场死亡。

血泊在广场的泥土中蜿蜒扩散，几乎让约翰·劳与对手一道被毁掉。对大多数了解他的人来说，这似乎不是一种大的损失。正如一位少年时的朋友所言，他“英俊高大，衣着考究，并且……有一种取悦夫人们的特殊才能”，但也是一名赌徒、一位挥霍无度者。如果当时人的传言是真的，那他是一位接受雇佣的刀锋战士。这些上述的耳语也暗示着，导致决斗的“侮辱”不仅仅是一次意外事故。看来，威尔逊已经成为错误的人的情人。在一个版本的故事中，这个错误的人是国王的情妇，在另一个版本的故事中是一位不能暴露同性恋人的贵族。不管是哪个，强权人物都有正当的理由，找到一位冲动的、一文不名的剑客，挑起一场决斗，除掉他（或她）的一个麻烦。

如果传言是真的，为这样有影响力的客户工作，可能已经救了劳的性命。决斗之后，他被监禁、审判和判处死刑，被指定和两位货币罪犯，即一位货币伪造者和一位货币切削者同赴绞刑架。

劳的朋友们设法推迟了死刑执行，时间长到足以把他从相当安全的纽盖特监狱转移到更容易渗透进去的王座监狱。在那里，据说劳砍断了脚镣，用鸦片麻醉了一名守卫，爬上了高墙，跳出去获得 253
了自由（在跳下去的时候摔伤了腿），一路来到海岸，然后到了法国。这纯粹是一堆鬼话。劳自己提到："冒险故事必须用和真相类似的东西装饰，以便让它流传下去。"看来，在劳背后的人只是把他放出了监狱。

那是劳作为败家子生活的结束。危险唤醒了被证明是那个时代最令人敬畏的才智之一的东西。一旦他把注意力转移到货币和信用，激发他开启了职业生涯，很快他便成为法国最有权力的人。

许多关于劳的叙述突出了他年轻时的决斗。这部分是因为在劳的时代和今天，血腥的故事有卖点。但是，即使以几个世纪的后见之明看，这次年轻气盛的暴力爆发经常被看作劳一生动力的一种隐喻。看起来，他是一个如此热爱金钱、愿意为了充实腰包而去杀人的人。

这种形象是错误的，准确地说是不完整的，是从劳的生活中的更大主题中抽取出来的。他不是热爱金钱，他只是深深被其吸引。根据他的一位朋友的说法："没人比他更了解计算和数字。"起初，当他逃离监狱后，他纯粹为了个人收益，利用这项“出众和极其罕有的技能”，和那些对游戏背后的数学“完全无知的人们”玩牌。当你知道胜算概率，而你的对手不知道时，这样的赌博就很有趣。

劳很快从欺诈易受欺骗者的人中脱颖而出。他的旅途带着他到了一个又一个正在进行货币实验的城市。他在1704年写下了第一篇金融文章。与此同时，在他的一系列关于货币及其管理的建议中，劳设计了最早的金融工具，这些建议被送往英格兰、苏格兰和
254 法国官方手中。经济学家这个词只有到了19世纪早期才获得了现在的意义，但即使是时代错位，约翰·劳流放生涯的头两三年还是把他转化成最早的经济学家之一，令他可以被视为该群体的公认榜样之一。

约翰·劳的思想在1705年成熟了，他的下一本名为《货币和贸易的再思考：国家货币供应的建议》的著作，经济学家和中央银行家弗朗索瓦·威尔德（François Velde）称其为大部分的现代货币概念设定了“首个……理论框架”。在这本书中，劳认为，货币像任何商品一样受供需支配；在一个社会中可用货币的数量，决定了市场内的价格；这一价格机制塑造了一个国家的贸易、就业和其经济的生产能力。这是全新的思考。回忆一下，牛顿在答复波列芬时，已经提供了一些类似的概念。还有其他人也在致力于相关的思想。但是还有更多：劳的著作仅是接下来十年他解决争议的第一步。

当劳彻底想清楚这个问题时，他首先分析了货币能够做的各种

事情：它能够贮藏价值（在银行中的货币），它能够充当交换（买和卖）媒介，它是工具，通过它“合同能够得到履行”。另一种说法是，货币能够让交易跨越时光，通过设定在某些一致同意的往后日期进行支付。拥有这一功能的任何事物，随着岁月的流逝仍保有其价值。与此同时，劳指出，货币不必然是传统的硬通货，也就是由金银制成的硬币。不同形式的货币能够完成许多或所有这些任务。到目前为止，他遵循的是以前别人提出的类似论证。把劳和其他许多当时人区分开的是，他急于在现实世界验证他的理论。他的第一个此类尝试，是一个别人已经提议过的项目的变种：一家土地银行，不是由贵金属储备而是由既定管辖范围内土地面积的产出支持，来发行纸币。

这样的土地银行，前十年在伦敦已经受到一些人推崇。但劳超 255
过前辈，提出一个赋予货币价值更多现代色彩的观点，历史学家安托万·E. 墨菲（Antoin E. Murphy）通过追踪一系列智识演进步骤发现了这一点。劳认为，因为货币供需决定了其价值，在一个国家内有意识地决定货币数量是可行的，能够形成一个经济后果；任何政府只要愿意创立一家机构，也就是土地银行，就能够扮演这个角色。

同样重要的是，约翰·劳承认，能够影响这样结果的货币形式，并不局限于法定货币、硬币或者土地银行能够发行的纸币。他写道，“东印度公司的股票、英格兰银行的股票、爱尔兰债券等，因为它们的价值在某些支付中被接受（尽管不能确定在已知的某个时刻它们值多少钱），并且认为这些股票将上涨而不是下跌且甘愿冒风险的那些人也更喜欢同样数量的银币”，或者同样数量的纸币。

可以肯定的是，英国金融市场承认了劳所描绘的事物。但是，这种日常实践的规范化对构建一个有用的模型通常而言至关重要。对劳来说，目标是探究贸易、商业和生产世界的一切——和收入与支出有关的一切，这能够说明货币是什么和能干什么。

土地银行勉强算是劳的智识旅程的开始，距他最终尝试的实验还有很长一段路要走，他的实验是关于南海公司尝试的事物的个人版本。但是，土地银行设定了他通向目的地的道路。劳的下一步是摆脱这些初始想法。金属制成的货币，或者正如在他的早期土地银行建议中，由实际土地背书的货币，和物质世界有着紧密的联系。一旦劳意识到，贸易公司的股票能够承担由货币承担的同样职责，而货币派生于物质世界此类坚实的部分，他便开始认为，这样的金融创新构成了大部分经济的一个数字代表——所有的生长、制造、
256 贸易和技艺都能够被打包成股份。这样看来，一堆硬币的实实在在的现实成为一种束缚。鉴于英国在 17 世纪 90 年代的实际经历，现金耗尽会损害贸易，推高利率，整体上破坏日常商业交换。劳认为，纸币能够缓解此类硬币短缺，既助推经济，又方便国家（和其他任何人）在需要时借贷。这表明一项政策能够塑造一个国家的经济生活。需要的是一项制度或一系列制度，能够创造和管理现金供应，连同这种新货币能够提供资金的信用和借贷。正常完成这些制度的设置就形成了一个体系，能够让一位开明的大臣确保一个国家人民的繁荣富有，同时强化了君主的权威。

半个世纪以来，欧洲的绝对君主没有比法国太阳王路易十四更伟大的榜样了。即便如此，他也不是无所不能的。使用法国传统增加收入的方法（个人的直接税、其他形式的税收、卖官鬻爵和对法国金属货币进行定期贬值），国王从臣民身上抽取现金数量有一个限度。结果，当路易十四在 1715 年去世时，把英国带入沉重债务泥潭的同一场战争同样让法国也接近于破产。由于一些措施，巴黎的形势比伦敦更糟。在路易十四去世的那一年，法国欠债 35 亿里弗[①]（大约相当于 2.5 亿镑，或者 6 倍于同一时期的英国长期国债），单单利息就要耗掉国家收入的 70%～80%。如同英国一样，许多此类借款带有糟糕的条款：高利息，长期或永久期限，等等。如金·威廉（King William）所发现的那样，此等规模的债务危及君主进行无法避免的下一场战争的能力。

路易十四死后，他伟大的曾孙路易十五在 1715 年继位。新君 257
主登上王位时，只有 5 岁，权力落到他的堂兄菲利普手中，这位奥尔良公爵成为摄政王。菲利普既非行政天才，也非金融天才。在数十年的太阳王战争之后，法国的硬币——其硬通货——供应短缺，达到了在路易十四统治的最后几年里他的大臣们在设法获得借款上面临困难的程度。

约翰·劳出场了。

劳提出了一个解决方案。他开始谨慎地劝说奥尔良公爵和财政大臣德诺瓦耶公爵授权成立一家股份银行，大致效仿英格兰银行。

---

① 里弗，古时的法国货币单位及其银币。——译者注

劳承诺，他的通用银行至少能解决一部分现金短缺问题和君主借贷困难。像英格兰银行一样，劳提议的股份银行将发行自己的纸币，给巴黎甚至法国提供现金。

这根本不是一个革命性的主意，但劳是第一位借助政治权力制定公共政策的人，用的是在英吉利海峡另一边已经实行几十年的想法。他的银行在 1716 年开门营业。几乎所有的银行文件已经遗失，所以很难知道银行到底是怎么运作的，但记录显示它成功了。发起的认股人把构成法国部分流动债券的带息票据，交换为银行股票。随着银行吸收了这些票据，银行也就成了政府的贷
258 款人。法国债券以一项极大的折扣交易，反映了对即将到来的违约的恐惧。所以，与 1711 年南海公司首次交易的经历相呼应，那些用他们的持有物以票面价值交换劳的银行股票的人买到了便宜货：在仅仅两年内，银行被重组为国家的左膀右臂，到这个时候，它的股价已经提升到足以让第一批股票持有者的投资收益翻了一番多。

银行也履行了它承诺的金融服务。它发行了 1.5 亿里弗的纸币，这些纸币在 1717 年成为法定货币："真实的"货币，能用来向王室支付税收。并且银行成为一名积极地向私人企业放贷的出借人，尽管这可能违反了它的特许状。对接下来发生的事情可能最重要的是，作为一家私人企业的掌舵者，劳经过多年运作，把财政部流动贷款的利息从当时通行的 6%降低到了 4%，可以预料的是，这在一定程度上是受 1720 年伦敦的启发采取的类似行动。

随着市场上流通的货币量充足，贷款变得容易借到，国家借贷成本也在下降：这是成功的——足以说服国家大臣们让劳进行下一步。劳做成了银行，还想成立一家贸易公司，效仿英国的榜样，特别是东印度公司。他建议设立一项与法国的路易斯安那领地贸易的垄断权，采取南海公司 1711 年启动的债转股的同类计划实现资本化。投资者将他们持有的国家债券——更多的法国流动借款，转换成新贸易公司股票。跟以前一样，法国将给这家新公司支付折合后的利息。这笔收入将给公司商业运作提供资金，并且预期能够让所有接受债转股的人都致富。劳的计划在 1717 年 8 月得到批准。在下一年里，银行已经吸纳了足够多的债务，完成了授权的 1 亿里弗的资本融资（大约相当于 700 万英镑）。

从这时起，劳的野心开始膨胀。1718 年初，劳认为，他的通 259
用银行应该实现国有化，以便掌控国家财政。在 12 月，国家买下私人银行的所有股份，创立了皇家银行。新银行继续发行纸币，作为法定货币，但有一点不同：它们不再能够兑换。这意味着银行没有义务将新纸币兑换成同样面值的硬币。这是真正激进的改变，是远超当时法国所有金融思想家预期的一步。它让劳在 1719 年末为法国提供纯粹的纸质货币，这是欧洲强权第一次采取这一步骤。金和银不再是法定货币，这意味着它们不再能够用来满足税收的需求。这样，皇家银行就成为中央银行的原型。它完全控制了货币供应，决定了在国家范围内能够流通的现金数量；如果它愿意（或者被命令），它就有能力创造更多的货币，不受在任何一个特定时刻法国拥有多少贵金属的限制。

在这几个月里，劳通过贪婪的扩张来操控密西西比公司。1718 年 8 月，他绕过国际贸易，把烟草纳入国家垄断。接下来是向为路易斯安那领地供应奴隶的塞内加尔公司下手。两家商业公司随之而来，带来了与印度和中国进行贸易的独占权利。1719 年 7 月，劳购买了皇家铸币厂的权利。8 月，劳接管了两项主要包税特许权中的一项——私人投资者购买权利来为国家征收某一税收的业务，交付约定的数额，保留他们能索取的剩余财物作为利润。他用这一方法在 10 月份攫取了另一项特许权。最后，他实施的技巧引起了布伦特和艾斯拉比的注意：劳提供密西西比公司的股票，来交换法国剩余的国债，同时降低了所有未偿付国债的利息。

这场狂欢的代价，是劳运用了许多策略，南海公司人员在几个
260 月以后将模仿同样的策略。劳的密西西比公司用一系列不断复杂化的报价发行新股票。股票被分期付款出售。巴黎的一些投机者，通过交易期权衍生品，获得了令人瞠目结舌的利润，这些买卖股票的权利花费只占了股票本身价值的一小部分。有权购买新发行股票者限制在持有以前发行股票的人，这（只要每个人都保持乐观）提振了现有股票的市场，因为这样那些想参与进来的人需要获得旧有的股票，来赢得参与游戏的门票。但是，劳的体系和将在伦敦追随的体系之间关键的不同，在于随着劳控制了国家银行，他能在需要时往市场输送更多的货币，帮助投资者抬高密西西比公司股票价格。

到 1720 年早期，劳支配了法国几乎所有的国际贸易、其官

方银行体系、全国的货币供给和全部税收设施。不仅如此，他还将皇家银行和密西西比公司进行合并，形成一家单一的庞大企业。劳同时说服他的庇护人任命他为财政大臣。这是任何人曾经实现的上升到权力层的最不可能的方式之一的巅峰：就经济层面来说，约翰·劳——这位决斗者、冒险家和苏格兰人——统治了法国。

一度，一切看上去运转良好。劳的体系比南海计划更复杂，如同这里没有伦敦金融方面的真正对应物。在那里，没有人建议以一种纯粹的纸质“法定”货币来代替金属货币，英格兰银行也不能控制货币供应。英国没有将其税收包租出去。参与大商业公司的人中，没人看到将所有垄断置于同一屋檐下有什么价值。但是，就股票市场走向来说，所有暴涨的大轮廓是完全一样的，巴黎比伦敦更为热情洋溢。密西西比公司股票从发行价 500 里弗，在 1719 年 5 月到 12 月的 8 个月内，高点时曾涨到超过了 10 000 里弗，大约两倍于南海公司的收益。

对大多数上涨来说，劳的根本理论仿佛是可行的：通过管理货 261
币，转化法国的借贷能力与推动贸易和工业的整体兴旺是合适的。随着 1719 年结束，那些已经将手头债券转换成密西西比公司股票的国家债权人是相当高兴的。法国官方重新获得了进入信用市场的权利，在 1718 年和 1719 年能借到足够的资金资助新军事冒险。有一家国家银行在手，劳能采取布伦特只能梦想的行动，来支持密西西比公司的股价。在整个 1719 年后半年，公司需要以每股大约

9 000 里弗回购其股票——一种本质上是钉住汇率制的承诺。这种“钉住”起作用了，因为皇家银行在需要时会发行新的纸币，这意味着劳的体系能用自己的股票进行自我交易。

但是，转过年来，劳看起来渐渐变得更为关注用来维持汇率钉住的新印制的货币数量，这导致他试图让 2 月末的回购保证变得无效。密西西比公司股票在一周之内就损失了其价值的 1/5。为此，劳匆忙恢复了这种钉住制度，有效确保公司股票能被视为银行纸币的等价物：永远不会低于固定的交易价格。但是，要维持这种价格水平，意味着银行不得不持续发行新货币，因此，这一体系开始解体。法国发现自己被新印制的货币浪潮包围，越来越多的货币追逐抢购面包和葡萄酒以及一切可以买卖的事物，一切可购之物的价格开始上涨，出现了我们今天称为通货膨胀的现象。劳对危险是敏感的。1720 年 5 月，他再次试图控制事态，不妨说他在竭力拉停一匹脱缰的疯马。

5 月 21 日，劳再次解决为密西西比公司股票定价的问题，建议通过一系列步骤将其从 9 000 里弗降到 5 000 里弗，与此同时，在同一时期把纸币的票面价值减少 50%，希望能把整个经济的价格以同样的比例降下来。

262 巴黎股票市场一如预期做出了反应：冷酷的反应。在几个星期之内，股票缓慢下跌。但是，从 6 月 1 日起，密西西比公司股票跌入坑中。劳暂时被软禁在家中，但很快又被释放并恢复了权力，他没有为向密西西比公司股票注入活力或恢复人们对纸币的信心做任何事情。公众现在意识到，纸质货币印制出来可以毫无价值。

最终的账单是惊人的。根据某人的计算，以当时和硬币的兑换率来衡量，皇家银行纸币和密西西比公司股票的总价值，在 1720 年 5 月超过了 30 亿里弗，而在崩溃的第一个月就蒸发了一半。到 12 月，劳所有票据仅值 4.11 亿里弗，价值几乎下跌了 7/8。

劳在 12 月 18 日钻进了一辆借来的四轮马车，逃离了巴黎。他除了失败，没有承担任何罪责。但是，足够多的人损失到足够让他 263
的生命处于危险之中。他离开得太快，以至于没有筹集到充足的旅资。他在稍早停留时能借到零钱。12 月 22 日，他到达了布鲁塞尔，这里超出了法国人复仇的范围。在他逃亡的第一个晚上，他去观看了歌剧。

像当时任何人认识的一样深刻，约翰·劳验证和展示了：货币不需要是实在的。他的体系展示了源自这一洞见的纯粹逻辑形式：金和银并未拥有赋予其意义的某些独特性能，没有超越市场所言所具有的价值。这种抽象物能够让一种信用数学来构建一种对货币的理解，如同它随着时间的变化而不断演进。劳相信，这样的知识能使国家的繁荣成为一项理性计算的事务。然而，在法国和几个月之后在英国的双双崩溃，让这一点未能成为事实。

那个圣诞节，随着劳逃离巴黎和南海公司股价下跌到了只有最高点的大约 1/10，两个国家的财政官员面临着一个共同的问题：面对这些大崩溃，怎样恢复国家的信用？像前几个月发生的事件在两个国家以前没有发生过，这意味着要从灾难中找到一条出路，就是要自己规划通往安全的道路。和一向处于灾难之中一样，机遇不会再来，不会被国家和人民抓住。

在伦敦，罗伯特·沃波尔，那个曾经被流放、最近“复活”的人，已经为这次机会准备了很长一段时间。

第十九章　“一场大灾难”

罗伯特·沃波尔对权力有多么饥渴？达到了令人瞠目的程度，264
以至于1720年春天玛丽·库珀夫人在她的日记中能这样写道，他“让亲王和他的妻子睡在了一起，他和王妃都知道这件事”……并且认为这是可信的。沃波尔处于政治放逐的第三年，日益渴望回归。和王位继承人的密切联系是有用的，并且如同他的熟人圈子知道的，沃波尔本人性无能。因此，这样的安排似乎是可信的。

下一个问题是：罗伯特·沃波尔有多幸运？在他大部分早期职业生涯中，机会对他的朋友和他的敌人都垂青。但是，在1720年，他没做的事和后来他做的事一起，让那一年成为他生命中最幸运的一年。

给他的妻子和威尔士亲王拉皮条——如果曾经发生过——可能成为攀附权力的诸多策略之一。从 1719 年后期开始，沃波尔动用了一切有影响力的关系。他深化了与国王的老情妇肯德尔公爵夫人的联系，他在下议院展示了自己的力量：在赋予他们派别完整控制上议院权力的所谓贵族法案上，打败了政府部门的首脑斯坦霍普和
265 桑德兰。然后，他转过身来递了一根胡萝卜来吸引国王本人（考虑到国王有多么强烈地不信任沃波尔，这是必需的起手式）。沃波尔的诱饵是议会在推举威廉和玛丽登上王位的安排中已经获得的对王室财政的控制权。到 1720 年，议会编制的预算账目包括王室的账单，再加上大部分行政机构人员的开支，已经负债 60 万英镑。沃波尔让别人知道，他准备利用对下议院的掌控，劝说下议院议员解决这笔债务。最重要的是，他尽一切努力说服国王和他的儿子——这两人互相厌弃——实现和解。在 1720 年春天，他最终获得成功。如果说王室家庭的公开和解在没有诚意和爱的情况下完成，它至少为沃波尔再次打开了足够的政治空间，让他在统治联盟中占到了位置。

政治肉搏战的骚动发生在南海计划出台之时，但这两者之间没有什么直接的联系。正如库珀夫人——从来不是沃波尔的朋友——在日记中所言，这场活动的唯一目标是“沃波尔和唐森德为了利益，以昂贵的价格把自己和其服务出卖给了国王”——议会派别用来讨论的服务，他们用之来交换官位和权力。最终，在泡沫之年的 6 月，沃波尔重获海军军需大臣一职，这一职位让他的财富重回年轻时期，尽管这不是一个高级职位。

沃波尔复出的时机是他在泡沫之年的第一件大幸运之事。在外面的饕餮盛宴期间，在南海公司于1720年早期收买政治支持的时候，他已经是议会中少数几位明显不值得贿赂的成员之一。反设事实总是冒险的，但是提到沃波尔不比当时大多数人更谨慎是公正的，所以假设如果他提前几个月成功回归权力层，他的名字也会出现在接受贿赂的名单上。随着这一年逐渐结束，到秋天他没有被任何南海联盟腐蚀，仅仅是因为这不在他的敌人的计划之内。

命运的仁慈并没有在那里结束。早在政治放逐之前，沃波尔已 266
经被公认为政府财政专家；几年来，他的名声在不断增长。早期泡沫史把他在管理英国货币方面的真实技能，和他已经算出1720年上半年股票市场即将发生之事和公司真正的诚实利润这一错误见解，混为一谈。沃波尔拥有诸多技能。作为一名议会斗士，他无与伦比，但是没有证据表明他在那一年把握住了他对手错过的东西。他的确避免了丧失全部财产，但是强有力的证据表明，他纯粹是偶然逃过了几项代价高昂的错误，更准确地说是因为好运气：他的生意伙伴足够小心谨慎，从而拯救了他。

沃波尔的股票交易冒险开始时很好。在4月末，两家保险公司的小幅上涨在仅仅16天之内，就让他的小笔投资翻了一番，为他净赚了超过2 500英镑。大约在同一时间，他购买了英格兰银行和皇家非洲公司的股票，都是合理的投资。但是，他嘲弄南海公司股票本身证实了：他在3月议会讨论期间的反对，不是因为他看到了交易中的某些根本缺陷。基于在野的地位，沃波尔的主要目标是挫败政府部门。一旦方案通过，他完全愿意对南海公司股票进行投机，他只是不善于此道：他卖得太快且再次购买又太迟。他出手了最后一笔原始南海投资组合，也就是在 1720 年 3 月 18 日以每股 194 英镑的价格。他在 6 月第三次货币认购时重返市场，以 1 000 英镑的价格购进。他在那个春末对南海公司的前景是如此确定，根据库珀夫人的记载，他甚至说服他的同盟威尔士亲王成为“南海公司的一名股票经纪人”。

267 类似的行为毁灭了其他许多人，但沃波尔没有冒险进行大笔交易，他在很大程度上逃脱了糟糕的结果。他在 8 月准备再次购买，他归拢了一个家庭、朋友和他自己的名单，都急于在第四次货币认购时以 1 000 英镑的价格购买更多的股票。他的银行家罗伯特·杰科姆（Robert Jacombe）拥有更好的时机感。他没有明确反对沃波尔的指令，而是设法拖延了足够长的时间，在错过公司的最后期限前等待新的指令。

这样战术性的笨手笨脚，把沃波尔从重大损失和明显的利益冲突中拯救了出来。一旦泡沫破灭，清理残骸的时刻来临时，他就不知不觉进入从诺福克乡间住宅远距离观察的角度。他在 9 月中旬出发到伦敦。当他到达首都时，市场开始恶化到足以导致英国政府插手此事，以阻止崩溃。他抵达时，几乎是政府部门中唯一双手干净的成员。

公司第一次自己努力挽救形势的尝试已经失败。在 9 月 8 日，其全体会议——由股份持有者构成，不仅仅是主管们——自春季以来第一次召开。这一人员广泛的群体投票放宽了以分期付款计划购买的公司股票的付款条件。这一行动未能增加交易巷的信心。在大会当日股票价格是660英镑，四天之内下跌到低于600英镑。沃波尔是在9月19日抵达伦敦的，那时南海股票以大约400英镑出售，是月初的一半，比前一天下跌了40英镑。

几天后，另一次全体会议批准了一项更加激进的行动：从公司账目上转让股票给股票持有者。对于那些在夏天把债券交换为公司股票的人，股票价格从800英镑降到了400英镑（这样他们就能收 268
到两倍的股数）。在最后两次货币认购时用现金购买股票者也获得了同样的400英镑的价格，等于最初的1 000英镑打折了60%。日复一日，在交易巷，南海股票持续下滑，然后低于这个数字。

直至这时，几乎所有人都知道发生了什么。被相信具有无限可能性的股票，一旦失去人们的信念支持，则公司做任何承诺都于事无补。明显的结论随之而来：如果公司自己努力支撑以免其股票遭弃，它就需要帮助，需要一种紧急救助——新注入的资金，多到足够扭转其加速下跌的态势。

只有一家公司有这种资本：英格兰银行，尽管其已经褪色不少，其股票没有极端的涨落，更少被打乱。当然，其领导人是布伦特在春天里鄙视的同一伙人，这使得任何恳求都极度尴尬。所以，少数南海主管们转弯抹角地接近，利用参与到东印度公司的朋友们作为中介，送给英格兰银行领导们一封建议信。会面安排在19日，沃波尔代表政府部门参加了。

会谈持续到晚上，一直到午夜的某个时刻，沃波尔起草了救援计划的梗概。在接下来的几天内，交易正式成型。在其完整形式中，英格兰银行承诺向公众筹集300万英镑提供给南海公司，此外，银行也会投入一些自己的资本，以 400 英镑的价格购买差不多 100 万英镑的南海股票。事实上，这类会谈立刻达到了预期的效果：公司股价抬升，在 20 日达到了 410 英镑。

一旦公开，协议便以“银行合同”（Bank Contract）而知名，但它只是一项名义上的合同。双方很快围绕英格兰银行是否已经合法地自我委托投资南海股票陷入了争议。英格兰银行认为它没有委托，而南海利益方认为英格兰银行已经委托。最简单的原因是，几乎在协议提出那一刻，对英格兰银行来说，协议就是一个彻头彻尾的贪婪之物。这份“合同”把股票定价在 400 英镑，股价在这一水平上维持了三天，在 9 月 23 日下滑到这一价格之下。到 11 月，银行最终
269 否决了这一协议——南海股票用 213 英镑就能买到。第一次在干预下的尝试唯一有意义的结果是更多的痛苦。协议宣布流产几天后，少数几位乐观主义者购买了更多的南海股票，寄希望于银行挽救局面。

沃波尔仅仅是这次失败交易的中间人。他从交易几乎立刻崩溃中吸取的教训是，避开前沿火线。在 9 月晚期，他匆忙返回诺福克。在秋天的大部分时间里，他都待在那里，权衡能够安全地远离公众视线的可能解决方案。与此同时，在伦敦，灾难的全貌已经开始变得清晰了。

9 月 23 日，亚历山大·蒲柏给他的朋友罗彻斯特主教弗朗西斯·阿特伯里（Francis Atterbury）写信：“南海的普遍洪水，和古老的大洪水相反，已经淹没了一切，除了少数几个罪孽深重之人。”他将南海灾难比作诺亚大洪水，进一步写道：“没有人为此做

好了准备，没人想到它会像小偷一样在深夜来临，恰如我们的死亡突然降临。”现在如同敲响了最响的丧钟，蒲柏写道，天国做出了审判：“我认为，上帝已经惩罚了贪婪之人，如同他经常惩罚有罪之人，以他们自己的方式，以罪恶本身。”

蒲柏承认他自己的任务。他告诉阿特伯里，在这些有罪者之中，有一位肯定算是“您的谦卑仆人”。他承认有罪的原因：“渴望收益是他们的罪行，持续不断的渴望成就了他们的惩罚和毁灭。”蒲柏在这里显得有点忸怩作态：看来他在整个泡沫之年，整体来说在交易中盈利了。他更重要的一点意思是，南海股票的突然崩溃，270
留给伦敦一个近乎《圣经》里的废墟。他把《约伯记》和《诗篇》混合在一起使用。蒲柏告诉主教，在当前事态下，“人们呻吟着出城……他们虚度了他们的梦想，醒来后发现手上空无一物”。

蒲柏在面对灾难时选择信任斯多葛哲学。但大部分失败者远非如此恬淡寡欲，玛丽·库珀夫人——就是沃波尔在 8 月时苦口婆心劝告的朋友——不仅为自己投资，也为其他人投资。她将他们的钱财损失后，被其中一位索债。她说自己是“世界上最不幸的人”，因为操心于即将到来的持续不断的争执。她写道，她对自己跌进南海洪流的“后果极感恐惧”。

至少玛丽夫人自己没有破产。急切的食盐办公室官员詹姆斯·温德姆处于更大的危险之中。他的弟弟威廉在 9 月 27 日写信给三弟阿希（Ashe）：“可怜的吉米[①]的事务已经无可挽回了。”考虑到

① 詹姆斯的昵称。——译者注

"几乎每个认识的人或看到的人，都处在毁灭的边缘"，在威廉的熟人中，他哥哥不是独一无二的。到 1 月，"吉米"最终承认他失去了一切，向他的弟弟阿希坦白，他是英国众多破产者之一："我已经处于和愚蠢的傻瓜同样的境地。"他的结论是，对一个被毁了的英国人来说，除了逃避，没有什么可做的。"南海最适合一个完蛋了的人，"他写道，"所以我落到了这个地步。"

其他人也竭力逃避毁灭。主要的贵族沦为乞求殖民地总督之位，来重建被洪水席卷走的财富。在 11 月时，一位贸易委员会成员写道："许多重要的家族被放纵的交易削弱。"波特兰公爵对所有远期合同都负有责任，现在无可挽回地赌输了，被迫在牙买加申请工作，"这不被认为是适当的，但能获得一份津贴，因为他现在比一无所有还糟糕"。

271 嘲笑这些跌落人间的大人物是一种可以理解的乐趣，但人们听到了更令人毛骨悚然的传奇故事。据讲述，一个人在农夫返家的路上拦住了农夫，要求农夫借给他一把刀，依其所说要割一些绳子。不过，"让这位乡下人感到极度恐怖的是，他从马背上下来，坐在了地上，用刀割自己的喉咙"。这位农夫跳过去阻止他，但他"对他没能切开自己的喉咙感到暴怒……把刀尖向上，刺进了自己的下巴"。这位记录者不知道这个人是否活了下来，但提供了最合理的猜测：这又是一个失败的迷失灵魂溺死在了南海。

除了这些令人恐惧的惨状，在整个崩溃过程中也不乏幸灾乐祸。在 10 月初，一位自我讲述的（几乎肯定是虚构的）"朴素乡下人"发表了他在 10 月拜访交易巷的见闻。在那里，他遇到了"一些诚实的悲伤之人，这些人聚集起来去参加伟大的葬礼”。他遇到“一个人，绞着他的双手，大声呼喊：‘我完蛋了！我完蛋了！’”这位来自莱斯特的人问道：“所有这些人都是谁呢?”一位到处闲逛的烟囱清扫工回答道：“走过来的是一位南海人员，你可以看到他有一张‘南海脸’，他看上去苍白、惊恐、愤怒和失去理智。”

南海计划失败的背后是一份完整的“屠夫账单”。随着 1720 年的开启，有 3 万人和诸多机构拥有国债，大多数都交换为南海股票。成千上万人在 4 月、6 月和 8 月的四次货币认购中，直接从公司购买了股票。

正如金融史家迪克森研究结果表明的那样，这些购买者包括下议院中超过一半的人士和上议院中的关键少数。甚至更具破坏性的是，期权的出现和其他外来的对公司的下注，留下了一大堆乱麻般的合同和保证书，需要在未来的岁月里解决。还有 1 000 万英镑在售股票，许多没有完成买卖，记录在南海公司的账簿上。还有更多 272
数不清的没有登记在册的交易。所有这些协议——私人交易、远期合同、买卖期权、以南海股票做抵押的贷款等——显示了能够撬动多大的杠杆，把越来越多的钱置于风险之中，最后都集中到同一标的——股票上。

最危险的是，这样的交易增加了受害的人数：不是被他们自己的行动伤害，而是因为他们与之交易的人不能安排妥帖交易中自己一方的事务。“吉米”温德姆的弟弟威廉担心自己的财富，因为“我有债务在其他那些人的身上”——欠他钱的人，根据合同约定，当市场处于高位时，是“糟糕的付款者”。沃波尔自己就面临着类似的风险：他已经出售了价值 9 000 英镑的股票给希尔斯伯勒勋爵。勋爵在市场押注失败后，以在纽克马特的马匹为担保努力偿还，不可避免地被起诉，他的债权人——包括沃波尔——留下的只有对蒸发了的财富一文不值的债权。

这样的金融传染病，使其本身在泡沫崩塌的最早阶段就被感受到了。几家伦敦私人银行在前几周就走向破产。正如一位议会成员托马斯·布罗德里克在 9 月 2 日提到的那样："许许多多的金匠银行家已经无望……我的问题在于是否第三家和第四家能够经受得住。"这些银行家以南海股票为抵押发放贷款，以每股 500 英镑或 600 英镑抵押，现在他们无法从破产的客户那里收款，为了给他们自己的存款人一个交代，他们的资本很快耗光。

南海股票价格开始下滑之后，一些人立马意识到了由此带来的危险。当时，单个灾祸的累积报告被认为是一场"普遍大灾难"的基本要素，就像阿奇博尔德·哈奇森在 10 月说的那样："有许多人完全不关注股票，他们也将被灾难已经带给其他人的不幸伤害。"许多观察家承认，威胁扩展超越了任何一位投机者破产触发其他人的损失的影响；如果损失的圈子扩展得足够广，全国整体的金融也将处于危险之中。

273 现在是允许英国借贷的信用体制开始破裂。回想一下笛福（当然也有其他人）已经指出的，演进的债券市场已经使财政部筹集到前所未有的数额，从而让英国能够与法国针锋相对。如果市场中的买家和卖家丧失了他们的交易对手会完成在交易巷敲定的交易这一信念，那么金钱就会逃离交易巷，财政部就会急需现金。在 1720

年的最后几个月，远不能确定，笛福早期关于英国信用体系像钟表一样可靠的虚张声势能不能站得住脚。“纸币信用将会再次复兴吗?”一本通俗周刊问道，“议会能做任何事让它恢复到像以前一样吗?”围绕这一想法，这位通讯记者进一步提出了关键问题：“如果他们应该这么做，会比以前做得更好吗?”

正是因为没有好答案，才促使沃波尔在 9 月末离开了伦敦。灾难是金融方面的，但如果英国不能在自己选择的时间和地点发动战争，危机将会是政治方面的：一个不能筹款和维持武装力量的政府，是易受攻击的政府。如果当前的政府部门不能解决事情，那么掌权的辉格党就会轻易被推翻。最坏的情况是，新教君主制本身会处于危险之中。考虑到汉诺威乔治国王新近登基，仍在不断蠢蠢欲动的斯图亚特王朝的残余势力肯定会利用这一危机来强化其优势，特别是如果最终说服欧洲天主教君主提供武力帮助的话。沃波尔像他的许多同僚臣民一样，已经见识过一位加冕的国王被从王位赶下去，很容易想象它会再发生一次。

这样的恐惧不仅仅是一种谨慎过头。历史叙事能制造的假象之
一，是那时的人们能既清晰又安全地看到情节怎么发展，不同于读者
能看到的景象。我们知道它的结果，但是国王乔治不知道，沃波尔不 274
知道，在他们周边的人们也没人知道他们的故事怎么结束。有诸多充
分的理由让他们相信，他们的情形不仅困难，而且是站在悬崖边上。

在整个金融革命的年份里，这种不稳定的感觉集中在被废黜的斯图亚特继承人及其威胁上，这种威胁潜伏在他们的天主教和苏格

兰王国之内，在英格兰与苏格兰新生的联合体之内重新开始出现宗教和民族冲突。1688 年光荣革命已经势不可当地拒绝了最后一位家族成员詹姆士二世的统治。但是，他土里土气的暴政并不意味着英国精英的所有成员立即和真诚地把他们的忠诚转移到了荷兰的威廉或者后来的德意志贵族乔治一世身上。这场革命并没有产生对英格兰教会毫无异议的忠诚——使之在英国人心目中的地位超越了罗马教会；可能最重要的，它并没有中途叫停各种王公大人和派系之间对权力的争夺，这些人都期望在议会和宫廷中占据优势。

在威廉和玛丽攫取王位之后的几十年间，政治紧张不时爆发为彻底的反叛——通常发生在苏格兰。对 1707 年把两个国家联合起来的合并法案持续不断的反抗，以及英格兰皇室的情感联结和潜在的实际优势，结合在一起，创造了叛乱的肥沃土壤。詹姆士二世党人的第一次叛乱发生在 1689 年，是对年前失去王位的即时反应。那场冲突和爱尔兰“两个国王的战争”混合在一起，在其中新教国王比利的军队最终击败了詹姆士国王的军队，包括一支重要的法国分遣队。这种联系增加了下个世纪英法之间每一场战斗的风险——或者至少激发出了恐惧。法国寻求英国的分裂在 1708 年的一次未遂入侵中再次出现，当时大不列颠联合王国成立刚刚一年；登陆被恶劣天气和英国海军的快速行动挫败，但是地点已经选好。

275 明白无误地说：詹姆士二世党人对英国王位的觊觎再也没有成功过。在泡沫之年的预备阶段，1715 年叛乱代表着那个时期最具潜力的詹姆士二世党人的军事远征。苏格兰领导人征召了一支 2 万人的军队，詹姆士一世的儿子詹姆士·弗朗西斯·爱德华·斯图亚特（James Francis Edward Stuart）——“老冒牌者”——在彼得赫德登陆。这次叛乱最初取得了一些成功，反映在了交易巷的惊恐中，让人们了解到新汉诺威王朝和辉格党政权的脆弱性。1719 年再次发生的叛乱更迅速地被镇压，但事实上这次由西班牙军队支持的叛乱是一个提醒：英国仍是外国敌人的一个目标，他们能把英国国内异见者联合起来。

新近形成的大不列颠王国仅仅存在十年之久，在其面对的最近危险的直接余波中，南海计划成型了。改良债务不仅仅是行政的需要，1720 年这方面努力的明显失败，把南海崩溃转变成英国治理中一种新奇实验的测试，在其中议会掌握国家的钱袋。它能对付和控制一种明显新种类的危机吗？一种产生于它自己决定的危机。

对许多人来说，答案是明显的：一位外国人国王和他的大臣们在最基本的政府工作上失败了。1721 年，与英国政治中心有关联的人们开始密谋另一次詹姆斯二世党人的叛乱，准备在英格兰和苏格兰同时举行。这一阴谋由蒲柏的好友弗朗西斯·阿特伯里主教主导，在 1722 年败露；之前，其成员再次寻求法国帮助以推翻他们的国王和大臣们。那是沃波尔等待的时机，从诺福克乡下返回的时机。正如哈奇森所言：“到处都在抱怨的不幸，能够明显看到和感受到。”他写道，处理好这一危机不需要别的，除了“英国立法机关无上的智慧和仁慈”。

沃波尔在 1720 年秋天最后几周的任务是，处理好它。失败了将带来糟糕的结果——对他和对正在形成的英国来说，都是如此。

第二十章 “没有违背议会的信念”

276 对大多数沦陷的英国有钱人来说，他们能做的很少——除了消化永远令人沮丧的来自交易巷的消息。议会一直到 11 月才会结束夏季休会。与此同时，沃波尔的隐居产生了新奇的效果，让他在伦敦政治人物的头脑中一直被惦记着。人们记得他在上一次掌权时是国家财政的政府部门专家。他能在这个最需要的时刻拯救英国吗?

在未来几年里，当沃波尔攀登到政府高位后，以及在稍后、在历史的记忆中，看上去他能并且做到了。沃波尔已经被神化为政治-经济天才——国王的大臣中间一位能够帮助王国从崩溃中恢复过来的人。这大部分是真的：当他领导政府时，英国就实现了反弹，交易巷和围绕它的机构也都反弹了，虽然不完美，但已经足够了，这些回升累积成一个特别有效的国家财政体系。

但是，说沃波尔是幕后操纵者和统筹这次胜利的政治大师，是
不正确的。他在危机时刻和整个恢复时期的行动，透露出一个更加
可信的故事：当人们在其并不完全理解的事件中得过且过时，一个 277
最终成功的方案出现了。沃波尔的贡献是重要的，但是他并没有远
见。相反，他对应该寻求和关注谁的建议拥有正确的直觉，并且他
是一位真正伟大的政治家，对下议院的掌控赋予他权力来源，这是
他的对手无法匹敌的。

在沃波尔逗留北方期间，他的银行家和商业助手罗伯特·杰科姆充当他在伦敦的耳目，也充当某种外脑。罗伯特·杰科姆在 10 月 11 日写信给沃波尔，提出了一个怎么样取代失败的英格兰银行合同的想法。他从最简单的事实开始：刚刚已经吸收了大部分国债的南海公司到目前为止是英国最大的股份制企业。杰科姆认为，处理这样一个庞然大物，让危机处于控制之下的第一步，将是拆分公司，将其持有物分成三部分。这一行动将“嫁接”其部分资本到英格兰银行的账簿上；转移更多的到东印度公司；留下剩余部分由残存的南海公司运作，这样就减少了管理规模。时值 10 月，这仍是建议的轮廓，但是杰科姆告诉沃波尔，一位共同的朋友已经“对这一想法表示满意”，并且“他吩咐我考虑怎么样才能可行”。杰科姆写道，所以他将继续致力于这一计划，“直到您返回伦敦”。

在接下来的几周里，随着杰科姆推动沃波尔接管事件，这最后的暗示成为一项呼吁。在提到嫁接计划的两天后，杰科姆再次写道：“城里的每个人都渴望您回来。”11 月 1 日，他再次写道，“他们都呼吁您帮助他们”。尽管如杰科姆承认的，许多人的破产速度

如此之快，“您会被受害者极度胡搅蛮缠，要求做许多远超任何人能为他们做的事”，但是，杰科姆重复强调，沃波尔的归来会使其
278 被视为能够拯救时局的必不可少的人。可能更具意义的是，沃波尔本人也意识到，这是一个权力竞赛的时刻；作为一个解决事务的大师，缺席就是放弃。

沃波尔在 11 月 8 日或之前到达伦敦。他已经思考了杰科姆的想法，似乎也评估了其他建议。政府部门的其他人特别是桑德兰和斯坦霍普，仍把他视为威胁。所以，沃波尔或多或少是独自和英格兰银行的代表协商了三周，这样就把他们拉上了船。他为国王起草了一份计划。此时，时局仍令人难以置信的危险，对国家和对任何能被政治失败感染的人来说都是如此。沃波尔本人清楚这种危险，在写给国王的留言中，他说道：“极为勉强，仅遵从陛下的命令，我愿意承担有关南海事务的任何事情。”愚者贸然闯入，那么“我意识到会有诸多困难，致力于执行任何成型的计划，来校正南海公司令人困惑和不幸的状态，希望能做到让无数的受害者满意”。但是，即使有这种不自信，在有些事情必须去做时，沃波尔也愿意去做。

解决南海危机的计划分成三部分：第一部分是建议批准公司在 9 月宣布的修订条款，这样那些在夏天用政府债券交换股票的人将得到当初承诺的两倍股数，当然也有重大的调整。第二部分，沃波尔想帮助那些用现金购买南海股票的人。在这份新计划中，4 月 14 日以 300 英镑出售的首次货币认购被允许继续有效，那些购买了的

人必须完成他们的购进。但是，其他三次认购会被宣布作废。对随时到期的应付款项没有进一步的要求。相反，认购者将以 400 英镑的价格收到股票，作为每位投资者已经支付的不管是多少数额的回报。

400 英镑仍旧是高价。在当时，交易巷的南海股票交易价低于 279
200 英镑。为了缓冲这一打击，沃波尔建议让出公司的一些剩余股票。股票持有者将按他们现有所持股份的比例收到这些额外的股票。这些股票中的一些在第四次货币认购时已经出售，但是公司仍拥有相当数量。沃波尔的这一举措，有效地将公司账簿上的收益转让给其股票持有者，这些股票将增加每位以前的债券持有者拥有的股票数量，不管交易巷给南海公司股票开价是多少，这样就能增加他们所持股份的价值。对在泡沫之年投机的几乎每一位来说，这将减少他们的损失，而不是让他们完全亏本，聊胜于无。

最后一部分，遵循的是杰科姆的建议。沃波尔的目的在于重组南海公司。在一年的时间里，南海公司吸收了 3 700 万英镑政府债务。正如哈奇森花了一春天指出的那样，没有现实的南海贸易前景能产生足够的利润，来使公司股票成为一种优质投资。在理论上，有一种可能的解决方案：对一家小公司来说，同样的贸易运作在小的投资基础上将实现其收益，每股就能实现更多的收入。沃波尔建议，这能做到，通过另一种“嫁接”的尝试——这意味着移交南海公司持有的超过 1 800 万英镑的国债，给英格兰银行和东印度公司，来交换两家的股票。南海公司的资本将缩减超过 1/3，并且通过让南海公司拥有其对手的股票，其现有的股票持有者将从这些收益中获得一份。

这份提议的交易有许多问题，其中的一个问题从一开始就相当
280 明显。当被迫接受高价南海股票的那些人从上述嫁接中获益时，对其他两家公司和他们的股票持有者来说，没有明显的理由为他们对手的错误买单。即便三方正式同意考虑这种想法，英格兰银行和东印度公司也都没把它当回事。这种可能性——真正是南海投资者绝望中的希望——一直磨蹭到 1722 年，这种可能性正式消除。沃波尔和杰科姆建议的前两项保留了下来，构成了议会最先在 1721 年 8 月 10 日批准的解决方案的核心，彼时离崩溃开始有将近一年了。与此同时，为了分散痛苦，政府放弃了南海公司在与英格兰银行竞价时提议的 700 万英镑费用中绝大部分的索要权。

通过所有这些私人协商和公共操控，沃波尔拒绝接受一项明显的提议，呈现在议会面前的最终法案批准了这种遗漏。最初的南海法案设定的框架，是把英国国家债务转变成一家私人公司的股票，沃波尔的措施保留了这一核心目标：南海股票持有者不能撤销决定，放弃他或她的政府债券，因为其已经交换为估价过高的南海股票。在接下来的几个月里，在南海交易中的失败者群体，通过出版小册子、请愿、威胁起诉、游说沃波尔本人等方式投诉，最极端的是，在下议院会客室到了偷摸准备骚乱的地步，甚至到了需要下议院召唤治安法官和威斯敏斯特警察驱散他们的程度。

议会中的一些人，把这件麻烦事看作兼具公平和顽固的实用政
281 治之一。根据这种观点，那些在计划启动之前拥有政府债券的成千

上万的人是国家的栋梁，包括一些贵族和所有那些没有远见的公爵等群体，也包括：乡村精英，拥有土地的绅士，或者城镇中的上层，商人和类似的人。这些人是下议院从中吸收成员的人群，他们构成了社会网络，通过这一网络权力在全国范围内流动。由于南海泡沫，他们被毁掉了，他们的代言人认为，一些恶魔利用新诡术骗走了国王乔治诚实臣民的财产："恶魔的诡计……直到现在从来没有在英国知道或听说过。"阿奇博尔德·哈奇森在1720年10月再次写道，希望能说服议会"让目前的受害者远离那些邪恶之人"。

哈奇森认为，不仅仅是要调整债转股和货币认购的条款，因为即使是以400英镑而不是800英镑或1 000英镑，这样的解决办法也"不能弥补部分损失……如果南海计划令人厌恶的执行得到维持"。对哈奇森和他的下议院盟友来说，特别是对于那些因为南海贸易受到挫折变得贫穷的人来说，唯一真正的解决方法是把整个事情看作一场纯粹的梦魇，应该能从中醒来。

哈奇森承认，确实"股票交易商行动自由，没有强迫"。但是，考虑到公司及其同盟想出所有诡计来让交易率先上涨，然后支撑股价，应该做的事情是宣布"自从1月1日以来与各种股票有关的所有交易，应该被认为是无效的，是儿童玩耍式的、精神错乱的和疯子的交易"。哈奇森认为，这是一项"正义和公平的事务，那些实际执行的人应该辞职，强迫出售者退款"。

幼稚和愚蠢——这是对南海梦想家刻薄的描绘。尽管泡沫的失败者将咽下辱骂——只要他们能说服政府弥补他们的全部亏损，但

这是做不到的。哈奇森的雄辩没有效果，前债权持有者的威胁和乞
282 求也是如此。哈奇森承认，法律妨碍了他的诉求：没有人被强迫去敲定一笔糟糕的买卖，这意味着要撤销泡沫，议会不得不废除有效的合同。这直接破坏了英国是受制于法治的国家，同时反对由国王行使专断权力的国家的声明。

哈奇森对这一点做出了回应。他争辩道，南海经历远远超出了合同法应该服从于环境的标准，市场诈骗是消解交易神圣性的足够理由。无从把握的原则声明没有打动沃波尔。他的真正洞察力在于认识到，股票持有人毁灭的希望是更大收益的代价。他足够讲求实际，尽可能地竭力缓解南海崩溃的痛苦，但他在这一点上是清醒的。合同的概念，还有国家的明确利益，意味着其核心的实际交易不能被人为抹去。

所以，在新的一年，沃波尔对整个事务的初始目标保持着专注：仍然至关重要的是国家财政改革。“制定《南海法案》”，沃波尔在 1720 年 12 月 20 日告诉下议院的议员们，是为了把国家从“其债权和公共债务中解放出来，将其置于一种在几年之内就能还清的方法中”。他告诉下议院的议员们，“除非找到一种方法使得长期年金能够赎回”，否则这不可能做到。正是这一点“被南海计划影响”，并且更为关键的是“没有打破议会的信任”。这一手术是成功的，也就是说，即使死了一些病人。

沃波尔是正确的。在交易巷所有的喧嚣和愤怒以及最后的灾难，以国家的财政胜利而结束。财政部在 3 月面对的混杂和昂贵的成堆债务与条款，到 8 月末成为一种单一简单的债务：一个资金

池。作为一家单一公司的股票适于销售，在此基础上，政府所欠的是协商好的且适度的利息，在任何时候都能偿还。沃波尔提醒他的 283
听众，失去的将会是什么：“如果现在说清他们干了什么，那不仅会毁了南海公司，而且不会缓解而是加重当前的不幸。”在他讲话以后，议员们对决议投票。“所有的公债和债权的认购、货币认购及南海公司达成的其他合约，根据议会上一会期的一项法案，保持不变。”

南海计划已经奏效。沃波尔提醒议会，附带损害是真实的，却是次要的。要保留债转股的成功，每一项亏本生意必须继续有效。

232 人投票赞成，仅有 88 人投票反对。

沃波尔的论证有真实的优点。从政治角度来说，这是机警的辩护。他仍在开展与斯坦霍普和桑德兰近乎无声的战斗，这两位辉格党伯爵早年从内阁中驱逐了沃波尔和唐森德（那一派别仍占据着更多的政府部门中最重要的职位）。敌对领导人之间的和平共处是令人厌恶的危机所需要的，但很可能是暂时的；不管谁，只要挺过后面几个月，都最有可能迫使对手离开权力宝座，就如斯坦霍普和桑德兰在 1717 年对失意的两人所做的那样。

但是，在 1720 年晚期的大旋涡中，敌对双方拥有共同利益。那些在大崩溃中被毁的人想要报复，如果他们不能拿回他们的财富，那么对他们的毁灭负有责任的人也该受苦。每个人都知道，南海公司如果没有政府部门和议会的支持，是不可能启动股票计划的，斯坦霍普和桑德兰就是公司的支持者。然而，沃波尔奋起为他

们辩护。在 1720 年 2 月和 3 月支付的贿赂太广为人知，不再是秘
284 密；众所周知，大部分领导也包括许多高级官员和议会两院中数十或数百人，都收到了甜头。与此同时，沃波尔没有太心烦，如果丑闻能如外科手术般除去他的主要对手，那么，危险在于，杀戮可能扩散到整个辉格党政权，把他和他的朋友们与其他人一起扳倒。同样，沃波尔的敌人们也乐于看到他在处理恢复工作时失败，但如果仅靠他笨拙的工作也不能扳倒他，就会给国家财政带来毁灭。因此，双方不得不同心协力，否则他们肯定会被一个接一个地吊死。

逃避公众愤怒的尝试开始得不够且变得糟糕。沃波尔设法避免严格审查公司和议会之间的共谋历史，但是在 1721 年 1 月 4 日，他和政府部门被打败，因为下议院议员们同意创设一个委员会来“调查和启动与南海计划的法案执行有关的所有议程”。“所有议程”明确包括追溯贿赂的线索：谁付了多少钱给谁，为其服务并收到回报。五天后，下议院选择谁将成为委员会成员。这是一次关键投票，考虑到其中有多少是政府的人或者与政府结盟的人，对一项真正的调查来说利害攸关。对政府部门来说，不能变得更糟糕了，特别是对斯坦霍普-桑德兰派别来说——其候选人大多没当选；与此同时，几位主要的议会批评者特别是哈奇森，在小组中赢得了位置。

这一秘密委员会立即开会，接受了一个会让人精疲力竭的日程安排：“每天从上午 9 点坐到晚上 11 点，星期天除外。”南海公司的出纳员罗伯特·奈特——布伦特最亲密的合作者——是首批在议会作证的人之一。奈特在 1 月 12 日出席，在 16 日和 17 日再次出

席。很明显，他的问询者想从他那里得到：元凶，那些用没有记录
在正式账簿中的股票行贿的人。奈特把每个人都登记在他的秘密分
类账中。奈特知道，如果这些记录公开，接下来会发生什么。在这 285
一周的后期，西奥多·詹森——既是一位南海公司主管又是一名议
会议员——告诉他全盘托出，“说明白他所知道的和整个进程有关
的所有事情”。奈特的回答是，“不可能”。如果他说出秘密，“它将
开启一景，全世界都将为之大吃一惊”。

1 月 21 日星期六，奈特返回接受另一轮询问。在本月的早些时候，他已经为委员会准备了一份新文件，意在解释上一个春季的股票转让——事实上是用来推动《南海法案》的贿赂。文件遗漏了任何实际有用的信息：他付给了谁和多少数额等能够揭示谁得到多少贿赂的信息。被问到为什么遗漏了这些信息时，他回复道：他“不认为在现金出纳账中加入拥有股票的议员们的名字是适当的”。这证实了：如果需要的话，腐败是无处不在的。委员会要求他提供原始记录，“他的文件和信件”，并且告诉他立即恢复他的记忆。奈特随后说他必须到上议院作证，请求离开，在下星期一递交文件。

当天晚上，奈特写信给他的南海同事，说他发现“调查的分量对我来说太重了”。他毫不怀疑对他来说案件怎么结束。正如一位议会成员所写，奈特冒着“损失他自己从这项事业中已经获得的巨大收益份额的风险”，也很可能面临着待在伦敦塔的风险，而且他不得不考虑他可能连累的极具危险性的强权男女们。他已经告诉詹森，股票已经到了“他们的名字不适合被众人知道的人们手中”。他告诉另一位主管，这些人是“40 位或 50 位公司最好的朋友”，是

只能“同甘”而不能被揭发的那种人。

奈特不是唯一一个担心他的证词后果的人，他付款给的所有人
286 都了解他们面临的危险，这些人包括议会成员、贵族、大臣们，甚至还有乔治国王宫廷中的王公和他们的情妇。那些想彻底清算的人知道，证人有多么脆弱，他们会受到压力（为的是努力确保议会能够了解到全部情况）。禁止公司主管和员工离开英国的法案，已经筹划了几周，并且于 19 日在下议院通过。上议院立刻接受了它，但是直到 1 月 24 日最终法案才得到御准，最终成为法案。

奈特写给同事的信件在 1 月 23 日星期一之前送达下议院，下议院立刻做出了反应，要求国王封闭港口，发布“发现、逮捕和拘留罗伯特·奈特先生”的悬赏令。国王陛下发布了必需的命令，但是已经太迟了。奈特两天前已经逃离威斯敏斯特——21 日星期六在秘密委员会露面之后立即离开了。他接上了他的儿子，第二天一早两个人就在泰晤士河上了船。他们在星期一到达多佛，在港口封闭之前取道前往尼德兰。几天后，他们到达布拉班特公国，这里能很轻易地拒绝引渡逃亡者回到英国。

老鼠的恶臭势不可当。亚瑟·翁斯洛（Arthur Onslow，一名
287 议会议员，后来是下议院的发言人）回忆起，众所周知的是奈特“从一开始就深度参与南海项目，知道其之后的所有秘密。所以，不管是与掌权之人达成了什么样的腐败交易，他都被认为是了解那类工作的人”。正如翁斯洛的暗示，腐败扩散到英国生活核心的整个影响网络。他写道，“从毫无疑问的权威处”得知，作为对庇护奈特且“没有把他移交给英国”的布拉班特统治者的回报，“有人

从国王的王室专款中拿出了 5 万英镑”。这笔账上的钱通常用来支付君主的王室费用及其政府的许多非军事支出，之所以拿出来是要确保最具破坏性的证人永远不会面对议会的质询。翁斯洛写道，这笔服务费是由“桑德兰勋爵”安排的。

很难想象出一个比此更一目了然的计谋。桑德兰和政府部门的希望是，只要没有奈特的证词和他的账本这样明确的毁灭性证据，就不足以给内阁中的任何人或内阁外的盟友定罪。这一幻想很快破灭了。奈特自己带走了一些关键的记录，但不是全部，他留下了和他一起合作（或密谋）的许多人。这些证人面对着由他的逃离引发的全部暴怒。没用多长时间，其中一人就被议会突破，一个很好地替代了缺席的出纳员的人：公司的联合创建人和秘书约翰·布伦特爵士本人。

在布伦特证词的推动下，哈奇森领导的秘密委员会的调查将成为类似于流血竞技的东西，其成员竞相追逐那些犯错者。但与此同时，哈奇森寻找方法以求撤销前一年的事件，同时他的委员会开始汇总其对令人震惊的腐败行为广为流传的模式的解释，在真正的较量完成后调查本身才会进行。

南海计划完成了一项转型，类似于科学革命所达成的转型。它 288
把英国在前 30 年积累的所有不同各类的债务和应付款项，抽象转化为一种单一的形式，也就是南海股票。这是对类似抽象过程的一次不完美响应（当英国的自然哲学家在前一个世纪把恒星运行和潮汐涨落转化为数字时，已经完成了这种抽象过程）。在货币事务上，真正牛顿革命式的希望在当时没有实现，现在仍没有。但是到18世纪20年代，以更普遍的形式来囊括经验的动力，已经从自然跳跃到了社会生活。股票和股份以最简单的数字形式来衡量，那就是价格。这一数字能够通过计算获得；它能输入形成模型，以分析未来年份里人类可能发生的事物的多样性。数学方法能创造单一数字的派生物，从而创造交易新方法和可交易事物的新概念，比如一项投资以及不仅仅是投资本身牵涉到的风险。

在伦敦的街头，这种思考的新方法在未来几十年将不断演进。自从1720年起，国债几乎完全是以南海股票的形式存在。但是，进一步的问题和一位法国人曾经面对劳的体系崩溃时的问题是一样的：英国政府怎么样进一步为自身提供经费？它将怎么借贷？财政部当局将返回旧模式，在需要时发行彩票或长期年金，再次不管市场需求什么，以一系列新的、笨拙且昂贵的债券来支付，耗尽国家的预算？或者有另一种方法？泡沫是否开启了一种能够利用更聪明和幸运的领导能力的可能性？

在沃波尔回答这些问题之前，他需要从即时的政治危机中幸存下来。保护南海交易的决定是众多措施的第一步。在这个世纪中期达到的稳定结果在1721年并不是必然的。议会的调查，以布伦特的账本为核心，仍构成了一种威胁。如果足够多的内阁成员和其他
289 官员被证明是腐败的，那么整个辉格利益集团就会倒台。面对下议院对政府部门的控告，沃波尔做出了决定：为谁辩护和抛弃谁；怎么样回应特定的关联在下议院或在街头引发的愤怒。处于紧要关头的是，设定英国信用进程的机会和国家在全球投射力量的能力。

第二十一章　“仁慈可能是残酷的”

2月4日是威斯敏斯特宫特别忙碌的一天，那是个星期六，上 290
议院议员在南侧的女王厅集合，期待听取布伦特爵士对南海公司的证词。奈特已经跑路，但布伦特不能跑：他的家庭比他昔日的伙伴拥有少得多的动产，他在上一年春天和夏天辉煌岁月里购买的所有那些地产也不能打包带走。所以，他采取了一种不同的方法：全面和下议院秘密委员会合作，同时忽视上议院，因为上议院中的两位政府领导有充足的理由不信任他。斯坦霍普伯爵和桑德兰伯爵——第一财政大臣和高级国务秘书——害怕或知道，如果让布伦特选择的话，他能把大部分政府部门牵连进来。他们想知道他已经向下议院委员会透露的内容，如果可能的话，在他可以毁掉他们之前，败坏掉南海人员的名声，只是这么做还存在一个困难。

证人拒绝回答问题。

约翰·布伦特爵士是个多面人，极具野心、寡廉鲜耻、渴望财富，且作为一个当事人可以不顾一切。但是，没人曾经认为其愚
291 蠢，他肯定不会帮助自己的敌人。上议院的许多人——不仅仅是桑德兰和斯坦霍普——有绝佳的理由去破坏他关于公司贿赂活动的证词，每个人都知道曾经发生过这样的贿赂活动。所以，他站着沉默不语，离开了大厅，又被叫回来，他仍拒绝回答，然后他再次被释放，又被叫回来，然后再次被赦免，被带到集合的贵族们面前。他没有进行要求证人进行的宣誓，他没有说话。

最后，桑德兰和斯坦霍普放弃了。布伦特最终离开，议院向政府部门的对手开放，沃顿公爵抓住了机会。沃顿是一个恣意挥霍的人和酒鬼，既是南海计划最早的反对者，又是泡沫中的损失惨重者(据说他已经为公司举行了一个葬礼，有乐队和棺材)。他用精心准备的古罗马典故猛烈攻击斯坦霍普，这对他的接受过良好古典教育的贵族同僚们来说含义是相当清晰的。公爵说，斯坦霍普像那个“宠臣，名叫塞扬努斯”，塞扬努斯说服皇帝提比略在卡普里岛的宫殿中隐居，这样塞扬努斯个人就能掌管权力。“所以，”沃顿说道，“罗马被毁灭。”公爵的意思是相当清晰的：由塞扬努斯，读懂了斯坦霍普；由罗马帝国的毁灭，看到了在伯爵的治理下英国的毁灭。斯坦霍普站起来，充满了愤怒，回击了这种对自己是罗马人的辱骂。他说，沃顿像布鲁图斯在叛逆的儿子面前失去了体面，公爵自己的父亲将会观看儿子的死刑执行，不会有一丝同情。突然，斯坦霍普全力大喊一声，蹒跚了几步，然后倒地不起。在半清醒状态

下，他被抬出了上议院，然后送到了他家里的房间。一天之内，他死了，可能是死于一种中风。

沃顿是不公平的，斯坦霍普本人在前一年没有接受公司的贿赂，他也没有声称自己是专家或者特别精于金融管理。他对错误指控大发脾气，可能反映了对个人侮辱的真实感受。尽管他一般被认为是诚实的人，但他的死亡揭去了他个人正直人品可能赋予他的那 292
些不受尊敬的同事的保护。随着斯坦霍普的逝去，屠杀能够继续进行。小詹姆斯·克拉格——国务秘书之一，内阁中强权人物之一——曾在议会推动南海计划，他是奈特跑路来保护的人员之一。在2月6日，斯坦霍普去世后一天，小詹姆斯·克拉格诉苦说他的后背和头部疼痛，很快被诊断为患上了天花，并且在几天后去世。尽管他是丑闻中的角色，但他受到朋友们的爱戴，所以他被安葬在威斯敏斯特教堂。本着不对死者说三道四的精神，亚历山大·蒲柏为他撰写的墓志铭开头是“国务活动家，心向真理的朋友”。

没有人会对他父亲老詹姆斯·克拉格说出同样的话。这位邮政大臣是南海计划的主要受益者之一，他很早就从公司股票中获益，比从公司股票腐败交易中获利的大多数人获益都多得多。一旦他埋葬了他的儿子，在进一步讨论这一事务时，他根本没有选择。3月16日，在他受到下议院全体对他的腐败问题审判之前，他被发现已经死亡，“不无强烈地怀疑他对自己使用了暴力”。不出意外，这被看作一种假定的忏悔。

克拉格父子不是被泡沫杀死的仅有的人。查尔斯·布伦特在进入货币世界之前，已经从事家族制鞋生意多年。作为一名股票经纪人，然后是一名南海主管，他卷入公司的密室运作。他早在 1720 年 9 月的第三周就意识到灾难的真正程度。当月的 20 日，他割喉自杀。

这些死亡的人仅仅是非常出名的，大多数人其实在未被注意的时候就已经离世。一些人可以算作被泡沫所杀，过程更复杂细致，如波特兰公爵亨利·本廷克（Henry Bentinck）的命运。他欠下了不同债权人远超他可能偿还的数额。好在他没有被逼到自杀的地步，他担任的牙买加总督职位给他提供了一种逃避途径：可以通过
293 殖民地腐败的陋习重建他的财富。与此同时，作为王室的直接代表，他不能被以债务人的身份拘禁。除了这些好处，亨利·本廷克必须在这个充满热度的职位上存活得足够长，以便能在伦敦恢复他的正当职位。在他如此众多的赌注中，南海股票投资是失败的一次。1726 年，44 岁时的他仍住在西班牙镇。他死于带血呕吐物——黄热病。他几乎是南海之年最富有的伤亡人员。

这样的损失对议会正在进行的调查来说只是一个感叹号。追踪谁为泡沫负责在 1721 年上半年持续进行。下议院秘密委员会做了大部分工作，在 2 月至 6 月间发布了 7 份报告。尽管随着斯坦霍普去世，上议院对一些线索已无法追踪，但布伦特和其他证人还是重建了公司的贿赂活动。

从那些证词中，委员会得知，布伦特和一小撮内部的主管负责把股票分配给那些能帮助《南海法案》通过的人。布伦特承认，呈

给委员会的第一套账本是错的，公司内部人士都知道这件事。接下来，他透露了股票怎么样精确地从一人之手转入另一人之手，用了邮政大臣克拉格的例子，来说明游戏是怎么运作的。“在2月末或3月初”，布伦特证实，克拉格告诉奈特留出当前价值8万英镑的股票，其中5万英镑的股票给桑德兰处置，剩余的给他和他的朋友们。这是整个说服季的一般模式：“这些股票被登记为几天内出售，且以不同的价格。”记录为“为了虚构的购买者的利益而持有，尽管股票的……转让没有签订双方协议”。然后是把这样的内部交易协议转换成公开贿赂的步骤：“没有货币支付，也没有任何保证金， 294
或者其他抵押品……这样，如果股票价格已经下跌，不出意外，计划流产，他们就不用承受损失；但是，如果股票价格继续上涨……上涨价格的差价将补偿给虚构的购买者”，这一切正是奈特清理掉的书面记录内容。

在多轮质询中，其他公司主管和工作人员提供了更详细的信息。奈特的助手罗伯特·瑟曼（Robert Surman）的证词，坐实了“大人物和好人”收受贿赂。同时，若干公司主管讲述了直达政府部门、议会大部分人和宫廷的系统化大规模腐败的故事。甚至更加杰出的人物也被牵连进来——桑德兰连带着克拉格和艾斯拉比，每个人都被卷入这个被证明有罪的细节中。一些名字是以代码记录的，但是委员会很快看透了这一诡计。这是查尔斯·斯坦霍普——斯坦霍普伯爵的侄儿——被查出来的方式，他隐藏在假名斯坦盖普先生（Mr. Stangape）之后。

公司贿赂牵涉到的钱数非常惊人。随着更多的证词涌现，委员会记录下的贿赂总数是170万英镑，还有近180万英镑从公司的借款流向了两院近200名议员手中。对政府部门本身来说更糟糕的是，一份附录精确地记录了约翰·艾斯拉比的所作所为。财政大臣艾斯拉比和作为南海协议政府方的两位主要设计师之一的邮政大臣克拉格，在议会权衡南海公司和英格兰银行的竞争性出价的时日里，已经完成了数额庞大的自我交易：在1720年1月和3月1日之间进行了18次单独交易。

委员会的第二份报告继续完成了原始数据表，再加上完全是艾斯拉比罪行的叙述。第三份加上了艾斯拉比的特别清单，并且转向了老克拉格的罪行。就这样，经过了整个春季，新的证据不断地更新，老的证据同时也在不断地重复出现。举个例子："上述的瑟曼先生（奈特的助手）在审查时说，2 000英镑的股票记录为给布伦德尔勋爵。审查人从纸质账本中读到，正如他在上一次审查时所说。"

295 一长串的名字在无尽的卷宗中浮出水面，标记着股票和金钱流向大臣们，流向上议院和下议院的议员们，流向富人、王室和有良好关系的人。排好的受贿者列满了一页又一页。这个故事的寓意何在？一些人，许多人，整个英国的统治精英都在犯罪。

沃波尔本来希望避免此类被揭露的真相；他没有受贿可能平安，但是他的同事有太多人落马，所以他也将在大灾难中被毁。随着被揭露的真相倾泻而出，对政府部门来说已经不可能避免地造成了损害。所以，沃波尔打的是防御战，牺牲一些人来保护其他人。

在1月中旬，首批倒下了：6名南海公司主管，他们也拥有政府职位。这没有给政府部门造成太大的伤害，但也造成了某种意义上的损失。特别是随着下议院开除了4名议员（他们也是公司主管），损失了沃波尔的潜在选票。接下来，下议院追踪金钱，公司主管和人员被要求给自己的财产编目，上交详细目录给议会。然后在2月份，议会命令，为了南海投资者的利益，主管们的财富应该被没收。

公众的愤怒依然需要考虑。正如一位雄辩家以卡托（Cato）为名所写的作品认为的："确实，个人应该既谨慎又虔诚，扼杀复仇的想法……但是嫉妒和报复弥漫在整个民族中，当他们受到虐待，就是值得赞赏的政治美德。"该文进一步说："当一个民族的尊严或利益处于危险之中时，仁慈可能是残酷的。"为了那个目的，卡托的结论是："当前，你可以在英国把主管和股票经纪人放到绞刑架上……甚至其母亲也不会叹息。"在这些被冤枉的人和他们的复仇 296
者之间做出区分，是无用的且代价高昂。没有一个人是傻瓜，沃波尔决定袖手旁观。

一旦调查转向他在政府部门的同事，沃波尔的想法再次转变。随着秘密委员会继续工作，下议院投票审判主要的作恶者"腐败的、声名狼藉的和危险的行为"。查尔斯·斯坦霍普——死去伯爵的侄儿首先前往受审。为了保护辉格党的整体利益，沃波尔主导了辩护。

接下来发生的是"政治正义"的绝佳案例。事实上，斯坦霍普是有罪的。委员会的深挖已经形成了清晰的叙述：一位强权人物以其他人为代价，利用其地位来获利。由布伦特引领的五位证人，把这个故事放到了下议院面前。沃波尔实行的是用足够的法律干扰搅

混检举的故事，让其沾满烂泥。在他的解释中，斯坦霍普声称自己实际已经为以自己的名字记入的股票支付了款项，而斯坦霍普的银
297 行家被说服宣称，在斯坦霍普不知道的情况下，已经支出了斯坦霍普的金钱。这些故事都不像真实的；互相之间不能相容。但这种迷惑战术起作用了，仅是勉强起作用：差 3 票，斯坦霍普被无罪开释。

下一位被告就没人营救了。秘密委员会的托马斯·布罗德里克爵士写信给一位同事，斯坦霍普的逃脱“点燃了城镇，达到了你难以轻易想象的程度”。艾斯拉比作为财政大臣冒险腐败，容易成为那种愤怒的目标。下议院在起诉中听取了秘密委员会搜集的艾斯拉比自我交易和发财致富的证据，比涉及斯坦霍普的更为全面。至关重要的是，据布罗德里克观察，“沃波尔在角落里像鱼一样安静地坐着”。这一信号是明显的。对议会成员来说，仅用了一天就宣告艾斯拉比有罪。他很快就被带到伦敦塔。随着消息从威斯敏斯特扩散开来，庆祝的篝火在大街小巷闪耀。

在第二天，即 3 月 9 日，沃波尔让下议院议员们享受了给另一位更次要的人物判刑的快乐。然而，下议院开始了所有案件中最重要的案件：现存的政府部门领导桑德兰伯爵的案件。尽管桑德兰是沃波尔和最高职位之间最后的严重障碍，但成功攻击一位这样的强权人物，将以一种沃波尔不能控制的方式威胁到现存的政治阵营。因此，沃波尔再次介入，使用了布罗德里克承认是“完全出乎我预料的”策略。布伦特交代了奈特和桑德兰的交易。沃波尔不是否认任何此类的腐败交易曾经发生过，而是着手质疑布伦特作为一个证

人的可靠性。他创造一种怀疑的烟雾，说服证人们相信：尽管布伦特告诉他们和桑德兰进行了交易，但布伦特当时并不在场，或者即使他在场，也是在听力所及范围之外。对布罗德里克来说，“这种微不足道的、永远无法确定的东西，在任何其他案件中都会被一口咬定”。沃波尔想要的是散播怀疑，更准确地说是制造足够的干扰，来为有利于桑德兰的投票提供掩护。议员们知道什么是最紧要的：不仅仅是让政治家的腐败行为受到应有的惩罚。正如沃波尔的一位 298
盟友告诉下议院的：“如果你们在这次投票中反对桑德兰伯爵，政府部门倒台，必将也有必要由托利党政府接手。”即使对方是沃波尔派别的敌人，这也不是他们所预期的结果——辉格党人多数维护自己。面对所有不利于他的证据，桑德兰被轻易开释，靠的是 50 票的优势。

随之而来的是，围绕南海崩溃的主要政治斗争结束了。对沃波尔和他的盟友来说，差点就变得更为糟糕。秘密委员会给了反对派大量的可资利用的东西，但政府部门的敌人本身四分五裂：在崩溃中的财务失败者中，乡绅和城市冒险者一样——心神不安地与托利党和斯图亚特王室的詹姆斯二世的支持者展开争夺。在桑德兰的审判结束之后，辉格党人能够扫除这种不稳定的联盟，来维持他们对权力的掌控。

但是，如果说政府部门总体上没受触动存活下来，其重心也已经转移。沃波尔的对手积累了较多的政治债务，现在由他来召集他们了。在 4 月，沃波尔接管了艾斯拉比的职位，成为财政大臣。然后，他又把斯坦霍普伯爵的职位——第一财政大臣纳入他的部长职务中。这就把主要的财政职位合二为一，都掌握在他一个人手中，赋予他广泛指导国家财政和管理日常财政事务的权力。他还不是无可争议的政府首脑，他仍需要他的伙伴唐森德。尽管桑德兰在审判后已经辞职，但国王仍对他保留着欣赏，这赋予他相当大的影响力。而且，在沃波尔 20 年的议会生涯中，他第一次站在了政府的最高阶上。桑德兰很快在 1722 年就去世了，没有一位他的追随者能取代他的地位。场地已经清空，沃波尔将作为英国领导人物在位 20 多年。

299 1721 年 4 月，在沃波尔获得统治权的最初几天，他的政府提出一项措施，被描述为“对南海公司不幸受害者的救济”。这是一项法案：没收公司主管们积累起的财富，再加上在奈特账本中发现的任何钱财，以及他那个多嘴的助手瑟曼的财产。这项法案很快被修正，也加上了艾斯拉比和邮政大臣克拉格的财富。所有这些钱财按份分给在货币认购中购买了南海股票的人或在债务转换中获得股票的人。在同一时期，财政部免除了公司为获得达成交易的权利所欠的 700 万英镑的大部分。沃波尔腾出时间参加了议会提供救济的讨论，而且强加了被研究这一时期的杰出历史学家迪克森称为“现实的严酷烧灼”的东西，在其中，股票持有者“被迫无可奈何地接受收入和资本的剧烈损失”。

最终，这些损失证明没有许多人担忧的那样残酷。解决公司的事务和处理主管们的财产花费了几年的时间，当最终的数字出现时，那些用现金购买股票的人和那些放弃可赎回持有物浮动债券的人，面对的是他们的资本损失了一半。迪克森计算出，在最后三次的货币认购中的任何购买者，到 1723 年年中，持有的股票值 51 英镑 18 先令，每 100 英镑的初始费用是 8 便士。那些转换了长期年金的人，收到了如果他们没有参与转换所能获得收入的 65%～70%。同时，那些出让了短期债券的人，发现他们糟糕得多，仅有先前回报的 1/3。少数遭受了 90%的下跌，表明从 6 月的市场最高点到 12 月的最低点，市场完全崩溃（尽管如此，处于波特兰公爵困境中的那些人，那些通过杠杆或远期承诺赌注大于拥有的财产的人，仍旧是彻底被毁）。

南海公司本身还有许多工作要做，解决其遗留的财务困难。但 300
是在 8 月 10 日，国王批准了沃波尔引导立法机关通过的措施，让直接的危机结束了。英国作为一个国家维护了自己的信用，财政部仍能够借到钱。自从光荣革命以来，一个国家政府的影响力已经超越了欧洲及欧洲之外，将继续在世界舞台上扮演角色。

沃波尔领导的新政府，在把注意力转向政府日常事务之前，还有一些事情需要面对。议会和大众舆论的共识是，公司的主管们应受到惩罚。他们的财产被没收了，但有一个问题遗留下来：应该允许这些违规者保留多少财产作为供养他们家庭的绝对最小值？沃波尔为许多显著的目标特别是那些和辉格党有利益关联的人，保留了相当大的数额。比如西奥多·詹森，他报告了 25 万英镑的财富，留下了 5 万英镑。一些人——大部分是消极的主管——在关键决定上没有发挥作用，被允许保留他们资产的一半，甚至更多一点。其他人的财产更多则是被彻底没收。历史学家约翰·卡斯威尔描绘了胡椒贸易商塞缪尔·里德（Samuel Read）的事例，他告诉下议院，他拥有的总资产数是 117 000 英镑，只有一半来源于南海股票。无论如何：议会只没收了 10 000 英镑。不出所料，越接近公司核心事务的作恶者，希望多保留一些却保留得越少。这意味着根本不应该期望得到宽恕。约翰·布伦特爵士在泡沫之年不仅仅是南海计划的代言人，他竟然好意思犯下一项真正不可原谅的罪行：他说出名字，来取悦沃波尔的反对者。布伦特的资产记录为净值 183 000 英镑，沃波尔仅给他留了 1 000 英镑（如果投资政府债券，每年的收益数是 50 英镑：够平日晚餐吃面包和奶酪，周日有希望买一块排骨）。

布伦特的限额最后提高到 5 000 英镑。他离开了伦敦，放弃了金融，在巴斯度过了他生命中的最后 14 年。他的家庭在打击中生
301 存了下来，最后取得了显著成就，表明不管沃波尔设法拿走了多少，布伦特还是成功地隐藏了一些钱财。在他辉煌岁月里取得的准男爵爵位保留了下来，到今天是第十二任袭爵者戴维·理查德·雷金纳德·哈维·布伦特爵士（Sir David Richard Reginald Harvey Blunt）。约翰爵士的后代和亲属中包括至少一位将军、一位主教和现在的克罗马提伯爵。

但是，议会的信息是明确的：布伦特已经成为最坏之人的象征，其财富产生的方式太聪明。在其位置上，沃波尔的目标是让政府财政尽可能没有波动。在他执政时，他将花费 20 年来做这件事，利用南海公司的废墟作为关键的工具。

在那一切结束时，沃波尔发动英国进入一场另类的军备竞赛，一场取决于治理技术而不是战场上的战术的竞赛。英国的金融危机是对其扩张野心的回应。在欧洲，英国参与了欧洲大陆的王位继承战争；在欧洲之外，英国开始构建帝国。在1720年发生在英国和法国的双生金融危机之后，这些冲突在持续。但是，在约翰·劳的体系在巴黎崩溃后和伦敦的南海枯干之后，两大首都采取的措施开始分流，法国选择了一种完全不同于沃波尔及其政府实行的方法来重建国家信用。这些不同的选择通过下个世纪法国和英国发动的全球战争不断回响。那场战争的结果将决定哪个国家的选择是正确的。

第二十二章　“敲响警钟”

302　总而言之，南海泡沫和密西西比泡沫提供了历史鉴戒：对治国理政才能实验的真正掌控。其中，两个国家面对的是类似的债务危机，以类似的甚至部分是模仿的尝试性解决方案来应对危机。

确实，在密西西比泡沫和南海泡沫之间，存在着重大的差异，最显著的差异在于劳使用了“法定”纸币——一种与任何物质物品比如白银或者与一种收入流没有关系的货币。但是，这两个计划仍旧足够相似，相似到有可能对一旦它们开场失败每个国家如何回应进行比较。沃波尔在伦敦和劳的继任者在法国采取了不同的路径重建国家信用。当每个国家为 18 世纪的暴力冲突——法国和英国各自为争夺全球支配权进行的战争支付费用时，这些决定将经受检验。

在巴黎，对密西西比事务的第一反应和伦敦的反应旗鼓相当：

没有紧急救助，不会推倒重来。如同在伦敦，劳的计划奏效了，它驯服了法国的政府债务。从官方的总账方面来说，公司股票和纸币的崩溃是一项特点，而不是一项漏洞。那些把有价值的资产转换为 303
劳的体系的股票或纸币的人，那些失败者，将要忍受他们灾难性的选择，正如其南海事件的同行。另外，仅从国家观点来看，关键点是什么呢？

然而，这两个国家几乎立刻就分道扬镳了。这开始于 1721 年。法国的新财政管理者安托万·帕里斯和克劳德·帕里斯（Antoine and Claude Paris）兄弟监管着法国的官僚机构，他们的办事员评估了 140 万份不同的合同，涉及超过 50 万人。从这些记录开始，办事员们建构了一个失败者等级。那些把债务转换成股票的人被视为比纯粹的投机者更值得补偿。这一等级设定了补偿表，由从劳的各种机构中能恢复的任何钱财来支付。没人能得到全额补偿，甚至不可能接近全额：申索人平均仅能收回纸币票面价值的 17%。唯一的安慰是，不管申索人收到的补偿是多少，都会以财政部支付的终身年金或永久年金的形式给予。

以国家观点来看，这是一种保守的货币实践典型，不夸张地说是倒退回以前的方法。法国财政部在危机中是明显的赢家，因为密西西比公司股票持有者损失的所有钱财是国家不再偿还的债务。帕里斯兄弟的重组，将其作为一项胜利。国家债务危机因此暂时解决。但在劳的激进想法之前，这一体系已经就位。纸币实验结束了；金属铸币恢复为交换的基础代币、法定货币，作为财富的真正衡量工具。法国退回到出售收税权的旧体系。

304 不仅仅是人民神经过敏，国家也可以神经过敏。人们往往希望在同样的行动中得到不同的结果，但是这很难做到。财政收入小于支出，这足以引发后劳时代的首次违约。1726 年，法国财政部拒绝支付部分年金。类似的激增债务循环和某种形式的违约，在接下来的 60 年里不断出现。综合这些困难，和个人生活捆绑在一起的年金的使用，标志着法国退回到一个发行不可赎回债券的糟糕旧习惯，恰好是劳决定要避免的。可能最糟糕的是，聪明人知道怎么样和这个体系博弈。可能购买的年金依据的不是自己的寿命。在 18 世纪，依据一组人群的寿命来购买年金的辛迪加已经出现，最好是依据富裕之家的妇女和女孩的寿命，选择她们的平均寿命（征募的一些人只有 4 岁）。这种打包投资，最著名的是以“日内瓦人头”知名的那种，以集体领年金者中的日内瓦女孩群体来命名，是一项对法国古老且脆弱的信用方法复兴的独创甚至是现代的回应。它回应了这样一种可能性：群组内任何一个女孩年轻时死亡会通过在一个足够大的群组内分摊风险，群组内的人按照统计会享受高龄且幸福的生活。作为低风险、高收益的投资，这些年金打包成为工具，全欧洲有剩余金钱的那些人能够用其存放他们的现金。①

日内瓦人头和类似的安排有一项局限：它们不能轻易地在二级
305 市场买卖。这意味着在巴黎没有出现交易巷的类似物。最终，正如经济史家拉里·尼尔（Larry Neal）指出的，法国政府不能轻易地

① 这种针对年轻妇女寿命的成套的保险单是从遥远的先祖到现代以资产做保证的证券，今天仍在使用，并且深刻地牵连到开始于 2007—2008 年的大衰退。关于这一点，下面会介绍得更多。

或者在最需要的恰当时间以好的付款条件筹到款项。

乍一看，18 世纪的英国和法国之间的任何战斗看上去都实力悬殊。如果只将全国财富视为权力的度量标准，法国应该能够把它的暴发户对手横扫到欧洲的边缘。从它们长期斗争的开始到结束，法国拥有的财富至少是其对手的两倍，法国臣民在数量上也超过英国人数，多达 3∶1。然而，从来没有过一个时刻法国以人员和财富的绝对优势压倒性地超过其可怜的、看上去较弱的敌人。不知何故，到了国家力量的尽头，舰船、枪炮和战士是证明帝国的关键，而国王能够与对手保持力量平衡或提前尽自己所能投入，归根结底取决于不流血的国民核算账目。在战争年代，英国能够花费的平均到每个臣民头上的钱数是法国的 4 倍，这意味着在整个 18 世纪它们之间的战争中，英国能够和法国一英镑对一英镑、一里弗对一里弗地花钱。

对于法国黯淡的财政结局，一个通常简单的解释，是不负责任的法国宫廷被一次又一次的金融灾难绊倒。毕竟，我们知道故事是怎么结束的，结束于革命、弑君和恐怖。但是，法国统治者并不全是金融小白，法国本身也不是一个偏远的失败国家。它的官员们尝试了各种各样的实验，除了偶尔的税收暴涨，晚至 1774 年法国几乎实现收支平衡。与此同时，国家债务已经被管理得如此之好，达到了与国家收入相平衡的比例，其支出仅占路易十四治下最高峰时一半的程度。

此时，法国本身仍旧是富有的。巴黎的私人借贷与其他大商业

306 首都如阿姆斯特丹和伦敦的一样普遍。这意味着法国经济仍是繁荣昌盛的。商人和企业主通过不同于国家可用的网络和来源来筹集资金。从 18 世纪 60 年代起，此类商业借款显著地超过了公共信用的速度。这也帮助解释了巴黎作为欧洲最奢华的城市的声望。不管公共财政可能在什么地方出错，私人企业仍旧繁荣兴旺。最后，有缺点并不意味着没能力，在整个 18 世纪法国显然仍旧是强国，能够在全球投放军事力量，通过在诞生了美国的革命中的决定性胜利维持其和英国的战斗。

然而，事实仍然是：更小、更穷、人口更少的英国在和法国的每一轮战斗中，都能保持平手。它是怎么做到这一点的？多数答案取决于 18 世纪 20 年代早期在伦敦由英国新的事务能手做出的一系列选择。

王室首席大臣的官职或者角色是古老的职位，可以追溯到英国君主制的最早岁月。这一点是自然的：即使是精力充沛或妄自尊大的神选统治者，也需要某个人来交谈，并且是王室的愿望通过他能够变成现实的一个人。然而，“首席大臣”的头衔和工作则相对较新。对漫长的英国王室史来说，君主让他们的首席仆人代理的大部分权力被划分成具体的职位。随着代议制政府在 17 世纪的成熟，特别是光荣革命之后，派别和党派政治倾向于在内阁中形成一个更多层级的权力组织。随着由南海崩溃创造的部分权力真空的出现，沃波尔在他的同盟内登顶让这一点达到了巅峰。

沃波尔本人对由他占有举足轻重职位的建议感到厌烦。在掌权

20 年之后，他在下议院宣布："我明确拒绝我是唯一和首席的大
臣。"他的同事们洞明事理。根据传统说法，英国的第一任首相在 307
1721 年就职。当时，沃波尔集财政大臣、下议院领袖等主要职位于一身。为巩固地位，他花了两三年时间。但是，到不晚于 1723 年，沃波尔的权力已经明显超过了前任。最重要的是，他的权力来源于可以辨认的现代首相治理的原型：他同时是国王的高级代表和控制了下议院的党派领袖，而下议院这个民选机构控制着国家的财力。这样，沃波尔就能充当英国治理中的诸多反对力量之间的桥梁，并且同样重要的是，他通过掌控议会拥有自己的权力基础，不受王室一时兴起的约束。

所有这些意味着，当英国面临在 1720 年崩溃之后怎么样为国家事务付款的问题时，沃波尔和他最亲密的伙伴能够以前所未有的官方权威行动来解决这一麻烦。跨过海峡的帕里斯兄弟已经证明，完全可能利用一次金融危机，合并债务，把公众的损失转化为国家的收益，不过是直接回到同一种借贷，这种借贷曾导致两国从一开始就走向各自的泡沫。

在他在位 20 年的一系列决定中，沃波尔拒绝这么做。也就是说，在 1721 年，他并没有一个完整成型的计划来推进，但是他允许自己和他的政府部门受前半个世纪发展出来的思想所引导，这种思想部分是创造出来的，部分是对首个公认的现代货币市场兴起的回应。这一进程反过来支撑了英国走向全球。可能这些方法没有一个它的竞争者能赶得上，其中首先是法国。

这种转型开始于南海公司本身。即使在崩溃之后，它仍是一头

巨兽，被其吸纳的所有债务撑得溜圆。在泡沫结束时，南海公司的资本总数达 3 800 万英镑，这使得它到此时仍是在交易巷交易的最
308 大股份公司。它保持着一种尴尬的混合身份：既是一家金融公司，又是一家贸易企业。这两项完全不同的业务，当面对不同类型的风险和风险级别时，要求不同的专门知识。在系统改革能够进行之前，它必须合理化。第一步是缩减它，使其与其余金融体系相一致。为了达到这一目的，在 1722 年夏天，公司在一次出售中转让了其资本的 400 万英镑给英格兰银行，结清了其部分没有偿付的债务。

随着公司的资产负债状况得到改善，下一步是把巨兽分成不同的企业。1723 年，“老”南海股票被一分为二。对应他们拥有的每份原始股，投资者会收到一份新资产，叫南海年金，事实上是一种债券，由源于泡沫期间财政部收进的各类债券所欠的钱构成的稳定收入流来支付。他们也得到一份公司贸易部门的“新”南海股票，现在该部门与纯粹的金融运作分离。这种操作消除了哈奇森在 1720 年费了好大劲来解释的困惑。现在，一份稳定的流动金融资产拥有众所周知的低风险回报，而另一份业务是在高风险但偶尔高回报的跨洋贸易舞台上竞争。①

泡沫之年的古怪之一是南海实验的探险活动恢复了生机。对 18 世纪头十年贸易探险的持续失望，是刺激布伦特和他的同事们走向越来越大的金融投机的部分原因。现在，这种目标混乱已经结束，

① 尽管如此，这里的“年金”这个名称不同于法语语境下的年金（和更早的英国年金）。在法国，年金不和一个特定的生命或一系列人的生命关联，这使得它们缺乏流动性，不能轻易转让给其他人；它们是简单的债券，无限期支付利息，随时能够赎回。

公司的垄断特权变得相对更令人感兴趣。英国再次与西班牙达成和平，这使得每年前往西属美洲港口的贸易航行重新开启。这些航行持续到 1732 年公司放弃了努力、放弃了成为一家大贸易垄断企业的最后主张。在最终航行之后，南海文员总结了后泡沫时代的贸易账目。公司获得了纯利润，但是在 11 年里仅仅获得了 32 261 英镑，简单来说，冒险的努力不值得。 309

第二项航海赌注证明是一项错误。1725 年，公司突然搞了一项实验，也就是在格陵兰岛海域捕鲸。公司为此准备了 12 艘船只，在接下来的几年里又增加了更多船，形成了一支由 25 艘船只组成的小型船队。捕鲸船队是一个金钱窟窿，这主要是因为参与的人员没有掌握捕鲸业务专业复杂的技术要求。把钱抛入大海 7 年之后——到 1732 年几乎达到了 20 万英镑——他们放弃了，不再派更多的船只到北极地区。

公司的业务线不止一条：还有买卖人口。公司在前 10 年涉足奴隶贸易，开头并不理想。但是，在 1720 年和 1721 年奴隶贸易航行暂停两年后，南海船只重返非洲补给站。在接下来的 17 年里，直到另一场西班牙战争让贸易结束，南海船只运送了至少 3 万名非洲男女到新世界。这一数字肯定低于真实的被偷猎的生命，因为最佳估算表明，大约 7 名被俘者中就有 1 名在旅程中死亡。

但是，尽管奴隶贸易推动公司的商业努力获得了利润，但是总体结果从来没有接近于创造一个跨大西洋东印度巨兽双雄。泡沫之后，公司证明了它实际上可以通过派遣船只跨越大西洋来赚钱。但这是一项艰难复杂的工作，且它通常只能带来微薄的收益。1733

310 年，一次股东抗议迫使议会把公司剩余的贸易本金的 2/3 转换成更多的南海债券，这些债券由国王和议会的信心和信用担保。

这给国家增加了成本，因为它增加了国债总数。但是也要承认明显的一点：南海公司再也不是一台跨洋财富机器了。没有任何形式的进一步贸易尝试。南海公司曾经短暂的是世界上最大的私人企业，现在剩下的只是一间金融交易清算室，办事员记录政府官方利息支付的稳定流入，还有同样数额的钱从相反方向流出——到债券持有者手中。

当然，这正是布伦特在 18 世纪头十年最炎热的时节害怕回到的命运，也就是那种单调乏味的、重复性的和不是特别获利的工作：在纸上写下数字，从一张桌子传到另一张桌子。然而，这项工作是沃波尔领导成就的一项胜利，创造了一种为帝国付款的独特的英国方法。公司的年金把国债重构为一种新形式：一个单一流动的、容易买卖的债券池。这一成就使得政府必须证明，当欠款发生时，它能还清欠款，足够可靠，这样不管何时它需要再次借款时，王国的臣民都愿意原谅南海泡沫，且愿意把他们的资金托付给政府领导人。

创造这种信赖是沃波尔作为首相在他漫长任期内的主要事务之一。他开始复兴他在 1717 年首次倡议的工具，也就是“偿债基金”，之所以这样称呼，是因为它被用来利用任何额外的政府收入来偿还国家所欠的所有钱。沃波尔的基金资金来源是与特定收入流绑定的借款支付之后的剩余。最初的《南海法案》削减了财政部的利率，偿债基金开始增加。到 1727 年，它一年能剥离出超过 100 万英镑。

在沃波尔的指导下，财政部利用这笔储备的一部分，来收回剩

余的可赎回债务——它们的拥有者在泡沫之年拒绝转换成南海股 311
票。通过回购部分公司的票据，持续削减国家的总体债务，这样也减少了财政部未来的利息负担。一直到 18 世纪 30 年代，沃波尔继续扮演好管家的角色，推动任何可用资金用于偿还剩余债务：英格兰银行持有的国债、旧的彩票份额和其他。他拥有如此的财政审慎名声既是真实的，也有一些虚构。评论家提到，沃波尔偶尔愿意让偿债基金远离债务支付，而是用它来负担日常费用。即便如此，在任职期间，沃波尔的政府部门偿还的债还是多于财政部借贷的钱，国债净下降超过了 600 万英镑。

这样的财政审慎导致了良性循环。在 20 年内，沃波尔的管理推动英国政府为其借贷支付的利息下降到每年仅有 3%。更少的本金，再加上更低的利息，在泡沫之后的 20 年里，每年削减的国债花费几乎达 1/4。即使沃波尔在使用偿债基金时不无罪过，但是他塑造的财政体系还是提供了清晰的证据：英国已经跨过了门槛。政府能审慎地管理其债务，那些把他们的资本委托给国家的人将收到当初承诺的东西。这意味着，当事件发生，创造出需求，需要财政部拿出它并不拥有的资金时，政府部门实际上能够筹到钱。考虑到英国政府借贷的原因，这是一场纯粹术语意义上的胜利，将在全球每个角落的战场上取胜。

这里有一个故事，在每一节课堂上第一次听到它都会有一种惊悚的快乐：

1731 年 4 月 9 日，胡安·德·莱昂·范迪诺（Juan de Leon

312 Fandino）命令“伊莎贝拉”号在古巴附近巡航搜索走私者。“伊莎贝拉”号上的一名警戒哨在哈瓦那水域发现了一艘双桅横帆船：“丽贝卡”号。该船是从伦敦开往牙买加，船上装满了糖。西班牙和英国处于和平时期，但是根据条约，西班牙海军能拦停并检查英国的船只是否走私。“伊莎贝拉”号开了几枪以迫使“丽贝卡”号停船。这艘双桅横帆船放出了一条小船，大副带过来船只的文件，“希望能让检查者满意”。

然而，检查者并不满意。范迪诺逮捕了这名船员，用他们的小船派遣了一支武装登船队从另一边登船。在“丽贝卡”号甲板上，这些西班牙人变身为强盗（根据英国船员的说法），“他们打开了所有舱门、储物柜和保险箱”以搜索掠夺品，当他们发现没有什么东西能让他们满意时，“他们的中尉命令（船长）绑上双手，他的伙计们也被绑上双手，带到前桅”。他们殴打并割伤了“一名黑白混血男孩”——船长的仆人。接下来，他们在船长的脖子上系了一根绳子，把他吊了起来，直到他双脚悬荡在甲板之上。然后，他们把船长放了下来，问他把钱藏在了哪里。当他告诉他们没有钱时，他们再次把他吊了起来，再一次逼问，“直到他快被勒死了，才把他放下到前舱”。西班牙船员搜劫了他的口袋，从他的鞋上抢走了银鞋扣，并且顺着甲板拖拽他——仍旧是用脖子上的绳子。再次步步紧逼，船长坚持说船上没有更多的钱财，除了他已经透露出的“4枚英国几尼，1枚皮斯托尔[1]，4枚成对的达布隆[2]”。这激怒了主

① 一种西班牙金币。——译者注

② 一种西班牙金币。——译者注

管检查人员的西班牙官员，他拿起他的弯刀，割下了船长的耳朵，另一位西班牙船员扯下了耳朵的剩余部分，“给他一块耳朵，命令他带回给他的乔治国王陛下”。

这当然是极致的侮辱，当船长罗伯特·詹金斯（Robert Jenkins）一到达家乡水域，伦敦报纸就挑起了他耳朵的事端。西班牙禽兽血淋淋的故事和诚实的“丽贝卡”号的苦难经历在整个 6 月充斥了新闻版面。这一事件暂且更多的是用作消遣而不是激发怒火。
在罗伯特·沃波尔的优点中，有一点是他从来不渴望战争。尽管多 313
年来和西班牙的关系麻烦不断，但他的政府设法避免任何直接冲突演变成战争。但是，詹金斯并没有消失，他被割下的耳朵也没有，保留着等待那一天，当英国可能需要被提醒未竟事业的那一天。

那一天在 1738 年到来了。詹金斯在这一年的早些时候出现在下议院众人面前，复述了整件事，挥舞着他残废的身体部分。不同的说法认为，割下的耳朵被保存在酒精中，或者詹金斯将其风干，把它放进了呢绒卷中。哪一个故事都没有直接证据，但是，即使只要提到被割下的耳朵，也足以鼓励沃波尔的议会反对派谴责他面对持续存在的西班牙嚣张气焰和傲慢态度时表现软弱。

所有这些让 18 世纪类似于小报的出版物感到兴奋。但是，对议会中的主战派来说，侮辱仅是他们的借口，其真实目的是扩展英国贸易的版图。西班牙人紧紧抓住如此之多的美洲和亚洲财富，既被视为冒犯，又被视为机会，这意味着在他度过生活中的七年糟糕岁月之后，船长詹金斯对那些试图强迫马德里表态的人来说变得有用了。

314 他们成功了。英国战船在 1739 年 10 月 22 日攻击了委内瑞拉的拉瓜伊拉。这样就点燃了后来固定在英国课堂记忆中的詹金斯耳朵之战。这场战争拖了 9 年，成为另一场欧洲王朝战争的幕间剧，这场王朝战争以奥地利王位继承战争而知名，发生在 1740—1748 年间。那场更大的冲突成为同盟之间的较量，英国和奥地利哈布斯堡王朝成为一方联盟的中心，另一边是西班牙、普鲁士和法国。

就沃波尔实行的审慎财政政策来说，英国要支付这样一场全球斗争的额外成本，仍旧并不容易。国家收入每年徘徊在 700 万英镑左右，而新战争需要的公共支出攀升到每年 1 300 万英镑。在这样的情况下，政府的借贷能力就显得至关重要。战争是对后泡沫时代英国信用重建的考验。

国家遇到了挑战。迟至 1745 年，财政部仍能以 3%的利息借贷，但是在 1746 年，军事需求推动新借款利息上升到 4%，一直保持到冲突结束。这仍远低于 1720 年之前几十年借款利息最坏的情况。最关键的是，这新一波借款的条件和南海清算中设定的条件一样。每份新借款都采取了可赎回永久年金的形式，息票将永远支付规定的利息，或者直到政府选择付清。这次新的政府借款和前 20 年流通的南海年金表现得完全一样，甚至在交易巷已经知道怎么样交易和估价方面有更多一样的表现：穿越时间的统一抽象的货币表达。

315 这样的财政稳定性是英国的秘密武器，成为体现财政部借贷能力的关键：以合理的利率借贷，即使在非常时刻也是如此。曾经是国家灾难发动机的南海公司，反而成为一台信用机器，让英国领导人无论何时需要保护他们视为国家利益的东西时，都能够根据需要开支。

这种成功并不是没有代价的。罗伯特·沃波尔有诸多失误，其中就包括只愿自我充实，对婚姻的坚定不移没有强烈的感觉。但是，他从来不视他人的生命为儿戏。只要他仍是政府首脑，他就尽其所能阻止与平息任何突然发作的战争狂热。他已设法避免以詹金斯失掉的器官为借口发动战争。当被迫屈服于公众激情时，他写道："他们在敲响警钟，很快他们就会扼腕长叹。"

罗伯特·沃波尔未能让英国置身战争之外，这是一种他对权力掌控弱化的迹象。到 1740 年，他的政府比 18 世纪 20 年代早期以来还分裂。他对下议院的掌控不断受到侵蚀。1741 年的一次新选举留给他的是，在 558 名议员中赞成政府部门的票数仅以 19 票的优势形成多数。在 1742 年 1 月，这一局面缩小到 3 票之差的边缘；然后在几天后的一次关键投票中彻底失败。

这成为终点。1742 年 2 月 6 日，国王乔治二世把平凡的沃波尔先生变为奥福德伯爵、沃波尔子爵、霍顿的沃波尔男爵。这样就把他提升到上议院，他让出了在政府部门日常运转中的角色。沃波尔政府被一个老对手、后来的格兰维尔伯爵约翰·卡特里特（John Carteret）领导的政府代替，但后者很快就领教到老人的牙齿也会咬人。卡特里特在第二年就被沃波尔的一个门徒打倒——亨利·佩勒姆（Henry Pelham）1744 年就任首相，任职 11 年，直到去世。

佩勒姆并不是爬上最高位的合适候选人，但是 20 年平淡无奇 316

的职业生涯，已经把他变为沃波尔构建的财政机构的理想管理人。他就任时，战争从新世界一系列遥远的小冲突，转变成一项欧洲范围的事务，规模的扩大意味着财政部不得不借贷更多，意味着佩勒姆面对着一个对新债越来越不安的市场。1746 年，看上去英国可能要追随法国回归古老的旧习惯——以 9%的利息发行新彩票借款。糟糕的是，随着战争受挫的消息冲击了交易巷，金融类股票开始下跌，对政府被迫支付的利息造成了间接影响。在乔纳森咖啡馆和加勒韦咖啡馆发生的事，是为政府可能需要的每一笔新借款设定了参数（比如，票面价值 100 英镑、以 4%的利息发行的债券，如果一位经纪人仅以 80 英镑卖给你同样的债券，那么 4 英镑就变成 5%的收益）。所以，佩勒姆带着双生问题就职：他需要找到一种方法压低财政部借款的利息，且不得不阻止任何进一步的过错，回到以可怕的条件为担保的紧急借款的艰难岁月。

第一项任务是让借款变得更便宜。为了这一目的，和平就是答案。通过小心的操控，随着奥地利王位继承战争在 1748 年结束，佩勒姆能够推动大幅削减向财政部借贷收取的利息，通过两个步骤从 4%降到 3%。每家有钱的公司（英格兰银行、东印度公司和南海公司）必定会被说服对它们持有的官方债券少收一点利息，花费一些时间劝说它们的股票持有者接受赤裸裸的现实：过去的日子确定已经过去了，泡沫已经把不可赎回债券排除出了体系。任何可以赎回的债券，当新借款支付的利息低于旧借款支付的利息时，将被回购。最后同意打折的主要机构仍是国家最大债权人的机构：南海公司，持有近 2 600 万英镑可赎回股票。

更大的目标，是创立一个有效的政府信用市场，这样英国将保 317
持对其敌人的永久优势。在前泡沫时代的残留物中，一团乱麻似的债券和其他债务仍旧躺在账簿上。这些是财政部从 17 世纪 90 年代起被迫采取的绝望行动的残留物。佩勒姆在 18 世纪 50 年代初做了沃波尔不能做的事：说服议会把大部分剩余的各种政府借贷合并成一种单一的证券，每年支付新近的 3%利息。到 1752 年，这项工作完成了。这种新的财政工具以统一公债（consolidated bonds）而知名，缩写为“consols”。尽管统一公债在未来几年不是英国政府用来筹款的唯一工具，但它代表着在金融发明进程中最后的关键进步，这一进程开始于 1693 年首次议会背书的借款。

在未来几年，用统一可信的证券筹集资本的权力，为帝国的发展提供了资金。1750 年，英国欠债接近 7 000 万英镑。和法国的下一场冲突——从 1756 年到 1763 年的七年战争，促使流通中的公债总数更高了。在英国对抗其北美殖民地独立运动的失败战斗过程中，这一总数再次上升，然后在由法国 1789 年革命点燃的战争高潮中扶摇直上。

在每一次需要的时候，财政部都能安排新的债务发行，数百万英镑钱款让国家有可能推进战争。也就是说：以统一公债的最高成就，结合理顺南海泡沫挥之不去的痕迹的其余操作，英国不只是调整了其开展官方业务的方法。相反，伦敦领头的金融权势人物设法利用了货币不是一件物品，并不必然是物质现实的一块银的思想。
南海年金、统一公债和其他所有债券，随着时间的推移发挥了替代 318

功能。在实践中，它们代表着国家的未来财富，当下能够服务于国家的目的。

人们很容易相信，思想从来没有像加农炮的轰鸣或军刀的割喉那么致命。陈腐如债券这样的事物，看上去确定远离战场。但是，英国的货币优势，扩展了其武装力量的能力，去应对暴力和攫取从普拉西到亚伯拉罕平原的领土。到英国北美战争结束，南海公司成为一家纯粹的壳公司、一部分国债的清算公司和刻在几张纸上的一个名字（赋予其持有者获得恒定的3%收益的权利）。这样一个单调乏味的结局几乎不是回到1720年当时狂热大众梦想的东西。

在1815年的某个时刻，当巴黎和伦敦采取不同的金融决定受到考验之时，对漫长和浴血的18世纪最后岁月的记忆逐渐变得清晰了。

第二十三章　“它不会被治愈”

1815 年 6 月 18 日，星期日，晚上 8 点，威灵顿公爵跨坐在 319
他那有名的坏脾气的栗色马“哥本哈根”的背上。他挥舞头上的帽子，他的军队毕恭毕敬，如“大地的浮尘”般涌过山脊，追逐着拿破仑帝国卫队的残余人马，回到山坡上。在被战争毁坏的被称为神圣树篱的农舍里，三个营的法国精锐部队准备背水一战。面对步兵和骑兵的联合冲击，他们被冲垮，溃败开始，逃离的法国士兵们大声呼喊（在传说中是这样）：“卫队撤退！如果可能，自救吧！”

大约 1 小时后，威灵顿越过战场去迎接陆军元帅盖布哈德·勒贝雷希特·冯·布吕歇尔（Gebhard Leberecht von Blücher），这位普鲁士军队指挥官在战争的决定性转折点击垮了拿破仑的后备队。

在之后几天里还有几场小规模的战斗，但这已是结局：英国和法国之间长达一个世纪之久的冲突在这个时刻结束，两位指挥官在滑铁卢战场胜利会师。

320 对于看似无尽的战争的最后几个小时来说，英国胜利没有什么是必然的。当然，战争是由那些实际打仗的人决定的。但是，把英国抬高到超越它更大的对手，需要的不仅仅是勇气甚或是威灵顿的掌控力。拿破仑战争是国家间的冲突。双方配置的武装力量远远大于以前任何一次配置的力量。在特拉法加相遇的舰队，代表着对那个时代最先进机器的资本投资。风帆战列舰、红色军装、滑膛枪、啤酒和牛肉、火药、炮弹和其他一切东西都有其价格。在某种程度上，乔治政府设法持续为战争付款，有时是让英国单独和被拿破仑征服了的欧洲进行财富对决。

说起来太简单了：1720 年之后在巴黎和伦敦的银行业和市场所发生的事情，决定了滑铁卢战役的结局。但仍然是事实的是，英国和法国面对十分相似的金融灾难，选择做出两种完全不同的反应，在接下来的几十年里，这种选择让英国超越其重量等级，出现了质的提升。

所以，如果威灵顿缺席，滑铁卢可能失败；但是，如果英国像
321 法国一样在南海危机之后退回到公共财政的老习惯，极为不可能的是英国能维持战斗力足够久，以让“铁公爵”的部队到达那个山脊。在 18 世纪的进程中，战争中国家的原始大小，其重要性要小于动员每个国家经济生产资源的能力。

这是以伦敦为中心的金融体系出类拔萃之所在。到拿破仑时代，英国借贷规模是令人震惊的，使以前的经验相形见绌。在1814—1815年，即战争最后的一整年，公共借贷攀升到几乎超过1.11亿英镑，尽管借款的2/3是用来满足军事支出。在那一年，财政部在以交易巷为中心的资本市场筹集了3 600万英镑，几乎等于南海公司通过泡沫协议吸收的25年积累的债务。某种程度上，财政部设法从英国经济中抽取了大量信贷。不仅仅是这12个月，而是20多年间的每一年的积累储备确保了最终的胜利。

沃波尔和他的继任者们，在泡沫后的几十年里达到的成就，其直接结果是他们的确做到了这一点。这并不容易。在18世纪90年代早年的战争中，由战争驱动的资金需求推高了政府借钱的成本。统一公债和其他债务的价格落实到交易巷身上，迫使到1797年政府借贷的利息超过了6%，是过去和平之年利息的两倍。为了帮助支付这些特别账单，在1798年，议会在英国历史上第一次开征所得税（除了1802年短暂和平期间暂时例外，在整个战争期间都征收）。同一年，硬币作为硬通货不得不出口以帮助欧洲的潜在盟友。322
这些付款让英国极度危险地缺少黄金，达到了在1797年英格兰银行停止将其纸币根据需要兑换为硬币的程度，把硬币换为纸币则不会得到基础资产的支撑。继沃波尔和佩勒姆稳定英国官方财政之后而来的，是形势看上去更加悲惨可怖，是17世纪90年代形势的一种重复，伴随着货币贬值和首次出现不可持续且代价高昂的国家借贷。

但是，到1800年，信用市场决定性地反转。不需要持续维持黄金储备，英格兰银行就能够发行足够的纸币，来维持英国的货币流通，这是一次对约翰·劳货币思想的遥远致敬。所得税和其他措施巩固强化了财政部债务支付的能力，政府债券市场反弹。在战争的剩余年份里，统一公债利息下降到4%和5%之间。一旦18世纪90年代后期现金和信用短缺减轻，在拿破仑时代的英国就再没有接近过威廉国王在17世纪90年代面临的险境。随之而来的是，海军从圣文森特到特拉法加的大捷、在半岛战争和其他战役中军队的成就、“小规模边缘计划”（以英国的1812年战争而著名）。每一场小冲突和大战争依靠来自伦敦中心稳定的借款，流向那些打头阵者。

换一种说法：英国在拿破仑战争中使用的秘密武器，是成功运用了新金融技术。泡沫破裂之后30年出现的制度和技巧，让私人代理商有可能把他们的钱交给国家支配，来交换一份未来几个世代从经济活动中收取的税收。这是一场交易，在其中这些债券很容易买卖，得到财政部多年以来示范式的支持：政府发行的债券是一项
323 安全的投资。市场和不断增加可信度的官方保证结合起来，意味着泡沫留给英国的最终遗产，是出现了一个弹性的、可扩展的信用池，可用于任何国家目的。

这是丹尼尔·笛福很久以前看到的东西。笛福提到，善于使用债务是他的国家在无尽的霸权斗争中决定性的优势。他写道：“外国人已经听说战争没有让英国变得更好。”并非英国人拥有更为勇敢的品质或战争技艺；相反，笛福写道，潜在的敌人知道，“我们

拥有取之不尽、用之不竭的货币仓库。在战场上，没有任何优势能与这种财富优势相匹敌”。

笛福是在南海之春最高潮时写下这些的，这并不意味着笛福了解和预见到了未来几十年英国金融体系的演进，很明显他没有。然而，他是一位足够敏锐的观察者。他领悟到英国的金融体系已经经历了一场革命。我们能够看到笛福看不到的东西：金融革命是会变化的，如同 17 世纪后期以来震撼欧洲的其他思想巨变。17 世纪的科学革命不单是或者不全是一场英国的创造，尽管牛顿已经开始象征着它的胜利。在英国为自身目的使用货币和信用新形式背后的各种突破，也不是英国的独创发明。但是，自然哲学家的思想转变，对英国市民生活产生了深刻影响。在伦敦，激励着人和事的是把正在涌现的思考方法运用到日常人类经验中。

南海计划本身没有深度理性地运用数学洞察力。相反，它产生
于特定的历史背景下：治理面临的直接压力和战争、权力与冲突的 324
紧迫交织。它出现于智识和政治世界之中，在其中计算工具和接受从物质现实抽象而来的事物意愿——比如用难以理解的和充满弹性的“信用”概念来取代叮当作响的硬币——培育出一种公共文化，大量操纵货币的实验被视为合理甚至是显而易见的事物予以尝试。

是的，南海债券的实验失败了。但是，长远观点捕捉到与之相伴的真理：国债的确能够转化并且取代先前一团乱麻、难以管理的债券。在某种程度上，英国获得了在未来利用信用筹措金钱的能力。伦敦的银行家及其交易确保了 18 世纪战争的最终胜利。尽管这种说法是愚蠢的，但事实仍然是，没有金钱就无法战斗。

确实，尽管公共信用市场赋予英国在国家霸权争夺中一种关键优势，但这个国家像许多先行者一样，未能充分利用其发明，这也是真的。在现代证券交易的早期阶段运用的金融方法可以转向各种目的，在令人眼花缭乱的范围内对未来下注。但在18世纪和下一个世纪，英国政府限定了谁能使用伦敦的资本市场。根据法律，只有少数股份公司能在那个沙盒里玩，几乎是排他性的熟悉的名字：英格兰银行、东印度公司，以及少数保险公司和少数其他类型的公司。在很大程度上，准备好利用债务市场的主要机构是财政部本身。

这部分归因于在南海季的高潮时发热的政治。阻碍新股份公司
325 组建的《泡沫法案》，一直到1825年仍旧有效。同时，大量的聪明人设法找到其他途径，通常是合伙制，来组建商业企业，但它仍旧妨碍了大多数私人企业从最明显的资本来源获取资本。

英国的银行体系同样蹒跚不前。除了英格兰银行本身拥有股份结构和股票持有者的广泛基础，其他每一家英格兰和威尔士的银行都被限制为合伙形式（苏格兰的银行按照不同的规则运营）。在这样的一种经营方式中，每位合伙人面对的是无限责任，这意味着如果银行失败，他们就会失去所拥有的一切。这明显既限制了资本总额，也限制了私人银行能够利用的风险偏好。重要的是不要夸大此类限制的含意；大量重要的新企业在这样看似不友好的条件下组建。比如，约西亚·韦奇伍德（Josiah Wedgwood）在1759年创建了他的成为未来标志的公司，用老式的方法筹集了他启动需要的大部分资金：他的家庭拥有他可以用来开始的建筑；他婚配很好，配偶是一位带着丰厚嫁妆的表妹；他本人是一位精明的商

人，对发明拥有经久不衰的本领，指引他进入新的陶瓷制品、釉彩和设计领域。

但 18 世纪的英国金融基础设施不是特别欢迎私人企业。股票和信用市场的新社会技术太有价值，以至于国家不愿分享。财政部通过支配金融工具为战争付款筹集了大部分金钱，伦敦交易所在其第一个世纪的角色是明确的：它是帝国的一个工具，不是作为整体的国家经济生活的工具。

打破国家掌握、获得资金的机会，对私人企业来说有多重要？相当重要，正如另一项自然实验所证明的那样。直到英国的北美殖民地赢得独立，它们都从属于母国企业面对的同样法律框架，再加上它们自己的额外限制。但当初出茅庐的美利坚合众国在 1783 年摆脱这些束缚时，随之而来的金融解放立即产生了影响。银行在美 326
国大地上破土而出。到 19 世纪早期，美国全国有超过 300 家银行，许多是以公司形式组建，而不是合伙制。这种商业结构，使这些新机构能够在主要城市的几家股票交易所的任何一家筹集营业资本，它们的管理者负有限责任。这可能看上去是一项普通的区别，是运用了一点商业法的无聊把戏，但它意味着这一时期美国的私人银行以保证金的形式冒着创造信用的风险：以贷款的形式出借比他们持有的存款更多的钱。美国在 19 世纪 20 年代只有大英帝国一半的人口，但是在他们的英国同行提供给王室的臣民同胞贷款时，美国银行家能够投放 4 倍的贷款到美国经济中。

同样的故事在整个金融景观中上演。美国的证券市场以股票进行交易。股票代表了至少同样的资本，并且很可能代表了更多的资本，也在伦敦交易所流通。这带来的结果是，任何人想尝试开办某些新企业或多或少是可以做到的。历史学家理查德·塞拉（Richard Sylla）的数据显示，在1800—1830年间，10个东北部的州就增加了3 500家新办企业。

美国金融比英国经历的在范围扩展上更大众，为商业企业的爆发和没有先例的财富提供了资金。1790年，美国的GDP达1.8亿美元（以21世纪的价格折算大约是45亿美元），英国在同一时刻能够以5倍的数量自夸。到1825年，美国的GDP高达8.22亿美元，同时英国攀升到大约16亿美元，仍旧是前殖民地的2倍，但是很明显，这种差距正以猛烈的速度弥合。

说革命后美国经济增长的突然爆发是由于新国家拥抱的金融制度驱动，或者由于大西洋两边运行的不同管理制度，都是不准确
327 的。英国显然承受着货币和信用思想的一些后果，但是有一些更平凡的原因解释为什么这一国家的经济不会以前殖民地同样的增长速度增长。一方面，新建的美国在更小的经济基础上更容易实现扩张；另一方面，即使英国的金融革命允许国家积累巨额债务来发动战争，仍存在其明显支付不起利息这样一个成本问题。经济史家特明和沃斯已经解释了英国的公共借贷大部分垄断了公共交易，减少了能够给伦敦金匠银行私人客户使用的信用额度。特明和沃斯提到，很难确定这样的挤出发生了多少次。但事实是，即使独立战争留下了债务，美国政府在早期几十年也不需要大笔借贷（除了1812年战争期间之外）。同时，其母国却持续斗争且为一场世界战争掏

钱。长期陷入纷争乃至战争这一点对英国经济产生的拖累，部分解释了英国在 18 世纪末相对其已经独立的前殖民地更慢的经济增长。

而且，独立之后的美国拥抱了大洋另一边开创的发明所创造的全部可能性，这也是真实的。美国的信用市场提供了资金，它不需要把这些资金支付给军团和舰队，相反能够为运河、铁路和马萨诸塞的棉纺织厂提供资金，这些资金为工业革命开了局。

这不仅仅是后见之明的说法。当时人把美国的经济爆发视为特别的、需要加以解释的现象。早期观察家中最著名的阿历克西·德·托克维尔（Alexis de Tocqueville）大为赞叹这个新国家不可思议的经济活力。他在 1831 年来到美国，以《美国的民主》为名出 328
版了他 9 个月旅行的结果。他以强调坐落在大洋西部边缘的这个社会是多么年轻来开场："美国人就像昨天到达他们居住的领地，并且他们为了自己的利益改变了整个自然秩序。"

他特别强调："世界上没有人像美国人一样，在商业和制造业方面取得如此之快的进步。"他赞美的观察记录读起来像伍迪·盖瑟瑞（Woody Guthrie）的歌词草稿："他们已经把哈德逊河和密西西比河联结在一起，让大西洋和墨西哥湾相通，横跨面积超过 500 里格[1]的大陆，分割了两个大洋。目前已经建造的最长铁路在美国。"甚至超过这些工程的单纯规模，托克维尔被新国家的磅礴野心打动。"在美国，最让我感到惊讶的，与其说是某些事业的雄伟

[1] 里格（leauge），长度名。——译者注

辉煌，不如说是无数的小人物……美国人在生产性产业方面有了巨大进步，因为他们所有人都立刻投身于此。”

这一判断与托克维尔更大的主题相符：在他的叙述中，美国受其热情拥抱民主的冲动所激励。他认为，这种民主冲动是一种迫切需求，从政治扩展到日常生活的每个角落。考虑到其结论，他并没有理解国民文化和习惯之外是什么推动所有这些热切企业家的需求。相对于他的目的来说，经济生活的机制最多是次要的，毕竟，他是人群的观察家，不是资本的理论家。

这是后见之明能够提供帮助的地方：数字揭示了美国的自由思想是如何扩展到金融应该像方便国家一样方便市民的信仰的，并且这些同样的数字讲述了故事的其余部分：它起作用了。正如托克维尔自己证实的，根据几项标准，美国的经济表现在新国家存在的前50年里处于匹敌或优于其欧洲竞争者的水平。

329 尽管托克维尔不是金融分析家，但他称得上一位异常敏锐的观察家，他确切指出一个新共和国关键的弱点：在一个相互依赖的经济体内，由不确定的未来按时履行的约定互相束缚在一起。他提及新国家的居民：“由于他们都参与商业，他们的商业事务都受此类各种复杂原因所影响，不可能预见会出现什么困难。由于他们或多或少地都参与到生产性产业中，对生意来说最小的冲击都可能把所有的私人财富置于危险之中，国家会被动摇。”

托克维尔推理称，这是开放经济的必然属性的体现。在开放经济中，任何单个企业的金融财富都深度参与到用于做生意的每一样其他财富中。这给了托克维尔一个警醒：在他周游美国之时，股票市场的崩溃和其他金融突发事件的经常发生，足以让他看到它们内在于美国和其他模仿者的经济生活之中。托克维尔总结道："我相信，此类商业恐慌的回归，是我们时代民主国家的一种传染病，它会被认为没有那么危险，但是它不会被治愈；因为它不是发源于偶然的环境中，而是发源于这些国家的性情之中。"

"性情"是宽松的词，但是把托克维尔的警告转化成更加现代的形式，这是一项论证。一个经济体联系越紧密，它就越易受攻击，冲击会回响到整个关系网络中。从托克维尔的时代到我们今天，这样的联系是由体现未来期望形式的金融、信用、货币编织在一起的——这些期望有可能落空。

这里有一个例子，由威廉·克罗农（William Cronon）在他的经典作品《自然的大都市》中很好地记录了下来。克罗农对芝加哥十分着迷。这座城市对 19 世纪的美国人和外国访客来说，是新型商业城市的典范。其新机构最有名的是贸易委员会，于 1848 年 4 *330*
月 3 日开始运行，仅用 15 年时间就使芝加哥摆脱了还是一个纯粹村庄的时代。那时，芝加哥可能仅有 200 名居民，大部分是法国人或帕塔瓦米印第安人。最初，贸易委员会更多的是一个支持机构。到 19 世纪 50 年代中期，贸易委员会成为一个期货市场，一种特定种类的金融衍生产品在此交易。在这里，抽象的货币离现实中的任何物质材料更远。投资者能够购买还没有被种植的谷物（后来，还有其他商品）。

这样的商品期货不是借贷，它们是现在还不存在的物品的付款，体现的是对即将到来的收获的判断。芝加哥期货市场把大片大片的土地、它们的产出和种植它们所必需的劳动力，转变成单纯的系列数字：商定的一蒲式耳红冬小麦的价格，在未来几个月里于规定的日期会被交付。为处理物质商品而存在的庞大的现实世界体系，被这些纸片代表：从田间到芝加哥运送谷物的铁路，运送谷物到终端用户；蒸汽驱动的谷物升降机对谷物进行分类和储存；等等。但是，这一体系能在收成、升降机和装船运输谷物等之间帮助农场主，取决于以一种简单的、无名的和完全可以交换的证券代表
331 所有工作的能力，一片可以交易的纸能使人们为未来的事件提供资金和下注。也就是说，期货肯定能被用来赌博，对好收成或坏收成设定一个赌注。但是，它们是第一种基本的方法：用于捕捉随着时间变化而变化的劳动力和资源的价值，可以让当前持续的时间长到足够使人类目标具体化。

当期货和金融的其他现代形式发挥作用时，它们就让人类越发以灵活和有效的方式同时表明风险和预期。在这种情况下，它们通过引导期货的资源和雄心为我们服务来支持人类的努力——我们所有人都活在当下。最重要的是，从遥远的时刻到今天，所有形式的信用不是一种一一对应的财富转让；我们未来的自己和后代，当我们要求他们为此时此地的愿望付费时，并不必然会有损失。相反，会出现一种增殖：“我不是不付今天的汉堡钱，我很愿意周二还你”让我今天吃到了晚餐，与此同时我偿还借款（和利息!）的承诺创造了一种票据，它有自己的价值（一个价格），能被出售给其他人

（可能足以支付一杯奶昔）。

这样，用动画片的形式（字面意思：谢谢，温比！[①]），部分解释了托克维尔在他的旅途中见识到的财富增长的速率和活力尤其大爆发。美国人自己宣布的金融自由和他们展现的热切，使他们能够以让人难以置信的速度启动新项目。随着时间的推移，金融在美国经济崛起中角色的影响，远远延伸到其边境之外。英国在19世纪20年代摆脱了许多限制性的金融条例，通过某些措施很快拥有了一个金融体系，比美国的金融体系能更有效地向商业输送资本，特别是在安德鲁·杰克逊（Andrew Jackson）让民粹派控告美利坚银行之后。

但是，即使有这样的局部倒退，大规模金融资本主义的基本思
想仍以戏剧性的效果扩散开来。机构、法律和知识工具的出现，需 332
要计算在当前和此后随着时间变化的人类行为象征的安全合法交易在可能的未来的价值——为近乎持续进行的工业革命提供资金（今天工业革命的第三波或第四波浪潮仍在推动我们前进）。蒸汽动力、现代交通工具、通信技术、机器、今天这样一个由飞机网络和字节网络交织的世界、养活数十亿人的化学知识和其他所有多重的工业与知识革命，已经允许前所未有比例的人类，以一种大部分历史上人类梦寐以求的幸福水平生活着。所有我们的经验、我们在世界上拥有的一切，通过创造交易承诺的正式工具，创造为计划成功——也可能在未来多年不会实现（如果曾经实现过的话）——下注的正

① 动画片《大力水手》的动画形象Wimpy。——译者注

式工具，得到了进步。毫不夸张地说，我们寄希望于未来。反过来，允许我们这么做的概念，都来源于金融革命背后的核心思想——数字的使用结合分析，能够对世界上各种各样的实际事物进行抽象推理。

当然，金融工具的目录仍在演进——有些时候产生了良好效果。仅举一例：在 20 世纪 90 年代，围绕歌曲 *Rebel Rebel* 的未来价值进行交易成为可能。这一特定的一小块金融工程以宝儿债券而闻名，这是首次有音乐爱好（或者对名人着迷）的赌徒能买卖一位流行歌手未来收入的股份。以来自歌曲的打包版税来销售股票，为 *Ziggy Stardust* 背后的男人［大卫·宝儿（David Bowie)］带来了整整 2 500 万美元。这正是金融革新被期望达到的结果：宝儿获得了手头可用的现金，他认为是合适的，与此同时，他的债券购买者获得了一笔一直延伸到未来的收入流［可能是“汤姆上校”（Major Tom）每次通过收音机电波对他们开口说话——以他最特别的方式发行股票，外带一种额外的无法估量的快乐震颤］。[1] 艾萨克·牛顿和罗伯特·沃波尔可能会对大卫·宝儿的现实状况感到惊奇，但是
333 他们对出售一笔未来收入流背后的想法没有意见。把一首歌随着时间变化的价值转变成现金，与一个人把一张彩票或一份年金转换为能在交易巷买卖的一只股票，毕竟是同样的转化。

---

① 大卫·宝儿，又译为大卫·鲍威，是英国摇滚歌手和演员，于 1997 年以歌曲版税收入支息，推出宝儿债券，筹资 5 500 万美元。*Ziggy Stardust* 和 *Major Tom* 本是他发行的专辑或歌曲名，后都成为他的代称。——译者注

尽管如此，潘格洛斯[①]作为一名经济分析家，比作为一名社会生活观察家并不更有说服力。绝对真实的是，越来越复杂和数学化的金融革新，比如，已经使得购买一幢新房和开走一辆新车成本更低。但是，正如托克维尔在两个世纪前忧虑的，现代完全相互联系且越来越强大的金融体系，并不总是尽善尽美的。在这里再一次强调，南海之年有某些教训教会了我们金融革新的风险。泡沫可能会消散，但是其意义并没有过时。在 2008 年 9 月一个真正不幸的星期一早上，世界在回响中被残酷地提醒了这一点。

---

① 指盲目乐观的人。——译者注

结语　“一种传染病”

335 2008 年 9 月 18 日，曼哈顿，天刚破晓。到午后，温度达到了 80 华氏度。[①] 到晚上，温度仍旧不低，足以让人们在街边咖啡厅外边享受一杯饮品。对大多数在城市中外出走动的人来说，这是一个晴朗的夏末的日子。

在第七大道 745 号，没有这样的快乐能打破痛苦。在其 150 年的营业中，雷曼兄弟已经从一家兼营原棉的干货商店，发展成为全球范围的投资银行。到 20 世纪 90 年代，雷曼已是世界一流的金融机构。所有这些历史在一天时间里变得支离破碎。

---

① 大约相当于 26 摄氏度多点。——译者注

雷曼兄弟崩溃，是由于其直接继承了南海泡沫的金融操控。1720 年的狂热紧随着把一堆债务、彩票、年金和其他待付款，转换成南海公司股票的决定。那一债务的大观园，最终转化为一种单一的证券，从根本上说是一种债券；用现代的说法，一批不同的债务被证券化了。英国后来从泡沫中获得的优势取决于这一行动：把大量不可立即兑现的资产转化为一种金融工具，可以在一家交易所 336
交易。这赋予英国政府使用所有其臣民投入伦敦货币市场的财富的权利。同样的证券化技巧可以使用在许多其他种类的金融工具上，在 20 世纪后期，雷曼和其他主要的机构就是这么做的：组合数千笔不同种类的债务——汽车、信用卡余额，或者本故事中最重要的住房抵押——打成包，在这种情况下，其股份可以进行买卖。

这种现代证券化产生了与来自重组英国国债为债券同样的收益。比如，在抵押贷款被例行打包进这些数量庞大的类似债券的投资之前，地方银行会借钱给你买房，如果你能提供抵押，最多只能借到银行自己储备金决定的上限；但是，把这些债务合并进一个大堆中，可以将其打包成股份，出售远超城市的限制，把美国国内市场向世界范围的资本池开放。正如英国在其统一公债上所经历的，这样一种极其放大的资源供给使得借款——借款买房——更容易也更便宜。这又是金融的奇迹：对那些寻找（看来似乎）安全回报、让他们的钱发挥作用的人来说，这是一次成功；同样，对借款人来说也是一次胜利——现在可以付出少而得到大到足够资助重要购买的数额。

然而……正如泡沫提醒我们的，这样看似不费力得来的财富不是真正无风险的。在最近这波证券化（在住房市场，新的工具被称为房产抵押贷款债券，即 MBSs）浪潮的起初，它是不明显的，但是新工具的数学复杂性遮蔽了其缺陷。这些缺点自己显露出来时，使得南海之年看上去仅是一次海滩之旅。这一证券化最近例子的弱点已经在 2008 年危机的余波中被广泛解剖，但是它们整体来自一种或两种兼有的主要症状。一种是，MBSs 宣称，如果且当美国房价停止攀升，足够多样化足以消除可能发生的大部分风险。它们不
337 是这样的，特别因为如果住房市场停滞不前（一种 1720 年 9 月南海泡沫行为的明显回响），房屋购买者就不能让自己摆脱——出售他们的房子——他们不能维持的抵押贷款的风险。糟糕的是，MBSs 触发了一系列其他相关的金融工具，这些工具都在全球金融市场创造了一个几乎无法想象的杠杆数目。这些是让同样的投机打倒波特兰公爵的工具：衍生工具，用预先支付的越来越少的钱下越来越大的赌注的方法，它极大地倍增了风险，如果市场不按预期那样表现的话。

到 21 世纪，在 1720 年可用的衍生品如买入和卖出期权，期货合约，以及少量其他种类，已经遍地开花，发展出相当复杂的形式。有以利率为基础的衍生品，有把 MBSs 本身拆分成仅包含基础贷款的利息支付证券的衍生品，或者仅有本金的证券衍生品，或者是另外的、当资金从一个地方流向另一个地方时看似无数种的方法拆分资金流的衍生品。现在有可能对单个工具或整体市场的波动性进行交易，对一项基础资产的价格波动多快和多大幅度进行下注。有围绕波动性的波动进行交易的，这是围绕不断变化的价格曲线多

快改变其斜率下注。

还有第三级和第四级衍生品，在这里是2000年左右的证券化浪潮将其本身转化成泡沫催化剂。不幸的波特兰通过杠杆注定了自己的命运，寻求控制超出他支付能力的更多的南海股票。在基于不断增长的热情寻求复杂的新方法来对与房屋相联系的资金流片段的风险和收益下二级和三级赌注中，杠杆在我们这个世纪的头几年的倍增数远超1720年经历的任何事物。

雷曼喜欢杠杆。到2008年，银行拥有大量MBSs，同类债券它 338
已大量出售给其他人，它通过借贷构建了一个6 800亿美元的证券投资组合，从而拥有了一个证券包（是雷曼仅230亿美元实际准备金的30倍）。这意味着雷曼拿自有资金的3美分来控制已经累积进其账簿中的MBSs的1美元。如此胆魄的回报是明显的：雷曼在一份MBSs中概念上的1美元赌注有3美分收益，对标的证券来说只是一笔小小的增长，但对雷曼来说却是其投资的100%回报。

但是，如果MBSs的市场价格下滑一点点，会发生什么呢？其证券投资组合的价值下跌10%，就会让其垮台，就会让其缺少550亿美元来偿还给交易方。糟糕的是，如果雷曼拥有的这种外来的且在数学上复杂的调味品中的任何一处，不是下跌而是完全失败，跌到了零，那么银行就要承担全部的灾难，是其原始投资的30倍损失。就如在1720年，当市场温和发展时，杠杆是你最好的朋友；当市场不温和发展时，它就是杀手。

我们都知道接下来发生了什么。在21世纪第一个十年的中期，美国住房市场开始动摇，然后在2008年期间开始下跌。雷曼竭力挣脱困境，但第二季度损失数十亿美元，紧接着在9月10日星期三宣布另外39亿美元没有了。雷曼挣扎着想找一位合作伙伴，但一则接管的谣言搞砸了一切，并且雷曼的股票自从年初以来就下跌了超过75%，此时进一步狂跌。在星期五，蒂姆·盖特纳（Tim Geithner）——后来成为奥巴马总统的财政部长，当时是纽约联邦储备银行的主席，召集华尔街的主要银行开了一次会议，设法开展行动救助一家债务是其资产几百倍的银行。

这些银行家周末都待在屋子里。如同1720年9月南海公司绝
339 望的行动，雷曼尝试把自己出售给一家可能更有偿付能力的伙伴。但美洲银行食言了，然后总部设在伦敦的巴克莱银行也一走了之，当时英国金融当局禁止它登上正在失事的火车。到星期日下午，不可避免的命运成为事实，律师开始准备文件。

雷曼在第二天早上申请破产——在美国金融市场开市之前。

紧随消息而来的崩溃，在一天之内就在纽约证券交易所蒸发了几乎5%的市值。不似前几年的市场恐慌，没有出现反弹。大衰退——1929年以来最糟的全球金融衰退——刚刚宣告面世。

雷曼的倒下没有引发大衰退。大量的学术作品已经考察了不同的选择和错误，怎么会造成一个经济体系如此联系紧密——正如托克维尔所警告的——和如此高的杠杆率（错过的泡沫信息），以至于一家银行的崩溃引发如此广泛的毁灭？但是，一条共同的线索贯穿了灾难的分析，由证券化及其衍生品造就的金融抽象物精细且复杂的网络，已经创造出一种数学上不透明的数字之塔和相互依赖的

承诺，这正好遮蔽了想象中应该谨慎的投资者已经接受了多大的风险。①

正如在南海泡沫中，没有什么比大衰退更抽象的了。它给无数的个人和家庭带来了可怕的痛苦，生活伤痕累累，流离失所，耗尽储蓄。它大幅减少了国家的财富：在雷曼破产的直接余波中，美国经济下降了超过 4%，多年没有恢复到危机前的就业和生产水平。 340
数百万人丢了工作，一如既往，如此广泛的不幸让许多人丧生：在美国和欧洲的大部分地区，自杀率和失业率同步上升。

“金融工程”已成为陈词滥调。这个词阐明了一条重要的历史线索，让我们可以理解：作为一种技术的诞生，在 17 世纪 90 年代到 18 世纪 50 年代之间的伦敦开启了什么。如本书所论，这样的思想在推动人类野心方面扮演了一个极其重要的角色，从其首次运用支持英国对 18 世纪国家霸权的追求，到随后在每一种人类努力形式的经济生活中都是如此。

但是，正如大衰退提醒我们的，泡沫史不仅仅是过去的事。南海之年的声音和暴怒仍在回响。在 21 世纪头十年失败的金融发明比伦敦在 1720 年面对的金融技术复杂得多，但关键的相似性仍有，只有一项巨大的不同：货币及其成果是数学对象这种思想是全新的，在一个小圈子之外很少能被人理解。现在，上述思想已经是老

---

① 不断增加的复杂性也助推了美国和其他发达国家中更大收入不平衡的长达数十年的长期趋势的形成。少数几个部门，包括金融部门，设法从整体经济中攫取了越来越多的利润。

生常谈。

托克维尔的诊断可能是正确的：国家的性情——实际上是人类作为一个物种的性情——可能使“商业恐慌的回归，是我们时代民主国家的一种传染病”不可避免。而且，自从那次早期的崩溃发生后，我们知道了，所有重大的金融创新几乎可以肯定携带着对新投资技巧的无知和混乱，再加上人类的情感驱动着关于货币的决定，创造了导致灾难的行为以明显可预见的顺序复发的条件。

确实很难预先确定每一次案例的准确起因，并且更难确定最终崩溃的时间点。但是，事实上，在金融失败中有一种模式，意味着即使我们不能准确预见会发生什么，看到此类事件的迹象，使人类广泛的可预见的结果少一些危险，也应该是可能做到的。

341 坦白说，这就是为什么我们需要规管金融市场的原因，特别是减少不断扩展杠杆造成的风险，并且对那些赌博到那种程度的人，给他们划定范围，这样在轮盘赌桌上，如果一个人全押在黑色上，那么，当球停在红色区域时，他就会感到痛苦。

在英国金融资本主义的初生期，在沃波尔及其继任者治理下，任何这样的限制措施都是简单的，并且通常是重锤出击：限制股份公司数目和限制任何债券私人市场。但是，随着金融市场的演进，由于包含越来越多的人类经济活动，建立规则的需求就愈加迫切，即使做这件事变得更为复杂了。所以，关于怎么样减少内在于现代金融工程中的风险，怎么样让体系不那么虚弱、不那么脆弱、不那么可能产生21世纪头十年失败强加的那种全球痛苦，确实存在困难的争议。

但是，困难并不意味着不可能。我们都知道应该做什么的大致轮廓。作为最低限度，这包括要求那些进入此类市场交易的人，在他们拥有的资本和他们寻求冒险的金额之间有一种清晰且能被发现的关系。当然，应该有更多的要求，但是，现代金融规则的延伸技术调查，并不适合在一本关于很久以前搅动伦敦全城的事件的书的结尾进行。问题在于，我们现在知道，由金融工程每次重大新浪潮产生的破坏性崩溃的概率性风险，随着现代金融规模的增加，在过去几十年中被放大，由于计算机和数字通信，以这种速度货币现在可以在全世界流动——所有这些再加上数学复杂性，可以让使雷曼倒闭的杠杆在整个系统中发挥作用。我们不能预知哪一天或哪一周甚或哪一年斧头会落下，但至少知道打击将来临。

当我写下这些段落时，正是这种知识使得正在发生的事情令人 342
恐惧。在大衰退的即时浪潮中，少量相当温和的措施被采纳；而其他措施中，有对银行的某些警示。与紧随 1929 年崩溃和大萧条之后的措施相比，改革的规模几乎微不足道。但是，在美国 2016 年选举之后，许多这种无力的防护措施也被去除，金融市场的杠杆率再次上升。

一如既往，无法持续的金融投机活动更容易被后见之明而不是先见之明认识到，并且不可能（对我来说，肯定是这样）说出下一次危机什么时候到来。但是，诊断脆弱性更容易，且下一次灾难的材料就在我写的这些段落中。

南海泡沫的最后一个教训是，在某一时刻，无知肯定不是一种防护。每一次错误不需要反复再犯。1720 年发生的事是一场真正的实验，是一种不熟悉的事物，而且是从未经历过的事物。牛顿和他的同僚未能预见到一场崭新的大灾难，是情有可原的。

但我们不能以此为借口。

致　谢

这部作品花费了很长时间来酝酿，这意味着它的面世伴随着许多人的慷慨友善和聪明才智。

排在最前面的是给予了无数关注和照顾的编辑们，让这本书尽可能的敏锐和优雅。在兰登书屋，萨姆·尼科尔森（Sam Nicholson）拿到并指导了这个项目的完整初稿。莫莉·特平（Molly Turpin）对初稿和其后的每一稿都进行了慷慨、严格和敏锐的校订。萨姆和莫莉都是智力和品味使工作更出色的编辑。此外，还要感谢我的文字编辑伊利莎白·马格努斯（Elisabeth Magnus），多次救了我。感谢书籍设计者埃德温·瓦兹奎兹（Edwin Vazquez），他的精细之作现在正展现在你手里。

本书受益于几次谈话，谈话是十年前和我现在的编辑，又称

"宙斯之首"（Head of Zeus）的尼尔·贝尔顿（Neil Belton）进行的。每位写作者在他们的角落里都应该有一位像尼尔这样的良师益友。

我的代理商艾瑞克·卢普弗（Eric Lupfer）是另一位永远的良师益友。他把一个原始想法发展成一个相当有说服力的建议（他做完这件事后，我想读一本想象之书!），并且一路走来，他给予的是尖锐的批评和慷慨的支持之间恰当的平衡。

几位学者和朋友也帮助激发了这本书。剑桥大学科学史家谢弗（S. J. Schaffer）很早就给我鼓励，加州大学伯克利分校的布拉德·德隆（Brad DeLong）也是如此。安·哈里斯（Ann Harris）是每个人都希望拥有的编辑，也是我的《爱因斯坦在柏林》的编辑，喜欢本书的想法，即使她在与我合作本书之前有无数的烦恼想要退休，她也给予我一个人所能寻求到的全部支持。彼得·加里森（Peter Galison）多年来是我的项目的倾听者和建议者，我极其感谢他在本书（以及将来的那些书……）上的帮助。

2016年约翰·西蒙·古根汉姆基金会学者奖是无价的，这份时间的礼物让我写出了初稿的大部分内容。我想感谢基金会的每个人，感谢我的朋友和同事大卫·乔治·哈斯克尔（David George Haskell）和大卫·凯撒（David Kaiser），帮助我争取到了学者奖。我收到了老东家麻省理工学院的额外支持：在我离开时授权我使用全额奖学金，通过一项利维坦奖（Levitan Prize）资助我的研究。我要感谢麻省理工学院院长马丁·施密特（Martin Schmidt）与人文、艺术和社会科学学院院长梅丽莎·诺布尔斯（Melissa Nobles）

的支持。也要感谢哈佛大学的科学史系和当时的系主任珍妮特·布朗尼（Janet Browne），让我在离开麻省理工学院之后乐于接受这项写作。

本书足够幸运，能够得到三位优秀研究助理的帮助，其中两位是我以前的学生。克里斯蒂娜·库奇（Christine Couch）一条一条地挖掘资料，帮助我深潜到 17 世纪后期和 18 世纪早期辉煌的印刷品世纪。卡拉·吉亚莫（Cara Giaimo）帮我对编辑过的原稿进行事实和意义的核查。凯瑟琳·塞弗（Katherine Sypher）也出色地完成了交办的工作。

接下来，在项目的年代顺序中，轮到那些在不同的编辑阶段审读了全部或部分稿件的人。杰出的科学作家大卫·伯登尼斯（David Bodanis）是第一位，给了我相当多的建议。我的麻省理工学院同事威廉·德林杰（William Deringer）既分享了他正在写作的关于这一时期的精彩作品，又对我们的兴趣重合部分进行了批评性的事实核查，确实是学术慷慨的一种典范。伦敦大学学院经济系的伊恩·普雷斯顿（Ian Preston）在本书付印前为了尽可能消除经济学错误，进行了仔细审读。后来，在修改过程中，我的麻省理工学院同事艾伦·哈里斯（Ellen Harris），对亨德尔涉足伦敦股票交易知道得比任何人都多，他和经济史家安妮·麦坎茨（Anne E. C. McCants）都对本书进行了细致认真的审读，提出了不少有价值的问题，减少了许多错误。物理学家肖恩·卡罗尔（Sean Carroll）帮助我完成了一些牛顿的数学创新。科学史家托尼·克里斯蒂（Thony Christie）参与了最后一刻对一个关键段落的阅读和挑错。

一如既往——因为它永远是真实的——剩下的每一处错误责任都在我自己。

在写作过程的几年里，许多我的写作同行和科学同行都听我谈论过这本确实会在某一天出现的书，并帮助我坚持到底。没有特定的排序，我要感谢苏珊·法乐蒂（Susan Faludi）、拉斯·里米（Russ Rymer）、詹妮弗·奥莱特（Jennifer Ouellette）、卡尔·齐默（Carl Zimmer）、安娜莉·纳威兹（Annalee Newitz）、凯利·罗尼（Kelly Roney）、马丁·芬努凯恩（Martin Finucane）、凯特·伍德尔德（Kate Wooderd）、琼和邦尼·埃克斯坦（Jon and Bonny Eckstein）、迈克尔·科索夫斯基（Michael Kosowsky）、詹妮弗·居布里杰（Jennifer Drewbridge）、布雷特·奥伯曼（Brett Oberman）、史蒂夫·希尔伯曼（Steve Silberman）、韦罗尼克·格林伍德（Veronique Greenwood）、玛丽安·麦肯纳（Maryn McKenna）、丽莎·蓝道尔（Lisa Randall）、贾森·庞廷（Jason Pontin）、罗伯特·唐尼（Robert Toni）、马特·斯特塞勒（Matt Strassler）、约翰·蒂默（John Timmer）、瑞贝卡·萨克斯（Rebecca Saxe）、艾伦·亚当斯（Allan Adams）、梅里迪·默兹（Melody Meozzi）、约翰·鲁宾（John Rubin），以及南希·坎韦施（Nancy Kanwisher）。我在麻省理工学院比较媒介研究/写作计划的办公室已经成为一个可供在其中工作的巨大的安乐窝。在这里，我要感谢我所有的同事，特别要提到由艾德·夏帕（Ed Schiappa）提供的支持：在我写作稿件的大部分时间里，他是我的系主任。也感谢我的学生，既感谢他们明确的鼓励，又感谢我从参与他们的作品中学习到的写作技巧。特别要大声说出和深切感谢伟大的作家、老师及工作人员，我和他们在麻省理工学院本科生科学写作项目中紧密合作：玛西亚·巴楚莎（Marcia Bartusiak）、黛博拉·布罗姆（Deborah Blum）、汤姆·德尚特（Tom De Chant）、艾伦·莱特曼（Alan Lightman）、塞斯·米诺金（Seth Mnookin），以及香农·拉金（Shannon Larkin）。所有这些人，在关键时刻（可以理解为失去信心的绝境）来到我面前并助我前行。

临近最后想说的是，没有致谢足以回馈这些年来我从自己的大家庭得到的爱和支持，他们的爱和支持让我完成了本书。英语支持者在我的研究旅程中一路力挺我，并且以永不减少的兴趣倾听每个新发现的片段。卢辛达（Lucinda）、凯特·谢伯格-蒙特费奥雷（Kate Sebag-Montefiore）、罗伯特·戴伊（Robert Dye）、亚当·布雷特（Adam Brett）、卡罗琳·拉斐尔（Caroline Raphael）、杰弗里·基士特纳（Geoffrey Gestetner），以及西蒙·谢伯格-蒙特费奥雷（Simon Sebag-Montefiore），向你们表达我的感谢和爱意——尤为感激我的姑妈朱丽·谢伯格-蒙特费奥雷（Juliet Sebag-Montefiore），她的缺席将是一大损失。我的姻亲约翰和克里克·塞德曼（John and Kricket Seidman）、朱迪·塞德曼（Judy Seidman）、盖伊·塞德曼（Gay Seidman）、海因茨·克鲁格（Heinz Krug）、内瓦·塞德曼（Neva Seidman）以及泽夫·马凯拉（Zeph Makgetla）在整个旅程中同样慷慨。你们大家棒极了！

真正的最后想说的是，我的兄弟姐妹们是我生活的支柱，他们和他们的家庭看着我经历了这些，正如他们已经历的那么多。理查德（Richard）、艾琳（Irene）、列奥（Leo），还有瑞贝卡（Rebecca）和简（Jan），更不必提琼（Joe）、麦克士（Max）、艾米莉（Emily），以及伊娃（Eva）——语言已不能表达我的感激。至于我的妻子卡莎·塞德曼（Katha Seidman）和儿子亨利（Henry），每天醒来，我都会震惊于你们是我生命中的最大财富。你们不仅让这本书（和我所有的作品）成为可能，还赋予我们一起度过的日子以厚度和滋味。

注　释

绪　言

xii　**那位“经纪人”的心声**。Daniel Defoe, *The Anatomy of Exchange-Alley*; *or*, *A System of Stock-Jobbing* (London: E. Smith, 1719), p. 3.

xii　**攫取财富**。*Proverbs* 21：6. 这里引用的《箴言》篇来自詹姆斯国王钦定版《圣经》——对笛福和他的同时代人来说很熟悉的版本。

xiii　**随着时机成熟、利润出现准备好了**。Defoe, *Anatomy of Exchange-Alley*, p. 39.

xiii　**叛国罪的近亲**。Defoe, *Anatomy of Exchange-Alley*, p. 28.

第一部分

1　**自然哲学的构成**。Isaac Newton, “Scheme” (undated), 转引自 David Brewster, *Memoirs of the Life*, *Writings and Discoveries of Sir Isaac Newton*, vol. 1 (Edinburgh:

Thomas Constable，1855），p. 102。

第一章

3 **他走了三天**。理查德·韦斯特福尔（Richard Westfall）参考了牛顿的个人描述来重建三天步行前往剑桥的过程。参见 Richard Westfall，*Never at Rest*（Cambridge：Cambridge University Press，1980），p. 66。

3 **剑桥正逐步变成空城**。伊夫林勋爵（Evelyn Lord）的作品用剑桥死亡登记表做出的剑桥人口估算，大约是 7 500 人。参见 Evelyn Lord，*The Great Plague：A People's History*（New Haven，CT：Yale University Press，2014），p. 128。

4 **佩皮斯首次记下这种危险**。Samuel Pepys，*Diary*，October 19，1663，http：//www. pepysdiary. com/diary/1663/10/19/，and November 26，1663，http：//www. pepysdiary. com/diary/1663/11/26/.

4 **几例病例**。A. Lloyd Moote and Dorothy C. Moote，*The Great Plague：The Story of London's Most Deadly Year*（Baltimore：Johns Hopkins University Press，2004），p. 19. 这个故事采用的是他们的描述。

4 **多了 2 例瘟疫死亡**。John Bell，*London's Remembrancer；or，A True Accompt of Every Particular Weeks Christnings and Mortality in All the Years of Pestilence Within the Cognizance of the Bills of Mortality，Being XVII Years*（London：E. Cotes，1665）.

4 **到年末**。记录在 Moote and Moote，*Great Plague*，p. 295。

5 **他出发穿过城市去往克里波门**。Samuel Pepys，*Diary*，June 21，1665，http：//www. pepysdiary. com/diary/1665/06/21/，and June 22，1665，http：//www. pepysdiary. com/diary/1665/06/22/. 在克里波门的事情和佩皮斯在十字匙旅店与酒保妻子的调情是出版物经常提到的轶事，我首次看到它是在 Evelyn Lord，*The Great Plague*，p. 50。

5 **一些城镇开始封禁出入口**。Lord，*Great Plague*，p. 51.

5 **在剑桥，7 月 25 日瘟疫降临**。Lord，*Great Plague*，p. 1.

6 **"我处于创造力的巅峰阶段"**。Westfall，*Never at Rest*，p. 143.

6 **他不得不解决基本概念问题**。例如 Frank Wilczek，"Whence the Force of F＝ma?" *Physics Today* 57，no. 10（October 2004）：11，https：//doi. org/10. 1063/1. 1825251。

6 **将来的工作规划**。Westfall，*Never at Rest*，p. 114.

7 **非凡的 45 个问题列表**。Westfall，*Never at Rest*，pp. 88 – 90.

7 **他"持续关注"**。Westfall，*Never at Rest*，p. 109.

7 **引起他注意的首批问题之一**。随后，对牛顿数学思想演进的叙述利用了三份主要资料：D. T. Whiteside's magnum opus，*The Mathematical Papers of Isaac Newton*，

vol. 1, *1664 -1666* (Cambridge: Cambridge University Press, 2008); Richard Westfall's *Never at Rest*, especially chapter 4; James Gleick's *Isaac Newton* (New York: Random House, 2003), chapter 3。

8 **“方程式比曲线更基础”**。Westfall, *Never at Rest*, p. 107.

10 **这一结果使得牛顿**。David Goss, “The Ongoing Binomial Revolution,” arXiv. org, May 18, 2011, arXiv: 1105. 3513v1.

11 **古希腊哲学家芝诺**。参见 Max Black, “Achilles and the Tortoise,” *Analysis* 11 no. 5 (March 51): 91 - 101, reprinted in *Zeno's Paradoxes*, ed. Wesley C. Salmon (Indianapolis: Hackett, 1970), pp. 67 - 81, https: //books. google. com/books? id=0AzP9WLLJLcC & pg=PA67 & dq=zeno+achilles & hl=en & sa=X & ved=0ahUKEwjFtcvXnurhAhVIwlkKHXQ3Coc Q6AEINjAC#v=onepage & q=zeno%20achilles & f=false。

11 **但是，严谨如哲学和常识都不能**。参见 Gleick, *Isaac Newton*, p. 42。

11 **伽利略知道关于无穷数的一些知识**。转引自 Gleick, *Isaac Newton*, p. 41。

11 **牛顿本人在伍尔索普的最初几个月里**。Westfall, *Never at Rest*, p. 131.

11 **“线的弯曲度”**。Isaac Newton, “Newton's Waste Book,” http: //www. newtonproject. ox. ac. uk/view/texts/normalized/NATP00221.

12 **但是，牛顿在 1665 年最后几个月的思考中**。曲线的机械构造与牛顿的分析方法的相互影响见一条注释：Richard Westfall , *Never at Rest*, pp. 126 - 134。

12 **学校老师不纠结于任何代数、用来构建经典曲线的技巧**。Westfall, *Never at Rest*, p. 132.

12 **“运动产生图形”**。牛顿的发明与一份文献中记载是莱布尼茨发明了微积分学部分是冲突的。转引自 Westfall, *Never at Rest*, 55n to chapter 4。

13 **“无限小的线”**。Isaac Newton, *Mathematical Papers of Isaac Newton*, *vol. 1*, *1664 - 1666*, D. T. Whiteside, ed. (Cambridge: Cambridge University Press, 2008), p. 382 et seq.

14 **当他 60 年后讲述这个故事时**。William Stukeley, *Memoirs of Sir Isaac Newton's Life* (1752), MS/142, Royal Society Library, London, p. 15r.

14 **突然，一个苹果落地**。在牛顿开始宣称他受到苹果落地启发之前，没有关于苹果的轶事流传下来。牛顿在他生命的最后一年把这个故事告诉了几位朋友。他妻子的侄女婿约翰·康迪特（John Conduitt）在 1726 年和牛顿谈话以后描述了这个插曲。在少量其他的叙述中，另一位熟人威廉·斯蒂克利（William Stukeley）在同一年描述了类似的谈话。参见 D. McKie and G. R. de Beer, “Newton's Apple,” *Notes and Records of the Royal Society of London* 9, no. 1 (October 1951): 46 - 54。

14 **故事是这样的**。Stukeley，*Memoirs of Sir Isaac Newton's Life*，p. 15r，以及来自 p. 14v 插入的内容。

14 **这个故事大部分是真的**。比如伍尔索普苹果树的后代之一的叙述，参见 York University：Richard Keesing，"A Brief History of Isaac Newton's Apple Tree，" University of York Department of Physics，n. d.，http：//www. york. ac. uk/physics/about/newtonsappletree/. My home institution，MIT，also possesses a clone. Liz Karagianis，"Newton's Apple Tree Bears Fruit at MIT，" MIT News，October 4，2006，http：//news. mit. edu/2006/newtons- apple-tree-bears-fruit-mit。

14 **然而，即使牛顿看到了苹果落地**。牛顿引力理论诞生的故事是科学史中经常讲述的传奇之一。对这一问题的简短描述，我极度依赖于 Westfall，*Never at Rest*，pp. 148－155，我也在众多牛顿读物中参考了更多的细节描述，我也请教了詹姆斯·格雷克（James Gleick）在 *Isaac Newton*，pp. 54－59 中使用的材料。我的 *Newton and the Counterfeiter*（New York：Houghton Mifflin Harcourt，2009）也讨论了这一事件，见 pp. 15－20。

15 **他"几乎找到了它们的答案"**。牛顿可能在 1718 年夏天给皮埃尔·德斯马西约克（Pierre des Maiseaux）起草了一封信，转引自 I. Bernard Cohen，*Introduction to Newton's Principia*（Cambridge，MA：Harvard University Press，1971）。牛顿的这封信有几份草稿，这里所引的是注释版，*The Correspondence of Isaac Newton*，*vol. 6*，*1713-1718*（Cambridge：Cambridge University Press，1975），document 1295 pp. 454－562。另见 D. T. Whiteside，"The Prehistory of the Principia from 1664 to 1686，" *Royal Society Journal of the History of Science* 45，no. 1（January 1991）：14－15，讨论了牛顿对钟摆运动的分析。

16 **坐在那里，一个物体永远是下落的**。这不是十分准确：物体在重力的影响下围绕整个系统中心运动，不仅仅是围绕更重的物体，对于这一点，牛顿实际上是了解的。从更深层次来看，牛顿此时对惯性的概念并没有一个清晰的认识，不仅仅是他的运动第一定律，也就是认为静止或直线运动的物体倾向于静止或保持运动，除非外力施加影响。罗伯特·胡克在 1679 年给牛顿的一封信中首次清晰地建议：没有这一基本思想，他的引力理论是不严密的。参见 Westfall，*Never at Rest*，pp. 382－388，也讨论了随之而来的胡克与牛顿之间的洞见和冲突。也见钱德拉赛卡（S. Chandrasekhar）在他的 *Newton's Principia for the Common Reader*（Oxford：Clarendon Press，1995）第一章中对牛顿思想发展顺序的总结。（但是，请注意：20 世纪一位伟大的牛顿研究者和目前英文版 *Principia* 最好的翻译者伯纳德·科恩（I. Bernard Cohen），并不看重钱德拉赛卡的历史技巧。正如科恩所言，的确是，钱德拉赛卡作品的"普通读者"最好多了解整个争论中的数学运算。然而，钱德拉赛卡——一位诺贝尔物理学奖得主——在其著作的第一部分对基本概念提供了一份相当好的总结性介绍，值得一看。）另一份对这一时期牛顿引力思想发展不错的描述出自鲁伯特·霍尔（A. Rupert Hall）可读性非常高的传记 *Isaac Newton：Adventurer in Thought*（Cambridge：Cambridge University Press，1996），pp. 58－63。

17 **为了发现答案，他转向最近的实验主体**。牛顿的笔记本，参见 Westfall，*Never at Rest*，p. 95。

18 **他称之为临界实验的东西**。牛顿为了完成他的颜色理论构建采取的一系列步骤的细节重建，参见 Westfall，*Never at Rest*，pp. 156－172。正如韦斯特福尔记载，牛顿通往关键实验的旅程比传奇故事所记的（和布莱克著名的画作所描绘的）更为投入，经过牛顿之手的几项实验证明了一项光谱能被重新调配为白光。换句话说，"实验的难题"只是实验的次数。

18 **一种审慎的逻辑自洽的方法**。参见 Stephen Gaukroger，"Empiricism as a Development of Experimental Natural Philosophy，" in *Newton and Empiricism*，Zvi Biener and Eric Schliesser，eds.（Oxford：Oxford University Press，2014），p. 15。高克罗格（Gaukroger）对系统方法做了一个有力的案例分析，牛顿从中发展出一种对经验主义的遵从，大部分随之而来的争议都是受他的观点影响。

18 **"世界体系"**。《世界体系》是牛顿名著《原理》的第三卷。他在其中展示了三大运动定律和万有引力怎么样能够解释太阳系所有已知天体的运动，包括彗星的运行和潮汐的机制——一项完整的宇宙论，以几项数学表达公式为基础。

18 **牛顿在3月20日左右返回他的学校住处**。Westfall，*Never at Rest*，p. 142.

18 **6月6日，星期三**。Lord，*Great Plague*，pp. 88－89.

19 **堂区的记录**。"General Bill for This Present Year，Ending the 19 of December 1665 [...]，" reproduced in Moote and Moote，*Great Plague*，p. 260.

19 **新圣保罗大教堂**。雷恩利用新技巧努力建造了当时最大的穹顶之一。这个穹顶从天际线看不是结构性的，相反它是砖石锥体支撑，内里是装饰性的天顶。

19 **"一头十分奇怪的畸形小牛"**。Robert Boyle，"An Account of a Very Odd Monstrous Calf，" *Philosophical Transactions* 1，no. 1（May 30，1665）：10；Silas Taylor，"Of the Way of Killing Rattle-Snakes，" *Philosophical Transactions* 1，no. 3（May 30，1665）：43；Robert Hooke，"A Spot in One of the Belts of Jupiter，" *Philosophical Transactions* 1，no. 1（May 30，1665）：3；Robert Boyle，"General Heads for a Natural History of a Countrey，Great or Small，" *Philosophical Transactions* 1，no. 11（May 30，1667）：186－89.

20 **他想继续多方探究，主动保守秘密**。牛顿的炼金术工作至少对一些信仰牛顿学说的人来说长期以来是一种尴尬。有大量这样的事例：在他的手稿中，1 000 万字中大约有 100 万字是致力于炼金主题；大量的作品是炼金术作品的副本，加上他的笔记或评论。这些作品中的许多种在他死后被标注为"不适合出版"（The Chymistry of Isaac New-

ton, "About Isaac Newton and Alchemy," n. d. , https: //webapp1. dlib. indiana. edu/newton/project/about. do)。1872 年，剑桥大学图书馆以“对其兴趣甚小”为由拒绝了一项捐赠他的炼金术档案的提议，这些档案就在其中（The Newton Project, "The Portsmouth Papers," n. d. , http: //www. newtonproject. ox. ac. uk/history-of-newtons-papers/portsmouth-papers)。在经济学家凯恩斯于 1936 年的一次拍卖会上购买了以后，这些文献才成为公众可用的文献。然而，直到 20 世纪 70 年代，重要的学术兴趣才揭示了炼金术在牛顿大部分思想中扮演的重要角色，包括他的引力和光学思想。在这件事上起了最大作用的人是科学史家贝蒂·乔·提特·杜伯斯（Betty Jo Teeter Dobbs），她的 *The Janus Faces of Genius*（Cambridge: Cambridge University Press, 1991）是一部不错的概观图像；关于牛顿的思想更简练的介绍，可以阅读她的“Newton's Alchemy and His Theory of Matter," *Isis* 73, no. 4 (December 1982): 511 - 528。关于牛顿炼金术思想与他思想中其他支流的联系，有两篇不错的介绍性文章——威廉·纽曼（William Newman）的“The Background to Newton's Chymistry”和卡伦·菲加拉（Karen Figala）的“Newton's Alchemy”——参见 I. Bernard Cohen and George E. Smith, eds. , *Cambridge Companion to Newton*（Cambridge: Cambridge University Press, 2002)。牛顿的炼金术文献本身和一些重要的解释材料在线可查于 The Chymistry of Isaac Newton (https: //webapp1. dlib. indiana. edu/newton/)，部分是国际合作数字化和研究牛顿文献的成果。

20 **10 年后，牛顿把他精湛的数学技巧转向**。Westfall, *Never at Rest*, pp. 103 and 118 - 119.

第二章

22 **威廉·配第活得十分老派**。后面的简短小传，我要感谢特德·麦考密克（Ted McCormick）的 *William Petty and the Ambitions of Political Arithmetic*（Oxford: Oxford University Press, 2009)。麦考密克是学术作品中第一位重要的配第思想传记作家，研究范围超越了对其令人惊讶的多样生活和智力追求特定方面的考察。任何人想要寻找一份对这一不容忽视的人物的更加全面的叙述，应该从这本书开始。

23 **配第在 13 岁时离开地方学校**。John Aubrey, "*Brief Lives*," *Chiefly of Contemporaries, Set Down by John Aubrey, Between the Years 1669 & 1696*, vol. 2, edited by Andrew Clark (Oxford: Clarendon Press, 1898), p. 140.

23 **卡昂大学的耶稣会士接纳了他**。参见特德·麦考密克对转型时代欧洲智力生活中耶稣会士课程方法的讨论。

23 **在 21 岁生日前**。McCormick, *William Petty*, p. 28. 关于配第基本的证据来自他的档案和约翰·奥布里（John Aubrey）的“*Brief Lives*”。

23 **一名新人类的典型**。McCormick，*William Petty*，p. 40.

24 **既是威胁也是奖赏**。当时，有大量关于英格兰征服爱尔兰的作品。对这一项目来说，强调的是科学革命和社会与政治生活在思想上的相互影响，我主要取材于 William J. Smythe，*Map-making*，*Landscapes and Memory*：*A Geography of Colonial and Early Modern Ireland*，*c. 1530-1750*（Notre Dame，IN：University of Notre Dame Press，2006）。他把对爱尔兰的描述还原为对度量和数字的描述，为了解征服、定居和对土地及其人民的权力主张的更广泛历史提供了一个迷人的途径。他对克伦威尔的活动及其后果，以及威廉·配第的作用的论述可以在第一部分找到，特别是第四和第五章，参见 pp. 103 – 197。

24 **他留下了一支没有支付军饷的军队**。Smythe，*Map-making*，*Landscapes and Memory*，p. 167.

25 **他们获得了承诺……**爱尔兰新移居者获得了 1 100 万英亩爱尔兰土地的安置空间，是全部爱尔兰土地的一半多。Smythe，*Map-making*，*Landscapes and Memory*，p. 165.

25 **首次尝试编制的没收财产目录**。这次是"总调查"，和民事调查一起，是配第调查之前为爱尔兰编制目录的两次尝试。Smythe，*Map-making*，*Landscapes and Memory*，pp. 165 and 170 – 172.

25 **几乎两年的进程**。McCormick，*William Petty*，p. 94.

25 **威廉·配第正是在这样的情况下上场了**。Robert Boyle to Frederick Clod，May 15，1654；Samuel Hartlib to Robert Boyle，May 15，1654，引述自 McCormick，*William Petty*，p. 87。

26 **配第提议测量所有东西**。配第提议的描述参见 William Smythe，*Map-making*，*Landscapes and Memory*，pp. 172 – 173。配第的引文来自 Petty，*The History of the Survey of Ireland*，*Commonly Called the Down Survey*，Thomas A. Larcom ed.（Dublin：Irish Archaeological Survey，1851），pp. xiv and 7 – 9。

26 **他愿意承担这项工作，报酬主要以几千亩爱尔兰土地支付**。配第既收到了一笔近 19 000 英镑的现金，用来支付调查费用，又被授予总数大约 3 万英亩被没收的爱尔兰土地。对于配第支付的烦琐账目，参见 Petty，*History of the Survey*，especially chapters 12，13 和 15。

26 **他立即着手进行**。配第在唐恩测绘上的工作，参见 Smythe，*Map-making*，*Landscapes and Memory*，pp. 175 – 181。

26 **他托人到伦敦购买用现代方法制造的新测量工具**。参见 McCormick，*William Petty*，p. 98。在他的账本中，他也注意到了提早发生的亚当·斯密关于分工的共鸣，它从原始资料中脱颖而出。Petty's *History of the Survey*，p. xiv.

27 **他依靠"喝醉的测量员"**。Petty，*History of the Survey*，p. 50，引述自 William

Smythe, *Map-making*, *Landscapes and Memory*, p. 177。

27 **他绘制的地图囊括了前所未有的信息量**。这些都来源于唐恩测绘地图，出版在都柏林三一学院唐恩测绘项目网站上："Unprofitable mountain [...]," County Kerry, Barony of Corkagwinny, Clogh Parish, http: //downsurvey. tcd. ie/down-survey-maps. php # bm=Corkagwinny & c=Kerry; "Capenaheny's Timber Trees [...]," County Limerick, Barony of Abby Othenboy, Abbeyouthneybeg Parish, http: //downsurvey. tcd. ie/down-survey-maps. php # bm = Abby + Othenboy & c = Limerick & p = Abbeyouthneybeg; and the neighbors, Edward Dungan Jr. pap [Catholic] and Nenabbey Protestant in the Barony and Parish of Kilkullen, County Kildare http: // downsurvey. tcd. ie/down-survey-maps. php # bm=Kilcullen & c=Kildare。

28 **长达 10 年的人口大灾难**。爱尔兰在 17 世纪 40 年代和 50 年代早期的人口灾难，按转化后的比例来说，比两个世纪以后毁灭爱尔兰的大饥荒造成的死亡人数和移居人口损失加起来都大。战争、饥荒和一场黑死病的暴发造成的死亡人数，估计占到总人口 210 万的 60 万～80 万。参见 Smythe, *Map-making*, *Landscapes and Memory*, pp. 158－161。

28 **没有证据表明配第本人对如此的水深火热感到高兴**。McCormick, *William Petty*, p. 189. 所引材料来自 Petty, *The Political Anatomy of Ireland* [...] (London: D. Brown and W. Rogers, 1691), pp. 17 － 20, http: //quod. lib. umich. edu/e/eebo/A54620. 0001. 001/1: 8? rgn=div1; view=fulltext。

28 **在纸面上解剖爱尔兰**。作为配第研究爱尔兰整体的方法，这一解剖的形象差不多类似于某类动物解剖。Smythe, *Map-making*, *Landscapes and Memory*, p. 174.

29 **对此类聚会轻蔑的目击者**。John Starkey, *Character of Coffee and Coffee-Houses* (1674)，转引自 Markman Ellis, *The Coffee House*: *A Cultural History* (London: Weidenfeld & Nicholson, 2004), loc. 1376 of 7491, Kindle。

29 **大约 12 个人出席**。H. G. (Henry George) Lyons, *The Royal Society*, *1660-1940*: *A History of Its Administration Under Its Charters* (New York, Greenwood, 1968), p. 21.

30 **查理二世在 1662 年 7 月 15 日授予这一团体特许状**。参见 Lyons, *Royal Society*, especially chapter 2。

30 **他赋予他的计划一个名称**。William Petty, *Political Arithmetick*; *or*, *A Discourse Concerning*, *the Extent and Value of Lands* [...], 3rd ed. (London: Robert Clavel and Hen. Mortlock, 1690), p. 21.

31 **在 1672 年的建议中**。McCormick, *William Petty*, p. 188.

31 **"如果 20 万爱尔兰人和相同数量的英格兰人互换居住地"**。Petty, *Political A-*

natomy，pp. 29 – 30；也引述自 McCormick，*William Petty*，p. 194。

32 **“使这项工作完美的更好方法”**。Petty，*Political Anatomy*，pp. 63 – 64.

33 **配第把他的政治算术转向其他挑战**。关于政治算术的全面讨论，参见 McCormick，*William Petty*，chapter 6，pp. 209 – 258。

33 **格朗特把生死归结为数据**。参见 John Graunt，*Natural and Political Observations，Mentioned in a Following Index，and Made upon the Bills of Mortality*，2nd ed. (London：Tho. Roycroft for John Martin，James Allestry，and Tho. Dicas，1662)。

34 **“用数字对与政府有关的事务进行推理的艺术”**。Charles Davenant，*Discourses on the Publick Revenues，and on the Trade of England* [...]，p. 2，转引自 McCormick，*William Petty*，p. 296。

34 **金记录了出生与死亡**。Richard Stone，“The Accounts of Society”（Nobel Prize Lecture，December 8，1984），p. 120，https：//www. nobelprize. org/uploads/2018/06/stone-lecture. pdf.

34 **“金太太们精致印花长袍”**。McCormick，*William Petty*，p. 296.

34 **金提供的是谨慎的建议**。Gregory King，*Natural and Political Observations* [...]（1696），p. 31，转引自 McCormick，*William Petty*，pp. 294 – 295。

第三章

36 **他是一名天文学家**。Alan Cook，*Edmond Halley：Charting the Heavens and the Seas*（Oxford：Clarendon Press，1998），p. 239.

36 **他是一名勇敢的探险家**。Cook，*Edmond Halley*，p. 256.

36 **他精通阿拉伯语**。G. A. Russell，*The “Araibick” Interest of the Natural Philosophers in Seventeenth-Century England*（Leiden，Netherlands：E. J. Brill，1994），p. 154. 参见阿波罗尼奥斯（Apollonius）的带哈雷拉丁文边注的阿拉伯语 *Conics* 的手稿：https：//genius. bodleian. ox. ac. uk/exhibits/browse/conics/。

36 **他创造了一种“枪炮制造伟大应用问题解决方案”**。Edmond Halley，“A Discourse Concerning Gravity [...] Together with the Solution of a Problem of Great Use in Gunnery，” *Philosophical Transactions* 16（January 1687）：3 – 21. https：//royalsocietypublishing. org/doi/10. 1098/rstl. 1686. 0002.

36 **关于诺亚洪水的假说**。Edmond Halley，“Some Considerations About the Cause of the Universal Deluge，Laid Before the Royal Society，on the 12th of December 1694，” *Philosophical Transactions* 33（1724）：118 – 123.

38 **“一头十分奇特的畸形牛”的描述**。Robert Boyle，“An Account of a Very Odd

Monstrous Calf," *Philosophical Transactions*, no. 1 (May 1665): 10.

38 **深度水压调查**。"Some Experiments and Observations Made of the Force of the Pressure of the Water in Great Depths, Made and Communicated to the Royal Society, by a Person of Hounour," *Philosophical Transactions* 17, no. 193 (December 30, 1693): 504 - 506.

38 **"一条凶猛的狗"**。Robert Boyle "Trials proposed by Mr. Boyle to Dr. Lower, to be made by him, for the Improvement of Transfusing blood out of one live Animal into another," *Philosphical Transactions* 1, no. 22 (May 30, 1667) 385; Jean baptiste de la Quintinie, "Extract of a letter of M. dela Quintinie, giving some further directions and observations about Melons," *Philosophical Transactions* 4, no. 46 (January 1, 1669): 923 - 924.(注意:此日期指的是发表日期,不是文章在皇家学会例会上宣读的日期。)

38 **埃德蒙·哈雷翻找了他的文件**。Edward Halley, "An Estimate of the Degrees of the Mortality of Mankind [...]," *Philosophical Transactions* 17, no. 196 (December 3, 1693): 597. 一些记录表明哈雷是在 1693 年贾斯泰尔死后才发现的诺伊曼文件。这一说法的问题是贾斯泰尔的死亡在列表中是发生在 9 月(尽管如此,学界对这一日期存在一些争议。罗伯特·胡克在他的日记中提到,哈雷在 3 月份向学会提到了诺伊曼的数据)。考虑到这一点,即使我们模糊处理贾斯泰尔的死亡时间,我也相信哈雷文件中的话,他通过贾斯泰尔与学会公开交流才了解到诺伊曼的工作。

38 **首先从诺伊曼的原始数据中抽取最简单的事实**。所有哈雷的作品描述的信息都来自 Halley, "Estimate of the Degrees of the Mortality of Mankind," pp. 596 - 610。

39 **分析成百上千英里之外的陌生人的生命问题**。对哈雷洞见的总结,我参考的是 James Ciecka, "Edmond Halley's Life Table and its Uses," *Journal of Legal Economics* 15, no. 1 (2008): 68。也见 David Bellhouse, "A New Look at Halley's Life Table," *Journal of the Royal Statistical Society* 174, no. 3 (July 2011): 823 - 832。

42 **首份人寿保险计划**。Geoffrey Clark, *Betting on Lives: The Culture of Life Insurance in England, 1695-1775* (Manchester, UK: Manchester University Press, 1999), pp. 73 - 74.

42 **这一知识**。Halley, "Estimate of the Degrees of Mortality," p. 602.

43 **他的布雷斯劳数据报告不是第一个**。William Deringer, "The Present Value of the Distant Future in the Early-Modern Past," Financial History Seminar, Stern School of Business, New York University, April 12, 2013.

45 **"我们抱怨我们的寿命短暂是多么的不公平"**。Edmond Halley, "Some Further Considerations on the Breslau Bills of Mortality," *Philosophical Transactions* 17, no. 198 (March 1693): 655. 对哈雷作品的统计学家的评估,参见 Bellhouse, "New Look at

Halley's Life Table"。

46 **英国政府还没有利用复利计算**。Ian Hacking，*The Emergence of Probability*（Cambridge：Cambridge University Press，2006），p. 112.

46 **哈雷来到三一学院**。这次拜访的细节，参见 Richard Westfall，*Never at Rest*（Cambridge：Cambridge University Press，1980），p. 401。牛顿的答复适用于哈雷给他的具体案例，平方反比关系能创造出不同的路径——比如双曲线——给定正确的参数。

47 **整个已知宇宙的行为**。《原理》的第三部分在牛顿去世一年后的 1728 年以《论世界体系》为题出版了英译本。

48 **佩皮斯给他的新朋友写了一系列简短的信件**。佩皮斯和牛顿的 6 封通信开始于 1693 年 11 月 22 日，收在 Isaac Newton，*The Correspondence of Isaac Newton*，*vol. 3*，*1688 - 1694*，ed. H. W. Turnbull（Cambridge：Cambridge University Press，1959），pp. 293 - 303。

49 **他做出了正确的计算**。Stephen M. Stigler，"Isaac Newton as Probabilist，" *Statistical Science* 21，no. 3（2006）：400 - 401. 正如斯蒂格勒（Stigler）的详细分析，尽管牛顿也进行了正确的计算，但他的逻辑论证弄错了佩皮斯所提的问题，不足以支持他实际上得出的数量结果。即使是天才也会犯错（在 1693 年秋天，从 6 月的精神崩溃中恢复了过来，并没有达到最佳状态）。

49 **"婴儿需要一双新鞋"**。当然，佩皮斯或他认识的任何人都没有听说过这句话。这是一句美国俚语，可以追溯到 20 世纪早期，但它是我最喜爱的俚语之一。

49 **这不是牛顿首次涉足概率、风险和运气问题**。Jed Z. Buchwald and Mordecai Feingold，*Newton and the Origin of Civilization*（Princeton，NJ：Princeton University Press，2013），chapter 2，especially pp. 90 - 106.

50 **努力量化和限制误差**。Buchwald and Feingold，*Newton and the Origin of Civilization*，p. 93.

50 **"十分可信的猜测"**。Charles Davenant，*Some Reflections on a Pamphlet Entitled*，*England and East-India Inconsistent in Their Manufactures*，转引自 William Deringer，"Finding the Money：Public Accounting，Political Arithmetic，and Probability in the 1690s，" *Journal of British Studies* 52（2013）：665。

50 **约翰·洛克以概率为中心的知识论**。Carl Wennerlind，*Casualties of Credit*：*The English Financial Revolution*，*1620-1720*（Cambridge，MA：Harvard University Press，2011），p. 91. 温纳林德（Wennerlind）对概念知识的讨论可以在第 85 - 92 页找到。

50 **在 17 世纪 90 年代，风险的概念**。关于在科学革命和知识转型发生的更大社会中概率思想的涌现，有大量的作品，正如上面注释所列举的。Geoffrey Clark，*Betting*

on Lives (Manchester, UK: Manchester University Press, 1999) 是英国金融和社会思想中人寿保险出现关键步骤的极佳指南。我也要感谢 David Bellhouse, *Leases for Lives: Life Contingent Contracts and the Emergence of Actuarial Science in Eighteenth-Century England* (Cambridge: Cambridge University Press, 2017), 特别是前几章。对概率史的全面指南是 Lorraine Daston, *Classical Probability in the Enlightenment* (Princeton, NJ: Princeton University Press, 1988), 本书的第一和第二章构成了我对 17 世纪后半期出现的定量和经验冲动的历史背景的理解，第三章帮助我把数学进步和社会实践联系了起来。

51 **财政部寻求外部帮助**。调查由威廉·朗兹领导，参见 *A Report Containing an Essay for the Amendment of the Silver Coins* (London: C. Bill, 1695)。

第四章

52 **艾萨克·牛顿首次踏足剑桥的主路**。本章材料来源于我早期的作品 *Newton and the Counterfeiter* (New York: Houghton Mifflin Harcourt, 2008), especially chapters 10, 11 and 12。

52 **“任命牛顿爵士为铸币局总监”**。牛顿离开剑桥的细节见 Richard Westfall, *Never at Rest* (Cambridge: Cambridge University Press, 1980), pp. 549 - 557。

52 **一位路过的学生**。转引自 Westfall, *Never at Rest*, p. 468。韦斯特福尔引自国王学院凯恩斯藏品中的一份手稿 Cambridge (MSS 130. 6, book 2, 130. 5, sheet 1), 并提到来自牛顿的侄女婿约翰·康迪特，他是从牛顿的另一位朋友处听来的。

53 **最初，牛顿的新生活大体上局限在**。Westfall, *Never at Rest*, p. 556.

54 **牛顿面对的是“没有太多的业务”**。Isaac Newton, *The Correspondence of Isaac Newton, vol. 4, 1694-1709*, ed. J. F. Scott (Cambridge: Cambridge University Press, 1959), document 545, p. 195.

54 **国王威廉在 1695 年 11 月 26 日议会新一届会议开幕时的讲话**。*Journal of the House of Commons, vol. 11, 1693 - 1697* (London: His Majesty's Stationery Office, 1803), pp. 338 - 340.

57 **“大量被熔化”**。Lord Macaulay, *The History of England, vol. 5* (Philadelphia: Porter & Coates, 1890), p. 256.

57 **零钱危机**。Thomas J. Sargent and François R. Velde, *The Big Problem of Small Change* (Princeton, NJ: Princeton University Press, 2002), p. 87.

57 **一位劳动工人一天所挣大致刚超过 1 先令**。价格和工资数字来自格里高利·克拉克 (Gregory Clark) 为几项基础研究而收集的数据系列。参见 Gregory Clark, “The Long March of History: Farm Wages, Population and Economic Growth, England 1209-

1869," *Economic History Review* 60, no. 1 (February 2007): 97 - 135; and Gregory Clark, "The Condition of the Working-Class in England, 1209 - 2004," *Journal of Political Economy* 113, no. 6 (December 2005): 1307 - 1340。克拉克的数据库，最新更新于 2006 年 4 月 10 日，可以在国际社会史研究所网站上找到：http://iisg.nl/hpw/data.php#united。流通中的金几尼和银币的兑换率来自 Ming-hsun Li, *The Great Recoinage of 1696 -9* (London: Weidenfield & Nicholson, 1963), p. 75。

58 **与此同时，在斯皮塔佛德市场，1 磅牛排**。参见标题 "English prices and wages 1209 - 1914" 下的电子表格，见 the International Institute of Social History's "List of Datafiles": http://iisg.nl/hpw/data.php#united。

58 **只有一丁点儿的贵金属可用**。Hopton Haynes, *Brief Memories Relating to the Silver and Gold Coins of England*，转引自 Li, *Great Recoinage*, p. 48。

58 **"我在这里待的时间如此之长"**。事实上，九年战争（也以大联盟战争而著称）的成本显示，威廉和路易尝试的军事动员都超过了他们国家能够维持的能力。对法国和英国（在 1707 年英格兰和苏格兰联盟条约之后作为一个国家）来说，九年战争的军队是两国上场的最大规模的军队，一直到拿破仑战争。这真是太费钱了。向地方银行家借款问题，参见 Li, *Great Recoinage*, p. 58；理查德·希尔给威廉·特朗布尔（William Trumbull）爵士的信中也有记载，August 21, 1695，转引自 Childs, *The Nine Years' War and the British Army, 1688 - 1697* (Manchester: Manchester University Press 2013), p. 297。

59 **英国需要采取一项完全重铸货币的措施**。实际上，在朗兹咨询重铸需求的小团体之外有一场相当活跃的讨论，一个重要的派别反对在战争期间对货币的任何重铸（考虑到对召回和重铸进程中断显而易见的担忧）。参见 Li, *Great Recoinage*, pp. 65 - 67。

59 **牛顿在写给朗兹的回信中**。"Isaac Newton Concerning the Amendment of English Coins," Goldsmiths Library, University of London, MS 62，转载于 Li, *Great Recoinage*, p. 217。

60 **"在阐明金银的价值时"**。"Isaac Newton Concerning the Amendment," in Li, *Great Recoinage*, p. 218.

60 **"这是设定货币价值的纯粹意见"**。Isaac Newton，引述自 John Craig, *Newton at the Mint* (Cambridge: University Press, 1946), p. 42。

60 **改变这一和货币联系在一起的数字**。John Locke's response to Lowndes, Goldsmiths Library, University of London, MS 62，引述自 Li, *Great Recoinage*, p. 227。

61 **"一些人的意见是"**。John Locke，引述自 Li, *Great Recoinage*, p. 102。

62 **贬值货币"只用来欺骗国王和他的众多臣民"**。John Locke，引述自 Li, *Great Recoinage*, p. 104。

62 **议会在 1696 年 1 月 17 日批准了重铸货币。** An Act for Remedying the Ill State of the Coin of the Kingdom, 1695 – 1696, 7 & 8 Will. 3, c. 1, in *Statutes of the Realm, vol. 7, 1695 –1701*, ed. John Raithby (Great Britain Record Commission, 1820), pp. 1 – 4.

63 **这是一场灾难。** 关于流通硬币短缺，参见 Li, *Great Recoinage*, pp. 135 – 6; Edmund Bohun to John Cary, July 21, 1696, 引述自 C. E. Challis, ed., *A New History of the Royal Mint* (Cambridge: Cambridge University Press, 1992), p. 387; John Evelyn, diary entry for June 11, 1696, 引述自 Li, *Great Recoinage*, p. 135; D. W. Jones, *War and Economy in the Age of William III and Marlborough* (Oxford: Basil Blackwell, 1988), p. 137。

63 **在千钧一发之际，牛顿进场了。** Hopton Haynes, 引述自 Challis, *New History of the Royal Mint*, p. 394。这份工作的描绘来自同一段落。铸币局工作的 500 人的数据来自 Craig, *Newton at the Mint*, p. 14。另见 Isaac Newton, "Observations Concerning the Mint," 1697, in Newton, *Correspondence*, vol. 4, document 579, p. 258, online at http: //www. newtonproject . ox. ac. uk/view/texts/normalized/MINT00883。

64 **"判断工人的勤奋程度"。** Hopton Haynes, Briefe Memories, 引述自 Westfall, *Never at Rest*, p. 561。

64 **他确认了完美的速度。** Challis, *New History of the Royal Mint*, p. 394. 对牛顿的计算，Challis 引述自 Haynes。每台压模机 14 人的工作来自 Isaac Newton, "Observations Concerning the Mint"。

64 **准确地说是 6 722 970 英镑 2 便士。** Li, *Great Recoinage*, p. 140.

64 **从银本位转向了金本位。** Tamim A. Bayoumi, Barry J. Eichengreen, and Mark p. Taylor, eds., *Modern Perspectives on the Gold Standard* (Cambridge: Cambridge University Press, 2005), p. 65; and T. S. Ashton, *Economic History of England: The Eighteenth Century* (London: Routledge, 1955 and 2006), p. 171. 牛顿自己的报告见 "Sir Isaac Newton's State of the Gold and Silver Coin," 发表在 William Arthur Shaw, *Select Tracts and Documents Illustrative of English Monetary History 1626 –1730: Comprising Works of Sir Robert Cotton, Henry Robinson, Sir Richard Temple* [...] (London: C. Wilson, 1896), pp. 189 – 195。

66 **14 000 人服役。** John Brewer, *The Sinews of Power: War, Money and the English State, 1688 –1783* (1988; Cambridge, MA: Harvard University Press, 1990), p. 8.

66 **在光荣革命之后。** John Brewer, *Sinews of Power*, p. 30.

66 **这一进程要求有另一支由文书、会计以及用钢笔和报道武装起来的人员构成的大军。** Geoffrey Parker, "The 'Military Revolution,' 1560 – 1660—a Myth?" *Journal of Modern History* 48, no. 2 (June 1976): 209.

66　**英国一年花费大约 200 万英镑**。p. G. M. Dickson，*Financial Revolution in England*：*A Study in the Development of Public Credit*，*1688 -1756*（Aldershot，UK：Gregg Revivals，1993），p. 46.

66　**每年平均仅 364 万英镑**。John Brewer，*Sinews of Power*，p. 89.

66　**在整场战争中**。Dickson，*Financial Revolution*，p. 10.

66　**“战争的全部艺术”**。Charles Davenant，*An Essay upon Ways and Means of Supplying the War*（London：Jacob Tonson，1695），转引自 Anne L. Murphy，*The Origins of English Financial Markets*（Cambridge：Cambridge University Press，2009），p. 39。

67　**臭名昭著的国库停止支付**。William Cobbett，*Parliamentary History of England*，*from the Earliest Period to the Year 1803*，*vol. 4*，*Comprising the Period from the Restoration of Charles the Second in 1660 to the Revolution*（London：T. C. Hansard，1808），p. 498.

68　**英国君主被要求**。Coronation Oath Act of 1688，1688，1 W. & M.，c. 6.，http：//www. legislation. gov. uk/aep/WillandMar/1/6/section/III.

68　**国王被明确禁止**。An Act Declaring the Rights and Liberties of the Subject and Settling the Succession of the Crown，1689，1 W. & M.，c. 2，http：//avalon. law. yale. edu/17th _ century/england. asp.

68　**公共资金的唯一来源**。正如威廉·德林杰（William Deringer）在 *Calculated Values*（Cambridge，MA：Harvard University Press，2018），pp. 43 - 45 指出的，在光荣革命的安排中，君主并没有完全丧失所有获得不受议会控制资金的渠道。他讲述了威廉·杰夫森的故事，此人一直到 1691 年去世前都是财政大臣，负责处理为“秘密服务”付费，其有能力支出大额公共资金——一年 100 000 英镑——不用立法机关批准，或者更重要的是，完全不需要解释支出的用途。尽管议会花了一段时间来掌控国库的全部权力，但获得这一权柄的野心对安排威廉和玛丽登基是必不可少的。参见 Deringer，*Calculated Values*，pp. 51 - 57。

68　**落到了下议院头上**。对百万法案的背景描述源自 Dickson，*Financial Revolution*，pp. 50 - 52。

68　**另一套方案**。Dickson，*Financial Revolution*，p. 51. 帕特森的计划，正如迪克森提到的，看起来表明政府创造了一种法定货币的形式——纸币，仅由硬币价值的五分之一背书——以 6%利息贷款的形式，也作为法定货币流通。但是，这项建议措辞是如此普通，以至于不能完全弄清帕特森脑子里在想什么，也不知道委员会因为什么拒绝。

69　**帕特森接受了挑战**。一条线索表明不能确定帕特森在建议中的角色，因为计划被无名之辈掩盖。但是，他的名字是最常和百万法案联系在一起的名字之一。

69　**很快在议会获得通过**。Dickson，*Financial Revolution*，pp. 52 - 53.

70 **尼尔计划的曲折之处**。Thomas Neale，*The Profitable Adventure to the Fortunate* (London：F. Collins，1694)，p. 1.

70 **一种回应是创立英格兰银行**。Andreas Michael Andreades，*History of the Bank of England*，trans. Christabel Meredith (London：P. S. King & Son，1909)，pp. 73 - 74.

71 **相比之下，英格兰银行**。Andreades，*History of the Bank of England*，p. 82. 瑞典银行发行钞票，在 17 世纪 70 年代与其储备脱钩，但这一实验失败了，银行在几年内倒闭了。更多的早期部分储备运作例子参见 John Clapham，*The Bank of England*，*vol. 1* (Cambridge：Cambridge University Press，1970)，pp. 20 - 25。

72 **财政部没有履行百万冒险彩票和其他一些新债的少量付款义务**。Murphy，*Origins of English Financial Markets*，p. 57.

72 **财政部面向公众提出另一项彩票计划**。Anne Murphy，"Lotteries in the 1690s：Investment or Gamble?" *Financial History Review* 12，no. 2 (October 2005)：227 - 246.

74 **"一些生活大罪恶"**。Daniel Defoe，*The Anatomy of Exchange-Alley*；*or*，*A System of Stock-Jobbing* (London：E. Smith，1719)，p. 35.

第五章

76 **用土耳其人的方式制作咖啡**。John Houghton，"A Discourse of Coffee，" *Philosophical Transactions of the Royal Society* 21 (January 1，1699)：312.

76 **这一合伙企业 1652 年在圣迈克尔小巷——从康希尔向南延伸的一条狭窄过道——的一间小屋开始营业**。爱德华兹和罗西为英国引进黑咖啡馆，出自 Markman Ellis，*The Coffee House*：*A Cultural History* (London：Weidenfeld & Nicholson，2004)，chapter 3。爱德华兹喝咖啡习惯的轶事见 Houghton，"Discourse of Coffee，" p. 312。

77 **但是在英语世界第一家咖啡馆的开业**。对优先权的声明存在争议，几部咖啡史著作把英国第一家公共咖啡馆放到了牛津。我被埃利斯（Ellis）的论证说服，罗西咖啡馆的历史足迹得到了更好的记载。参见 *Coffee House*，Kindle location 691 of 7491。

77 **"烧焦的蓓蕾和泥潭的脏水"**。John Tatham，*Knavery in All Trades*；*or*，*The Coffee-house*：*a Comedy*，act III.

77 **"这里欢迎包括乡绅、商人在内的所有人"**。*A Brief Description of the Excellent Vertues of That Sober and Wholesome Drink*，*Called Coffee* (London：Paul Greenwood，1674) .

78 **"咖啡馆让各色人等相互交际"**。Houghton，"Discourse of Coffee，" p. 317.

78 **博学的罗伯特·胡克**。Robert Hooke，entries for January 17，1680，and September 20，1677，in Robert Hooke，*The Diary of Robert Hooke*，ed. Henry W. Robinson

and Walter Adams (London: Taylor and Francis, 1935), pp. 436 and 314.

78 **胡克在咖啡馆阅读了来自安东尼·范·列文虎克的信件**。Antoni van Leeuwenhoek, "Brief No. 99 [54], 9 May 1687, addressed to the Gentlemen of the Royal Society," in *The Collected Letters of Antoni van Leeuwenhoek*, part 4, a committee of Dutch scientists, ed. (Amsterdam: N. V. Swets & Zeitlinger, 1961), p. 222, http: //www. dbnl. org/tekst/leeu027alle06 _ 01/leeu027alle06 _ 01 _ 0011. php#b0099. 不同寻常的是，这封信没有在 *Proceedings of the Royal Society* 上发表。与胡克的联系主要在于，据记载，胡克在 1687 年 5 月 25 日在学会会议上评论了这封信。更宽泛地说，两个人对显微镜和咖啡拥有共同的兴趣。

80 **东印度公司本身**。Stefania Gialdroni, "Incorporation and Limited Liability in Seventeenth-Century England: The Case of the East India Company," in *The Company in Law and Practice*, ed. Dave De ruysscher, Albrecht Cordes, Serge Dauchy, and Heikki Pihlajamäki (The Hague: Brill/Nijhoff, 2017), p. 111. 更宽泛地说，通过她对东印度公司的案例研究，贾尔德罗尼（Gialdroni）的文章提供了股份形式演进的背景。

80 **1660 年，皇家非洲公司开始交易黄金**。来自皇家非洲公司的黄金供应了皇家铸币局超过 50 年，以至于公司获取黄金供给的地区几内亚的名称因此被用在伦敦塔用机器铸造的第一批金币上。

80 **股票在交易巷能够进行交易**。Anne L. Murphy, *The Origins of English Financial Markets* (Cambridge: Cambridge University Press, 2009), pp. 15 - 16. 关于股票交易量，参见 her table 1. 1, p. 16。

81 **每 100 英镑的投资回报是 10 000 英镑**。Murphy, *Origins of English Financial Markets*, pp. 10 - 11.

81 **这些公司涵盖了人们能够想到的全部领域**。William Robert Scott, *The Constitution and Finance of English, Scottish and Irish Joint-Stock Companies to 1720* (Cambridge: Cambridge University Press, 1910), p. 111 et seq.

82 **外国人的集中**。Ned Ward, *The London Spy Compleat, in Eighteen-Parts* (London: J. How, 1703), pp. 66 - 69.

83 **有执照的经纪人被正式从交易所中驱逐出去**。参见 Richard Dale, *The First Crash: Lessons from the South Sea Bubble* (Princeton, NJ: Princeton University Press, 2004), p. 31。

85 **"破产者和乞丐"**。Daniel Defoe, *The Villainy of Stock-Jobbers Detected, and the Causes of the Late Run upon the Bank and Bankers Discovered and Considered* (London, 1701), p. 26.

85 **内德·沃德赞同道**。Ward, *London Spy*, p. 298, 转引自 Murphy, *Origins of*

the English Financial Markets, p. 161。

85 **这些无赖被表现得栩栩如生。** Thomas Shadwell, *The Volunteers; or, The Stock-Jobbers* (London: James Knapton, 1693), pp. 23 - 24 (act 2, scene 1).

86 **假新闻是交易巷日常生活的事实。** *The Case of the Coffee House Men* (undated), p. 7, quoted in Dale, *First Crash*, p. 10.

86 **埃斯特科特铅矿公司的案例。** Anne L. Murphy, "Trading Options Before Black-Scholes: A Study of the Market in Late Seventeenth-Century London," *Economic History Review*, vol. 62, no. S1 (August 2009): 17 - 18.

86 **"买卖股票"。** Defoe, *Villainy of Stock-Jobbers Detected*, p. 17.

87 **"唯一合理的结论"。** Murphy, *Origins of English Financial Markets*, p. 183.

第六章

89 **约翰·卡斯丹作为一名遭受驱逐的人、一位因路易十四镇压法国新教徒而逃难的人，在伦敦是失败的。** Natasha Glaiser, "Calculating Credibility: Print Culture, Trust and Economic Figures in Early Eighteenth-Century England," *Economic History Review* 60, no. 4 (2007): 698.

96 **财政部借贷了差不多三分之一。** P. G. M. Dickson, *The Financial Revolution in England: A Study in the Development of Public Credit, 1688 - 1756* (Aldershot, UK: Gregg Revivals, 1993), p. 10, table 1.

96 **约翰·波列芬已经成为一位富有的人士。** "John Pollexfen," in *The History of Parliament: the House of Commons 1660 - 1690*, ed. B. D. Henning (London: Secker & Warburg, 1983), http://www.historyofparliamentonline.org/volume/1660 - 1690/member/pollexfen-john-1638 - 1715.

96 **"沃尔布鲁克之家"。** John F. Bold and Edward Chaney, eds. *English Architecture: Public and Private* (London: Hambledon Continuum, 1993), p. 92.

97 **"一个国家严重依赖纸质信用"。** John Pollexfen, *A Discourse of Trade, Coyn, and Paper Credit, and of Ways and Means to Gain, and Retain Riches* (London: Brabazon Aylmer 1697), pp. 65 - 69.

98 **"纸质信用太多"。** Isaac Newton, "Untitled Holograph Draft Memorandum on John Pollexfen's *A Discourse on Trade, Coyn and Paper Credit*," 1697, Mint 19/II, 608 - 11, National Archives, Kew, UK, http://www.newtonproject.ox.ac.uk/view/texts/normalized/ MINT00261.

101 **其他知识渊博的和老于世故的人都不同意他的观点。** 财政大臣威廉·朗兹比牛顿对信用更加怀疑。参见 G. Findlay Shirras and J. H. Craig，"Sir Isaac Newton and the Currency，" *Economic Journal* 55，no. 218/219（June-September 1945）：231。

第七章

102 **这场战争像前一次冲突那么费钱**。Henry Roseveare，*The Financial Revolution：1660 –1760*（London and New York，1991），p. 33，转引自 Richard Dale，*The First Crash：Lessons from the South Sea Bubble*（Princeton，NJ：Princeton University Press，2004），p. 41。

102 **这支 9 万人的庞大军队**。John Brewer，*The Sinews of Power：War，Money and the English State，1688 –1783*（1988；Cambridge，MA：Harvard University Press，1990），page 30，table 2. 1.

102 **英国收入的 10%**。到 1700 年的 GDP 估算见 Alexander Apostolides et al.，"English Gross Domestic Product，1300 – 1700：Some Preliminary Estimates，" November 26，2008，part of the project "Reconstructing the National Income of Britain and Holland，c. 1270/1500 to 1850，" ref. no. F/00215AR，https：//warwick. ac. uk/fac/soc/economics/staff/sbroadberry/wp/pre1700v2. pdf。计算历史上的 GDP 是一个棘手的问题。对于英国/不列颠国民收入问题，学术界至少追踪了 50 年，总数大体上每年在 6 000 万～7 000万英镑。

103 **更多的债务随之而来**。参见 P. G. M. Dickson，*The Financial Revolution in England：A Study in the Development of Public Credit，1688 –1756*（Aldershot，UK：Gregg Revivals，1993），p. 80，table 7。

103 **财政部报了一个夸张的出价**。Dickson，*Financial Revolution*，p. 74.

104 **硫黄遇水**。Henry Sacheverell，*The Perils of False Brethren：Both in Church，and State：Set Forth in a Sermon Preach'd before the Right Honourable the Lord-Mayor* [...]（London：Henry Clements，1709）.

104 **戈多尔芬的辉格党人把他带到下议院受审**。Henry Sacheverell，*The Tryal of Dr. Henry Sacheverell，Before the House of Peers，for High Crimes and Misdemeanors*（London：Jacob Tonson，1710），p. 455.

104 **戈多尔芬失败**。在当时，所有这样的政党标签相当易变，这从戈多尔芬名义上是一名托利党人这个事实可以看出来，与此同时，哈利是作为一名辉格党人开始他的政治生涯的。

105 **英格兰银行在 1697 年已经实验过类似的事物**。Stephen Quinn，"Money，Finance and Capital Markets，" in *The Cambridge Economic History of Modern Britain*，

vol. 1 (Cambridge: Cambridge University Press, 2003), Foderick Foud, Paul Johnson, eds. , p. 168.

106 **"完全可以拥有更多的生意"**。Daniel Defoe, *The Anatomy of Exchange-Alley; or, A System of Stock-Jobbing* (London: E. Smith, 1719).

106 **一场金融大抢劫**。John Carswell, *The South Sea Bubble* (Phoenix Mill, UK: Alan Sutton, 1993), pp. 30 - 32.

107 **交易巷恶人的完美化身**。John G. Sperling, *The South Sea Company: An Historical Essay and Bibliographical Finding List* (Boston: Baker Library, Harvard Graduate School of Business Administration, 1962), p. 6.

107 **"粗鲁傲慢"**。Carswell, *South Sea Bubble*, p. 19.

107 **一笔虚假的土地交易**。Dale, *First Crash*, p. 44, drawing on Carswell, *South Sea Bubble*, p. 35.

108 **在一次由布伦特本人发起的煞有其事的行动中**。Carswell, *South Sea Bubble*, p. 35.

108 **根据估算，布伦特和他的同伙至少进行了 25 000 英镑的内部交易**。25 000 英镑这个数字，参见 Carswell, *South Sea Bubble*, p. 35。把这一数字转化成 21 世纪的同等价值是很难的。英格兰银行的通货膨胀计算者计算超过了 400 万英镑。从一个深度视角比较长时段的价格和消费的重要变化，参见 E. H. Phelps Brown and Sheila V. Hopkins, "Seven Centuries of the Prices of Consumables, Compared with Builders' Wage-Rates," *Economica* (New Series) 23, no. 92 (November 1956): 296 - 314; and Robert Twigger, "Inflation: The Value of the Pound 1750 - 1996," House of Commons Library Research Paper 97/76, June 6, 1997。

108 **英格兰银行的内部人士在 1697 年就已经这么干了**。Dale, *First Crash*, p. 44.

109 **剑刃股票下跌**。Carswell, *South Sea Bubble*, p. 38.

109 **流动债券仍旧令人感到恐怖**。Sperling, *South Sea Company*, p. 3.

110 **全部付清的可能性越来越小**。Sperling, *South Sea Company*, p. 25.

110 **安妮女王在对新组建的托利内阁的讲话中，几乎恳求**。Carswell, South Sea Bubble, p. 48.

111 **哈利在 3 月时告诉了下议院这一计划**。Sperling, *South Sea Company*, p. 6, Part 2.

第二部分

113 **所有英国人欢欣鼓舞**。Arthur Maynwaring, "An Excellent New Song, Call'd

Credit Restor'd," 1711，转引自 Carl Wennerlind，*Casualties of Credit：The English Financial Revolution，1620 - 1720*（Cambridge，MA：Harvard University Press，2011），p. 209。

第八章

116 **充当的是戈多尔芬的可靠喉舌**。从托利党小册子作家到辉格党小册子作家的快速转变，参见 Daniel Defoe，*An Essay on the South-Sea Trade*（London：J. Baker，1712），pp. 14 - 16。

117 **"它属于人们不熟悉的贸易领域"**。Defoe，*Essay on the South-Sea Trade*，pp. 33 - 34.

117 **"没有一个人有任何前往南美甚或西印度地区贸易的经验"**。John Carswell，*The South Sea Bubble*（Phoenix Mill，UK：Alan Sutton，1993），p. 58.

117 **"这一公司的贸易不但可能成就伟大"**。Defoe，*Essay on the South-Sea Trade*，p. 38.

118 **和西班牙属地的贸易需要西班牙的同意**。John G. Sperling，*The South Sea Company：An Historical Essay and Bibliographical Finding List*（Boston：Baker Library，Harvard Graduate School of Business Administration，1962），p. 18. 对 1712 年想象的南海探险的描述来自斯伯林（Sperling）的描述。

118 **1 100 吨价值 20 万英镑的货物**。Sperling，*The South Sea Company*，p. 18.

118 **等待中的船只所装货物开始腐坏**。Richard Dale，*The First Crash：Lessons from the South Sea Bubble*（Princeton，NJ：Princeton University Press，2004），p. 49.

119 **10 万英镑的利润**。Dale，*First Crash*，p. 49. 公司早期活动的更多细节，参见 Carswell，*The South Sea Bubble*，pp. 47 - 67。

120 **公司甚至不能正常获得报酬**。Dale，*First Crash*，p. 49.

121 **出售盗猎生灵需要的技巧**。Carswell，*South Sea Bubble*，pp. 66 - 68.

121 **货物和黑奴的流动**。对南海公司贸易努力的综述，我主要依赖海伦·保罗（Helen Paul）的作品和几位主要兴趣在理解公司的金融方面的史学家的作品。我写完这部分内容之后，哈佛大学教授阿德里安·芬努凯恩（Adrian Finucane）出版了一本书，提供了南海公司作为一家贸易垄断公司的全面学术史，包括其业务细节和围绕公司的政治，从公司创立到 1748 年其商业愿景最终瓦解。这里讨论的第一次残酷教训的叙述，参见 chapter 2，"Britain Hopes for the 'Riches of America，' 1713 - 1716." Adrian Finucane，*The Temptations of Trade：Britain，Spain，and the Struggle for Empire*（Philadelphia：University of Pennsylvania Press，2016），pp. 21 - 52。

123 **女王陛下把这一行为失检都算到哈利罪恶的账上**。Brian W. Hill, *Robert Harley, Speaker, Secretary of State, and Premier Minister* (New Haven, CT: Yale University Press, 1988), p. 223. 乔纳森·斯威夫特在他的通信中记录了一系列类似的抱怨,但省略了指控哈利"经常喝得醉醺醺"。参见 Jonathan Swift and John Hawkesworth, *Letters, Written by Jonathan Swift: D. D., Dean of St Patrick's, Dublin. And Several of His Friends* [...], 6th ed., vol. 2 (London: T. Davies, 1767), p. 72。

123 **这样,在安妮驾崩后的下午四点**。Edward Gregg, *Queen Anne* (New Haven: Yale University Press, 2001), p. 397. 关于和女王安妮的关系更近的天主教徒人数比和乔治的关系更近的天主教徒人数多这一点,参见 the family tree on pp. xviii and xix。

124 **英国的财政还是变得极度混乱**。Henry Roseveare, *The Financial Revolution: 1660-1760* (London: Taylor and Francis, 1991), pp. 52-53.

124 **到期的债务,在 50 英镑上下**。J. Keith Horsefield, "The 'Stop of the Exchequer' Revisited," *Economic History Review* 35, no. 4 (November 1982): 513.

125 **结果真的糟糕**。P. G. M. Dickson, *The Financial Revolution in England: A Study in the Development of Public Credit, 1688-1756* (Aldershot, UK: Gregg Revivals, 1993), p. 80, table 7.

125 **金匠银行家收取顾客的利率仅有 5%**。*Financial Revolution*, p. 53.

第九章

127 **为陌生人投保才完全合法**。Life Assurance Act 1774, 1774, 14 Geo. 3, c. 48, https://www.legislation.gov.uk/apgb/Geo3/14/48/1991-02-01.

127 **这样的赌注可以采取多种形式**。这些例子都来自 Geoffrey Clark, *Betting on Lives: The Culture of Life Insurance in England, 1695-1775* (Manchester, UK: Manchester University Press, 1999), pp. 44 and 49-50。

128 **一名在伦敦暧昧不清的法国男外交官**。Clark, *Betting on Lives*, pp. 45-48.

128 **围绕成打的大人物和好人的打赌**。Clark, *Betting on Lives*, p. 52.

129 **一种麻烦指数**。Clark, *Betting on Lives*, p. 49.

129 **一份受人尊敬的在教会中的职业**。William Coxe, *Memoirs of the Life and Administration of Sir Robert Walpole, Earl of Orford*, vol. 1 (London: T. Cadell, Jun., and W. Davies, 1798), p. 5.

130 **"他的晚上在欢乐的社交中度过"**。这段的引用都来自 Coxe, *Memoirs of the Life*, vol. 1, p. 5。

130 **"一位优雅漂亮和举止成熟的女子"**。Coxe, *Memoirs of the Life*, vol. 1, p. 5.

130 **“他又矮又胖”**。J. H. Plumb，*Sir Robert Walpole*：*The Making of a Statesman*（London：Cresset，1956），p. 114.

131 **一位“技师，在奶酪糕饼、派和蛋羹配方上技艺高超”**。Ned Ward，*The Secret History of Clubs*：*Particularly the Kit-Cat*，*Beef-Stake*，*Uertuocsos*，*Quacks*，*Knights of the Golden Fleece*，*Florists*，*Beaus*，*&c* [...] .（London：Booksellers，1709），p. 361.

131 **其中就有艾萨克·牛顿的外甥女凯瑟琳·巴顿**。Richard Westfall，*Never at Rest*（Cambridge：Cambridge University Press，1980），p. 595.

131 **赋予了沃波尔新世界一股气味**。见基特凯特俱尔部的相当拔高的自传“The Kit-Cat Club，”*Blackwood's Edinburgh Magazine* 11，no. 61（1822）：201 - 206。

132 **在伦敦的生活成本**。Plumb，*Sir Robert Walpole*，p. 91；Edward Pearce，*The Great Man*：*Scoundrel*，*Genius and Britain's First Prime Minister*（London：Jonathan Cape，2007），pp. 28 - 31.

132 **他日益深陷债务**。Plumb，*Sir Robert Walpole*，pp. 108 - 110.

132 **“一些报道四处传播”**。Charles Taylor to Robert Walpole，August 7，1706，引述自 Plumb，*Sir Robert Walpole*，p. 110。

133 **他设法进入一个负责调查国债问题的委员会**。Jeremy Black，*Robert Walpole and the Nature of Politics in Early Eighteenth Century Britain*（New York：St. Martin's Press，1990），p. 4.

133 **这一职位伴随而来的额外津贴让他生活得很好**。Plumb，*Sir Robert Walpole*，p. 121.

133 **沃波尔的崛起势头停止了**。Stephen Taylor，“Robert Walpole，”in *Oxford Dictionary of National Biography*，ed. David Cannadine，online ed.（Oxford：Oxford University Press，2004 - 16）.

134 **沃波尔在位时比他作为一名纯粹的地主和议会成员时变得更为富有**。Plumb，*Sir Robert Walpole*，pp. 180 and 203 - 206.

134 **标题“致塔里的宝石”**。Coxe，*Memoirs of the Life*，vol. 1，pp. 65 - 67.

135 **更敏锐的托利党人**。关于更为敏锐的托利党人乔纳森·斯威夫特，写于 1711 年 12 月 18 日，引述自“Walpole，Robert，”in *Dictionary of National Biography*（1900），https：//en. wikisource. org/wiki/Walpole，_Robert（1676 - 1745）_(DNB00)。

135 **极其有利可图的财政部主计长**。Plumb，*Sir Robert Walpole*，pp. 204 - 206.

135 **他坐在办公桌后监管着一条资金流淌的大河**。Plumb，*Sir Robert Walpole*，pp. 207 - 209.

135 **英国仍旧欠下附有高利息的巨额有担保国债**。Henry Roseveare，*The Financial*

Revolution：*1660 –1760*（London：Taylor and Francis，1991），p. 53.

136 **保护"美国宗教、法律和自由"**。Robert Walpole，*Some Considerations Concerning the Publick Funds*，*the Publick Revenues and the Annual Supplies Granted by Parliament*，2nd ed.（London：J. Roberts，1735），p. 11.

136 **这些"不可赎回"**。P. G. M. Dickson，*The Financial Revolution in England*：*A Study in the Development of Public Credit*，*1688 –1756*（Aldershot，UK：Gregg Revivals，1993），p. 81.

136 **沃波尔写道："毫无疑问"**。Robert Walpole，*Some Considerations*，p. 13，quoted in Dickson，*Financial Revolution*，p. 84.

137 **沃波尔的交易包括一项提议**。Helen Paul，"The 'South Sea Bubble，' 1720，" European History Online，November 4，2015，http：//ieg-ego. eu/en/threads/european-media/european- media-events/helen-j-paul-the-south-sea-bubble-1720，section 2.

139 **国债已经变得更便宜**。有关沃波尔在 1717 年的更多努力，参见 Dickson，*Financial Revolution*，pp. 82 – 87。

139 **这项债务突然间不再是沃波尔的问题**。这是迪克森的观点（*Financial Revolution*，p. 85）。他在这里和普拉姆（J. H. Plumb）以及其他先前的学者争论，他们认为这一点对于沃波尔 1717 年脑海中的计划是一个较小的改变。

140 **被辉格党同伙伏击**。这一段斯坦霍普-桑德兰对沃波尔-唐森德派别斗争的详细记录可见 Plumb，*Sir Robert Walpole*，pp. 224 – 42. Taylor，"Robert Walpole"。

第十章

142 **公司第一艘为特定目的建造的船只**。D. Templeman，*The Secret History of the Late Directors of the South-Sea Company*（London：Printed for the Author，1735），p. 56.

142 **雷蒙德 10 月在韦拉克鲁斯登陆**。Geoffrey J. Walker，*Spanish Politics and Imperial Trade*，*1700 –1789*（London：Macmillan，1979），p. 91.

145 **"很容易计划好足够的资金"**。Daniel Defoe，*An Essay upon Publick Credit*（London：Printed，and Sold by the Book-sellers，1710），pp. 27 – 28.

146 **在议会于 1714 年批准了《经度法案》后**。*Acts of Parliament and Awards*：*Anno Regni Annae*，*Reginae*，*Magnae Britannia*，*Francia*，& *Hibernia*，RGO 14/1（London：John Baskett，Printer to the Queen's most Excellent Majesty，1714），pp. 355 – 357.

146 **牛顿和哈利都建议议会**。Peter Johnson，"The Board of Longitude 1714—1828，" *Journal of the British Astronomical Association* 99，no. 2（April 1989）：63. 牛顿

对这一问题的详细兴趣可见保存于剑桥大学图书馆手书文件中的呈递给议会的、经过反复起草的报告 “Papers on Finding the Longitude at Sea,” MS Add. 3972. 2：27 – 36，Cambridge University Library，Department of Manuscripts and University Archives，https：//cudl. lib. cam. ac. uk/view/MS-ADD-03972/67。

147 **“政府中这种或那种轮子”**。Defoe，*Essay pon Publick Credit*，p. 16.

147 **笛福的理论没有牛顿的精确**。Defoe，*Essay upon Publick Credit*，pp. 16 – 17.

148 **这一想法是执行现值计算**。William Deringer，“Compound Interest Corrected：The Imaginative Mathematics of the Financial Future in Early Modern England，” *Osiris* 33，no. 1（2018）：116.

149 **随着交易浮现**。P. G. M. Dickson，*The Financial Revolution in England*：*A Study in the Development of Public Credit*，*1688 –1756*（Aldershot，UK：Gregg Revivals，1993），pp. 88 – 89.

151 **“使我们的国家信用上升……到如此高度的诸多方法”**。Daniel Defoe，*The Chimera*；*or*，*The French Way of Paying National Debts Laid Open*（London：T. Warner，1720），pp. 2 – 3.

151 **向大众发售新股票**。这些数据来自 Dickson，*Financial Revolution*，pp. 88 – 89。

152 **“先生，这里有条大新闻”**。Daniel Defoe，*The Anatomy of Exchange-Alley*；*or*，*A System of Stock-Jobbing*（London：E. Smith，1719），pp. 4 – 6.

154 **“这里有一个深渊，成千上万人跌落”**。Jonathan Swift，*The Bubble*（Edinburgh：Benj. Took，1721）.

155 **公共信用能在人们的统计下存活下来吗？** Daniel Defoe，*The Villainy of Stock-Jobbers Detected*，*and the Causes of the Late Run upon the Bank and Bankers Discovered and Considered*（London，1701），p. 5.

156 **一个光荣乏味的范围**。这一章和后面章节中所有南海公司股价都来自 Rik G. P. Frehen，William N. Goetzmann，and K. Geert Rouwenhorst，“New Evidence on the First Financial Bubble”（NBER Working Paper 15332，National Bureau of Economic Research，Cambridge，MA，September 2009）. The data is available at http：//som. yale. edu/faculty-research/our-centers-initiatives/international-center-finance/data/historical-southseas bubble。

157 **双方都在紧盯着令人震惊的野心勃勃的第二次行动**。参见 “The Secret History of the South Sea Scheme”（1721），in John Toland，*A Collection of Several Pieces of Mr. John Toland*，vol. 1（London：J. Peele，1726），p. 407。托兰（Toland）是一位哲学家和小册子作家，并没有写这部作品；这是在他的文件中发现的，没有署名，极有可能是由公司的一位主管所写。

第十一章

158 **“一千条笔直的光线”**。Alexander Pope to Edward Blount, June 2, 1725, in *The Works of Alexander Pope*, Esq., vol. 5 (London: C. Bathurst etc., 1788), pp. 287 - 288.

159 **非虚构的詹姆斯·菲格**。作为英国首个相关领域的冠军，他的地位既是那些宣传推广他的人的杰作，包括贺加斯，又肯定超过了当时任何不戴拳击手套的拳击手。对他的生活和胜利的典型描述，参见 Henry Downes Miles, *Pugilistica: The History of British Boxing*, vol. 1 (Edinburgh: John Grant), 1906, pp. 8 - 12。

160 **财政大臣沃波尔的继任者约翰·艾斯拉比**。艾斯拉比卷入的细节，参见 P. G. M. Dickson, *The Financial Revolution in England: A Study in the Development of Public Credit, 1688 -1756* (Aldershot, UK: Gregg Revivals, 1993), pp. 93 - 96. 迪克森在 p. 59 引述自翁斯洛（Onslow）。

160 **经常有人看到他和公司的出纳罗伯特·奈特谈话**。南海公司副出纳在 1721 年调查时对议会委员会所说，转引自 Dickson, *Financial Revolution*, p. 96。

160 **奈特的薪水变化使我们得以从侧面对他的人品有所了解**。Stuart Handley, "Robert Knight," in *Oxford Dictionary of National Biography*, David Cannadine, general editor (Oxford: Oxford University Press, 2004 - 2016).

160 **“不受良知的约束”**。转引自 Dickson, *Financial Revolution*, p. 95。

161 **一个大约 3 100 万英镑的英国债务池**。Dickson, *Financial Revolution*, p. 525.

162 **这肯定会让东印度公司的主管们大吃一惊**。*St. James Weekly Journal*, January 2, 1720, quoted in Dickson, *Financial Revolution*, p. 96.

162 **“和南海公司的交易已经达成”**。Thomas Brodrick to his brother, January 24, 1720，引述自 "Brodrick, Thomas," in *The History of Parliament: The House of Commons 1715 -1754*, ed. R. Sedgwick (London: The Stationery Office, 1970); online at The History of Parliament Trust, "Thomas Brodrick," Member Biographies, http://www.historyofparliamentonline.org/volume/1715 - 1754/member/brodrick-thomas-1654 - 1730; 讨论并引述于 Dickson, *Financial Revolution*, p. 96。

162 **艾斯拉比告诉下议院**。William Coxe, *Memoirs of the Life and Administration of Sir Robert Walpole*, vol. 2 (London: Longman, Hurst, Rees Orme, and Brown, 1816), p. 5.

162 **最终一名议员站出来回应**。Coxe, *Memoirs of the Life*, p. 5.

162 **斯托布里奇的议员托马斯·布罗德里克**。斯托布里奇是一个有名无实的选区，其特点是有大约100名选民，他们选谁由地方长官决定。

162 **“我们还不能恰当地说，我们自己是一个国家”**。Coxe，*Memoirs of the Life*，p. 6.

163 **他温文尔雅，脸色平静，也赞扬艾斯拉比的财政审慎**。Coxe，*Memoirs of the Life*，p. 7.

164 **沃波尔的策略恰如预想的那样奏效**。参见 Dickson，*Financial Revolution*，p. 521。

165 **正如艾斯拉比提出的那样**。约翰·艾斯拉比1721年7月20日在议会的演说，转引自 John Carswell，*The South Sea Bubble*（Phoenix Mill，UK：Alan Sutton，1993），p. 112.

165 **公司的谈判代表被命令**。Coxe，*Memoirs of the Life*，p. 8.

165 **政府的一项胜利**。Brodrick to Lord Midleton，February 2，1720，引述自 Dickson，*Financial Revolution*，p. 100。

165 **南海法案占满了35个页面**。Dickson，*Financial Revolution*，p. 525.

166 **英格兰银行在这次竞争中最后一次出价**。Dickson，*Financial Revolution*，p. 521.

166 **“以这样的价格……在一致同意时”**。South Sea Act，6 Geo. 1，c. 4，引述自 Dickson，*Financial Revolution*，p. 104。

167 **这是交易的美好之处**。应该提到，尤其是理查德·戴尔强烈认为，未能事先就转换价格达成一致，不是南海灾难泛滥的原罪。他写道，公司不能把剩余的股票视为“利润”，那样公司现有股东就会要求把剩余作为分红；公司不需要额外的资本，因为它并不是一家活跃的贸易公司；并且它也不需要这一机制来创造新股票出售，尽管他把包含这种新发行的特许状描绘为“反常的条款”。戴尔反而指向公司为确保交易权而承诺的巨额付款。这些论点不是令人信服的：没有证据表明，新南海股东的主要动机在于预见到在票面价值和股票交易的市场价格之间的差额形成的红利。很明显，公司治理的内层圈子是完全准备把剩余的股票作为免费奉送的财富。让政府支持交易确定下来的贿赂史，取决于交易假定剩余股票可以用来支付这样的费用。尤其是，交易本身的结构在既有的公司内部人士（和之前的股东）和那些以流动的价格通过交易其他资产的后来者之间创造了一种利益上的差异。

我同意戴尔的观点，认为交易的高价，由于英格兰银行竞争的抬价，是公司行动和最终哄抬股价的需要最重要的驱动器。但是不止一个驱动器，创造一个庞大的、不受约束的股票池是其中最大的一个驱动器。

167 **“整个计划的成功”**。Coxe，*Memoirs of the Life*，p. 9.

168 **“如果股票价格下跌”**。Archibald Hutcheson (uncredited)，*The Several Reports*

of the Committee of Secrecy to the Honourable House of Commons, *Relating to the Late South-Sea Directors*（London：A. Moore，1721），p. 2.

169 **“名字不适合让人知道的人”**。Hutcheson，*Several Reports of the Committee*，pp. 4 – 6.

170 **没有证据表明沃波尔的廉洁**。这并不是说，沃波尔是一位廉洁的典范，甚或他没有从特权交易中获得好处。沃波尔拥有南海股票，是在泡沫前十年获得的，然后在1月，他为9 000英镑的南海股票花费了8 770英镑，来补充几个月前生效的远期合同。这种轻微的折扣很难解释，但是很清楚的是，这不是布伦特和公司瞄准贿赂的一种。到1720年3月，他已经出售了所有持有的公司股票，当时价格是在194英镑，正好在急剧上升之前。参见 J. H. Plumb，*Sir Robert Walpole*：*The Making of a Statesman*（London：Cresset，1956），pp. 306 – 308。

170 **法案在下议院一读**。议会行动的顺序源自 Dickson，*Financial Revolution*，pp. 102 – 103，这和卡斯威尔在 *The South Sea Bubble* 中的叙述稍有不同。

170 **跑腿者待在议会游说大厅**。Carswell，*South Sea Bubble*，p. 122.

第十二章

173 **“一个人远离了股票”**。Daniel Defoe，*The Commentator*，no. 29，April 8，1720（London：J. Roberts，1720）.

175 **那些相信这份计划的人**。Defoe，*Commentator*.

175 **“按照上述公司约定的条款和条件”**。P. G. M. Dickson，*The Financial Revolution in England*：*A Study in the Development of Public Credit*，*1688 –1756*（Aldershot，UK：Gregg Revivals，1993），p. 131 and Table 16，p. 135.

176 **那一数字结果是375英镑**。Dickson，*Financial Revolution*，p. 135，table 16，and p. 139，table 17.

180 **“公司的收益”**。Dickson，*Financial Revolution*，p. 141.

180 **“为了公司的利益”**。转引自 Dickson，*Financial Revolution*，p. 142。

180 **“一台金融泵”**。John Carswell，*The South Sea Bubble*（Phoenix Mill，UK：Alan Sutton，1993），p. 135.

180 **“商业区的情绪”**。Defoe，*Commentator*，May 6，1720.

181 **金融家和公司主管西奥多·詹森**。Carswell，*South Sea Bubble*，p. 154.

181 **“当我经过一排教堂长椅时”**。Defoe，*Commentator*，May 9，1720.

182 **“让你的恩典像我尽我所能一样”**。Sunderland to the Duchess of Marlborough，June 23，1720，引述自 G. M. Townsend，*The Political Career of Charles Spencer*，

Third Earl of Sunderland 1695 – 1722 (Ph. D. diss., University of Edinburgh, 1984), p. 278。

183 **"我发财如此之快"**。James Windham to K. Windham, 1720, 未进一步标注日期, 很可能是春季, 参见 *The Manuscripts of the Duke of Beaufort, K. G., the Earl of Donoughmore, and Others*, 12th report, appendix, part 9 (London: Her Majesty's Stationery Office, 1891), p. 200。

183 **更多的时代标志**。*Applebee's Original Weekly Journal*, July 7, 1720, 引自 Richard Dale, *The First Crash: Lessons from the South Sea Bubble* (Princeton, NJ: Princeton University Press, 2004), p. 109。

183 **"我们最伟大的女士"**。Edward Ward, "A South-Sea Ballad, or, Merry Remarks upon Exchange Alley Bubbles," broadside, in the Baker Business Library Kress Collection, online at https://iiif.lib.harvard.edu/manifests/view/ids:1245023.

184 **公司的暴发户**。Dickson, *Financial Revolution*, p. 146.

185 **一位伦敦人写道, 他"有好奇心去看一看"**。Charles Wilson, *Anglo Dutch Commerce & Finance in the 18th Century* (Cambridge: Cambridge University Press, 1941), p. 122, 引述自 Dale, *First Crash*, pp. 110 – 111。

185 **"任何无耻的骗子"**。Adam Anderson, *An Historical and Chronological Deduction of the Origin of Commerce from the Earliest Accounts*, vol. 2 (London: J. Walter, 1764), p. 291.

186 **他的《致布伦特的信》**。Nicholas Amhurst, *Mr. Amhurst's Epistle to Sir John Blunt, Bart.* (London: R. Francklin, 1720), p. 9.

186 **公司以票面价值100英镑又新发行了500万英镑的股票**。Richard Westfall, *Never at Rest* (Cambridge: Cambridge University Press, 1980), p. 861.

第十三章

188 **1660年左右, 他出生在苏格兰的一个家庭中**。哈奇森早年经历的描述来源于 William Deringer, *Calculated Values* (Cambridge, MA: Harvard University Press, 2018), p. 167。

189 **哈奇森很快成为国债事务数量的重要争论者之一**。A. A. Hanham, "Hutcheson, Archibald," in *Oxford Dictionary of National Biography*, ed. David Cannadine, online ed. (Oxford: Oxford University Press, 2004), https://doi.org/10.1093/ref:odnb/53923.

189 **一页接一页的数字**。如见 Hutcheson's addendum "Abstracts of the Aforgoing

States," in *Some Calculations and Remarks Relating to the Present State of Public Debts and Funds* (London: no publisher listed, 1718), pp. 30 - 31。小册子除了前言和结论，每一部分都有表格。

191 **起初，哈奇森并不反对南海公司的计划**。Archibald Hutcheson, *Some Calculations Relating to the Proposals Made by the South-Sea Company, and the Bank of England, to the House of Commons* [...], 2nd ed. (London: J. Morphew, 1720)，发表于 Hutcheson's *A Collection of Calculations and Remarks Relating to the South Sea Scheme & Stock* (London: no publisher listed, 1720), p. 7。

192 **所有这些可能值多少钱**。参见 Deringer, *Calculated Values*, pp. 195 - 198。

194 **真正的才华闪耀**。参见 Deringer, *Calculated Values*, pp. 202 - 208。

195 **哈奇森做出了自己独特的贡献**。德林杰在这里强调哈奇森的技术魔法：找到了一种简单的方法来量化和计算一家公司的期望值，它的股票既是一种金融工具——基本上是一种债券，其收益是由政府同意为所有债务转换为股份支付的利息决定的，又是持续存在的商业企业从事跨大西洋商品和奴隶交易的象征。这是关键之处；哈奇森能够把各种各样的现象归入单一的数学处理，达到了科学的革命性目标。但是，哈奇森模型的推测边界至少同样重要：他使考察一系列未来成为可能，并且这样加深了对为使一项投资或一家企业合理事情应该怎么运作的理解。从某种意义上来说，金融分析的全套概念都来自此类作品。

196 **即使这样，这些数字也不管用**。Hutcheson, *Collection of Calculations*, p. 11.

197 **仍然未知的是**。Hutcheson, *Collection of Calculations*, p. 15.

198 **"如果我做的计算是正确的"**。Hutcheson, *Collection of Calculations*, pp. 15 - 16.

199 **哈奇森利用文化权威服务于他自己的目的**。一些历史学家看不起其他历史学家，包括我，关于哈奇森在泡沫期间的重要性，参见 Helen J. Paul, *The South Sea Bubble: An Economic History of Its Origins and Consequences* (London: Routledge, 2011), pp. 75 - 77。我认为，答案应该是：他对南海公司前景的看法是正确的，并且他用一种在数学上连贯的方式来建构他的论证。一个人可以是近代早期的思想家，但不是现代思想家，仍能用重要的推理思路方式预见未来，这一点后来得到了全面发展。

200 **一次荒谬演示**。Hutcheson, *Some Calculations Relating to the Proposals*, p. 7.

第十四章

202 **以其名而闻名内外**。Pat Rogers, "South Sea Bubble Myths," *Times Literary Supplement*, April 9, 2014.

202 **"大约 10 股"**。William Chetwood, *The Stock-Jobbers; or, The Humours of*

Exchange-Alley (London: J. Roberts, 1720), pp. 3 – 4.

203 **"骗走了他们货币内在价值的四分之一"**。由阿奇博尔德·哈奇森以"Some Memorandums Relating to Exchange, by an Eminent Merchant"为名，可能传递给约翰·戴尔林普（John Dalrymple）、斯泰尔伯爵和英国驻法大使，1718年11月16日，引述自 William Deringer, *Calculated Values* (Cambridge, MA: Harvard University Press, 2018), p. 201。

203 **那些"在赌桌上做交易"的人**。Daniel Defoe, *The Free-Holders Plea Against Stock-Jobbing Elections of Parliament Men* (London: 1701), pp. 21 – 22.

204 **"决心以每个他们能欺骗的人为代价来致富"**。Daniel Defoe, *The Anatomy of Exchange-Alley; or, A System of Stock-Jobbing* (London: E. Smith, 1719), p. 38.

205 **托马斯·盖伊是一个没人能够愚弄的人**。Roger Jones, "Roger Mead, Thomas Guy, the South Sea Bubble and the Founding of Guy's Hospital," *Journal of the Royal Society of Medicine* 103, no. 3 (March 1, 2010): 87 – 92.

205 **他的确算是一个热衷于慈善的人**。Jones, "Roger Mead, Thomas Guy."

205 **他的第一笔交易进展良好**。John Carswell, *The South Sea Bubble* (Phoenix Mill, UK: Alan Sutton, 1993), p. 26.

205 **盖伊拥有544股南海股票**。Carswell, *South Sea Bubble*, p. 136.

206 **略低于票面价值100英镑**。Andrew Odlyzko, "Newton's Financial Misadventures in the South Sea Bubble," *Notes and Records of the Royal Society* 73, no. 1 (February 2019): 40.

206 **他开始出售**。Odlyzko, "Newton's Financial Misadventures," p. 40. 盖伊的出售可见第34页图1，最后的出售记录在第40页。

206 **总共25万英镑**。Jones, "Roger Mead, Thomas Guy."

206 **"最大一笔诚实财富"**。Carswell, *South Sea Bubble*, p. 137.

207 **他就不再追逐股票**。盖伊在夏天时的确重新进入南海股票市场，但奥德里兹科（Odlyzko）认为，这次更可能是为了履约远期卖出合同（我们现在称之为卖空）的要求而采取的一项策略。盖伊被要求兑现出售他并不拥有的股票。在这次行动中，他损失了少量的金钱，但并没有改变他的总体结果。参见 Odlyzko, "Newton's Financial Misadventures," p. 41。

208 **"现在不值200英镑或300英镑了"**。Mary Cowper, *Diary of Mary, Countess Cowper* (London: John Murray, 1864), p. 184.

208 **萨拉·丘吉尔感受到了市场的温度**。Carswell, *South Sea Bubble*, pp. 154 – 155, 以及 J. H. Plumb, *Sir Robert Walpole: The Making of a Statesman* (London: Cresset, 1956), p. 307。

208 **他在那一年售出一半。**Plumb，*Sir Robert Walpole*，pp. 306 - 308.

208 **艾萨克·牛顿爵士做得就好多了。**Odlyzko，"Newton's Financial Misadventures，" p. 50.

210 **在 1720 年所做的每一笔南海股票交易。**豪尔银行的交易细节来自 Peter Temin and Hans-Joachim Voth，"Riding the South Sea Bubble"（Massachusetts Institute of Technology Department of Economics Working Paper Series，no. 04 - 02，December 21，2003），特别是 pp. 13 - 25。一份类似的讨论从更广阔的背景利用了同样的数据，Peter Temin and Hans-Joachim Voth，*Prometheus Shackled：Goldsmith Banks and England's Financial Revolution After 1700*（Oxford：Oxford University Press，2013），chapter 5。我遵循两位作者对豪尔银行结局的解释：正如根据几条没有在这里提到的证据得出的，这些是经深思熟虑的交易策略的结果，取决于对南海公司市场行为和前景的经验推理。

210 **140 029 英镑——大致上相当于今天 10 亿英镑的四分之一——易手。**Temin and Voth，*Prometheus Shackled*，p. 111.

210 **"银行家在 1720—1721 年买卖股票所挣到的钱和他们在前 20 年所挣一样多"。**Temin and Voth，*Prometheus Shackled*，p. 120.

211 **100 英镑的股票勉强能借到超过 40 英镑的款项。**Temin and Voth，*Prometheus Shackled*，p. 118.

211 **在一定程度上，斯威夫特是幸运的。**Leo Damrosch，*Jonathan Swift：His Life and His World*（New Haven，CT：Yale University Press，2013），p. 339.

212 **构思午夜女巫的作品。**Jonathan Swift，"The Run upon the Bankers，" lines 29 - 32. *Dean Swift's Works*，vol. 7（London：Luke Hansard，1801），p. 177，online at https：//en. wikisource. org/wiki/The_Works_of_the_Rev. _Jonathan_Swift/Volume_7/The_ Run_ upon_the_Bankers.

第十五章

213 **"股票没有被售出，就没有收益"。**Alexander Pope to John Caryll，April or May 1720，in *The Works of Alexander Pope*，new ed.，vol. 6（London：John Murray，1871），pp. 271 - 272.

213 **来吧！把南海的酒杯斟满吧。**Alexander Pope，"An Inscription upon a Punch-Bowl，" in *The Complete Poetical Works*（1902），online at http：//www. bartleby. com/203/67. html.

214 **"股票发生了突然的波动"。**Adam Anderson，*An Historical and Chronological Deduction of the Origin of Commerce，from the Earliest Accounts*，vol. 3（London：J.

Walter，1787），p. 97.

215 **“在令人振奋的希望之羽的鼓舞下”**。Jonathan Swift，*The Bubble*（Edinburgh：Benj. Took，1721）.

215 **荷兰投机者**。泡沫中的外国投资，参见 P. G. M. Dickson，*The Financial Revolution in England：A Study in the Development of Public Credit，1688 -1756*（Aldershot，UK：Gregg Revivals，1993），pp. 140 - 141。

215 **塞满大木桶**。Hogsheads 是标准化的计量桶，但是这个标准因运载商品的不同而不同。最常见的容量是在 60（美制）或 50（英制）加仑的范围内。这个术语也用来表示一种标准的烟草桶，规格大得多。不管最初在桶中装的是什么，荷兰人都用它来装运他们的财富到交易巷，一大桶能容纳许多现金。

217 **出借现金**。这些借款的条件和数量来自 Dickson，*Financial Revolution*，pp. 141 - 144。

218 **出借的总额令人震惊**。Dickson，*Financial Revolution*，p. 142.

218 **交易巷人员推测公司寻求的价格**。Anderson，*Historical and Chronological Deduction*，p. 96.

219 **500 万英镑的发行额在几个小时之内售罄**。Dickson，*Financial Revolution*，p. 127，援引 *Applebee's Original Weekly Journal*，June 18，1720。

219 **两院至少有一半人签约认购**。Dickson，*Financial Revolution*，p. 127.

219 **名单上的 153 名议员**。John Carswell，*The South Sea Bubble*（Phoenix Mill，UK：Alan Sutton，1993），pp. 160 - 161；还有 Dickson，*Financial Revolution*，p. 126。迪克森说，克拉格劝说了这 153 名议会成员（卡斯威尔认为是 154 名）。我认为，迪克森是更权威的（也是最新的）研究者。

219 **在 6 月购买的那些人**。Dickson，*Financial Revolution*，p. 125，table 13.

219 **就是我们今天称为期权的东西**。在过去 15 年里，经济史家已经对这一支付结构进行了积极的讨论：南海分期付款计划是期权交易的早期形式吗？也就是允许投资者决定是否在以后的日期里购买股票的形式。或者签约货币认购就能把一个人束缚在一项合同中、当结算到期时就能束缚在一项支付义务中吗？随着事件的发展，期权的解释看来是接近正确的，因为投资者能够而且的确从他们的交易中抽身而去。但是在 4 月和后来的认购中，从公司方面来说，这是有差别的，虽然差别很小。要达成一项对货币认购的完全良性的解读是不可能的：其目标是支撑南海股票的市场。不断宽容大度的支付计划也是为了这一目标。参见 Anderson，*Historical and Chronological Deduction*，p. 97，这是接近于对公司行为的亲眼所见。经济学家之间的讨论，参见 Richard Dale，*The First Crash：Lessons from the South Sea Bubble*（Princeton，NJ：Princeton University Press，2004），其中他把认购销售视为具有约束力的协议。另见 Gary Shea，“Understanding Fi-

nancial Derivatives During the South Sea Bubble: The Case of the South Sea Subscription Shares," *Oxford Economic Papers* 59 (2007): 73 – 104，尤其是他在 pp. 100 – 104 的总结。

220 **另一位哲学家基于即将来临的橄榄收获进行了成功的期权交易**。Aristotle, *Politics*, book 1, section 1259a.

220 **期权得到广泛应用**。Anne L. Murphy, *The Origins of English Financial Markets* (Cambridge: Cambridge University Press, 2009), pp. 24 – 30.

220 **各种各样的私人看涨合同**。参见 Dickson, *Financial Revolution*, pp. 497 – 505，以及 Gary S. Shea, "Sir George Caswall vs. the Duke of Portland: Financial Contracts and Litigation in the Wake of the South Sea Bubble" (2007), in Jeremy Atack and Larry Neal, *The Origin and Development of Financial Markets and Institutions* (Cambridge: Cambridge University Press, 2009), pp. 130 – 131。

221 **当他在春季出售了持有的公司股票后**。Andrew Odlyzko, "Newton's Financial Misadventures in the South Sea Bubble," *Notes and Records of the Royal Society* 73, no. 1 (February 2018): 13.

222 **这样的合同在泡沫之初的几个月里相当普遍**。参见 Dickson, *Financial Revolution*, pp. 499 – 500。

222 **他不能抵制为了最高的赌注玩一局的诱惑**。参见 Shea, "Sir George Caswall," 尤其是 pp. 15 – 24。

224 **衍生品并不必然是危险的**。对衍生品的首次综述，参见 Paul Wilmott, Susan Howson, Sam Howison, *The Mathematics of Financial Derivatives: A Student Introduction* (Cambridge: Cambridge University Press, 1995)。

225 **急切的规划家在 4 月创建了 27 家公司**。William Robert Scott, *Constitution and Finance of English, Scottish and Irish Joint Stock Companies to 1720*, vol. 3 (Cambridge: Cambridge University Press, 1901), pp. 449 – 457.

226 **"熔合锯木屑和碎木片"**。Anderson, *Historical and Chronological Deduction*, vol. 3, p. 103.

226 **"筹措 600 万英镑"**。转引自 John Carswell, *South Sea Bubble*, p. 156。

226 **一份 1764 年沉船调查**。Dale, *First Crash*, p. 107. 他的数字来源于 Anderson, *Historical and Chronological Deduction*。

227 **"(大量的泡沫) 交易"**。转引自 Ron Harris, "The Bubble Act: Its Passage and Its Effects on Business Organization," *Journal of Economic History* 54, no. 3 (September 1994): 615。

227 **议会通过了一个以《泡沫法案》而知名的法案**。《泡沫法案》的立法背景细节见 Dickson, *Financial Revolution*, pp. 147 – 149。

227 **股票以 1 050 英镑易手**。Harris，“Bubble Act，” p. 613. 他的注释 11 讨论了重建当天高点的努力，和卡斯坦（Castaing）与其他人印制的收盘报告有区别。

228 **交易巷给南海公司的定价**。Anderson，*Historical and Chronological Deduction*，p. 97.

228 **股票的走势如何**。转引自 Arthur H. Cole，“The Bancroft Collection，” *Bulletin of the Business Historical Society* 9，no. 6 (December 1935)：94。

第十六章

229 **“恶魔完全降落”**。Alexander Pope，“Of the Use of Riches” (Epistle to Bathurst)，in *The Complete Poetical Works of Alexander Pope*，ed. Henry Boynton (Boston：Houghton，Mifflin，1903)，lines 370 - 374.

229 **“这些新认股人”**。Archibald Hutcheson，*An Estimate of the Value of South-Sea Stock with Some Remarks Relating Thereto* (London：no publisher listed，1720)，pp. 3 - 4.

229 **乐观主义者仍旧面露微笑**。James Windham to Ashe Windham，July 12，1720，in *The Manuscripts of the Duke of Beaufort*，*K. G.*，*the Earl of Donoughmore*，*and Others*，12th report，appendix，part 9 (London：Her Majesty's Stationery Office，1891)，p. 200.

230 **他拒绝了所有的变现建议**。Lewis Melville，*The Life and Letters of John Gay (1685 - 1732)*，*Author of* “*The Beggar's Opera*” (London：Daniel O'Connor，1921)，chapter 6，https：// openlibrary. org/books/OL13493940M/Life _ and _ letters _ of _ John _ Gay _ (1685 - 1732) .

231 **“魔法会使我们的财富上涨”**。Jonathan Swift，“The South Sea Project，” 1721，lines 2 - 3.

231 **在私人手中的最后一批官方债务**。P. G. M. Dickson，*The Financial Revolution in England*：*A Study in the Development of Public Credit*，*1688 -1756* (Aldershot，UK：Gregg Revivals，1993)，p. 93，table 9.

232 **“大量的人来到这里”**。*Weekly Journal*，*or*，*Saturday's Post*，July 16，1720，quoted in Dickson，*Financial Revolution*，p. 133.

232 **“在这里有多么群情汹涌”**。James Craggs to Earl Stanhope，July 15，1720，in William Coxe，*Memoirs of the Life and Administration of Sir Robert Walpole*，*Earl of Orford*，vol. 2 (London：T. Cadell，Jun.，and W. Davies，1798)，p. 189.

232 **“我们希望得到你的支持”**。John Blunt，*A True State of the South-Sea Scheme*

(London: J. Peele, 1722), p. 32.

233 **艾萨克·牛顿，他交易的年金**。Isaac Newton to John Francis Fauquier, July 27, 1720, in *The Correspondence of Isaac Newton*, vol. 7, 1718－1727, ed. A. Rupert Hall and Laura Tilling (Cambridge: Cambridge University Press, 1959), p. 96; 以及 Andrew Odlyzko, "Newton's Financial Misadventures in the South Sea Bubble," *Notes and Records of the Royal Society* 73, no. 1 (February 2018): 26。

233 **主管们批准了更多的贷款**。Dickson, *Financial Revolution*, p. 143.

233 **公司忽略了少数几条现有的市场规章之一**。John Carswell, *The South Sea Bubble* (Phoenix Mill, UK: Alan Sutton, 1993), p. 169.

233 **"大量资金，在6个月后以（最终价的）40%～50%交付股票"**。James Milner, *Three Letters, Relating to the South-Sea Company and the Bank* (London: J. Roberts, 1720), p. 34.

234 **"这次认购……在3个小时内完成"**。Adam Anderson, *An Historical and Chronological Deduction of the Origin of Commerce*, vol. 3 (London: J. Walter, 1787), p. 113.

235 **"这一项目必将在不久爆裂"**。Sarah, Duchess of Marlborough, 引述自 J. H. Plumb, *Sir Robert Walpole: The Making of a Statesman* (London: Cresset, 1956), p. 301。

235 **"股票价值甚少改变"**。Daniel Defoe, *The Commentator*, no. 65, August 15, 1720 (London: J. Roberts, 1720).

235 **"以当前价格购买南海股票"**。Alexander Pope to Lady Mary Wortley Montagu, August 22, 1720, Record ID 301686, Morgan Library & Museum, https://www.themorgan.org/blog/some-terrible-investment-advice-alexander-pope-buy-south-sea-stock.

236 **对牛顿的账目进行了新的分析**。Andrew Odlyzko, "Newton's Financial Misadventures in the South Sea Bubble," *Notes and Records of the Royal Society* 73, no. 1 (February 2018): 24－25.

236 **整个夏天购买狂欢**。Odlyzko, "Newton's Financial Misadventures," p. 22.

238 **"最终，尘埃落定"**。Carswell, *South Sea Bubble*, p. 139.

238 **布伦特的账目**。John Blunt, *The Particular and Inventory of Sir John Blunt, Bart. One of the South-Sea Company* [...] (London: Jacob Tonson, 1721), p. 12.

238 **在诺福克购买了相当多的地产**。Lewis Melville, *The South Sea Bubble* (London: Daniel O'Connor, 1921), p. 112; and Dickson, *Financial Revolution*, p. 147.

238 **布伦特只拿出了500英镑**。见不完全没有偏见的"The Secret History of the

South Sea Scheme" (1721), in John Toland, *A Collection of Several Pieces of Mr. John Toland*, vol. 1 (London: J. Peele, 1726), p. 434。

238 **"出纳员们在一天之内借出了 300 万英镑"**。"The Secret History of the South Sea Scheme," pp. 429 - 430.

239 **"越混乱越好"**。"The Secret History of the South Sea Scheme," p. 429.

239 **"100 万英镑或 200 万英镑"**。"The Secret History of the South Sea Scheme," p. 430.

第三部分

241 **汝等聪明的哲人**。*The Works of Jonathan Swift*, vol. 1 (London: Henry Washbourne, 1841), p. 620.

第十七章

243 **"的确是……几天里"**。Adam Aderson, *An Historical and Chronological Deduction of the Origin of Commerce*, vol. 3 (London: J. Walter, 1764), p. 102.

243 **威尔士亲王**。John Carswell, *The South Sea Bubble* (Phoeniex Mill, UK: Alan Sutton, 1993), p. 168.

244 **"威尔士亲王的泡沫"**。James Craggs the younger to Earl Stanhope, July 12, 1720, in William Coxe, *Memoirs of the Life and Administration of Sir Robert Walpole*, vol. 2 (London: T. Cadell, Jun., and W. Davies, 1798), p. 188.

244 **"南海小团体"**。Anderson, *Historical and Chronological Deduction*, p. 113.

244 **财政部官员联系了总检察长**。P. G. M. Dickson, *The Financial Revolution in England: A Study in the Development of Public Credit, 1688 -1756* (Aldershot, UK: Gregg Revivals, 1993), p. 148.

244 **约克建筑公司首当其冲**。Anderson, *Historical and Chronological Deduction*, p. 113.

245 **"泡沫者做出规划、吹胀泡沫和进行欺骗的罪恶不断增多"**。Daniel Defoe, *The Commentator*, no. 68, August 26, 1720 (London: J. Roberts, 1720) .

246 **崩溃触发器或促进剂**。参见 Dickson, *Financial Revolution*, pp. 152 - 153。

246 **"致命的告知命状"**。Anderson, *Historical and Chronological Deduction*, pp. 113 - 114.

248 **“祈祷吧，如果这样一种特别可怕的（传染病）……落到我们头上，股票价格会发生什么”**。Defoe，*Commentator*，no. 66，August 15，1720（London：J. Roberts，1720）.

249 **“普通人”**。Daniel Defoe，*A Journal of the Plague Year*（Eugene：University of Oregon Press，Renascence Editions，2008），p. 18.

249 **“不在地方长官权力的掌控之下”**。Defoe，*A Journal of the Plague Year*，p. 100.

249 **“人们开始放任自己面对恐惧”**。Defoe，*A Journal of the Plague Year*，pp. 102－103.

第十八章

252 **一个花花公子**。源自“An Essay in Defense of the Female Sex”（1696），引述自 Antoin E. Murphy，*John Law*：*Economic Theorist and Policy-Maker*（Oxford：Clarendon，1997），p. 20。

252 **“英俊高大，衣着考究”**。W. Gray，*The Memoirs*，*Life and Character of the Great Mr. Law and His Brother in Paris*（London：Sam Briscoe，1721），p. 4.

252 **错误的人的情人**。W. Gray and John Evelyn，writing in the *London Journal*，引述自 Murphy，*John Law*，p. 21。这里墨菲讨论了这场决斗，以及围绕它的各种怀疑。

252 **被监禁、审判和判处死刑**。Murphy，*John Law*，p. 29.

253 **“冒险故事必须用和真相类似的东西装饰”**。Gray，*Memoirs*，*Life and Character*，p. 9.

253 **把他放出了监狱**。Murphy，*John Law*，p. 33.

253 **“出众和极其罕有的技能”**。Gray，*Memoirs*，*Life and Character*，p. 5.

254 **“首个……理论框架”**。François Velde，“Book Review：*John Law*：*Economic Theorist and Policy-Maker*. By Antoin E. Murphy，”*Journal of Political Economy* 107，no. 1（February 1999）：202.

254 **货币能够做的各种事情**。John Law，*Money and Trade Considered*：*with a Proposal for Supplying the Nation with Money*，引述自 Murphy，*John Law*，p. 54。

255 **更加现代色彩的观点**。Murphy，*John Law*，chapters 7 and 8.

255 **“东印度公司的股票”**。John Law，*John Law's Essay on a Land Bank*，引述自 Murphy，*John Law*，p. 61。

256 **法国传统增加收入的方法**。对路易十四各种收入来源的描述，参见 François R. Velde，“French Public Finance between 1683 and 1726”（preliminary and rough draft of

paper prepared for the 14th International Economic History Congress，Helsinki，2006，session 112)，http：//www. helsinki. fi/iehc2006/papers3/Velde. pdf，pp. 5 – 10。

256 **法国欠债 35 亿里弗**。Philip T. Hoffman，Gilles Postel-Vinay，and Jean-Laurent Rosenthal，*Priceless Markets*：*The Political Economy of Credit in Paris*，*1660 – 1870*（Chicago：University of Chicago Press，2000)，p. 70.

257 **他的通用银行**。Hoffman，Postel-Vinay，and Rosenthal，*Priceless Markets*，p. 73.

258 **那些用他们的持有物以票面价值交换**。通用银行业务的数据来自 Murphy，*John Law*，pp. 158 – 161。

258 **劳进行下一步**。Murphy，*John Law*，p. 172. 以黄金数量为基础的通货转换可以用任何一种通货买进。

259 **贪婪的扩张**。参见 Antoin Murphy's discussion of Law's acquisition spree beginning on p. 110 of John Law。

260 **密西西比公司股票从发行价 500 里弗，在 1719 年 5 月到 12 月的 8 个月内，高点时曾涨到超过了 10 000 里弗**。François Velde，"John Law's System，" *American Economic Review* 97，no. 2（May 2007)：277.

261 **劳匆忙恢复了这种钉住制度**。François Velde，"Government Equity and Money：John Law's System in 1720 France，" Working Paper，p. 30，https：//www. heraldica. org/econ/law. pdf.

261 **劳再次解决为密西西比公司股票定价的问题**。参见 Murphy，*John Law*，pp. 244 – 245。对这些数字和劳提议的步骤的细节描绘，也见 François Velde，"Government Equity and Money：John Law's System in 1720 France"（Federal Reserve Bank of Chicago Working Paper no. 2003 – 31，December 2003)，pp. 29 – 31，https：//www. heraldica. org/econ/law. pdf。

262 **巴黎股票市场一如预期做出了反应**。Murphy，*John Law*，p. 257.

262 **最终的账单是惊人的**。Murphy，*John Law*，p. 307.

262 **逃离了巴黎**。对劳逃离巴黎的原因分析，来自 Murphy，*John Law*，pp. 309 – 311。

第十九章

264 **"让亲王和他的妻子睡在了一起"**。Mary Cowper，*Diary of Mary*，*Countess Cowper*（London：John Murray，1864)，p. 134.

264 **他在下议院展示了自己的力量**。William Coxe，*Memoirs of the Life and Ad-*

ministration of Sir Robert Walpole, Earl of Orford, vol. 1 (London: T. Cadell, Jun., and W. Davies, 1798), pp. 116 – 125.

265 **沃波尔让别人知道。** J. H. Plumb, *Sir Robert Walpole: The Making of a Statesman* (London: Cresset, 1956), pp. 291 – 292.

265 **王室家庭的公开和解。** Coxe, *Memoirs of the Life*, pp. 132 – 133.

265 **"沃波尔和唐森德为了利益"。** Cowper, *Diary*, p. 135.

266 **沃波尔的股票交易冒险。** Plumb, *Sir Robert Walpole*, p. 291.

266 **他购买了英格兰银行和皇家非洲公司的股票。** Plumb, *Sir Robert Walpole*, p. 309.

266 **他在那个春末对南海公司的前景是如此确定。** Cowper, *Diary*, p. 158.

267 **他没有明确反对沃波尔的指令。** 对沃波尔的夏季投资决定，参见 Plumb, *Sir Robert Walpole*, pp. 315 – 319。

267 **公司第一次自己努力。** John Carswell, *The South Sea Bubble* (Phoenix Mill, UK: Alan Sutton, 1993), pp. 152 – 168.

268 **沃波尔代表政府部门参加了。** Carswell, *South Sea Bubble*, p. 183.

268 **只是一项名义上的合同。** P. G. M. Dickson, *The Financial Revolution in England: A Study in the Development of Public Credit, 1688 –1756* (Aldershot, UK: Gregg Revivals, 1993), pp. 166 – 167.

269 **"南海的普遍洪水"。** Alexander Pope to the Bishop of Rochester, September 23, 1720, in *The Works of Alexander Pope, with Notes and Illustrations by Himself and Others*, vol. 7 (London: Longman, Brown, 1847), pp. 184 – 185.

270 **"世界上最不幸的人"。** Lady Mary Cowper to Lady Mary Wortley Montague, March 21, 1721, in Lady Mary Wortley Montague, *The Complete Letters of Lady Mary Wortley Montague*, vol. 2, ed. Robert Halsband (Oxford: Oxford University Press, 1966), pp. 3 – 4.

270 **"可怜的吉米的事务"。** William Windham to Ashe Windham, September 27, 1720, and November 26, 1720, in *The Manuscripts of the Duke of Beaufort, K. G., the Earl of Donoughmore, and Others*, 12th report, appendix, part 9 (London: Her Majesty's Stationery Office, 1891), p. 201.

270 **"愚蠢的傻瓜"。** James Windham to Ashe Windham, January 5, 1720/21, in *Manuscripts of the Duke*, pp. 201 – 202.

270 **"一个完蛋了的人"。** James Windham to Ashe Windham, January 3, 1721, in *Manuscripts of the Duke*, pp. 201 – 202.

271 **农夫返家的路上。** John Saunders in *Applebee's Original Weekly Journal*, Octo-

ber 15, 1720, p. 4.

271 **“一些诚实的悲伤之人”**。*Applebee's Original Weekly Journal*, October 1, 1720, p. 1.

271 **3万人和诸多机构**。Dickson, *Financial Revolution*, pp. 161 - 162.

271 **这些购买者包括**。Dickson, *Financial Revolution*, p. 108.

271 **登记在册**。Adam Anderson, *An Historical and Chronological Deduction of the Origin of Commerce*, vol. 3 (London: J. Walter), p. 123.

272 **沃波尔自己就面临着类似的风险**。Plumb, *Sir Robert Walpole*, pp. 318 - 319.

272 **“许许多多的金匠银行家已经无望”**。Thomas Brodrick to Alan Brodrick, 1st Viscount Midleton, September 27, 1720, in Coxe, *Memoirs of the Life*, p. 191.

272 **“普遍大灾难”**。Archibald Hutcheson, *Some Paragraphs of Mr. Hutcheson's Treatises on the South-Sea Subject* (London, 1723), p. 8.

第二十章

277 **“对这一想法表示满意”**。信件的摘录来自 Mr. Jacombe to Robert Walpole in William Coxe, *Memoirs of the Life and Administration of Sir Robert Walpole, Earl of Orford*, vol. 2 (London: T. Cadell, Jun., and W. Davies, 1798), p. 193。

278 **他已经思考了杰科姆的想法**。参见 P. G. M. Dickson, *The Financial Revolution in England: A Study in the Development of Public Credit, 1688 - 1756* (Aldershot, UK: Gregg Revivals, 1993), p. 159。

278 **“极为勉强”**。Robert Walpole to King George I, “Some Thought and Considerations Concerning the Present Posture of the South Sea Stock, Humbly Laid Before His Majesty,” in Coxe, *Memoirs of the Life*, p. 197.

278 **计划分成三部分**。Walpole to the King, “Some Thought and Considerations,” p. 198.

280 **南海投资者绝望中的希望**。Dickson, *The Financial Revolution*, p. 176.

280 **沃波尔拒绝接受一项明显的提议**。Dickson, *The Financial Revolution*, p. 170.

281 **一些恶魔利用新诡术骗走了国王乔治诚实臣民的财产**。Archibald Hutcheson, *Some Paragraphs of Mr. Hutcheson's Treatises on the South-Sea Subject* (London, 1723), pp. 8 - 9.

282 **“制定《南海法案》”**。William Cobbett, *The Parliamentary History of England, from the Earliest Period to the Year 1803, vol. 7, 1714 - 1722* (London: T. C. Hansard, 1811), p. 690.

284 **秘密委员会**。“秘密”一词在这里意味着委员会限于这些挑选的人，其他议会议员不能决定参加其会议。

284 **令人精疲力竭的日程安排**。William Robert Scott, *The Constitution and Finance of English, Scottish and Irish Joint Stock Companies to 1720*, vol. 3 (Cambridge: Cambridge University Press, 1910), p. 334.

284 **南海公司的出纳员罗伯特·奈特**。Abel Boyer, *The Political State of Great Britain*, vol. 21 (London: printed for the author, 1721), pp. 87-90.

285 **"它将开启一景"**。"16 February 1721 (Anno 7o Georgii Regis 1720)," *Journal of the House of Commons, vol. 19, 1718-1721* (London: reprinted by order of the House of Commons, 1805), p. 436.

285 **他"不认为在现金出纳账中加入拥有股票的议员们的名字是适当的"**。"16 February 1721 (Anno 7o Georgii Regis 1720)," *Journal of the House of Commons*, p. 432.

285 **"调查的分量"**。Boyer, *Political State of Great Britain*, p. 74.

285 **"损失他自己从这项事业中已经获得的巨大收益份额"**。Historical Manuscripts Commission, *The Manuscripts of the Earl of Buckinghamshire, the Earl of Lindsey, the Earl of Onslow, Lord Emly, Theodore J. Hare, Esq., and James Round, Esq., M. P.*, 14th report, appendix, part 9 (London: Her Majesty's Stationery Office, 1895), p. 507.

285 **他已经告诉詹森**。"16 February 1721 (Anno 7o Georgii Regis 1720)," *Journal of the House of Commons*, pp. 426-427.

286 **奈特写给同事的信件**。Boyer, *Political State of Great Britain*, p. 75.

286 **众所周知**。Historical Manuscripts Commission, p. 507.

第二十一章

290 **约翰·布伦特爵士是多面人**。对布伦特在下议院的证词，我采纳 John Carswell, *The South Sea Bubble* (Phoenix Mill, UK: Alan Sutton, 1993), p. 233。

291 **那个"宠臣，名叫塞扬努斯"**。"Wharton, Philip, Duke of Wharton (1698-1731)," *Oxford Dictionary of National Biography*, vol. 60 (Oxford: Oxford University Press, 1895-1900), p. 411.

292 **小詹姆斯·克拉格**。Carswell, *South Sea Bubble*, p. 234.

292 **"国务活动家，心向真理的朋友"**。Alexander Pope, "Epitaphs on James Craggs, Esq.," in *The Complete Poetical Works of Alexander Pope*, ed. Henry Boynton (Boston: Houghton, Mifflin, 1903), https://www.bartleby.com/203/124.html.

292 **"对自己使用了暴力"**。Arthur Onslow, "A Manuscript Belonging to the Earl of

Onslow," in *Report of the Historical Manuscript Commission*, vol. 14, part 9, p. 511, https://babel.hathitrust.org/cgi/pt?num=511&u=1&seq=514&view=image&size=100&id=coo.31924090788427.

292 **波特兰公爵亨利·本廷克的命运。** Gary S. Shea, "Sir George Caswall vs. the Duke of Portland: Financial Contracts and Litigaton in the Wake of the South Sea Bubble" (2007), in Jeremy Atack and Larry Neal, *The Origin and Development of Financial Markets and Institutions* (Cambridge: Cambridge University Press, 2009), p. 29.

293 **布伦特和一小撮内部的主管。** Archibald Hutcheson (uncredited), *The Several Reports of the Committee of Secrecy to the Honourable House of Commons, Relating to the Late South-Sea Directors* (London: A. Moore, 1721), p. 2.

293 **布伦特承认。** Hutcheson, *Several Reports*, p. 3.

293 **邮政大臣克拉格的例子。** Hutcheson, *Several Reports*, p. 4.

294 **在多轮质询中。** Hutcheson, *Several Reports*, p. 9 and p. 5.

294 **牵涉到的钱数非常惊人。** 参见 Peter M. Garber, *Famous First Bubbles: The Fundamentals of Early Manias* (Cambridge, MA: MIT Press, 2000), pp. 111 - 112。

294 **"上述的瑟曼先生"。** Hutcheson, *Several Reports*, p. 46.

295 **主管们的财富。** J. H. Plumb, *Sir Robert Walpole: The Making of a Statesman* (London: Cresset, 1956), p. 341.

295 **"仁慈可能是残酷的"。** John Trenchard and Thomas Gordon, "The Fatal Effects of the South-Sea Scheme, and the Necessity of Punishing the Directors" (November 12, 1720), in *Cato's Letters; or, Essays on Liberty*, vol. 1 (London: W. Wilkins, 1737), pp. 7 - 8.

296 **"腐败的、声名狼藉的和危险的行为"。** 转引自 John Carswell, *The South Sea Bubble* (Phoenix Mill, UK: Alan Sutton, 1993), p. 241。

296 **事实上，斯坦霍普是有罪的。** 参见 William Coxe, *Memoirs of the Life and Administration of Sir Robert Walpole, Earl of Orford*, vol. 1 (London: T. Cadell, Jun., and W. Davies, 1798), pp. 151 - 152。

297 **"点燃了城镇"。** Sir Thomas Brodrick to Lord Midleton, March 7, 1721, in Coxe, *Memoirs of the Life*, p. 209.

297 **"沃波尔先生在角落里"。** Sir Thomas Brodrick to Lord Midleton, March 9, 1720 - 1721, in Coxe, *Memoirs of the Life*, p. 210.

297 **庆祝的篝火。** Sir Thomas Brodrick to Lord Midleton, March 11, 1720 - 1721, in Coxe, *Memoirs of the Life*, p. 212.

297 **"这种微不足道的、永远无法确定的东西"。** Sir Thomas Brodrick to Lord

Midleton, March 16, 1720 - 1721, in Coxe, *Memoirs of the Life*, p. 214.

297 **沃波尔的一位盟友告诉下议院。**Sir Thomas Brodrick to Lord Midleton, March 16, 1721.

299 **"现实的严酷烧灼"。**P. G. M. Dickson, *The Financial Revolution in England: A Study in the Development of Public Credit, 1688 - 1756* (Aldershot, UK: Gregg Revivals, 1993), p. 176.

299 **他们的资本损失了一半。**Dickson, *Financial Revolution*, pp. 181 - 187, 有详细的描述。

300 **公司的主管们应受到惩罚。**关于主管们的命运，我引自约翰·卡斯威尔的描述；更多细节见 *South Sea Bubble*, pp. 257 - 259。

第二十二章

303 **法国的新财政管理者。**François R. Velde, "French Public Finance Between 1683 and 1726," preliminary and rough draft, July 20, 2006, http://www.helsinki.fi/iehc2006/papers3/Velde.pdf, pp. 22 - 26. 也见 François R. Velde, "What We Learn from a Sovereign Debt Restructuring in France in 1721," Economic Perspectives 40, no. 5 (2016), pp. 1 - 17. Velde, "French Public Finance," p. 32。

304 **"日内瓦人头"。**参见 Rebecca L. Spang's discussion of the Geneva annuity syndicates in *Stuff and Money in the Time of the French Revolution* (Cambridge, MA: Harvard University Press, 2015), chapter 1。

305 **法国政府不能轻易地或者在最需要的恰当时间以好的付款条件筹到款项。**Larry Neal, "How It All Began: The Monetary and Financial Architecture of Europe During the First Global Capital Markets, 1648 - 1815," *Financial History of Review* 7 (October 2000): 133.

305 **法国拥有的财富至少是其对手的两倍。**Thomas J. Sargent and François R. Velde, "Macroeconomic Features of the French Revolution," *Journal of Political Economy* 103, no. 3 (June 1995): 489.

305 **法国本身也不是一个偏远的失败国家。**Sargent and Velde, "Macroeconomic Features," p. 480.

305 **法国本身仍旧是富有的。**参见 Phillip T. Hoffman, Gilles Postel-Vinay, and Jean-Laurent Rosenthal, *Priceless Markets: The Political Economy of Credit in Paris, 1660 - 1870* (Chicago: University of Chicago Press, 2000), p. 101, fig. 5.2。关于巴黎精英消费的感觉，参见 *Paris: Life & Luxury in the Eighteenth Century*, the catalog to the

J. Paul Getty Museum exhibit of the same title, on display April 26 - August 7, 2011。

306 **"我明确拒绝"**。Robert Walpole in the House of Commons, February 13, 1741, 引述自 William Coxe, *Memoirs of the Life and Administration of Sir Robert Walpole*, vol. 1 (London: T. Cadell, Jun., and W. Davies, 1798), p. 668。

307 **公司的资本**。P. G. M. Dickson, *The Financial Revolution in England: A Study in the Development of Public Credit, 1688 - 1756* (Aldershot, UK: Gregg Revivals, 1993), pp. 179 - 180.

308 **把巨兽分成**。Dickson, *Financial Revolution*, p. 181.

309 **纯利润**。Donald L. Cherry, "The South Sea Company, 1711 - 1855," *Dalhousie Review* 13, no. 1 (1934): p. 62.

309 **买卖人口**。南海公司奴隶贸易数据，参见 Helen Paul, *The South Sea Bubble: An Economic History of Its Origins and Consequences* (London: Routledge, 2011), pp. 59 - 65。死亡数估计在 p. 65。

310 **"偿债基金"**。参见 Dickson, *Financial Revolution*, pp. 85 - 87 和 pp. 205 - 211, 关于偿债基金建立和使用的描述。

310 **在沃波尔的指导下**。Dickson, *Financial Revolution*, p. 210, table 24.

311 **良性循环**。Dickson, *Financial Revolution*, p. 210.

311 **英国已经跨过了门槛**。我要感谢和威廉·德林杰的谈话，弄清了偿债基金的要求权和其实际更为复杂的使用之间的区分。

311 **惊悚的快乐**。"丽贝卡"号及其船长痛苦经历的故事来自一份报告，载于 *Universal Spectator and Weekly Journal* on June 19, 1731, pp. 2 - 3。这份报告被认为是船长詹金斯在南部地区国务秘书纽卡斯尔公爵面前的证词。

314 **全球斗争的额外成本**。Sargent and Velde, "Macroeconomic Features," pp. 479 and 481, figures 2 and 3.

315 **"他们在敲响警钟"**。Pat Rogers, *A Political Biography of Alexander Pope* (London: Routledge, 2015), p. 212.

316 **对新债越来越不安的市场**。借贷和利率细节，包括利率在随后战争中的下调和合并，来自 Dickson, *Financial Revolution*, pp. 218 - 243。

317 **以统一公债而知名，缩写为"consols"**。在各种各样的工具之外，要求创立统一公债的曲折的描述，参见 Dickson, *Financial Revolution*, pp. 228 - 243。

第二十三章

321 **英国借贷规模**。B. R. Mitchell, *British Historical Statistics* (Cambridge Uni-

versity Press，1988），pp. 392（revenue）and 396（expenditure）.

321 **统一公债和其他债务的价格**。Michael D. Bordo and Eugene N. White，"A Tale of Two Currencies：British and French Finance During the Napoleonic Wars，" *Journal of Economic History* 51，no. 2（June 1991）：306，fig. 3.

321 **第一次开征所得税**。关税和消费税仍旧是官方收入的最大部分，但这仍是一笔重要的新资金流入。

322 **统一公债利息下降**。Bordo and White，"Tale of Two Currencies，" p. 306，fig. 3.

323 **"外国人已经听说"**。Daniel Defoe，*The Chimera；or，The French Way of Paying National Debts Laid Open*（London：T. Warner，1720），pp. 2 - 3.

325 **最明显的资本来源**。参见 Richard Sylla，"Comparing the UK and US Financial Systems，1790 - 1830，" in Jeremy Atack and Larry Neal，*The Origins and Development of Financial Markets and Institutions*（Cambridge：Cambridge University Press，2009），pp. 226 - 228。

325 **英国的银行体系同样蹒跚不前**。Sylla，"Comparing the UK and US，" p. 221.

326 **许多是以公司形式组建**。关于这种区别的讨论，参见 Sylla，"Comparing the UK and US，" pp. 222 - 224。

326 **3 500 家新办企业**。Sylla，"Comparing the UK and US，" p. 229.

326 **美国的 GDP**。Louis Johnston and Samuel H. Williamson，"What Was the U. S. GDP Then?" MeasuringWorth. com，2020，https：//www. measuringworth. com/datasets/usgdp/.

326 **英国在同一时刻**。Christopher Chantrill，"UK Gross Domestic Product GDP History，" UKPublicSpending. co. uk，n. d.，https：//www. ukpublicspending. co. uk/spending_chart_1692_ 1790UKm_17c1li001mcn__UK_Gross_Domestic_Product_GDP_History? show=n.

327 **给伦敦金匠银行私人客户使用的信用额度**。尤其参见 Peter Temin and Hans-Joachim Voth，*Prometheus Shackled：Goldsmith Banks and England's Financial Revolution After 1700*（Oxford：Oxford University Press，2013），chapter 7，pp. 148 - 175 的讨论。

328 **"美国人就像昨天到达"**。Alexis de Tocqueville，*Democracy in America*，trans. Harry Reeve（1835 - 1840；repr.，State College：Pennsylvania State University，2002），pp. 624 - 626.

330 **一个期货市场**。对芝加哥谷物收集、贮存、分级和期货贸易体系的发展的描述，参见 William Cronon，*Nature's Metropolis*（New York：W. W. Norton，1991），chap-

ter 3, "Pricing the Future: Grain," 尤其是 "The Golden Stream" 和 "Futures" 部分。

331 **英国在19世纪20年代摆脱了许多限制性的金融条例。**Richard Sylla, "Comparing the UK and US," p. 237.

332 **围绕歌曲 *Rebel Rebel* 的未来价值。**在诸多新描述中，参见 Tom Espiner, " 'Bowie Bonds' —the Singer's Financial Innovation," *BBC News*, January 11, 2016, https: //www. bbc. com/news/business-35280945。

结 语

339 **律师开始准备文件。**对金融危机中一系列事件的优秀总结，参见 Mauro F. Guillén, "The Global Economic & Financial Crisis, a Timeline," released by the Lauder Institute at the University of Pennsylvania, n. d. , https: //lauder. wharton. upenn. edu/wp-content/uploads/2015/06/Chronology _ Economic _ Financial _ Crisis. pdf。

339 **紧随消息而来的崩溃。**Alexandra Twin, "Stocks Get Pummeled," *CNN Money*, September 21, 2008, https: //money. cnn. com/2008/09/15/markets/markets _ newyork2/.

340 **如此广泛的不幸。**参见 Thor Norström and Hans Grönqvist, "The Great Recession, Unemployment and Suicide," *Journal of Epidemiology & Community Health* 69 (2015): 110－116。也可参见 Marinea Karanikolos et al. , "Financial Crisis, Austerity, and Health in Europe," *Lancet* 381, no. 9874 (April 13－19, 2013): 1323－1331。

参考书目

Adams，Gavin John. *Letters to John Law*. Newton Page，2012.

Anderson，Adam. *An Historical and Chronological Deduction of the Origin of Commerce from the Earliest Accounts*. 4 vols. London：J. Walter，1787.

Andreades，Andreas Michael. *History of the Bank of England*. Translated by Christabel Meredith. London：P. S. King & Son，1909.

Ashton，T. S. *Economic History of England：The Eighteenth Century*. London：Routledge，1955 and 2006.

Atack，Jeremy，and Larry Neal. *The Origin and Development of Financial Markets and Institutions*. Cambridge：Cambridge University Press，2009.

Aubrey，John. *"Brief Lives," Chiefly of Contemporaries，Set Down by John Aubrey，Between the Years 1669 & 1696*. 2 volumes. Edited by Andrew Clark. Oxford：Clarendon Press，1898.

——. *My Own Life*. Edited by Ruth Scurr. New York：New York Review of Books，2016.

Backscheider，Paula. *Daniel Defoe：His Life*. Baltimore：Johns Hopkins University Press，1989.

Bayoumi, Tamim A., Barry J. Eichengreen, and Mark P. Taylor, eds. *Modern Perspectives on the Gold Standard*. Cambridge: Cambridge University Press, 2005.

Bell, John. *London's Remembrancer; or, A True Accompt of Every Particular Weeks Christnings and Mortality in All the Years of Pestilence Within the Cognizance of the Bills of Mortality, Being XVII Years*. London: E. Cotes, 1665.

Bellhouse, David. *Leases for Lives: Life Contingent Contracts and the Emergence of Actuarial Science in Eighteenth-Century England*. Cambridge: Cambridge University Press, 2017.

——. "A New Look at Halley's Life Table." *Journal of the Royal Statistical Society* 174, no. 3 (July 2011): 823 - 832.

Bennett, J. A. "Hooke and Wren and the System of the World: Some Points Towards an Historical Account." *British Journal for the History of Science* 8, no. 1 (March 1975): 32 - 61.

Biener, Zvi, and Eric Schliesser, eds. *Newton and Empiricism*. Oxford: Oxford University Press, 2014.

Black, Jeremy. *Robert Walpole and the Nature of Politics in Early Eighteenth Century Britain*. New York: St. Martin's Press, 1990.

Blunt, Sir John. *The Particular and Inventory of Sir John Blunt, Bart, One of the Late Directors of the South-Sea Company, Together with the Abstract of the Same*. 1721. Gale ECCO Print Editions, 2010.

——. *A True State of the South Sea Scheme*. London: J. Peele, 1722.

Bold, John F., and Edward Chaney, eds. *English Architecture: Public and Private*. London: Hambledon Continuum, 1993.

Bordo, Michael D., and Eugene N. White. "A Tale of Two Currencies: British and French Finance During the Napoleonic Wars." *Journal of Economic History* 51, no. 2 (June 1991): 303 - 316.

Bottigheimer, Karl S. "English Money and Irish Land: The 'Adventurers' in the Cromwellian Settlement of Ireland." *Journal of British Studies* 7, no. 1 (November 1967): 12 - 27.

Bremer-David, Charissa, ed. *Paris: Life & Luxury in the Eighteenth Century*. Los Angeles: Getty Publications, 2011.

Brewer, John. *The Sinews of Power: War, Money and the English State, 1688 - 1783*. 1988. Cambridge, MA: Harvard University Press, 1990.

Brewster, David. *Memoirs of the Life, Writings, and Discoveries of Sir Isaac*

Newton. Vol. 1. Edinburgh: Thomas Constable, 1855.

——. *A Brief Description of the Excellent Vertues of That Sober and Wholesome Drink, Called Coffee, and Its Incomparable Effects in Preventing or Curing Most Diseases Incident to Humane Bodies*. London, 1674.

Brown, Ernest Henry Phelps, and Sheila V. Hopkins. "Seven Centuries of the Prices of Consumables, Compared with Builders' Wage-Rates." *Economics* (New Series) 23, no. 92 (November 1956): 296 - 314.

Buchwald, Jed Z., and Mordecai Feingold. *Newton and the Origin of Civilization*. Princeton, NJ: Princeton University Press, 2013.

Carlos, Anne M., and Larry Neal. "The Microfoundations of the Early London Capital Market: Bank of England Shareholders During and After the South Sea Bubble, 1720 - 1725." *Economic History Review* 59, no. 3 (2006): 498 - 538.

Carswell, John. *The South Sea Bubble*. Phoenix Mill, UK: Alan Sutton, 1993.

Cawston, George, and A. H. Keane. *The Early Chartered Companies: A. D. 1296 - 1878*. London: Edward Arnold, 1896.

Challis, C. E., ed. *A New History of the Royal Mint*. Cambridge: Cambridge University Press, 1992.

Chandrasekhar, S. *Newton's Principia for the Common Reader*. Oxford: Clarendon Press, 1995.

Cherry, Donald L. "The South Sea Company, 1711 - 1855." *Dalhousie Review* 13, no. 1 (1934): 61 - 68.

Chetwood, William. *The South Sea; or, The Biters Bit*. London: J. Roberts, 1720.

——. *The Stock-Jobbers; or, The Humours of Exchange-Alley*. London: J. Roberts, 1720.

Ciecka, James. "Edmond Halley's Life Table and Its Uses." *Journal of Legal Economics* 15, no. 1 (2008): 65 - 74.

Clapham, Sir John. *The Bank of England*. 2 volumes. Cambridge: Cambridge University Press, 1970.

Clark, Geoffrey. *Betting on Lives: The Culture of Life Insurance in England, 1695 - 1775*. Manchester, UK: Manchester University Press, 1999.

Clark, Geoffrey, et al. *The Appeal of Insurance*. Toronto: University of Toronto Press, 2010.

Clark, Gregory. "Debt, Deficits and Crowding Out: England, 1727 - 1840," *European Review of Economic History* 5, no. 3 (2001): 403 - 436.

——. "The Political Foundations of Modern Economic Growth: England, 1540 – 1800." *Journal of Interdisciplinary History* 26, no. 4 (Spring 1996): 563 – 588.

Clowes, Gregory. " 'The Devil's Interlude' in the South Sea Bubble." *Ex Historia* (2007), https: //humanities. exeter. ac. uk/media/universityofexeter/collegeofhumanitis/ history/exhistoria/volume6/Devil _ and _ South _ Sea _ Bubble. pdf.

Cobbett, William. *The Parliamentary History of England, from the Earliest Period to the Year 1803*. Vol. 6, 1702 – 1714, and Vol. 7, 1714 – 1722. London: T. C. Hansard, 1810 and 1811.

Cohen, I. Bernard, and George E. Smith, eds. *The Cambridge Companion to Newton*. Cambridge: Cambridge University Press, 2002.

Cole, Arthur H. "The Bancroft Collection." *Bulletin of the Business Historical Society* 9, no. 6 (December 1935): 93 – 96.

Cook, Alan. *Edmond Halley: Charting the Heavens and the Seas*. Oxford: Oxford University Press, 1998.

Cowper, Mary. *Diary of Mary, Countess Cowper*. London: John Murray, 1864.

Coxe, William. *Memoirs of the Life and Administration of Sir Robert Walpole, Earl of Orford*. 3 volumes. London: Longman, T. Cadell, Jun., and W. Davies, 1798. New edition (4 volumes). London: Longman, Hurst, Rees Orme, and Brown, 1816.

Cronon, William. *Nature's Metropolis*. New York: W. W. Norton, 1991.

Dale, Richard. *The First Crash: Lessons from the South Sea Bubble*. Princeton, NJ: Princeton University Press, 2004.

Damrosch, Leo. *Jonathan Swift: His Life and His World*. New Haven, CT: Yale University Press, 2013.

Daston, Lorraine. *Classical Probability in the Enlightenment*. Princeton, NJ: Princeton University Press, 1988.

Davis, Andrew McFarland. "A Search for the Beginnings of Stock Speculation." *Transactions of the Colonial Society of Massachusetts*. Vol. 10. Cambridge, MA: John Wilson and Sons, 1907.

Dear, Peter. *Discipline and Experience: The Mathematical Way in the Scientific Revolution*. Chicago: University of Chicago Press, 1995.

Defoe, Daniel. *The Anatomy of Exchange-Alley; or, A System of Stock-Jobbing*. London: E. Smith, 1719. http: //quod. lib. umich. edu/e/ecco/004843169. 0001. 000/1: 2? rgn=div1; view=fulltext.

——. *A Brief Case of the Distillers: And of the Distilling Trade in England,* etc. London: Tho. Warner, 1726. http: //quod. lib. umich. edu/e/ecco/004834050. 0001. 000/1: 3? rgn=div1; view=toc.

——. *A Brief State of the Inland or Home Trade, of England: etc.* London: Tho. Warner, 1730. http: //quod. lib. umich. edu/e/ecco/004834053. 0001. 000/1: 2? rgn = div1; view=toc.

——. *The Chimera; or, The French Way of Paying National Debts Laid Open.* London: T. Warner, 1720.

——. *The Commentator.* London: J. Roberts, January 1 - September 16, 1720. https: //babel. hathitrust. org/cgi/pt? id=coo. 31924007283595; view=1up; seq=21.

——. *The Director.* London: W. Boreham, October 5, 1720 - January 16, 1721. https: //babel. hathitrust. org/cgi/pt? id = coo. 31924092977762; view = 1up; seq = 39; size=400.

——. *A Journal of the Plague Year* (originally published 1722) . Eugene: University of Oregon Press (Renascence Editions), 2008. https: //pdfs. semanticscholar. org/d783/6e710cf3ea0a 80e2ade0f9ecbe58d1bc0a94. pdf.

——. *The Villainy of Stock-Jobbers Detected, and the Causes of the Late Run upon the Bank and Bankers Discovered and Considered.* London, 1701.

Delbourgo, James. "Sir Hans Sloane's Milk Chocolate and the Whole History of the Cacao." *Social Text* 106 29, no. 1 (Spring 2011): 71 - 101.

Deringer, William. *Calculated Values: Finance, Politics, and the Quantitative Age, 1668 - 1776.* Cambridge, MA: Harvard University Press, 2018.

——. "Compound Interest Corrected: The Imaginative Mathematics of the Financial Future in Early Modern England." *Osiris* 33, no. 1 (2018): 109 - 129.

——. "Finding the Money: Public Accounting, Political Arithmetic, and Probability in the 1690s." *Journal of British Studies* 52 (2013): 638 - 668.

——. "Pricing the Future in the Seventeenth Century: Calculating Technologies in Competition." *Technology and Culture* 58, no. 2 (April 2017): 506 - 528.

Dickson, P. G. M. *The Financial Revolution in England: A Study in the Development of Public Credit, 1688 - 1756.* Aldershot, UK: Gregg Revivals, 1993.

Dobbs, Betty Jo Teeter. *The Janus Faces of Genius.* Cambridge: Cambridge University Press, 1991.

——. "Newton's Alchemy and His Theory of Matter." *Isis* 73, no. 4 (December 1982): 511 - 528.

Ellis, Markman. *The Coffee House: A Cultural History.* London: Weidenfeld &

Nicholson, 2004.

Engell, James. "Wealth and Words: Pope's 'Epistle to Bathurst.'" *Modern Philology* 85, no. 4 (1988): 433 - 446.

Erskine-Hill, Howard. "Blunt, Sir John." In *Dictionary of National Biography*, September 23, 2004. Oxford: Oxford University Press.

Finucane, Adrian. *The Temptations of Trade: Britain, Spain, and the Struggle for Empire*. Philadelphia: University of Pennsylvania Press, 2016.

Flood, Donal. "William Petty and 'The Double Bottom.'" *Dublin Historical Record* 30, no. 3 (June 1977): 96 - 110.

Francis, John. *History of the Bank of England: Its Times and Traditions*. 3rd ed. London: Willoughby, 1848.

Frehen, Rik G. P., William N. Goetzmann, and K. Geert Rouwenhorst. "New Evidence on the First Financial Bubble." NBER Working Paper no. w15332, National Bureau of Economic Research, September 2009. https://ssrn.com/abstract=1472270.

Garber, Peter M. *Famous First Bubbles: The Fundamentals of Early Manias*. Cambridge, MA: MIT Press, 2000.

Gialdroni, Stefania. "Incorporation and Limited Liability in Seventeenth-Century England: The Case of the East India Company." In *The Company in Law and Practice*, edited by Dave De ruysscher, Albrecht Cordes, Serge Dauchy, and Heikki Pihlajamáki. The Hague: Brill/Nijhoff, 2017.

Gibbon, Edward. *Miscellaneous Works of Edward Gibbon, Esquire: With Memoirs of His Life and Writings*. London: A. Strahan, and T. Cadell Jun., and W. Davies, 1796.

Giusti, Giovanni, Charles Noussair, and Hans-Joachim Voth. "Recreating the South Sea Bubble: Insights from an Experiment in Financial History." Working Paper no. 146, University of Zurich, Department of Economics, March 2014. http://www.zora.uzh.ch/id/eprint/94471/1/econwp146.pdf.

Glaiser, Natasha. "Calculating Credibility: Print Culture, Trust and Economic Figures in Early Eighteenth-Century England." *Economic History Review* 60, no. 4 (2007): 685 - 711.

Gleick, James. *Isaac Newton*. New York: Random House, 2003.

Goss, David. "The Ongoing Binomial Revolution." arXiv.org, May 18, 2011. arXiv:1105.3513v1.

Graunt, John. *Natural and Political Observations, Mentioned in a Following Index, and Made upon the Bills of Mortality*. 2nd ed. London: Tho. Roycroft, for John

Martin, James Allestry, and Tho. Dicas, 1662.

Gray, Mr. *The Memoirs Life and Character of the Great Mr. Law and His Brother at Paris: Down to This Present Year 1721, with an Accurate and Particular Account of the Establishment of the Missisippi Company in France, the Rise and Fall of It's Stock, and All the Subtle Artifices Used to Support the National Credit of That Kingdom, by the Pernicious Project of Paper-Credit*. 2nd ed. London: Sam Briscoe, 1721.

Guillén, Mauro F. "The Global Economic & Financial Crisis: a Timeline." Lauder Institute at the University of Pennsylvania, n. d. https://lauder. wharton. upenn. edu/wp-content/uploads/2015/06/Chronology _ Economic _ Financial _ Crisis. pdf.

Hacking, Ian. *The Emergence of Probability*. Cambridge: Cambridge University Press, 2006.

Hall, A. Rupert. *Isaac Newton: Adventurer in Thought*. Cambridge: Cambridge University Press, 1996.

Halley, Edmond. "Some Considerations About the Cause of the Universal Deluge, Laid Before the Royal Society, on the 12th of December 1694." *Philosophical Transactions* 33 (January 1, 1724): 118 – 123.

Hannam, A. A. "Hutcheson, Archibald." *Oxford Dictionary of National Biography*, September 23, 2004. https://doi. org/10. 1093/ref: odnb/53923.

Harris, Ellen T. "Courting Gentility: Handel at the Bank of England." *Music and Letters* 91, no. 3 (August 2010): 357 – 375.

——. "Handel the Investor." *Music and Letters* 85, no. 4 (November 2004): 521 – 575.

Harris, Ron. "The Bubble Act: Its Passage and Its Effects on Business Organization." *Journal of Economic History* 54, no. 3 (September 1994): 610 – 627.

Hattox, Ralph. *Coffee and Coffeehouses: The Origins of a Social Beverage in the Medieval Near East*. Seattle: University of Washington Press, 1985.

Head, Richard. *Canting Academy; or The Devil's Cabinet Opened*. London: F. Leach for Mat. Drew, 1674. https://quod. lib. umich. edu/e/eebo/A43142. 0001. 001/1: 5. 39? rgn=div2; view=toc.

Hill, Brian W. *Robert Harley, Speaker, Secretary of State, and Premier Minister*. New Haven, CT: Yale University Press, 1988.

——. *Sir Robert Walpole: "Sole and Prime Minister."* London: Hamish Hamilton, 1989.

Historical Manuscripts Commission. *The Manuscripts of His Grace the Duke of*

Portland. Vol. 7. London: Her Majesty's Stationery Office, 1901.

——. *The Manuscripts of the Duke of Beaufort, K. G., the Earl of Donoughmore, and Others*. 12th report, part 9. London: Her Majesty's Stationery Office, 1891.

——. *The Manuscripts of the Earl of Buckinghamshire, the Earl of Lindsey, the Earl of Onslow, Lord Emly, Theodore J. Hare, Esq., and James Round, Esq., M. P.* 14th report, appendix, part 9. London: Her Majesty's Stationery Office, 1895.

An Historical Treatise Concerning Jews and Judaism, in England. London, 1720.

The History of the Lives and Actions of Jonathan Wild, Thief Taker; Joseph Blake Alias Buskin, Foot-pad; and John Sheppard, Housebreaker. London: Edward Midwinter, 1725.

Hoffman, Philip T., Gilles Postel-Vinay, and Jean-Laurent Rosenthal. *Priceless Markets: The Political Economy of Credit in Paris, 1660 –1870*, Chicago: University of Chicago Press, 2000.

Hooke, Robert. *The Diary of Robert Hooke*. Henry W. Robinson and Walter Adams, eds. London: Taylor and Francis, 1935.

Hoppit, Julian. "The Myths of the South Sea Bubble." *Transactions of the Royal Historical Society* 12 (2002): 141 – 164.

Horsefield, J. Keith. *British Monetary Experiments: 1650 –1710*. Cambridge, MA: Harvard University Press, 1960.

——. "The 'Stop of the Exchequer' Revisited." *Economic History Review* 35, no. 4 (November 1982): 511 – 528.

Houghton, John. "A Discourse of Coffee." *Philosophical Transactions of the Royal Society* 21 (January 1, 1699): 311 – 317.

Houghton, Walter E., Jr. "The History of Trades: Its Relation to Seventeenth-Century Thought: As Seen in Bacon, Petty, Evelyn, and Boyle." *Journal of the History of Ideas* 2, no. 1 (January 1941): 33 – 60.

Hutcheson, Archibald. *A Collection of Calculations and Remarks Relating to the South Sea Scheme & Stock*. London: no publisher listed, 1720.

——. *Proposal for the Payment of the Publick Debts*. London: no publisher listed 1715.

—— (uncredited). *The Several Reports of the Committee of Secrecy to the Honourable House of Commons, Relating to the Late South-Sea Directors*. London: A. Moore, 1721.

——. *Some Calculations and Remarks Relating to the Present State of the Publick Debts and Funds*. London: no publisher listed, 1718.

——. *Some Calculations Relating to the Proposals Made by the South-Sea Company, and the Bank of England, to the House of Commons*. London: J. Morphew, 1720.

——. *Some Paragraphs of Mr. Hutcheson's Treatises on the South-Sea Subject*. London, 1723.

——. *Some Seasonable Considerations for Those Who Are Desirous, by Subscription or Purchase, to Become Proprietors of South-Sea Stock: With Remarks on the Surprizing Method of Valuing South-Sea Stock*. London: J. Morphew, 1720.

Mackay, Charles. *Extraordinary Popular Delusions and the Madness of Crowds*. New York: Crown, 1980. (Volume 1 originally published in London in 1841.)

Macky, John. *A Journey Through England in Familiar Letters from a Gentleman Here to His Friend Abroad*. 2nd ed. London: J. Hooke, 1722.

Mason, A. E. W. *The Royal Exchange*. London: Royal Exchange, 1920.

McCormick, Ted. *William Petty and the Ambitions of Political Arithmetic*. Oxford: Oxford University Press, 2009.

McCusker, John. *Essays in the Economic History of the Atlantic World*. London: Routledge, 2005.

McKendrick, Neil, John Brewer, and J. H. Plumb. *The Birth of a Consumer Society: The Commercialization of Eighteenth-Century England*. Bloomington: Indiana University Press, 1982.

McKie, D., and G. R. de Beer. "Newton's Apple." *Notes and Records of the Royal Society of London* 9, no. 1 (October 1951): 46-54.

McLeod, Christine. "The 1690s Patents Boom: Invention or Stock-Jobbing?" *Economic History Review* 39, no. 4 (1986): 549-571.

McVeigh, John, ed. *Political and Economic Writings of Daniel Defoe*. Vol. 6. London: Routledge, 2000.

Melville, Lewis. *The Life and Letters of John Gay (1685-1732), Author of "The Beggar's Opera."* London: Daniel O'Connor, 1921. https://openlibrary.org/books/OL13493940M/Life_and_letters_of_John_Gay_(1685-1732).

——. *The South Sea Bubble*. London: Daniel O'Connor, 1921.

Merrett, Robert James. *Daniel Defoe, Contrarian*. Toronto: University of Toronto Press, 2013.

Michie, Ranald. *The London Stock Exchange: A History*. Oxford: Oxford University Press, 2001.

Milner, James. *Three Letters, Relating to the South-Sea Company and the Bank*.

London: J. Roberts, 1720. http://find. galegroup. com. libproxy. mit. edu/ecco/retrieve. do? scale=0. 50 & sort=Author & docLevel=FASCIMILE & prodId=ECCO & tabID=T001 & resultListType=RESULT _ LIST & qrySerId=Locale%28en%2C%2C%29%3AFQE%3D%28BN%2CNone%2C7%29T050279%24 & retrieveFormat=MULTIPAGE _ DOCUMENT & inPS=true & userGroupName=camb27002 & docId=CW3307369868 & relevancePageBatch=CW107369834 & forRelevantNavigation=true & pageNumber=−1 & contentSet= &workId=0533201900 & callistoContentSet=ECSS & currentPosition=1 & showLOI= &quickSearchTerm= &stwFuzzy=.

Mitchell, B. R. *British Historical Statistics*. Cambridge: Cambridge University Press, 1988.

Mokyr, Joel. *The Enlightened Economy*. New Haven, CT: Yale University Press, 2009.

Montague, Lady Mary Worley. *The Complete Letters of Lady Mary Worley Montague*. Edited by Robert Halsband. Oxford: Oxford University Press, 1966.

Moote, A. Lloyd, and Dorothy C. Moote. *The Great Plague: The Story of London's Most Deadly Year*. Baltimore: Johns Hopkins University Press, 2004.

Morgan, William Thomas. "The Origins of the South Sea Company." *Political Science Quarterly* 44, no. 1 (March 1929): 16 - 38.

Mortimer, Thomas. *Every Man His Own Broker; or, A Guide to Exchange-Alley*. 7th ed. London: S. Hooper, 1769. https://archive. org/details/everymanhisownbr00 mort.

Murphy, Anne L. "Lotteries in the 1690s: Investment or Gamble?" *Financial History Review* 12, no. 2 (October 2005): 227 - 246.

——. *The Origins of English Financial Markets*. Cambridge: Cambridge University Press, 2009.

——. "Trading Options Before Black-Scholes: A Study of the Market in Late Seventeenth-Century London." *Economic History Review* 62, no. S1 (August 2009): 8 - 30.

Murphy, Antoin E. *The Genesis of Macroeconomics*. Oxford: Oxford University Press, 2009.

——. John Law: Economic Theorist and Policy-Maker. Oxford: Clarendon, 1997.

Neal, Larry. "How It All Began: The Monetary and Financial Architecture of Europe During the First Global Capital Markets, 1648 - 1815." *Financial History Review* 7 (October 2000): 117 - 140.

——. "The Microstructure of First Emerging Markets in Europe in the 18th

Century." Paper for Manufacturing Markets: Legal, Political and Economic Dynamics, Villa Finaly, Florence, June 11 - 13, 2009. https: //www. economix. fr/uploads/source/doc/colloques/2009 _ Florence/Larry-Neal. pdf.

——. *The Rise of Financial Capitalism*. Cambridge: Cambridge University Press, 1990.

Neale, Thomas. *The Profitable Adventure to the Fortunate*. London: F. Collins, 1694.

Newton, Isaac. *The Correspondence of Isaac Newton*. Various editors, 7 volumes. Cambridge: Cambridge University Press, 1959.

——. *The Principia*. 1687. Translated by I. Bernard Cohen and Ann Whitman. Berkeley: University of California Press, 1999.

——. "Sir Isaac Newton's State of the Gold and Silver Coin." In William Arthur Shaw, *Select Tracts and Documents Illustrative of English Monetary History 1626 - 1730: Comprising Works of Sir Robert Cotton, Henry Robinson, Sir Richard Temple* [...], *189 - 195*. London: C. Wilson, 1896.

——. "Untitled Holograph Draft Memorandum on John Pollexfen's *A Discourse on Trade, Coyn and Paper Credit*." 1697. Mint 19/II. 608 - 11. National Archives, Kew, UK. http: //www. newtonproject. ox. ac. uk/view/texts/normalized/MINT00261.

Nicholson, Colin. *Writing and the Rise of Finance: Capital Satires of the Early Eighteenth Century*. Cambridge: Cambridge University Press, 2004.

Norström, Thör, and Hans Grönqvist. "The Great Recession, Unemployment and Suicide." *Journal of Epidemiology & Community Health* 69 (2015): 110 - 116.

North, Douglass C., and Barry R. Weingast. "Constitutions and Commitment: The Evolution of Institutions Governing Public Choice in Seventeenth-Century England." *Journal of Economic History* 49, no. 4 (December 1989): 803 - 832.

Novak, Maximillian. *Daniel Defoe: Master of Fictions*. Oxford: Oxford University Press, 2001.

O' Brien, John J. "Samuel Hartlib's Influence on Robert Boyle's Scientific Development." *Annals of Science* 21, no. 1 (1965): 1 - 14.

Odlyzko, Andrew. "Newton's Financial Misadventures in the South Sea Bubble." *Notes and Records of the Royal Society* 73, no. 1 (February 2019): 29 - 59.

Ogburn, Miles. *Spaces of Modernity: London's Geographies 1680 - 1780*. New York: Guildford, 1998.

Parker, Geoffrey. "The 'Military Revolution,' 1560-1660—a Myth?" *Journal of Modern History* 48, no. 2 (June 1976): 195 - 214.

Paterson, William. *A Brief Account of the Intended Bank of England*. London:

Randal Taylor, 1694. http: //quod. lib. umich. edu/e/eebo/A56581. 0001. 001/1: 2? rgn=div1; view=fulltext.

Paul, Helen J. *The South Sea Bubble: An Economic History of Its Origins and Consequences*. London: Routledge, 2011.

——. "The 'South Sea Bubble,' 1720." *European History Online* (November 4, 2015). http: //ieg-ego. eu/en/threads/european-media/european-media-events/helen-j-paul-the-south-sea-bubble—1720.

Pearce, Edward. *The Great Man: Scoundrel, Genius and Britain's First Prime Minister*. London: Jonathan Cape, 2007.

Pepys, Samuel. *Diary*. http: //www. pepysdiary. com/.

Petty, William. *The Advice of W. P. to Mr. Samuel Hartlib, for the Advancement of Some Particular Parts of Learning*. London: no publisher listed, 1647. http: // quod. lib. umich. edu/e/eebo/A54605. 0001. 001/1: 1? rgn=div1; view=fulltext.

——. *The History of the Survey of Ireland, Commonly Called the Down Survey*. Edited by Thomas Aiskey Larcom. Dublin: Irish Archaeological Survey, 1851.

——. *Political Arithmetick; or, A Discourse Concerning, the Extent and Value of Lands* [...] . 3rd ed. London: Robert Clavel and Hen. Mortlock, 1690.

——. *Reflections upon Some Persons and Things in Ireland*. London: John Martin, James Allstraye and Thomas Dicas, 1660.

——. *A Treatise of Taxes & Contributions* [...] . London: N. Brooke, 1662.

Plumb, J. H. *Sir Robert Walpole: The Making of a Statesman*. London: Cresset, 1956.

Pollexfen, John. *A Discourse of Trade, Coyn, and Paper Credit, and of Ways and Means to Gain, and Retain Riches*. London: Brabazon Aylmer, 1697.

Pope, Alexander. "Of the Use of Riches" (Epistle to Bathurst) . *The Complete Poetical Works of Alexander Pope*. Edited by Henry Boynton. Boston: Houghton, Mifflin, 1903.

——. *The Works of Alexander Pope*, New Edition. Vol. 6. London: John Murray, 1871.

——. *The Works of Alexander Pope, with Notes and Illustrations by Himself and Others*. 8 volumes. London: Longman, Brown, 1847.

Porter, Stephen. *The Great Plague*. Phoenix Mill, UK: Sutton, 1999.

Quinn, Stephen. "The Glorious Revolution's Effect on English Private Finance: A Microhistory 1680 – 1705." *Journal of Economic History* 61, no. 3 (September 2001):

593 - 615.

——. "Money, finance and capital markets," in *The Cambridge Economic History of Modern Britain*, Vol. 1 (Cambridge: Cambridge University Press, 2003), Foderick Foud, Paul Johnson, editors, pp. 147 - 174.

Richetti, John, ed. *The Cambridge Companion to Daniel Defoe*. Cambridge: Cambridge University Press, 2008.

Richetti, John. *The Life of Daniel Defoe*. Oxford: Blackwell, 2005.

Rogers, Pat. *A Political Biography of Alexander Pope*. London: Routledge, 2015.

——. "South Sea Bubble Myths." *Times Literary Supplement*, April 9, 2014.

Roncaglia, Alessandro. *The Wealth of Ideas: A History of Economic Thought*. Cambridge and New York: Cambridge University Press, 2005.

Roseveare, Henry. *The Financial Revolution, 1660 -1760*. London and New York: Taylor and Francis, 1991.

Rusnock, Andrea A. *Vital Accounts: Quantifying Health and Population in Eighteenth-Century England and France*. Cambridge: Cambridge University Press, 2002.

Russell, G. A. *The "Arabick" Interest of the Natural Philosophers in Seventeenth-Century England*. Leiden, Netherlands: E. J. Brill, 1994.

Sacheverell, Henry. *The Perils of False Brethren: Both in Church, and State: Set Forth in a Sermon Preach'd before the Right Honourable the Lord-Mayor* [...]. London: Henry Clements, 1709.

Sherman, Sandra. *Finance and Fictionality in the Early Eighteenth Century*. Cambridge: Cambridge University Press, 1996.

Shirras, G. Findlay, and J. H. Craig. "Sir Isaac Newton and the Currency." *Economic Journal* 55, no. 218/219 (June - September 1945): 217 - 241.

Shovlin, John. "Jealousy of Credit: John Law's 'System' and the Geopolitics of Financial Revolution." *Journal of Modern History* 88 no. 2 (June 2016): 275 - 305.

Simmel, Georg. *The Philosophy of Money*. Oxford: Routledge and Kegan Paul, 2011.

Sinclair, John. *The History of the Public Revenue of the British Empire*. 3rd ed. London: A. Strahan, 1803.

Smith, Adam. *An Inquiry into the Nature and Causes of the Wealth of Nations*. 1776. Electronic ed. Amsterdam: Meta Libri, 2007.

Smythe, William J. *Map-making, Landscapes and Memory: A Geography of Colonial and Early Modern Ireland c. 1530 - 1750*. Notre Dame, IN: University of Notre

Dame Press, 2006.

Spang, Rebecca L. *Stuff and Money in the Time of the French Revolution*. Cambridge, MA: Harvard University Press, 2015.

Speck, W. A. "Robert Harley, First Earl of Oxford and Mortimer (1661 - 1724)." In *Oxford Dictionary of National Biography*, edited by David Cannadine. Online edition. Oxford: Oxford University Press, 2004 - 16.

Sperling, John G. *The South Sea Company: An Historical Essay and Bibliographical Finding List*. Boston: Baker Library, Harvard Graduate School of Business Administration, 1962.

Spiegel, Henry William. *The Growth of Economic Thought*. 3rd ed. Durham, NC: Duke University Press, 1991.

Stigler, Stephen M. "Isaac Newton as Probabilist." *Statistical Science* 21, no. 3. (2006): 400 - 403.

Stone, Lawrence. *An Imperial State at War: Britain from 1689 - 1815*. London: Routledge, 1993.

Stone, Richard. "The Accounts of Society." Nobel Prize Lecture, December 8, 1984. https://www.nobelprize.org/uploads/2018/06/stone-lecture.pdf.

Stringham, Edward Peter. *Private Governance: Creating Order in Economic and Social Life*. Oxford: Oxford University Press, 2015.

Stukeley, William. *Memoirs of Sir Isaac Newton's Life*. 1752. MS/142, Royal Society Library, London. http://www.newtonproject.sussex.ac.uk/view/texts/normalized/OTHE00001.

Sussman, Nathan, and Yishay Yafeh. "Institutional Reforms, Financial Development and Sovereign Debt: Britain 1690 - 1790." *Journal of Economic History* 66, no. 4 (December 2006): 906 - 935.

Swift, Jonathan. *The Bubble*. Farmington Hills, MI: Gale ECCO, 2010.

Swift, Jonathan, and John Hawkesworth. *Letters, Written by Jonathan Swift: D. D., Dean of St Patrick's, Dublin. And Several of His Friends* [...]. 6th ed. Vol. 2. London: T. Davies, 1767.

Taylor, Stephen. "Robert Walpole." In *Oxford Dictionary of National Biography*, edited by David Cannadine. Online edition. Oxford: Oxford University Press, 2004 - 16.

Temin, Peter, and Hans-Joachim Voth. *Prometheus Shackled: Goldsmith Banks and England's Financial Revolution After 1700*. Oxford: Oxford University Press, 2013.

——. "Riding the South Sea Bubble." Massachusetts Institute of Technology Department of Economics Working Paper no. 04 - 02. Massachusetts Institute of Technology, Cambridge, MA, 2003.

Templeton, Daniel. *The Secret History of the Late Directors of the South-Sea Company*. London: self-published, 1735.

Thiers, Adolphe, and Francis Skinner Fiske. *The Mississippi Bubble: A Memoir of John Law*. New York: W. A. Townshend, 1859.

Tocqueville, Alexis de. *Democracy in America. 1835 - 40*. Translated by Harry Reeve. (State College: Pennsylvania State University, 2002).

Townsend, G. M. *The Political Career of Charles Spencer, Third Earl of Sunderland 1695 -1722*. Ph. D. dissertation, University of Edinburgh, 1984.

Trenchard, John, and Thomas Gordon. *Cato's Letters; or, Essays on Liberty*. 4 volumes. 4th ed. London: W. Wilkins, 1737. https://books.google.com/books?id=QYgDAAAAQAAJ&printsec=frontcover&source=gbs_ge_summary_r&cad=0#v=onepage&q&f=false.

Twigger, Robert. "Inflation: The Value of the Pound 1750 - 1996." House of Commons Library Research Paper 97/76, June 6, 1997.

Velde, Franáois R. "French Public Finance Between 1683 and 1726." Preliminary and rough draft dated July 20, 2006. Paper prepared for the 14th International Economic History Congress, Helsinki, 2006, session 112. http://www.helsinki.fi/iehc2006/papers3/Velde.pdf.

——. "Government Equity and Money: John Law's System in 1720 France." Federal Reserve Bank of Chicago Working Paper no. 2003 -31, December 2003. https://www.heraldica.org/econ/law.pdf.

——. "John Law's System." *American Economic Review* 97, no. 2 (May 2007): 276 - 279.

——. "What We Learn from a Sovereign Debt Restructuring in France in 1721." *Economic Perspectives* 40, no. 5 (2016).

Walker, Geoffrey J. *Spanish Politics and Imperial Trade, 1700 - 1789*. London: Macmillan, 1979.

Walpole, Robert. *Some Considerations Concerning the Publick Funds, the Publick Revenues and the Annual Supplies Granted by Parliament*. 2nd ed. London: J. Roberts, 1735.

Walsh, Patrick. "Irish Money on the London Market: Ireland, the Anglo-Irish, and the South Sea Bubble of 1720." *Eighteenth Century Life* 39, no. 1 (January 2015): 131 - 154.

Ward, Ned. *The London Spy Compleat, in Eighteen-Parts*. London: J. How, 1703. http://grubstreetproject.net/works/T119938? func=title & display=text.

——. *The Secret History of Clubs: Particularly the Kit-Cat, Beef-Stake, Uertuoc-sos, Quacks, Knights of the Golden Fleece, Florists, Beaus, &c* [...]. London: Booksellers, 1709.

Weir, David. "Tontines, Public Finance, and Revolution in France and England, 1688 - 1789." *Journal of Economic History* 49, no. 1 (March 1989): 95 - 124.

Wennerlind, Carl. *Casualties of Credit: The English Financial Revolution, 1620 - 1720*. Cambridge, MA: Harvard University Press, 2011.

Westfall, Richard. *Never at Rest*. Cambridge: Cambridge University Press, 1980.

Wilczek, Frank. "Whence the Force of F=ma?" *Physics Today* 57, no. 10 (October 2004): 11. https://physicstoday.scitation.org/doi/10.1063/1.1825251.

Wilkins, John. *Of the Principles and Duties of Natural Religion*. London: J. Walthoe, 1734.

Winch, Donald, and Patrick K. O'Brien. *The Political Economy of British Historical Experience, 1688 -1914*. Oxford: Oxford University Press, 2002.

Wright, Thomas. *England Under the House of Hanover: Its History and Condition During the Reigns of the Three Georges, Illustrated from the Caricatures and Satires of the Day*. London: R. Bentley, 1848.

Money for Nothing: The Scientists, Fraudsters, and Corrupt Politicians Who Reinvented Money, Panicked a Nation, and Made the World Rich by Thomas Levenson

This edition arranged with C. Fletcher & Company, LLC through Andrew Nurnberg Associates International Limited

图书在版编目（CIP）数据

南海泡沫与现代金融的诞生/（美）托马斯·利文森（Thomas Levenson）著；李新宽译. --北京：中国人民大学出版社，2023.6

ISBN 978-7-300-31574-4

Ⅰ.①南… Ⅱ.①托… ②李… Ⅲ.①金融危机—研究—英国 Ⅳ.①F835.615.9

中国国家版本馆 CIP 数据核字（2023）第 069026 号

南海泡沫与现代金融的诞生

[美] 托马斯·利文森（Thomas Levenson） 著

李新宽 译

Nanhai Paomo yu Xiandai Jinrong de Dansheng

出版发行	中国人民大学出版社		
社　　址	北京中关村大街 31 号	**邮政编码**	100080
电　　话	010－62511242（总编室）		010－62511770（质管部）
	010－82501766（邮购部）		010－62514148（门市部）
	010－62515195（发行公司）		010－62515275（盗版举报）
网　　址	http://www.crup.com.cn		
经　　销	新华书店		
印　　刷	北京联兴盛业印刷股份有限公司		
开　　本	890 mm×1240 mm　1/32	**版　　次**	2023 年 6 月第 1 版
印　　张	13.25 插页 4	**印　　次**	2023 年 6 月第 1 次印刷
字　　数	317 000	**定　　价**	98.00 元